哈佛百年经典

国富论

[英]亚当 · 斯密◎著
[美]查尔斯 · 艾略特◎主编
冉明志◎译

北京理工大学出版社
BEIJING INSTITUTE OF TECHNOLOGY PRESS

图书在版编目（CIP）数据

国富论 /（英）斯密（Smith, A.）著；冉明志译. —北京：北京理工大学出版社，2013.10（2019.9重印）

（哈佛百年经典）

ISBN 978-7-5640-7752-5

Ⅰ. ①国… Ⅱ. ①斯… ②冉… Ⅲ. ①古典资产阶级政治经济学 Ⅳ. ①F091.33

中国版本图书馆CIP数据核字（2013）第111298号

出版发行 / 北京理工大学出版社有限责任公司
社　　址 / 北京市海淀区中关村南大街 5 号
邮　　编 / 100081
电　　话 /（010）68914775（总编室）
82562903（教材售后服务热线）
68948351（其他图书服务热线）
网　　址 / http: //www.bitpress.com.cn
经　　销 / 全国各地新华书店
印　　刷 / 三河市金元印装有限公司
开　　本 / 700 毫米 × 1000 毫米　1/16
印　　张 / 32.5
字　　数 / 415千字
版　　次 / 2013 年 10 月第1 版　2019 年 9 月第 3 次印刷
定　　价 / 88.00元

责任编辑 / 张慧峰
文案编辑 / 张慧峰
责任校对 / 周瑞红
责任印制 / 边心超

图书出现印装质量问题，请拨打售后服务热线，本社负责调换

出版前言

人类对知识的追求是永无止境的，从苏格拉底到亚里士多德，从孔子到释迦摩尼，人类先哲的思想闪烁着智慧的光芒。将这些优秀的文明汇编成书奉献给大家，是一件多么功德无量、造福人类的事情！1901年，哈佛大学第二任校长查尔斯·艾略特，联合哈佛大学及美国其他名校一百多位享誉全球的教授，历时四年整理推出了一系列这样的书——《Harvard Classics》。这套丛书一经推出即引起了西方教育界、文化界的广泛关注和热烈赞扬，并因其庞大的规模，被文化界人士称为The Five-foot Shelf of Books——五尺丛书。

关于这套丛书的出版，我们不得不谈一下与哈佛的渊源。当然，《Harvard Classics》与哈佛的渊源并不仅仅限于主编是哈佛大学的校长，《Harvard Classics》其实是哈佛精神传承的载体，是哈佛学子之所以优秀的底层基因。

哈佛，早已成为一个璀璨夺目的文化名词。就像两千多年前的雅典学院，或者山东曲阜的“杏坛”，哈佛大学已经取得了人类文化史上的“经典”地位。哈佛人以“先有哈佛，后有美国”而自豪。在1775—1783年美国独立战争中，几乎所有著名的革命者都是哈佛大学的毕业生。从1636年建校至今，哈佛大学已培养出了7位美国总统、40位诺贝尔奖得主和30位普利策奖获奖者。这是一个高不可攀的记录。它还培养了数不清的社会精英，其中包括政治家、科学家、企业家、作家、学者和卓有成就的新闻记者。哈佛是美国精神的代表，同时也是世界人文的奇迹。

而将哈佛的魅力承载起来的，正是这套《Harvard Classics》。在本丛书里，你会看到精英文化的本质：崇尚真理。正如哈佛大学的校训："与柏拉图为友，与亚里士多德为友，更与真理为友。"这种求真、求实的精神，正代表了现代文明的本质和方向。

哈佛人相信以柏拉图、亚里士多德为代表的希腊人文传统，相信在伟大的传统中有永恒的智慧，所以哈佛人从来不全盘反传统、反历史。哈佛人强调，追求真理是最高的原则，无论是世俗的权贵，还是神圣的权威都不能代替真理，都不能阻碍人对真理的追求。

对于这套承载着哈佛精神的丛书，丛书主编查尔斯·艾略特说："我选编《Harvard Classics》，旨在为认真、执著的读者提供文学养分，他们将可以从中大致了解人类从古代直至19世纪末观察、记录、发明以及想象的进程。"

"在这50卷书、约22000页的篇幅内，我试图为一个20世纪的文化人提供获取古代和现代知识的手段。"

"作为一个20世纪的文化人，他不仅理所当然的要有开明的理念或思维方法，而且还必须拥有一座人类从蛮荒发展到文明的进程中所积累起来的、有文字记载的关于发现、经历以及思索的宝藏。"

可以说，50卷的《Harvard Classics》忠实记录了人类文明的发展历程，传承了人类探索和发现的精神和勇气。而对于这类书籍的阅读，是每一个时代的人都不可错过的。

这套丛书内容极其丰富。从学科领域来看，涵盖了历史、传记、哲学、宗教、游记、自然科学、政府与政治、教育、评论、戏剧、叙事和抒情诗、散文等各大学科领域。从文化的代表性来看，既展现了希腊、罗马、法国、意大利、西班牙、英国、德国、美国等西方国家古代和近代文明的最优秀成果，也撷取了中国、印度、希伯来、阿拉伯、斯堪的纳维亚、爱尔兰文明最有代表性的作品。从年代来看，从最古老的宗教经典和作为西方文明起源的古希腊和罗马文化，到东方、意大利、法国、斯堪的纳维亚、爱尔兰、英国、德国、拉丁美洲的中世纪文化，其中包括意大利、法国、德国、英国、西班牙等国文艺复兴时期的思想，再到意大利、法国三个世纪、德国两个世纪、英格兰三个世纪和美国两个多世纪的现代文明。从特色来看，纳入了17、18、19世纪科学发展的最权威文献，收集了近代以来最有影响的随笔、历史文献、前言、后记，可为读者进入某一学科领域起到引导的作用。

这套丛书自1901年开始推出至今，已经影响西方百余年。然而，遗憾的是中文版本却因为各种各样的原因，始终未能面市。

2006年，万卷出版公司推出了《Harvard Classics》全套英文版本，这套经典著作才得以和国人见面。但是能够阅读英文著作的中国读者毕竟有限，于是2010年，我社开始酝酿推出这套经典著作的中文版本。

在确定这套丛书的中文出版系列名时，我们考虑到这套丛书已经诞生并畅销百余年，故选用了“哈佛百年经典”这个系列名，以向国内读者传达这套丛书的不朽地位。

同时，根据国情以及国人的阅读习惯，本次出版的中文版做了如下变动：

第一，因这套丛书的工程浩大，考虑到翻译、制作、印刷等各种环节的不可掌控因素，中文版的序号没有按照英文原书的序号排列。

第二，这套丛书原有50卷，由于种种原因，以下几卷暂不能出版：

英文原书第4卷：《弥尔顿诗集》

英文原书第6卷：《彭斯诗集》

英文原书第7卷：《圣奥古斯丁忏悔录 效法基督》

英文原书第27卷：《英国名家随笔》

英文原书第40卷：《英文诗集1：从乔叟到格雷》

英文原书第41卷：《英文诗集2：从科林斯到费兹杰拉德》

英文原书第42卷：《英文诗集3：从丁尼生到惠特曼》

英文原书第44卷：《圣书（卷Ⅰ）：孔子；希伯来书；基督圣经（Ⅰ）》

英文原书第45卷：《圣书（卷Ⅱ）：基督圣经（Ⅱ）；佛陀；印度教；穆罕默德》

英文原书第48卷：《帕斯卡尔文集》

这套丛书的出版，耗费了我社众多工作人员的心血。首先，翻译的工作就非常困难。为了保证译文的质量，我们向全国各大院校的数百位教授发出翻译邀请，从中择优选出了最能体现原书风范的译文。之后，我们又对译文进行了大量的勘校，以确保译文的准确和精炼。

由于这套丛书所使用的英语年代相对比较早，丛书中收录的作品很多还是由其他文字翻译成英文的，翻译的难度非常大。所以，我们的译文还可能存在艰涩、不准确等问题。感谢读者的谅解，同时也欢迎各界人士批评和指正。

我们期待这套丛书能为读者提供一个相对完善的中文读本，也期待这套承载着哈佛精神、影响西方百年的经典图书，可以拨动中国读者的心灵，影响人们的情感、性格、精神与灵魂。

主编序言

亚当·斯密（Adam Smith）是英国著名的政治经济学家和道德哲学家，1723年6月5日生于苏格兰的克卡尔迪。其父亲做过律师及海关关员，在亚当·斯密出生前去世。亚当·斯密由母亲养大，因而童年饱受苦难。亚当·斯密十四岁时进入格拉斯哥大学学习，并在此受到弗朗西斯·哈奇森的影响。1740年，他获得了斯内尔奖学金，并进入牛津大学巴利奥尔学院学习六年。离开牛津大学后，亚当·斯密做了许多有关英国文学与经济学的讲座。1751年成为格拉斯哥大学的逻辑学教授，次年成为道德学教授。1759年，《道德情操论》的出版为他赢得了巨大的声誉，他因此受聘为巴克卢公爵三世的私人教师，陪同公爵去法国旅行近三年。在此期间，亚当·斯密结识了许多法国知识界的领袖。1766年年底返回英国后，他主要居住在克卡尔迪和伦敦，撰写《富国论》（即现在的《国富论》），并最终于1776年出版。该书甫一面世就取得了成功，成为哲学领域与经济学领域的权威著作长达数年之久。在接下来的数年里，亚当·斯密被任命为海关专员，并安静悠闲地定居在爱丁堡，直到1790年7月19日去世。

尽管许多人先于亚当·斯密多年对政治经济学进行过研究，但《国富论》首次使其成为一门独立的学科。该书以大量的历史知识为基础，以非凡的理性和聪明才智制定了其原则，并采用恰当例证巧妙阐释了这些原则。尽管经历了一个多世纪的猜测、批评、新事实和新经验的积累，该书仍是政治经济学最权威的著作，对政治经济学的基本原则有最全面的阐述和支撑。

从其脱离先前的经济思想及其随后的观点来看，《国富论》中最显著的特点是天赋自由权原则的阐述。亚当·斯密认为，人类的自私自利是上帝的天意。他还认为，如果政府不干涉自由竞争，工业问题将迎刃而解，并将取得最大的实用效率。这一原则同样适用于国际关系，并且也是对自由贸易争论的经典阐述。

该书原本包含大量在知识进步和工业文明中，已经被证明不准确或无用的偏离主题的内容和阐释，这些内容和阐释已从现版本中删除。在大大增加阅读兴趣和可读性的同时，该书保留了亚当·斯密的主要论点，并将其提供给读者作为政治经济学研究的最佳基础。

查尔斯·艾略特

原出版序及全书设计

一个国家国民每年的劳动，用以供给国民每年所消费的一切生活必需品和便利品。构成这种必需品和便利品的，或是本国国民的直接产物，或是用这种劳动产品从他国购进的物品。

这些劳动产品或用它们从他国购进的物品与消费者人数的比例，或者大，或者小，因此一国国民所需的一切必需品和便利品的供给情况的好坏取决于这一比例的大小。

但就任何一国而言，这一比例必然受到以下两种情况的支配：一是该国国民在一般劳动中所体现出来的技巧、熟练程度和判断力；二是该国从事有用劳动的人数与不从事有用劳动的人数之间的比例。无论一个国家的土壤、气候或国土面积是怎样的，它的国民每年供给的好坏，必然取决于上述两种情况。

另外，上述供给的好坏，似乎较多地取决于前一种情况。在以捕鱼和打猎为主要生产方式的原始国家，每一个具备劳动能力的个人都或多或少地从事有用劳动，并尽其所能给他自己或家族内因老幼病弱而不能参与劳动的人，提供各种生活必需品和便利品。可是，他们的生活依旧贫乏，甚至有时仅因为贫乏的缘故，迫不得已地杀害老幼以及长期患病的亲人；或遗弃他们，任其饿死或被野兽吞食。相反，在文明繁荣的国家，虽有许多人根本不劳动，而且他们往往要消费比大多数劳动者多十倍甚至百倍的劳动产品，但由于整个社会的劳动产品非常丰富，往往能充足地满足所有人的供给，即便是地位最低最贫穷的劳动者，只要勤勉节俭，也可享受比野蛮人更多的生活必需品和便利品。

劳动生产力这种改善的原因，以及劳动产品在社会不同等级和状况的人之间自然分配的顺序，是本书第一篇的主题。

不论一个国家的国民在运用劳动时的技巧、熟练程度和判断力的状况如何，在运用情况持续不变的情况下，在这个时间区间内，该国每年供给状况的好坏，取决于其国民每年从事有用劳动的人数与不从事有用劳动的人数之间的比例。在下文将看到，有用的生产性劳动者的人数，无论在什么场合，都与推动这些劳动者工作的资本量的大小以及资本用途成正比。本书第二篇讨论资本的性质，逐渐积累资本的方法，以及因为资本用途不同，所推动的劳动量亦不相同等内容。

在劳动运用上，技巧、熟练程度和判断力已经达到一定程度的国家，对劳动的一般管理或指导，曾采取极不相同的计划；这些计划在促进劳动产品数量的巨大增加方面具有不同的影响力。有些国家的政策，特别鼓励农村的产业；而另一些国家的政策，却特别鼓励城市的产业。很少有国家能平等地对待每一种产业。自罗马帝国崩溃以来，欧洲各国的政策比较有利于城市的产业，即工艺、制造业和商业，而不利于农村的产业，即农业。本书第三篇将说明采用和规定这种政策的情况。

尽管这些不同计划的推行，最初或许是因为某些特殊阶级的人的个人利益与偏见，而且他们不曾考虑到或预见到这些计划对社会公共福利的影响，但是，这些计划却引起了极不相同的政治经济学说。有的学说夸大了城市产业的重要性，而有的学说又特别强调农村产业的重要性。这些学说不仅对学者们的意见产生了相当大的影响，而且也左右着君主和国家的政策。我力图在本书第四篇中尽可能详细清楚地解释这些学说，并说明它们在不同时代和不同国家所产生的主要影响。

本书前四篇的目的在于说明广大人民的收入构成，并说明不同时代、不同国家每年给他们供应的消费资源的性质。第五篇即最后一篇所讨论的，是君主或国家的收入。在这一篇里，我将尽力说明以下几点：第一，什么是君主或国家的必需费用，其中哪些费用应由全社会共同缴纳的赋税来负担，哪些费用应由社会某特定阶级或某些特定成员负担；第二，全社会应缴税款是以何种不同方法募集的，以及这些方法的主要利弊是什么；第三，是什么促使几乎所有现代各国政府把这种收入的一部分作为担保来举债，以及这些债务对于真实财富，即社会的土地和劳动的年产物，有何影响。

目录 Contents

第一篇　论劳动生产力增进的原因以及劳动产品自然而然地分配给各阶级人民的顺序

第一章　论劳动分工

劳动生产力的最大提高，以及运用劳动时所体现出来的更大的技巧、熟练程度和判断力，似乎都是劳动分工的结果。

通过考察某些特定制造业的运作方式，可以方便读者理解劳动分工在社会一般业务中所带来的结果。人们通常认为，一些小型制造业的劳动分工最精细。这不是因为小型制造业的劳动分工真正比大型制造业的劳动分工更精细，而是因为那些要为少数人提供少量需求的小型制造业必然雇用少量的劳动者；各工作部门雇用的工人往往可集中在同一工场内，使观察者一览无余。反之，那些要为大多数人提供大量需求的大型制造业，各工作部门均雇有大量工人，不可能把他们全部集中在同一工场内，想同时看见多个部门的工人，几乎是不可能的。因此，尽管这类大型制造业划分的工作部门实际上比更小型的制造业多，但由于这种划分不像小型制造业那样十分明显，所以很少有人注意到。

扣针制造业是极小的，但它的劳动分工常引起人们的注意。我们以它为例。一个劳动者，如果他既没有受过相应职业（劳动分工已使其成为一种专门职业）的训练，又不熟悉该职业所用机器的操作（劳动分工使得机械发明成为可能），那么，无论他多么努力，也许一天也不能造出一枚针，当然更不可能造出二十枚了。但按照现在的经营方法，不仅整个工作已成为一种专门职业，而且它又分成若干部门，其中大多数又成为更加专门的职业。一个人抽铁丝，另一个人将其拉直，第三个人将其切断，第四个人削尖铁线的一端，第五个人磨铁丝的另一端，以便装上针头。要做圆头，就需要两三道不同的工序。装圆头，涂白色，以及最后的包装，都是专门的职业。采用这种方式制针，要经过十八道工序。在有些制造厂，这十八道工序分别由十八名工人担任，然而，在其他制造厂，有时一个人要兼任两三道工序。我见过一家这种类型的小制造厂，由于只雇用了十名工人，因此有些工人担任了两三道工序。尽管他们很贫穷，所使用的必要的机器很简陋，但他们如果努力，一天也能造出约十二磅重的针。每磅有四千多枚中等大小的针，照此计算，这十名工人每天就能造针四万八千多枚，也就是每人每天可造针四千八百枚。但如果他们独自工作，没有接受专门训练的话，那么，他们肯定不能每人每天制造二十枚针，说不定连一枚也造不出来。他们不但造不出现在由适当分工合作而加工数量的二百四十分之一，就连这数量的四千八百分之一，或许也无法完成。

就其他各种工艺及制造业而言，虽然多数不能进行这样精细的分工，每道工序也不能变得如此简单，但劳动分工的效果与这类极小型制造业相似。然而，凡能采用分工的工艺，一旦采用分工制，便会相应地提高劳动生产力。各种行业与职业的划分，似乎就是这种好处造成的。如果一个国家的产业与劳动生产力的改进程度极高，则各行业的分工通常也都会达到极高的程度。落后社会中一人独任的工作，在进步的社会中，一般由几个人分担。在进步社会中，通常农民只是农民，制造者只是制造者。而且，生产任何一种完全制造品所必要的劳动，也往往由多人分担。以麻织业和毛织业为例，从亚麻和羊毛的生产，到麻布的漂白与烫平，或呢绒的染色和最后一道加工，各部门所使用的是不同的技艺。因性质的不同，农业很难像制造业那样进行精细的分工，各种工作也难以彼此截然分开。木匠的职业与铁匠的职业，通常是完全分开的，但畜牧者的业务与种稻者的业务很难截然分开；纺织工与织布工通常是两个不同的人，但锄地、耙地、播种和收割，却往往由同一个人担任。随着季节的变化，农民需要从事各种各样的劳动，但要固定一个人只从事其中的某种劳动，事实上是不可能的。所以，农业上劳动生产力的增进水平，总跟不上制造业上劳动生产力的增进水平的主要原因，也许就是农业难以采用完全分工的劳动制度。现在最富裕的国家的农业和制造业，均优于其所有邻国，但其制造业的优越程度普遍大于农业的优越程度。富国的土地通常都耕耘得较好，投入到土地上的劳动与费用也更多，生产出来的产品与土地的面积和肥沃程度也成正比；但是，这种产量优势很少在比例上大大超过所投入的劳动和费用。在农业方面，富国的劳动生产力未必总比穷国的劳动生产力高很多，或者至少从来不像制造业的一般情况那样高很多。所以，同样优质的谷物，在富国市场上的售价未必都比穷国便宜。就富裕和进步程度来讲，法国远胜波兰，但同一品质的波兰谷物与法国谷物同样便宜。论富裕与进步程度，法国要稍逊于英国，法国产谷省产出的谷物与英格兰所产谷物一样好，在大多数年份价格也差不多。但英格兰的耕地比法国的耕地耕种得好，法国的耕地比波兰的耕地耕种得好得多。穷国的耕作尽管不及富国，但穷国生产的小麦，在品质优良及售价便宜方面，能够在某种程度上与富国竞争。但是，穷国在制造业方面却不能和富国竞争；尤其是富国在土壤、气候以及位置上适合某种制造业时，穷国更加不能和富国竞争。法国丝绸之所以比英国丝绸更好更便宜，是因为丝绸业——至少在今日原丝进口税很高的情况下——更适合于法国气候，而不适合于英国气候。但英国的铁器和粗毛织物却远胜于法国，而且品质同样优良的英国货物，其价格比法国要便宜得多。而在波兰，除了生存所需的少数粗糙的家庭制造业外，几乎没有其他制造业。

劳动分工导致了相同数量的人能够完成的工作数量的极大增加。其原因有三：第一，劳动者的技巧以及熟练程度因为专业而迅速提高；第二，节省了从一种工作转移至另一种工作的时间损失；第三，大量机器的发明便利和简化了劳动，使一个人能够干多个人的活。

第一，劳动者熟练程度的提高，势必增加他所能完成的工作量。通过将每个工人的业务减少为某种简单操作并使该操作成为其终生的唯一职业，劳动分工必然大大提高工人的熟练程度。一位习惯使用铁锤但从未加工过铁钉的普通铁匠，如果在某一特定场合必须制钉时，我确信，他一天最多只能加工出两三百颗质量低劣的钉子来。即便他习惯制钉，但若不以制钉为专业或主业，就算竭尽全力，很难一天加工出八百颗或一千颗以上的钉子。我见过几个专以制钉为业的不满二十岁的青年人，他们尽力工作时，每人每天能加工出两千三百多颗钉子。但制钉绝不是最简单的操作。同一人既要鼓炉、调整火力，又要烧铁、挥锤打制。在打制钉头时，他还得调换工具。比较起来，扣针和金属纽扣的加工所需的各道工序要简单得多，而以此为终生职业的人，其熟练程度往往要高得多。所以，在此类制造业中，有几种操作的迅速程度简直使人难以想象，如果不是亲眼所见，你绝不会相信人的手能有这样大的本领。

第二，由一种工作转移至另一种工作，往往会损失一些时间，从节省下来的时间中获得的利益，比我们初看时所想象的大得多。不可能很快由一种工作转移至使用完全不同工具而且在不同地方进行的另一种工作。一位耕种一小块土地的乡村织布工由织机转到耕地，又由耕地转到织机，一定会损失大量时间。倘若这两种手艺能在同一工场内进行，那么损失的时间无疑要少得多，但即便如此，时间上的损失还是很大的。人由一种工作转到另一种工作时，往往要闲逛一会儿。在开始新工作之初，很难立即全神贯注地积极工作，按他们自己的话来说，总不免心不在焉。而且他们会在相当一段时间内，往往工作不认真，总是磨磨蹭蹭。对于每半小时就要换一次工作和工具，而且一生中几乎每天必须从事二十项不同工作的农村劳动者来说，闲荡、偷懒、随便等习惯是自然养成的，甚至是必然会养成的。这些习惯使他们常迟缓懒惰，即使在情况紧迫的时候，也不会精神勃勃地干。因此，纵使没有熟练程度方面的缺陷，仅这个原因也一定会大大减少他所能完成的工作量。

第三，每个人都知道，运用适当的机械能在很大程度上便利和简化劳动，无须举例说明。在这里，我要说的是，能够使劳动变得便利和简化的机械的发明，起初也起因于劳动分工。当人类把全部注意力集中在某个单一目标而不是分散在多个事物上时，他们就更能发现达成这一目标的更简单更迅捷的方法。分工使每个人的全部注意力自然地集中在某个非常简单的事物上。因此，只要工作性质还有改进的余地，受雇于每个特定劳动部门的人中，总会有人发现一些比较简单和便利的方法，去完成自己的工作。今日，那些分工最精细的制造业中所使用的机械，很大一部分是普通工人发明的。因为他们从事非常单纯的操作，自然更容易找到更简单更迅捷的操作方法。只要你常去参观制造厂，你一定会看到一些非常巧妙的机械。这些机械正是普通工人为了使他们担任的那部分工作能简单迅捷地完成而发明出来的。最早的蒸汽机，起初需雇用一个男孩，按活塞的升降，不断开闭汽锅与汽筒间的通道。有一次，一个担任这项工作的男孩，因为想在工作期间去和同伴玩耍，便用一条绳子把开闭该通道的阀门的把手系在机器的另一部分上。于是，阀门就可自行开闭，这个男孩也便可以自由自在地与同伴玩耍了。一个因为贪玩而想出来的办法，成为蒸汽机的大改良之一。

可是，机器的一切改进绝不是都由机器使用者发明的。当机器制造成为一种专门行业时，很多改进出自机器制造者的聪明才智，而有些改进出自哲学家或思想家的聪明才智。他们的职业不在于制造任何实物，而在于观察一切事物，往往能够把各种相距甚远且完全不相同的事物结合起来。在社会进步的过程中，哲学或推想也像其他职业那样，变成某一特定阶级人民的主要或专门职业；像其他职业那样，这类职业又被分成了许多部门，而且每个部门都是某类哲学家们的职业。哲学的这类分工，就像其他职业的分工那样，提高了熟练程度，节省了时间。每个人对各自的专业工作内行，总体来说，不仅完成了更多工作，而且大大增加了科学数量。

在一个管理有素的社会里，各行各业的产量由于分工而大增，进而让最下层人民普遍富裕起来。劳动者除了满足自身所需外，还有大量劳动产品可以出售；同时，有相同处境的所有其他劳动者都能用自己生产的大量产品，去交换其他劳动者生产的大量产品或等价品。别人所需的物品，他能充分供给；他自身所需的，别人亦能充分供给。于是，社会各阶级普遍富裕起来。

考察一个文明繁荣国家的最普通工匠或日工的便利品，你就会发现，用自己劳动的一部分（尽管只是一小部分）来生产这类便利品的人数，是难以计数的。例如，日工所穿的粗毛呢外套，就是大量劳动者共同劳动的产物。为完成这种家常的产物，必定需要牧羊的、剪羊毛的、梳羊毛的、染工、粗梳工、纺工、织工、漂白工、裁缝工，以及其他许多人共同工作。加之这些劳动者所居住的地方往往相隔很远，因此，需要很多商人和运输工把材料从一个地方运至另一个地方。染工所用药料，常购自世界各个遥远的地方，要把各种药料从不同地方收集起来，需要大量商业和航运业，需要雇用大量船工、水手、帆布制造者和绳索制造者。要生产这些最普通劳动者所使用的工具，需要种类繁多的劳动。姑且不谈那些复杂机器，如水手工作的船、漂白工用的水车或织工用的织机，仅就简单机器如牧羊人剪毛用的剪刀来说，其制造就须经过许多种类的劳动。要加工这种剪刀，矿工、熔铁炉建造者、伐木工、熔铁厂烧炭工人、制砖工、泥水匠、护炉工、磨坊设计与建造工、锻工、铁匠等，必须把他们的技艺结合起来。如果我们用同样的方式考察一个劳动者的服装和家庭用具的所有不同组件，如贴身穿的粗麻衬衣、脚上穿的鞋子、睡觉用的床及其所有部件、做饭用的厨房炉灶、从地下挖出的或许需要经过水陆运输才能送到他手边供他做饭用的煤炭、厨房用的全部他它器具、所有餐桌上的用具、刀子和叉子、盛放食物和分取食物的陶制盘子和锡镴盘子、加工面包和啤酒所需的各种人手、透热气和光线并能遮蔽风雨的玻璃窗、让世界北部成为非常舒适的住所的大发明所需的一切知识和技艺，以及工人们加工这些便利品所用的各种器具等。总之，如果我们考察一下这一切，并考虑投入到每样东西上的不同劳动，我们就会明白，没有成千上万人的帮助与合作，一个文明国家里的最卑微的人，即便想按照他所习惯的简单、舒适的方式生活，也是不可能取得生活用品的。诚然，与富贵人家的极度豪华、奢侈相比，一个最卑微的人的生活用品无疑是极其简单和平常的。可是，这或许是真实的，一个欧洲君主的生活用品并非总是大大超过一个勤劳、节俭的农民的，但这个农民的生活用品，总是超过很多主宰数以万计赤身裸体的野蛮人生命和自由的非洲君主的。

第二章　论引起劳动分工的缘由

劳动分工带来如此多的好处，但它原本不是人类智慧的结果，而是人类智慧预见到并想要得到分工所带来的普遍富裕。劳动分工是人性的某种倾向的必然结果，尽管这种结果非常缓慢与逐渐，这种倾向就是互通有无，物物交换，互相交易。

这种倾向是否是一种人性中无法进一步说明的初始本然之一，或者更确切地说是否是理性和言语能力的必然结果，并不是我们现在研究的主题。这是一种人类共有的倾向，而在其他动物那里是找不到的。其他动物，似乎既不了解这种交易，也不了解任何其他形式的契约。两只猎狗追逐同一只兔子，有时似乎在协同行动，将兔子向另一只猎狗驱赶，或在另一只猎狗把兔子驱赶到它那边时，进行拦截。但是，这种协同行动并不是契约的结果，而只是在某一特定时刻，出于对同一目标的欲望而偶然发生的。没有谁见到过两只狗公平且慎重地交换骨头；也没有人见过，一只动物以某姿势或自然嚎叫向另一只动物示意说：这是我的，那是你的，我愿意用我的交换你的。

当一只动物想要从一个人或者另一只动物处获得什么东西，除了博得施与者的欢心外，没有其他的说服手段。一只小狗想要获得食物，就会向母狗百般献媚；一只西班牙猎狗会做出种种娇态，以引起正在就餐的主人的注意，并施与食物。对于人类，我们有时也会采取这种手段。如果他没有别的办法让他人按照他的喜好行事，他就百般恭顺，阿谀奉承，以博取他们的欢心。不过，他没有时间每一次都这么做——在文明社会中，他总是需要他人大量的合作与帮助，然而他的一生中不足以结交几个朋友。

任何一种动物，一旦长大成年，都能够完全独立，而且在自然状态下，不需要其他同类的帮助。但人类不一样，他几乎随时都需要其他同胞的帮助。要想得到他们的恩惠，仅凭善意是不行的。如果他能激发他们的利己心，使其有利于他，并向他们表明，他要求他们所做之事对他们自己是有利的，他就更可能如愿以偿。无论是谁，如果他想与其他人做买卖，他都会这样提议：如果你给我想要的东西，你会得到你想要的东西，这就是交易的含义。正是这种方式使我们得到彼此所需的大部分帮助。

我们期望的饭食，不是屠户、酿酒家或烙面师的恩惠，而是他们自利的打算。我们所祈求的不是他们的人性，而是他们的利己心。我们从不向他们谈及我们自己的需要，只说他们的好处。除乞丐外，没有人愿意完全靠别人的恩惠生活，即使乞丐也不会一味依赖别人的恩惠。的确，乞丐生存所需的一切都是乐善好施的人的施舍。尽管这种施舍从根本上给乞丐提供了他生存所需的一切必需品，却没有，也不能随时随地给他提供他所需要的必需品。与其他人一样，他的大部分临时需要是采用与他人相同的方式，通过契约、交换和买卖而得到满足的。他用一个人给他的钱去购买食物，用另一个人给他的旧衣服去交换更合身的旧衣服，或住所，或食物，或钱，并用这些钱去购买自己需要的食品、衣服或住所。

就像我们通过契约、交换和买卖从别处得到我们所需要的大部分帮助那样，劳动分工最初也正是这种交换倾向引起的。例如，在一个以狩猎或游牧为生的部落中，有个比其他任何人都更加迅捷更加熟练地制造弓箭的人，他往往用自己制作的弓矢去交换他人的家畜或鹿肉。结果他发现，他用这种方式得到的家畜或鹿肉，比他自己亲自到野外捕猎得到的要多。于是，出于自身利益的考虑，他把制造弓箭变成自己的主要职业，于是成了一个武器制造者。另有一个人，因善于建造小茅房或移动房屋的框架和屋顶，常被其邻居请去造屋。他习惯用这种方式为邻居服务，而邻居们也以牲畜和鹿肉为酬。他最终发现，完全从事这一职业，变成一个房屋建筑者更符合自己的利益。同样，第三个人变成了铁匠或铜匠，第四个人变成了毛皮或皮革的硝皮人或鞣革人——毛皮或皮革是野蛮人衣着的主要组成部分。于是，由于肯定能用自己的劳动产品的剩余部分去交换自己所需的别人的劳动产品的剩余部分，这就鼓励大家从事一种专门的职业，并培养和完善他们从事这一职业所具备的才能或天资。

实际上，人们天赋的差异比我们意识到的要小得多。成年人从事不同职业时所表现出来的极不相同的才能，在很多场合，与其说是劳动分工的原因，倒不如说是劳动分工的结果。例如，两个性格极不相同的人，一个哲学家，一个街道搬运工，他们之间的差异，人们通常错误地认为不是由习惯、风俗与教育造成的，而是由其天赋造成的。但实际上，当他们来到这个世界，在人生的前七八年，他们的天赋或许极其相似，恐怕连他们自己的父母或玩伴也不能看出任何显著的差异。大约在这个年龄，或者随后不久，他们逐渐从事极不相同的职业。于是，他们的才能逐渐表现出差异，这种差距逐渐增大，直到最后他们中任何一个都认为他们之间没有任何相似之处。

如果不互通有无，以物易物以及互相交易的话，那么每个人就必须亲自生产自己生活所需的一切必需品和便利品。若每一个人必须履行相同的职责，做相同的工作，那就不可能存在因工作差异而引起的巨大的才能差异了。

正如这种交换倾向造成不同职业的人之间的才能差异那样，交换倾向使得这种差异体现价值。许多种被认为同族的动物，它们的天赋差异，比人类在未受教育和习俗熏陶以前所表现出来的自然才能要明显得多。一个哲学家与街道搬运工在天赋方面的差异，远不及大猛犬之于猎犬，猎犬之于西班牙猎狗或西班牙猎狗之于牧羊犬。但是，这些同种但不同族的动物，对彼此并没有用处。大猛犬的力量，并不能因猎犬的敏速、西班牙猎狗的精明或牧羊犬的驯服而有任何增加。因缺乏交换和交易的能力与倾向，不能把这些不同的天赋和才能变成共同的财富，给同种的动物提供更好的便利。每个动物仍然被迫自立并保护自己，丝毫得不到大自然赋予它同类的那种不同才能的好处。相反，人类之间的不同才能对彼此都有好处。他们通过互通有无，以物易物和交换，形成一种共同财富，各个人都可以交换到他所需要的其他人的才能所生产出来的产品。

第三章　论劳动分工受市场范围的限制

劳动分工的原因是交换，而这种分工的范围必然受到交换能力范围的限制，换言之，要受到市场范围的限制。当市场很小时，没有任何人被鼓励去专门从事一种职业，因为他没有能力用他自己生产的，远超自己消费的劳动产品的剩余部分，去交换他所需要的由他人生产的剩余劳动产品。

有些行业，即便最低级的行业，也只能在大城市进行。例如，一个搬运工在其他地方就找不到工作并生存下去。对他来说，一个村庄太小了，即便一个普通小镇也很少能大到足以让他找到稳定职业。在散布于苏格兰高地之类的荒凉农村中的独家住宅和细小村落，每个农夫必须得为他自己的家庭屠宰牲畜、烤面包和酿酒。在这种情况下，我们甚至很难找到一个铁匠、木匠或泥瓦匠。要想在二十英里内找到两个这样的人，就更难了。由于那些稀稀落落的人家之间的最近距离也有八到十英里，所以他们只好亲自动手干大量类似零活。在人口众多的国家，他们会雇请一些工人来帮忙。农村工人几乎都要兼任使用同一材料的行业里的各种不同的工作。一个乡村木匠要干与木材有关的各种工作；一个乡村铁匠要干与制铁有关的所有工作。农村木匠不仅是木匠，同时又是细木工和家具制造者，甚至还是雕刻师、车轮制造者、耕犁制造者，乃至手推车和四轮运货马车制造者。铁匠的工作更加繁杂。在苏格兰高地的穷乡僻壤，就算制钉人之类的职业也不可能有假如他每天能加工一千颗钉，一年工作三百天，照此速度，他每年能加工三十万颗钉。即便这样，他一年也不可能售出一千颗，而这仅是他全年中一天的工作量。

与陆运相比，水运为各种产业开拓了更加广阔的市场。因此，正是在海岸以及通航河道的两岸，各种产业自然地开始分工，并得以改进。这种改进往往经过漫长的时间才能逐步推广到一个国家的内地。一辆由两个人驾驭，八匹马拉的宽幅货运马车，要花大约六个星期的时间，才能运送四吨货物，往返于伦敦和爱丁堡之间。但是，在大致相同的时间内，一艘由六人或八人驾驶的货船，可以运送200吨货物往返于伦敦港和利斯港之间。由此可见，在同一时间内，通过水运，一艘由六人或八人驾驶的货船可以在伦敦和爱丁堡之间来回运送由100人驾驶，400匹马拉的50辆宽幅货运马车所能运送的相同数量的货物。因此，把200吨货物从伦敦陆运至爱丁堡，最低的费用相当于100个人三个星期的生活费，以及与400匹马50辆四轮运货车的损耗相当的费用。然而，若采用水运，相同数量货物的运输费用充其量也不过是六人至八人的生活费，载重200吨的一艘货船的消耗，以及水运保险费与陆运保险费之间的差额。

因此，两地之间，假如只能选择陆运的话，那么除了那些重量轻价格高的货物，就没有其他货物能从一地运至另一地了。这样，两地间的商业，就只有现时的一小部分，而两地间对产业发展提供的刺激，也只有现时的一小部分。如果没有水运的话，偏远地区的商业可能就无法进行。有什么货物能负担得起伦敦至加尔各答之间的陆上运费呢？即便有这种货物，又有什么输送手段能使这些货物安全通过两地间的众多野蛮民族的领土呢？然而，现今的事实是，两地间进行着大规模的商业，通过相互提供市场，为彼此的产业发展给予了很大的鼓励。

由于水运带来如此多的便利，所以工艺和产业的改进，最初都发生在水运发达的地方。但这种改进总要隔许久才能推广到内地。一国的内陆地区，由于与河道距离甚远，所以只能在邻近的地方实现商品的流通，而很难为自己的大部分货物找到长期的市场。所以，内陆地区的货物销量，在长时间内，必定与邻近地方的财富与人口数量成正比。也正因此，它的改良的进步总落后于邻近地方。在我们的北美殖民地，种植园往往都是沿海岸或通航河流的两岸设立，很少扩展到离它们很远的地方。

根据最可靠的历史记载，首先开化的乃是地中海沿岸各国。地中海是世界上迄今最大的内陆海，没有潮汐，因而除风起浪涌外，没有可怕的波涛。地中海由于水面平坦如镜，岛屿众多，临海岸很近，对航运有利。在指南针尚未发明，造船术尚不完美的时期，人们不敢离海岸太远，而置身于海洋的惊涛骇浪之中，地中海因为独特的地理环境，而非常有利于航运的发展。在古代，驶出海克力斯之柱（即直布罗陀海峡），长久以来被航海界视为最了不起的功绩。就连当时以造船业和航海业著称的腓尼基人和迦太基人，也是过了许久才敢于去尝试。并且在很长一段时间内，他们是唯一敢做这种尝试的国家。

在地中海沿岸各国中，农业与制造业开发最早改进最大的国家，要首推埃及。上埃及将其土地范围延伸至尼罗河两岸数英里内；在下埃及，尼罗河分成众多支流；这些支流，只要略施人工，就可在境内各大都市间、各重要村落间、村野各农家间，提供水上交通通道。这种交通便利，与现今荷兰境内的莱茵河和麦斯河差不多。范围如此广泛便捷的内陆航运，是埃及进步得那么早的原因之一。

东印度的孟加拉各省，以及中国东部的一些省份，农业和制造业的改进似乎也有同样久远的历史，尽管这种久远的程度，还没有得到我们欧洲历史权威的证实。在孟加拉，恒河及其他几条大河形成了许多可以通航的支流，其方式与埃及的尼罗河无异。在中国东部各省，也有数条大江大河，它们的支流和水道构成了一个河道网，相互交叉，为内陆航运提供了比尼罗河、恒河，甚至二者加在一起还要更广阔的领域。值得注意的是，无论古代的埃及人、印度人还是中国人，都不鼓励与外国进行贸易。他们的财富似乎全部来自内陆的航运。

非洲内陆地区，黑海和里海以北极远的亚洲地区，古代的塞西亚，即今日的鞑靼和西伯利亚，以及巴伐利亚、奥地利和匈牙利，似乎一直都处于野蛮未开化状态。鞑靼海是不能通航的冰冻海洋，尽管有若干世界著名大河流经鞑靼，但因它们彼此间的距离太遥远，在其国内的大部分地区不利于商业和交通。在欧洲，有波罗的海与亚得里亚海；在欧亚大陆之间，有地中海与黑海；在亚洲，有阿拉伯海、波斯湾、印度洋、孟加拉湾以及暹罗海湾，将海上贸易带入大陆的内部地区。但非洲却一个大内海也没有，境内的内陆河又相距甚远，很难进行大规模的内陆航行。此外，一国境内，即使有大河贯穿其中，但如果没有支流，其下游又需流经他国才能注入海洋，这样的情况下，这个国家也不能有大规模的商业。因为上游国能否与海洋相通，随时都要受到下游国的支配。多瑙河的航运对巴伐利亚、奥地利和匈牙利来说，没有巨大的用处，但倘若它们中间的任何一国独占该河流注入黑海之前的全部航道，情况就会不同了。

第四章　论货币的起源和用途

劳动分工完全确立以后，一个人自己的劳动产品仅能满足他自己需要的很小一部分。他用自己生产的劳动产品中超过他自己消费的剩余部分，去交换他所需要的别人劳动产品的剩余部分以满足自己的绝大部分需求。于是，每个人都靠交换而生活，或在一定程度上，成为一个商人，而社会本身亦逐步演变成为一个完全的商业社会。

但在劳动分工之初，这种交换必定经常遭遇各种阻碍与困难。假如一个人所拥有的某种商品超过了他自身的需求，而另一个人所拥有的这种商品却不能满足他自己的需求，此时，前者当然很乐意出售这部分商品，而后者当然也乐意从前者手中购买剩余商品的一部分。但是，如果后者并没有前者希望获取的东西，他们之间的交易就无法进行。屠户把自己消费不了的肉放在店内，酿酒师和烙面师都愿意从屠夫店中购买自己所需要的肉。但是，假如他们手中除了各自行业的不同产品外，没有其他东西可用来交换，而屠户已经有了现时所需的麦酒和面包，那么，他们彼此之间无法进行交易。在此情况下，屠户不能做酿酒师和烙面师的商人，而酿酒师和烙面师也不能做屠户的顾客，他们不能相互提供服务。自劳动分工确立以来，各时代各社会中，精明的人为了避免这种不便，除了自己的劳动产品以外，必定还会随身带一定数量的其他物品，这种物品会受到所有人的欢迎，他拿着这种物品就可以去交换任何人的劳动产品，而不会被拒绝。

为达到这个目的，人们先后想到并用过许多种物品。在未开化时代的社会，牲畜曾被作为商业上的通用媒介。尽管牲畜必定是极方便的商业媒介，但我们却发现了，古时候往往以交易所得的牲畜头数去估价。荷马曾说：代奥米德的铠甲仅值九头牛，而格罗卡斯的铠甲却值一百头牛。在阿比西尼亚，盐作为商业和变换的媒介；在印度沿海的某些地方，人们以某种贝壳为媒介；纽芬兰用干鳕鱼；弗吉尼亚用烟草；我国的一些西印度殖民地用砂糖；其他国家则用兽皮或鞣皮。据我所知，在当今苏格兰的一个小村庄，人们带着铁钉而不是钱去购买麦酒和面包。

可是，在所有国家，由于不可抗拒的理由，人们都最终决定使用金属来实现这种职能。没有任何其他商品比金属更容易没有损失地被保存，不容易磨损，还可以没有损失地被分割成许多小块儿，而这些小块儿很容易再次熔合起来。由于其他任何商品都不具备这种特性，所以金属成为最合适的商业和流通的媒介。例如，一个人想要买盐，但是假如他只能以牲畜作为交换，那他一次只能买与整头牛或整头羊价值相等的盐。因为他用于交换的商品是不能分割的，分割之后就不能复原。所以，他一次所购价值势必相当于整头牲畜的价值，不能少于这个限度。如果他想购买更多的食盐，出于同样的理由，他就只能用两三头牛或羊，购入两倍或三倍数量的盐。反之，假如他用以交易的物品不是牛或羊，而是金属，他就可以更容易地按照他当时需要的商品的准确数量，按比例分割相当数量的金属，去购买相当价值的物品。

为达到这种目的，各国使用了不同的金属作为商业媒介。古斯巴达人用铁，古罗马人用铜，而富裕的商业国的国民却使用金和银。

用作商业交换媒介的金属，最初似乎都是粗条的，未加任何印记，也没有铸造。普林尼引用一位古代历史家蒂米阿斯的话说：在瑟维阿斯·图利阿斯时代以前，罗马人还没有铸造货币，他们只能用没有印记的铜条去购买各自需要的东西。这些粗条金属，在当时充当着货币的角色。

用这种粗金属做货币带来了两大不便：一是称量的困难；二是化验纯

度的困难。贵金属在数量上的少许差异，会带来价值上巨大的差别。但要准确称量这类金属，至少需要极精密的砝码和天平。黄金的称量尤其是一种精密的操作。当然，廉价金属小小的称量误差对其价值不会产生大的影响，因此，没有精确称量的必要。但是，如果一个穷人每次购入或卖出价值一个法新（英国从前使用的铜币，价值1/4便士——译者）的货物时，每个法新的重量都得称一下，就不免令人觉得麻烦极了。

化验金属纯度的工作更加困难烦琐。除非使用适当的溶剂，把放在坩埚里的一部分金属完全熔化，否则化验的结果是很不可靠的。但是，在铸币制度尚未建立之前，除非通过这种既困难又烦琐的程序，否则人们很容易上当受骗。他们卖出货物换来的不是一磅重的纯银或纯铜，而是掺了假的粗糙且廉价的东西。因此，为避免这种行为，促进贸易，鼓励各种产业和商业，所有进步国家都认为，有必要对购买货物的常用金属，按照数量加盖官印。这就是铸币制度和造币厂的起源。这种制度的性质，与麻布和呢绒检查官制度完全相同。这些检察官的任务是，通过加盖公印，确定市面上各种商品的分量，以及统一它们的品质。

最初加盖在金属货币上的官印，其目的似乎只在于确保金属的品质或纯度。这种保证是最困难的，但又是最必要的。这种刻印，就像现在加盖在银器皿或银条上的银纯度标记。或者，现在有时加盖在金条的一边而不盖住金块的全面的西班牙标记，也是如此。它所确定的是金属的纯度，而不是金属的重量。亚伯拉罕称银四百舍客勒给伊弗伦，用来支付麦比拉的田价。据说，当时商人通用的货币是银子，只论重量，不论个数。在古代，撒克逊人入主英格兰，国王向人民征收的税赋，不是货币，而是实物，亦即各种粮食。向人民征收货币，是从征服者威廉开始的。不过，当时纳入国库的货币，在很长一段时间里，是按重量而不是按个数收缴的。

要准确称量金属，是很麻烦和很困难的，这便促成了铸币制度的产生。铸币的两面均加盖有官印，有时边缘也有官印，以确保金属的纯度和重量。从此以后，铸币就像现在这样按个数流通，省去了称量的麻烦。

那些铸币的名称，起初似乎是表示它们所含金属的重量或数量。瑟维阿斯·图利阿斯率先在罗马铸造货币，当时，罗马币阿斯（AS）或庞多（Pondo）含有一罗马磅重的纯铜。阿斯或庞多就像我们的特鲁瓦磅那样，分为十二盎司，每盎司含有一盎司的纯铜。在爱德华一世时代，一英镑含有一陶尔磅重的纯银。每陶尔磅似乎比一罗马磅要重些，但比一特鲁瓦磅要轻些。直到亨利八世第十八年，英国造币厂才开始采用特鲁瓦磅。法国的利佛在查理曼时代一特洛伊磅重的一定纯度的白银。当时，特鲁瓦是法国东北部香槟省的一个城市，欧洲各国人民时常出入它的市场，于是大家都熟悉并尊重这个有名市场所用的权度量衡器。从亚历山大一世到罗伯特·布鲁斯，英格兰的磅也像英镑一样，含有一磅相同重量和纯度的白银。在英格兰、法兰西和苏格兰流通的每便士，最初都含有一便士重的白银，即一盎司的二十分之一或一磅的二百四十分之一的白银。先令最初似乎是重量的名称。亨利三世时期的一部古老法律规定：当小麦的售价为每夸特十二先令时，价值一法新的面包须重十二先令四便上。不过，先令对便士或先令对磅的比例，似乎不像便士对磅的比例那么稳定和统一。在法国前几位国王统治时期，法国的苏（Sou）或先令，有时含五便士，有时含十二便士，有时含二十乃至四十便士。在古代的撒克逊人中，有时一先令似乎只含五便士。其含量的变化，与其邻国人即法兰克人的情况大致相似。在自查理曼大帝以来的法国人中，以及在自征服者威廉以来的英国人中，镑、先令与便士的比例，似乎和现在完全相似，尽管各自的价值非常不同。我相信，世界上每一个国家的君主，都是贪婪和不公的，他们会滥用臣民的信任，逐渐减少铸币中金属的含量。在罗马共和国后期，罗马的阿斯降到原来的二十四分之一，含量名为一磅，实则仅为半盎司。英格兰的镑和便士，现今价值大约相当于当初的三分之一，但含量大约相当于当初的三十六分之一；法国的镑和便士，大约仅相当于当初的五十六分之一。通过采用这些办法，君主和国家就能用比原来要求的较小量的白银去偿还债务，履行各种契约。实际上，政府的债权人因此被剥夺了应得债款的一部分。国内一切其他债务人被允许拥有相同的特权，可用同样面值的贬值新币去偿还旧币债务。所以，这些做法常常对债务人有利，而对债权人是不利的。有时，这些措施产生的影响，比公共大灾祸更容易带来更大更普遍的个人财产革命。

正是通过这种方式，货币成为所有文明国家的普遍商业媒介，并通过这种媒介买卖或交换各种货物。

我现在要考察人们在以货币交换货物，或用货物交换货物时自然遵循的规则。这些规则决定商品的相对价值或交换价值。

应当注意的是，价值一词有两个不同的含义。它有时表示某一特定物品的效用，有时又表示占有该物所传达的购买其他货物的力量。前者可叫作使用价值，后者可称为交换价值。具有最大使用价值的东西，往往具有极小，甚至根本没有交换价值；反之，具有最大交换价值的东西，往往具有极小，甚至根本没有使用价值。没有什么东西比水更有用，但我们不能用它购买任何物品，也不会拿任何物品去交换它。反之，钻石几乎没有什么使用价值可言，但须有大量其他货物才能与之交换。

为了探讨支配商品交换价值的原则，我将努力阐明以下三点：

第一，什么是交换价值的真实尺度？换言之，是什么构成了一切商品的真实价格？

第二，构成商品真实价格的组成部分是什么？

第三，什么情况使上述价格的某些部分或全部，有时高于其自然价格或普通价格，有时又低于其自然价格或普通价格？换言之，使商品市场价格或实际价格有时不能与其自然价格一致的原因是什么？

关于这三个问题，我将在以下三章尽可能详细且清晰地说明。不过，为了详细说明某些情况，在有些地方可能会使人感觉冗赘，要请读者忍耐；有些地方虽经我竭力作详尽的说明，恐仍难免说得不够清楚，要请读者细心体会。为了确保我说得明白易懂，我愿意冒冗赘之险。但对一个极其抽象的问题，即使竭尽全力，恐仍难免有些不清楚的地方。

第五章　论商品的真实价格与名义价格或其劳动价格与货币价格

一个人是贫是富，就看他能在什么程度上享受人生的必需品、便利品和娱乐品。但在劳动分工一旦完全确立之后，一个人所需要的东西，仅有极小部分源自他自己的劳动，而他需要的大部分东西须源自他人的劳动。所以，他是贫是富，要看他能够支配多少劳动，或要看他能够买得起多少劳动。任何商品的价值，对于一个拥有它，但不自己消耗它，而愿意用它去交换其他商品的人来说，等于他能够购买或支配的劳动量。因此，劳动是衡量一切商品的交换价值的真实尺度。

每一件物品的真实价格，即想要得到这件物品的人实际上付出的费用，乃是为获得它而付出的辛苦和麻烦。对于已得到并想处置此物或想交换他物的人来说，它的真实价值，等于因占有它而自己省去的并强加到别人身上去的辛苦和麻烦。用货币买到的或用货物换来的物品，都是用劳动买来的东西，就像我们用自己的辛苦得来的一样。那种货币或那些货物确实让我们省去了自己的辛苦。它们含有一定劳动量的价值，我们用以交换其他当时被认为含有同量劳动价值的物品。劳动是第一价格，是最初用来购买一切货物的定价。用来最初购得世间一切财富的，不是黄金或白银，而是劳动。财富的价值，对于拥有它并愿用它去交换一些新产品的人来说，恰恰等于它让他们能够购买或支配的劳动量。

正如霍布斯所说：财富就是权力。然而，获得或继承大笔财产的人，未必就能获得或继承民政或军政权。他的财产或许可以给他提供获得这两种权力的手段，但仅有财产未必就能给他政权。财产能够直接给他的是购买力，即对当时市场上各种劳动或劳动产品的支配权。他的财产的多少与这种支配权的大小成正比；或者说，财产的多少与他所能购买或支配的他人的劳动量或他人劳动产品的数量成正比。一件物品的交换价值，必然总是精确地等于这件物品给其所有者提供的劳动支配权。

尽管劳动是所有商品交换价值的真实尺度，但商品的价值通常不是按劳动估量的。要确定两种不同劳动之间的比例，往往很困难。仅靠两种不同工作所花费的时间，往往是不能确定这一比例的。不同工作的难易和所运用的精巧程度，同样须考虑进去。一个小时的困难工作比一个小时的容易工作也许包含更大的劳动量；与普通的职业相比，需要花十年时间才能学到的技艺，一个小时的工作比普通行业中技艺的一个月的劳动量，可能还要多。但是，很难找到精确衡量这种困难程度或精巧程度的尺度。当然，在交换不同种类劳动的不同产品时，通常都会考虑劳动的困难程度和精巧程度。但是，在进行交换时，不是用准确尺度来衡量的，而是通过市场上的讨价还价，按照日常买卖的大致而不是精确计算来调整的等价交换。

由于每种商品频繁地与其他商品而不是劳动交换，即与其他商品而不是劳动相比较，所以，它更自然地采用某种其他商品的数量而不是它所购得的劳动量去衡量其交换价值。多数人对于用一种商品的数量表示的东西比用一种劳动量表示的东西更容易理解。前者是看得见摸得着的东西，而后者是抽象的概念。虽然抽象概念能被充分理解，但它不是那样明显和自然的。

但是，当物物交换停止，货币成为商业的普遍媒介时，每件特定商品更频繁地同货币而不是任何其他商品进行交换。屠户很少把自己的牛肉或羊肉带到面包师或酿酒师那里去换面包或啤酒，而是把牛肉或羊肉拿到市场去换取货币，然后再用货币去买面包或啤酒。他出售牛羊肉得到的货币量，决定着他后来能够购买到的面包和啤酒的数量。因此，对他来说，更自然与明显的是，用货币的数量，即他用肉直接换来的商品的数量去衡量他的牛羊肉的价值，而不是用面包和啤酒的数量，即他只有通过其他商品的介入才能交换到的商品的数量去衡量。即是说屠夫的肉每磅值三便士或四便士，而不是三磅或四磅面包，或三夸脱或四夸脱淡啤酒。所以，每件商品的交换价值更多地用货币量去衡量，而不是用它所能交换得到的劳动量或其他商品的数量去衡量的。

可是，像任何其他商品一样，金和银的价值是变化的，有时高，有时低；有时容易买到，有时难以买到。某一特定数量的金和银所能购买或支配的劳动量或交换到的商品量，往往取决于交易发生时已发现的金矿和银矿储量大小。十六世纪在美洲发现了大量的金银矿，这一发现使金银的价值在欧洲几乎降至原价的三分之一左右。由于把这些金属从矿山运送到市场时花费的劳动较少，所以，进入市场后，这些金银所能购买或支配的劳动也较少。这次变革在金银价值方面是非常巨大的，但却不是历史上唯一一次。作为一种度量单位，应该是固定和精确的。但是比如一步之长，两臂合抱之宽或一手所握之重，本身就是不断变化的，用它们作为测量方法，本身就是不精确的。自身价值不断变化的商品，也不能成为衡量其他商品价值的精确尺度。但是劳动另当别论，等量的劳动，无论何时何地，对劳动者来说拥有同等的价值。如果劳动者在健康、力量和精神状态以及技巧和熟练程度等方面总是处于一般状态，那么在劳动时，总是必然付出相等数量的安逸、自由与幸福。无论他所得到回报的货物数量是多少，他所支付的价格必定总是相同的。当然，虽然他的劳动所能购得的货物数量，有时多，有时少，但是，变动的只是这些货物的价值，而不是购买这些货物的所付出的劳动价值。不论何时何地，凡是难于找到或需花费大量劳动才能获得的东西，必然价格昂贵；凡是容易找到或只需花费少量劳动就能获得的东西，其价格必然便宜。所以，只有自身价值从不变化的劳动，才是随时随地可用来衡量与比较各种商品价值的最后和真实标准。劳动是商品的真实价格，货币只是商品的名义价格。

可是，对于劳动者来说，虽然等量劳动总有等量价值，但在雇用劳动者的人看来，它的价值却时高时低。他有时用较大量的货物，有时用较少量的货物，去购买同等数量的劳动。对他来说，劳动的价格同其他一切货物一样是不断变化的。在他看来，劳动似乎有时昂贵，有时便宜。但实际上，在前一场合，货物便宜；在后一场合，货物昂贵了。

所以，从普通的意义上来看，劳动也像商品一样，具有真实价格与名义价格。其真实价格，就是劳动报酬的一定数量的生活必需品和便利品；而名义价格，就是劳动报酬的一定数量的货币。劳动者的贫富、劳动报酬的高低，不与他的劳动的名义价格成比例，而与其劳动的真实价格成比例。

就商品与劳动而言，其真实价格与名义价格的区别，不单纯是一个理论问题，有时在实践中也有大量用途。同一真实价格往往具有相同的价值，但同一名义价格的价值，却往往因金银价值变动而产生巨大差异。因此，假如一个人要以永久租佃为条件售卖地产，如果他真要使地租的价值永久不变，那就不能把地租定为特定数额的货币。如果把地租定为特定数额的货币，其价值难免发生以下两种变化：第一，因同一面额铸币中不同时代所含的金银数量的不同而产生的价值变化；第二，因同等数量的金银在不同时代具有相同的价值而产生的变化。

君主和国家常设想通过减少铸币内所含的纯金属的数量让他们获取暂时利益，但很少有人设想增加这种数量的好处。我相信，各国铸币内所包含的纯金属数量几乎都在不断减少，从未有任何增加，所以，这种变化几乎总是在降低货币地租的价值。

美洲矿山的发现降低了欧洲金银的价值。人们普遍认为，金银的价值还会逐渐下降，而且可能在很长一段时间内继续下降（但我认为这没有确定论据）。按照这种推测，即使地租不是用特定数量的某种面额的货币去规定的（如多少英镑），而是用多少盎司的纯银或某种标准白银来规定的，这种变化更有可能降低而不是增加货币地租的价值。

用谷物规定的地租比用货币规定的地租能更好地保持地租的价值，即使在铸币面额没有发生任何变化的地方。伊丽莎白第十八年规定，国内各大学的地租的三分之二用货币支付，其余三分之一必须用谷物，或实物，或按当时最近市场上的谷价折合成货币支付。由谷物折合货币的部分，只占三分之一。但是到现在——按布勒克斯顿博士的话说——这三分之一的地租已经两倍于其余的三分之二了。照此计算，各大学的货币地租，几乎已经降至原有价值的四分之一，或原来所值谷物的四分之一了。但是，自腓力普和玛利王朝以来，英国铸币的面额几乎或根本没有发生任何变化，同一数量的镑、先令或便士，几乎含有同一分量的纯银。由此可见，各大学货币地租价值的下跌，完全是由银价的下跌引起的。

如果银价在下跌，同时铸币内所含的纯银量也在减少时，货币地租的损失就会更大。苏格兰铸币的含银量的变动比英格兰的要大得多，而法国又比苏格兰大得多。所以，法国和苏格兰原本很有价值的地租，到现在几乎一文不值。

在两个相隔久远的时代里，等量的谷物，比等量的金银或其他货物，更可能购买等量的劳动。所以，在两个相隔久远的时代里，等量的谷物更可能保持几乎相等的真实价值，能让其所有者购买或支配他人几乎等量的劳动。换言之，等量的谷物比等量的其他商品更可能购买或支配等量的劳动，因为，即便是等量的谷物也不可能购买或支配绝对等量的劳动。劳动者的生活资料或劳动的真实价格，正如我在后面的章节要说明的那样，在不同场合是大不相同的。在一个进步社会，劳动者所享有的生活资料比一个停滞不前的社会要丰富，而一个停滞不前的社会又比一个倒退的社会丰富。在一定时间内，谷物以外的其他任何商品所能购得的劳动量，将会与它当时所能购买的生活资料的数量成比例。所以，用谷物计算地租，只受一定数量谷物所能购买的劳动量的变化的影响。而用其他商品计算的地租，不但要受一定数量的谷物所能购买的劳动量的变化的影响，而且还要受一定数量的该商品所能购买的谷物数量变动的影响。

不过，值得注意的是，谷物地租真实价值的变化，从一个世纪到另一个世纪来说，比货币地租真实价值的变化要小得多，但就一年一年来说，却比货币地租真实价值的变动大得多。正如我在后面的章节说明的那样，劳动的货币价格并不随谷物的货币价格而逐年波动，它似乎不与谷物的暂时或偶然价格相适应，而与谷物的平均或普通价格相适应。我在后面的章节要说明，谷物的平均或普通价格，受白银的价值，受向市场供应白银的矿山出产量，以及将特定数量的白银运送到市场所需的劳动量消费的谷物的数量支配。尽管白银的价值在不同世纪变化很大，但在半个世纪到一个世纪的各年中，它的价值往往不会有太大变动，或者说几乎没有什么变化。所以，谷物的平均或普通价格在很长的时间内有可能维持不变或几乎不变。只要社会在其他方面保持相同或大致相同的情况下，劳动的货币价格也不会发生变化。不过，谷物的暂时或偶然价格却经常出现今年比去年高一倍，例如，从每夸特二十五先令涨到每夸特五十先令。但当谷价涨至每夸特五十先令时，谷物地租的名义价值和真实价值就要比以前高出一倍，或者说可以支配两倍的劳动量或更大数量的其他商品，但在这些波动中，劳动货币价格和大多数其他商品的货币价格仍保持不变。

由此可见，劳动才是唯一衡量价值的普遍和精确尺度。换言之，任何时候任何地点用来比较不同商品价值的唯一标准，应该是劳动。我们不能用白银的数量去衡量不同商品在不同时代的真实价值，也不能用谷物的数量去衡量其不同年份的真实价值。但是，我们可以用劳动量非常精准地衡量不同商品在不同世纪或不同地区的真实价值。就不同时代而言，谷物是比白银更合适的衡量尺度，因为等量的谷物比等量的白银更能支配等量的劳动。然而，就不同年份而言，由于等量的白银比等量的谷物更能支配等量的劳动，所以白银是比谷物更好的衡量尺度。

区分真实价格与名义价格，对确定永久地租或缔结长期租地契约可能有用，但对日常生活中比较普通的买卖，却没有任何用处。

在同一时间和同一地点，所有商品的真实价格与名义价格成比例。例如，在伦敦市场上出售任何商品得到货币越多，它能购买或支配的劳动量就越大；反之，得到的货币越少，它所能购买或支配的劳动量就越小。所以，在同一时间和同一地点，货币乃是所有商品的真实交换价值的精确尺度。但只在同一时间和同一地方，它才是这样。

在相距很远的地方，商品的真实价格与货币价格不成比例，而从一地往另一地贩运货物的商人只考虑商品的货币价格，或者说，他所考虑的只是购买商品所花的白银与出售商品换回的白银之间的差额。在中国广州，半盎司白银可支配的劳动量或生活必需品和便利品的数量，比伦敦的一盎司白银可支配的还要大。因此，对在两地出售同一种商品的人来说，在广州售价为半盎司的商品，也许比在伦敦售价为一盎司的商品更有价值。不过，如果伦敦商人能在广州以半盎司的白银购买的某种商品，在伦敦以一盎司的价格出售，就获得了百分之百的利润，好像伦敦和广州的银价完全相同一样。至于广州的半盎司白银比伦敦一盎司白银能够支配更大劳动量或更大数量的生活必需品和便利品，对这个商人来说并不重要。在伦敦，一盎司的白银所能支配的劳动量和生活必需品与便利品的数量，总是半盎司的白银所能支配的劳动量和生活必需品与便利品的数量的两倍，这正是他想要的。

由于一切买卖行为是否适当，最终都取决于商品的名义价格或货币价格，而日常生活中几乎所有交易都受其支配，所以，人们大都注意其名义价格而不是真实价格，是不足为怪的。

但是，在这本书中，有时比较不同时间与地点的某种特定商品的不同真实价值，或它在不同场合赋予它的所有人对他人劳动的支配力，是有益的。此时，我们所要比较的，不是出售某种特定商品所得不同数量的白银，而是这些白银能够购买的不同劳动量。但是，要确切了解不同时间和不同地点的劳动时价，是很难的，因为很少有地方经常记录谷物的时价。但对于谷物的时价，人们一般都比较清楚地知道，历史学家和作家们也常注意到。所以，一般来说，谷物的时价虽然并不总是与劳动的时价保持相同比例的涨落，但因为二者总是以最近似的比例涨落，所以我们应该对此感到心满意足。我在下面要做几个这种比较。

在产业进步的过程中，各商业国发现了将几种金属铸成货币所带来的便利：大额付款用金币；一般数额的买卖用银币；数额更小的买卖用铜币或其他金属铸币。在这三种金属中，人们往往选定其中的一种作为主要的价值尺度。而这种金属，往往也是最早作为商业媒介的金属。如果没有其他金属货币可用，他们就会将这种金属当作主要流通货币，即使后来需求已经改变，但是人们往往仍旧使用。

据说，罗马人在第一次普尼克战争前的五年里才开始铸造银币，在此之前只使用铜币。所以，铜似乎一直是罗马帝国所采用的价值尺度。在罗马，全部账簿的记录和不动产价值的计算，似乎都是用阿斯（AS）或塞斯特蒂（Sestertii）计算。阿斯是一种铜币的名称，而塞斯特蒂表示两个半阿斯。所以，尽管塞斯特蒂阿斯最初是一种银币，但它的价值却是用铜来衡量的。在罗马，对于负债很多的人，人们都说他借了别人很多铜。

在罗马帝国的废墟上建立起来的北方民族，自他们定居起，就开始使用银币，且在之后多年也没有金币和铜币。撒克逊人入主英格兰时，英格兰只有银币；直到爱德华三世时代，才有了少许金币。在詹姆士一世之后，才有铜币。所以，在英格兰——我相信，在近代欧洲各国——但在大不列颠，直到爱德华三世的时代才有少许金币，在詹姆士一世以后才有铜币。所以，我相信，人们出于相同的理由，在英格兰以及所有其他现代各国采用白银记录账簿，计算所有货物以及所有财产的价值。当想要表示一个人的财产数量时，我们很少提及金几尼的数量，而只是提及多少磅纯银。

我认为，各国最初采用的法定支付货币只能用被特别看成价值标准或尺度的那种金属铸成的。在英格兰，黄金铸成金币后很长一段时间不被看成法定货币。金币与银币价值的比例不是由法律或公告规定，而是由市场决定。假如债务人主动提出用金币偿债，债权人可以拒绝，也可以接受按照他和他的债务人同意的金价计算方式偿债。铜现在不是法定货币，只用来兑换小额银币。在这种情况下，本位金属与非本位金属的区别，已不仅是名义上的区别了。

随着时间的推移，由于人们逐渐更加熟悉多种金属铸币的使用，因此更加了解它们之间的价值比例。我相信，大多数国家，这才发现确定不同币种之间的兑换比例的便利，并用法律予以确定，比如，怎样重量和纯度的几尼应该兑换二十一先令，或用作偿还同等数额债务的法定货币。在这种状态下，在这一法定比例持续有效期间，本位金属与非本位金属的区别只是名义上的了。

然而，由于这种法定比例的变化，本位金属与非本位金属的区别变得或至少似乎变得不仅是名义上的了。例如，如果一几尼的法定价值降至二十一先令或升至二十二先令，一切用银币表示的账目和几乎所有债务，大部分可以像以前那样用等量的银币偿还，但所需的金币数量就有很大的差异，在一几尼低于二十先令时，所需的金币数要大些；当一几尼高于二十二先令时，所需的金币数要小些。在这种情况下，与金价比较，银价似乎更不易于变化。黄金的价值好像取决于它所交换的白银数量，而白银的价值好像并不取决于它所换取的黄金的数量。但这种差异完全是因为人们习惯用银币而不是金币去记账以及表示不同大小数额的习惯。例如，德拉蒙先生的一张面额为二十五几尼或五十几尼的期票，在其法定比例发生变化之后，仍可像以前那样以相同的方式用二十五几尼或五十几尼的银币支付。在这种变化发生之后，会像以前那样用相同数量的金币但完全不同数量的银币支付。就这张期票的支付而言，黄金的价值似乎比银币变化得更少。这时，就好像白银的价值是用黄金来衡量，而白银不能用来衡量黄金的价值。假如用这种方式记账以及表示期票和其他债务的习惯应该变得普遍的话，那么黄金而不是白银会被看成价值的标准或尺度的特定金属。

事实上，在不同金属铸币的各自价值的法定比例持续不变期间，最珍贵金属的价值便支配整个铸币的价值。十二枚铜便士以常衡（十六盎司为一磅）计，含半磅的铜，但由于不是品质最好的铜，所以在未被铸成铜币之前，几乎不值七便士的银币。可是，由于法律规定十二枚这样的便士可兑换一先令，于是它在市场上被看成价值一先令，并可随时兑换成一先令。甚至在大不列颠最近的金币改革之前，金币——至少是在伦敦及其附近流通的那部分金币，与大部分的银币相比，其金的含量和纯度很少下跌至标准重量之下。可是，磨损的二十一先令的银币仍被视为等同无大损耗的一几尼金币。最近，由于法律规定，英政府已经采取措施，使金币也像别国通用铸币那样接近标准重量，官署要依据重量计算，否则不得收受金币。在这个法令有效期间，金币的重量会与标准非常接近。但是银币仍然处于磨损剥蚀严重的状态，不过到了市场上，磨损的银币二十一先令，仍然被认为值优良的一几尼金币。

很显然，金币改革抬高了能与金币兑换的银币的价值。

金条和银条的市场价格的偶然波动是由像所有其他商品的市场价格波动相同的原因造成的。这些金属因各种海路和陆路事故的经常损失，因滑动和金属镀层，细带和修饰，铸币磨损的不断损耗，在没有自己的金银矿的所有国家，需要持续的进口以弥补这种损失和损耗。我认为，进口商们像其他所有商人一样，会竭尽全力让其偶然的进口符合他们所判断的可能是眼前的需求。然而，虽然他们很注意，但仍然有进口量过多或过少的情况。当进口的金条或银条超出需要时，他们有时愿意低于普通价格或平均价格出售一部分，而不是冒着承受风险的麻烦。另一方面，当进口的金条或银条低于需要时，他们就高于这个价格出售。但在所有波动情况下，金条或银条的市场价格在数年里保持稳定与持续的状态，或者是或多或少低于这一价格：我们可以肯定的是，这种稳定与持续的高于或低于这一价格，受到铸币状态时某种因素的影响，这种影响在当时使得更高或更低价值的铸币的数量超出了它应包含金条或银条的精确数量。这种影响之所以稳定与持续是与造成这种稳定与持续的原因成比例的。

在任一特定时间和特定地点，任一特定国家的货币，是否或多或少是价值的准确尺度，要看通用的铸币是否准确符合它的标准，也就是说，要看铸币所包含的纯金量或纯银量，是否准确符合它应当包含的纯金量或纯银量。例如，在英格兰，如果四十四个半几尼恰好包含一英镑重的标准金，即十一盎司纯金和一盎司合金，那么，英格兰的金币在任一特定时间和特定地点都可成为货物实际价值的精准尺度。然而，假若磨损与消耗使得四十四个半几尼的标准金含量低于一英镑，而且磨损的程度又参差不齐，则这种价值尺度就会像其他度量衡一样，难免有些不准确。由于恰好符合其标准的度量衡并不多见，所以商人们尽可能用这种方式去调整自己货物的价格：不是按照度量衡应有的标准，而是凭自己的一般经验所发现的实际的那种度量衡标准去调整。由于在铸币过程中出现了相似的混乱，货物价格也同样不是按铸币应当包含的纯金量或纯银量，而是按商人一般以经验所发现的实际含量来作调整。

应当指出的是，所谓的商品货币价格，我所理解的总是指这些商品出售所得的纯金量或纯银量，不考虑铸币的名称。例如，我把爱德华一世时的六先令八便士视为当今一英镑的货币价格；因为根据我们的判断，它包含相同数量的纯银。

第六章　论商品价格的组成部分

在资本积累和土地私有尚未发生之前的初期野蛮社会，交换物品的唯一标准，似乎就是获取各种物品所需的劳动量之间的比例。例如，在以狩猎为生的民族中，如果捕杀一只海狸所需的劳动通常是捕杀一头鹿所需劳动的两倍，那么，一只海狸理当换回两头鹿。所以说，两天或两小时劳动产物的价值是一天或一小时劳动产物的两倍，是理所当然的。

如果一种劳动比另一种劳动更为艰苦，那么，人们自然要加以适当考虑这种更艰苦的情况。一小时艰苦程度较高的劳动所获得的产物，往往可以交换一种艰苦程度较低但需花费两小时才能获得的劳动产物。

如果某种劳动需要非凡的技巧和智能，那么，人们出于对这种才能的尊重，自然会给它们的产品高于其所花时间赢得的价值。这种才能的获得，需要经过长期实践，给予其产品较高的价值仅仅是对获得这种才能必须花费的时间和劳动的合理报酬。在进步的社会里，这种特别艰苦的工作和特别熟练的劳动，一般都考虑在劳动工资中。在社会的最初及最不开化时期，这种做法可能已经出现。

在这种状态下，劳动的全部产物均属于劳动者自己。获得或生产一种商品所需的劳动量是决定应当购买、支配和交换的劳动量的唯一标准。

资本一旦在个别人手中积累起来，其中的一些人自然会用这些资本给那些勤勉的人提供原材料或生活资料，以期提供出售他们的劳动产物，获取原材料增值所带来的利润。在用整个制成品去交换货币、劳动或其他货物时，劳动产物的价格，除了足以支付原材料的价格和工人的工资外，还须剩余一部分，作为企业家冒险进行资本投入获得的利润。因此，在这种情况下，劳动者使原材料增加的价值分为两部分：一部分用来支付劳动者的工资；另一部分用来支付企业家的利润，以此来充抵他所垫付原材料和工资的全部资本。假若他出售劳动产品的预期所得不足以弥补他所垫付的资本，那么，他便不会有兴趣去雇用工人；而且，如果他获得的利润不能与他所垫付的资本额保持某个比例，那么，他就不会有兴趣投入巨额资本，而只是会进行小额投资。

也许有人认为，资本的利润只是某种特定劳动工资的别名，即监督和指挥这种劳动的工资。但利润和工资是完全不同的，并受到完全不同的原则的支配，而且与这种所谓监督和指挥的劳动的数量、强度与技巧不成比例。利润完全受所投资本的价值的支配，利润的大小与资本的多少成比例。例如，假定某个地方，制造业资本年利润一般为10%，有两个不同的制造厂，分别雇用二十名工人，工资每人每年十五英镑，即每个工厂每年需支付的工人工资是三百镑。再假定一家工厂每年使用的粗糙原料值仅七百英镑，而另一家工厂使用的精细原料值七千英镑。在此情况下，前者每年投入的资本不过一千英镑，而后者却达到七千三百英镑。因此，按10%的利润计算，前一企业家每年的预期利润仅一百英镑左右，而后一企业家每年的预期利润则可达七百三十英镑左右。尽管他们的利润相差较大，但是他们的监督和指挥劳动却完全相同或接近相同。在许多大工厂里，这种劳动几乎全部委托给一个重要雇员。这个雇员的工资准确地表示了这种监督与指挥劳动的价值。在决定这个雇员的工资时，不但要考虑他的劳动和技巧，而且也要考虑他所负的责任；不过，他的工资和他所管理监督的资本并不保持一个确定的比例。而这种资本的所有者，虽然摆脱了几乎所有劳动，但仍然希望他的利润与其资本保持一定的比例。因此，在商品价格中，资本的利润就成为一个与劳动工资完全不同的组成部分，而且受完全不同的原则的支配。

在这种状态下，劳动的全部产物未必都属于劳动者，在多数情况下须与雇用他的资本所有者分享。获得或生产任何一种商品付出的劳动量，也不能单独决定它所能购买、交换或支配的劳动量。很显然，还必须考虑垫付劳动工资和提供原材料的资本的利润。

一旦任何国家的土地完全成为私有财产，地主也会像所有其他人一样，喜欢不劳而获，甚至对土地的自然产物也要求地租。森林中的树木，田野上的草，大地的各种自然果实，在土地公有时代，劳动者只需花时间去采摘，而现今却需付出固定的额外代价。他必须把他采摘或生产的东西的一部分交给地主。这部分东西，或这部分东西的价格，便构成了地租，在大多数商品价格中成为了第三个组成部分。

必须指出的是，价格这三个不同组成部分的真实价值，是用它们各自所能购买或支配的劳动量来衡量的。劳动不仅衡量价格中构成劳动（或工资）的那部分的价值，而且还要衡量价格中构成地租和利润的那两部分的价值。

无论在什么社会，任何一种商品的价格归根结底都分解为这三个部分的某一部分或全部。在进步的社会里，绝大部分商品的价格都分解成这三个部分，只是它们的比例不同而已。

就谷物的价格而言，其中的一部分支付地主的地租，另一部分支付劳动者的工资或耕畜的维持费，第三部分支付农场主的利润。这三个部分似乎直接或最终构成谷物的全部价格。也许有人认为，还有第四部分，用来抵偿农场主的资本，即补偿耕畜或其他耕种农具的损耗。但必须考虑到，耕畜和其他农具的价格，本身就是由上述三个部分构成的。例如耕马，就是养马地的地租，养马人的工资以及农场主垫付地租和工资的资本的利润。因此，尽管谷物的价格还要考虑支付耕马的费用及其维持费，但全部价格仍旧直接或最终由地租、劳动及利润这三个部分组成。

就面粉或谷物粗粉的价格而言，我们必须把谷物的价格，磨坊主的利润以及雇工的工资加在一起；就面包的价格而言，我们必须把面包师的利润及其雇工的工资加在一起。但把谷物运到面粉厂，将面粉运到面包师那里也需要劳动；运输工人的工资以及这些工资的利润也必须加在其价格内。

就像谷物的价格一样，亚麻的价格分为三个组成部分。麻布的价格由刷洗工、纺工、织工、漂白工的工资以及他们各自雇主的利润组成。

任何特定商品，越接近于最终完成阶段，其价格中的工资和利润部分的比例，和地租部分比较就越大。随着制造业的推进，不仅利润的项目增多，而且每一种后面的利润都比前面的利润大，因为获取利润的资本更大。例如，雇用织工的资本必须大于雇用纺工的资本。因为，雇用织工的资本，除了要支付纺工的资本和利润，还要支付织工的工资。利润必然总是与资本保持着一定的比例。

然而，在最进步的社会里，总有少数商品的价格，只能分为劳动工资及资本利润两个部分；还有更少数商品的价格，仅由劳动工资构成。例如，海鱼的价格通常只由两部分决定：一部分是支付渔夫的劳动，另一部是分支付渔业资本的利润。就像我在后面要说明的那样，尽管地租有时也占一部分，但它很少计算在价格内。内河渔业的情况则完全不同，至少在欧洲大部分地区是如此。鲑鱼业要支付地租，尽管这种地租称作真正的土地地租，却像工资与利润一样，构成鲑鱼价格的一部分。在苏格兰的某些地方，少数穷人沿着海岸采集通常叫作“苏格兰玛瑙”的小卵石。雕石者付给他们的价格就只有他们的劳动工资，不包含地租和利润。

但是，任何商品的最终全部价格仍然必须由这三个部分中的某一部分或全部构成。在商品的价格中，除去土地的地租以及商品生产、制造以及运至市场所需的全部劳动的价格，剩余部分必然是某人的利润了。

分开来说，每一件特定商品的价格或交换价值，由这三个部分中的某一部分或全部构成，因此，构成一国全部劳动年产物的使用商品的价格，必然由这三个部分构成，并作为劳动工资、土地地租或资本利润分配给国内的不同居民。每个社会每年的劳动所得或生产的全部商品的价格，原本就是照这种方式分配给社会的不同成员的。工资、利润和地租是使用收入和一切可交换价值的三种最初来源。一切其他收入归根结底都来自这三种来源的其中一种。

无论是谁，只要他的收入来自他自己的资源，他的收入就必定来自他的劳动、资本或土地。来自劳动的收入称为工资。来自资本运作的收入称为利润。自己的资本不用，而转借他人，以这种方式获得的收入称为货币的利息。出借人给了借款人获得利润的机会，借款人自然要支付一部分利润作为出借人的利息。由借款获得的利润，一部分当属承担资本运作风险的出借人，另一部分则当属给出借人提供获取利润机会的借款人。利息总是一种派生的收入，只要借款人不是一个举新债还旧债的挥霍无度的人，那么，他偿还利息所用的款项，如果不是来自使用货币所得的利润，一定是来自他某种收入源泉。全部来自土地的收入称为地租，归地主所有。农场主的收入，有一部分来自他的劳动，另一部分来自他的资本。对农场主而言，土地只不过是让他能获取劳动的工资和资本利润的工具。全部赋税以及全部来自赋税的收入，如薪金、养老金和各种年金，归根结底均来自这三个原始的收入来源，都直接或间接从劳动工资，资本利润或土地地租中支付。

当这三种不同的收入属于不同的人时，很容易区别，但当它们属于同一个人时，往往互相混淆，至少按通常说法是如此。

耕种自己一部分土地的乡绅，在支付耕作费用以后，应该获得地主的地租以及农场主的利润。但是，他习惯于将自己的全部所得称作利润，于是，就把地租和利润混为一谈了，至少按通常说法是如此。我们在北美和西印度的种植园主就是这种情况。他们大部分是自己耕种自己的土地，因此，我们常听他们谈到种植园的利润，很少听他们谈到种植园的地租。

一般农场主很少雇用监工来管理农场的工作。他们也常常干大量的农活，如犁田、耙地等。因此，他的所得，在支付地租之后，剩下的不仅应当包含用来偿还耕种所用的资本及其普通利润，而且包含用来支付他们作为劳动者和监工应得的工资。在支付资本和收回地租以后，剩下的叫作利润。但工资显然是其中的一部分。所以，又把工资和利润混为一谈了。

一个独立的制造业者，有足够的资本去购买原材料以及维持自己的生活，直到将产品投放市场。他的所得包括两部分：一是他作为工人的劳动工资；二是他作为老板的资本利润。但是，他把这些所得统称为利润。所以，又把工资、地租和利润混淆在一起了。

一个亲自动手耕耘自己花园的花匠，身兼三个不同的角色：地主、农场主和劳动者。因此，他的产品应当支付地主的地租、农场主的利润以及劳动者的工资。但是，他通常把他的全部收入看成他的劳动所得。在这种情况下，就是把地租、利润与工资混为一谈了。

在文明国家，由于很少有商品的交换价值单由劳动产生，所以，地租和利润在大部分商品的交换价值中占据了大部分。因此，一国劳动的年产物所能购买或支配的劳动量，远远大于生产、制造乃至运输这些年产物所需的劳动量。假若一个社会每年所能购买的劳动量，都用于再次投入生产，那么，由于劳动量逐渐扩大的缘故，后一年的年产物的价值总比前一年的大。可是，无论哪个国家，每年的劳动产物都不是仅仅用来维持勤劳的人民的生活。每年都有大部分年产物被懒惰的人消费。根据年产物在这两个不同阶层中的不同分配比例，它的普通或平均价值是逐年增加、减少，还是年复一年保持不变，要看这些年产物在这两个阶层之间的分配比例。

第七章　论商品的自然价格与市场价格

在每个社会或其邻近地区，不同用途的劳动工资和资本利润都有一个普通率或平均率。这一比率，像我将在后面说明的那样，自然部分受到社会一般情况，即他们的财富或贫穷、进步退步或停滞状况的支配，部分受到各种用途的特定性质的支配。

同样，在每个社会或其邻近地区，地租也有一个普通率或平均率。这一比率，像我将在后面说明的那样，也是部分受到土地所在地的社会或其邻近地区的一般情况的支配，部分受到土地的天然或改良的肥沃程度的支配。

这些普通率或平均率可称作当时当地通行的工资、利润或地租的自然价格。

当一种商品的价格不多不少，恰恰足够支付生产、制造这种商品乃至将其运送至市场所使用的按自然价格支付的地租、工资和利润时，那么，这种商品就可以说是按它的自然价格出售的。

因此，这种商品就恰恰是按照它的价值出售的，或者说恰恰按照将把它投入市场的人的真实成本出售的。任何商品的最初成本并不包含再次贩卖这一商品的利润的人的利润，但若他不能按照当地的一般利润率的价格出售这种商品，那他显然就会蒙受损失。因为，假如他采用其他方法使用他的资本，他就可能获得那笔利润。而且，他的利润就是他的收入，即生存的适当来源，就像他在生产货物并将其运送至市场时给工人垫付工资或生活费一样，他也要给他自己垫付生活费。他自身的生活费，大体上与从他要出卖的商品中获取的利润相当。因此，除非他们让他获取利润，否则，他就收不回已经支付的成本。

因此，虽然让他获取这种利润的价格未必总是商人出售货物的最低价格，但可能是他在相当长的时间内出卖这些货物的最低价格，至少是在他完全自由或可能随意经常变换职业的时候。

任何商品出售的实际价格叫作它的市场价格。商品的市场价格，或高于它的自然价格，或低于它的自然价格，或与它的自然价格完全相同。

任何特定商品的市场价格，都受到实际运送到市场数量与愿意支付它的自然价格的人的需求量，或愿意支付它出售前所需支付的地租、劳动工资和利润的全部价值之间的比例的支配。这些人可以称作有效需求者，而他们的需求可称作有效需求。因为，它足以将商品送入市场。它与绝对需求不同。从某种意义上说，一个贫民也有拥有一辆四轮大马车和六匹马的需求，而且想拥有。但他的这种需求不是有效需求，因为没有任何商品是为了满足他的这一需求被送入市场的。

当进入市场的任何一个商品的数量达不到它的有效需求，那些愿意支付将该商品进入市场所需的地租、工资和利润的全部价值的人就不能得到他们所需数量的供给。他们当中有些人不愿意放弃，宁愿出更高的价钱。于是，在需求者中间便开始了竞争，而市场价格或多或少高于其自然价格，这要看短缺的数量或竞争者的富有程度和奢华习性正好或多或少造成的价值激烈程度。但在同样富有和同样奢侈的竞争者间，相同的缺乏程度通常会引起或大或小的激烈程度，而这种激烈程度要看这种商品对求购者的重要性的大小。所以，当城镇被封锁或发生饥荒时，生活必需品的价格非常昂贵。

当进入市场的商品数量超过它的有效需求，这种商品就不能全部卖给那些愿意支付将其送入市场所需的地租、工资和利润的全部价值的人。一部分商品必须出售给那些出价较低的人，并且他们所出的低价必须降低全部商品的价格。于是，商品的市场价格便或多或少地降至自然价格以下。但下降程度要看超额量在多大程度上加剧卖方的竞争，或立即脱手商品对他们的重要性。易腐烂商品进口过多引起的竞争要比耐用品进口过多引起的竞争大，卖方竞争更加激烈。例如，柑橘输入过多引起的竞争就比旧式铁器输入过多引起的竞争更激烈。

当进入市场的商品数量正好满足有效需求，市场价格便等于或接近其自然价格。全部商品都能以这一价格售出，而不能以更高的价格售出。不同商品之间的竞争迫使他们接受这一价格，但并不迫使他们接受更低的价格。

每种进入市场的商品数量自然会与其有效需求相符。当商品供应量不超过其有效需求时，对所有使用土地、劳动或资本将这些商品带入市场的人有利；相反，当商品供应量不少于有效需求时，对其他人有利。

如果市场上一种商品的供应量超出它的有效需求，那么，其价格的某些组成部分必定会低于其自然价格。如果是地租，那么，地主的利害关系会立刻促使他们收回一部分土地；如果是工资或利润，劳动者及其雇主的利害关系也会促使他们收回一部分劳动或资本。于是，进入市场的商品数量不久就会正好满足有效需求，价格中所有组成部分会升至其自然价格，而商品的整个价格也会升至其自然价格。

然而，如果进入市场的商品数量低于其有效需求，那么，其价格的某些组成部分必定会高于其自然价格。如果是地租，那么，所有其他地主的利益会自然而然地促使他们准备更多土地去生产这种商品；如果是工资或利润，那么，所有其他劳动者或商人的利害关系，会马上促使他们使用更多的劳动或资本去生产这种商品，并将其投放市场。于是，进入市场的商品数量不久就会正好满足其有效需求，其价格的所有组成部分不久就会降至自然价格，而商品的整个价格也会达到其自然价格。

因此，在某种程度上，自然价格是中心价格，所有商品的价格不断受其吸引。各种意外的事件有时使它们停留在这个中心价格之上，有时迫使它们略低于这个中心价格。可是，尽管有各种障碍阻止商品价格固定在这个恒定的中心，但商品价格时时刻刻都在趋向这个中心。

每年将某种商品投放市场所使用的全部劳动量，自然会以这种方式与其有效需求相符。其目的自然是把适当商品量投入市场，以满足有效需求，而不超过需求。

但是，在某些行业中，等量的劳动在不同年份生产的商品数量是不同的，在某些行业中，却是相同的，或相差无几。例如，在农业中，相同数量的劳动者在不同年份所生产出的谷物、葡萄酒、油、酒花的数量是不同的；可是，相同数量的纺织工每年所生产出的麻布和呢绒的数量却完全相等或几乎相同。与有效需求相符的只是某个行业的平均产量。而且，由于它的实际产量有时比它的平均产量大得多或小得多，所以投放市场的商品数量有时会大大超过其有效需求，有时会低于其有效需求。因此，即使那种需求应维持不变，它们的市场价格仍不免出现大的波动，有时低于其自然价格，有时高于其自然价格。在其他行业中，当等量劳动的产量保持不变或大致相同，它就能更准确地符合其有效需求。因此，当有效需求维持不变时，商品的市场价格可能保持不变，并且与自然价格完全相同，或大致相同。根据大家的经验，麻布和呢绒的价格不像谷价那样常常变动，也不会出现谷价那样大的变动。一种商品的价格仅随需求的变动而变动，而不是随着投入市场去满足需求的数量的更大更频繁的变动而变动。

任何商品市场价格的偶然与临时波动，主要对价格中的工资部分和利润部分产生影响，而对其中的地租部分则影响较小。以货币支付的地租丝毫未受到其比率或价值的影响。以原生产物一定比例或一定数量支付的地租的年价值，无疑受其所有市场价格的偶然与临时波动的影响，而其年率很少受到这些波动的影响。在议定租佃条件时，地主和农民都尽力根据自己的最佳判断去适应这种比率。他们所竭力适应的不是产品的偶然与临时价格，而是产品的平均与普通价格。

这些波动影响商品的价值和工资或利润的比率，要根据市场上囤积的商品或劳动过多还是过少，工作已经完成还是有待完成而定。一次国丧会抬高黑布的价格（在这种情况下，市场上黑布存货往往不足），增加大量这种商品的商人的利润。但它对织布工人的工资却没有任何影响。提高熟练裁缝工资的不是劳动存积不足，而是市场上商品存量不足；不是有待完成的工作，而是已经完成的工作。由于有待完成的工作比已经完成的工作要多，所以，有效需求便大于现有供给量。它降低有色丝绸和摆布的价格，进而降低拥有大量这类商品的商人的利润。同时，它也会降低生产这类商品的工人的工资，因为生产这类商品需要停止六个月，或者十二个月。于是，市场上的商品和劳动就供过于求。

但是，虽然某种特定商品的市场价格持续以这种方式增加，但许多商品，有时由于特殊的意外事故，有时由于自然的原因，有时由于警察的特殊规定，其市场价格会在相当长时期内大大超过其自然价格。

当有效需求增加以及某种特定商品的市场价格碰巧超出了它的自然价格时，用存货供应市场的商人们通常会小心翼翼地隐瞒这种变化。要是被人知道，其丰厚的利润定会诱使许多新竞争者用同样的方式使用其存货，以至有效需求得以充分满足，其市场价格很快就会降至其自然价格，甚至会降至其自然价格之下。如果市场离供货人的住处很远，他们或许有时能保密数年，而在这数年内，他们就能在没有竞争对手的情况下独享丰厚的利润。不过，必须承认的是，很少能有人长久地保守这种秘密，他们只能在较短时间内独享那丰厚的利润。

制造业方面的秘密比商业方面的秘密能保守得更长久些。一个染工，如果发现了用材料加工一种特定染料的方法，而且这些材料的成本仅是通常使用的材料的一半，那么，他就可以通过良好的管理，终生独享该发现的好处，甚至可作为遗产留给其子孙。他的丰厚回报来自他个人劳动的高价格，而且适当地包含了这种个人劳动的高工资。但因为他资本的每一部分重复获利，因而他的利得总额与其资本总额保持一定比例。这种利得通常都不说它是劳动的高工资，而说它是资本的额外利润。

然而，市场价格的这种抬高，显然是特定偶发事件引起的后果，其作用有可能持续多年。

有些自然产物需要一种特殊土壤与特殊位置，以致一个大国适合生产这些产物的土地难以满足其有效需求。因此，投放市场的总量可能售给那些愿意支付比生产所需土地的地租、制造和投放市场所需劳动的工资和资本的利润（按其各自的自然率计算）更高价格的人。这种商品可能连续几个世纪以这种价格出售；其中支付的土地地租一般高于其自然率。生产这样珍贵产物的土地的地租，例如法国的某些具有特优土壤和位置葡萄园的地租，与其邻近地区的其他同样肥沃和精耕细作的土地的地租就不会保持一定的比例。反之，把这种商品投放市场所需的劳动工资与资本利润，很少超过邻近地区用于其他业务的劳动工资及资本利润的自然比例。

市价格的抬高，显然是自然原因引起的后果。这些自然原因会使有效需求不能得到充分供给，并因此永久持续下去。

给个人或商业公司以垄断权，其作用与商业或制造业中保守秘密相同。通过使市场存货经常不足的办法，垄断者们就可以将其商品以大大超出其自然价格的市场价格出卖，进而他们的报酬，无论是工资或是利润，都大大超过其自然价格。

无论何时，垄断价格是能得到的最高价格。然而，自然价格或自由竞争的价格，虽不是在任何时候，但在长时间内，却是最低的价格。在任何时候，垄断价格都是通过向买主榨取而得到的最高价格，或许是买主同意支付的最高价格。而自然价格或自由竞争的价格，却是卖者通常能接受的最低价格，与此同时，也是他们能够继续营业的最低价格。

同业组织的排他特权，学徒法规以及将某些特殊行业的竞争人数限制得更少的各种法规，虽然在程度上不及垄断，但在趋向上却与垄断相同。它们是一种扩大的垄断，往往使所有行业的某些特定商品的市场价格长时间超出其自然价格，并使生产这些商品所需的劳动工资和资本利润略高于其自然价格。

市场价格的这种抬高，是由警察的各种规定造成的。只要这些规定继续有效，市场价格就会保持这种抬高。

尽管任何一种特定商品的市场价格会长期高于其自然价格，但很少能长期低于其自然价格。无论价格中的哪个组成部分低于自然价格，利益受到影响的人都马上会感受到损失，进而立刻就会收回相应的土地，劳动或资本，使投放市场的商品数量，恰恰只能满足有效需求。因此，商品的市场价格不久就会升至自然价格。至少在有完全自由的地方，情况是如此的。

在制造业繁荣的时候，相同的学徒法规与其他公司法规，虽能使劳动者的工资提高到自然价格之上，但在制造业衰退的时候，却使劳动者的工资跌至自然价格之下。这是因为，在前一种情况下，这些法规阻止其他竞争者进入这一行业；在后一种情况下，这些法规阻止他做其他职业。不过，这些法规对提高劳动者的工资起着相当长久的作用，但对降低劳动者的工资却起不了那么长久的作用。就前者而言，这些法规的作用可持续多个世纪；就后者而言，当一些在产业繁荣时受过职业训练的劳动者死去的时候，这些法规的作用便不能持续下去。在他们死去以后，接受这一职业教育的劳动者人数自会适应有效需求。警察必须像印度和古埃及的警察那样凶暴（在那里宗教教义规定每个人必须继承父业，如果改行，他就犯了最可怕的渎圣之罪）。只有这样，才能在任一特定行业和长达几代人的时间内，使劳动工资或资本利润降至自然价格之下。

关于商品的市场价格偏离其自然价格，无论是偶然的或持久的，我想我现在有必要说的仅此而已。

自然价格本身随其组成部分，即工资、利润和地租的自然率的变化而变化。而在任何社会，这种自然率会随社会的情况、贫富、进步、退步或停滞的变化而变化。我将在以下四章内尽我所能详细清楚地解释这些变化的原因。

第一，我要努力说明，哪些情况自然而然地决定工资率，而这些情况，又如何受社会贫富、进步、退步或停滞的影响。

第二，我要努力说明，哪些情况自然而然地决定利润率，而这些情况，又如何受上述类似社会状况变动的影响。

第三，我要努力说明，支配这一比例的所有不同情况。货币工资与货币利润虽因劳动及资本的用途不同而大不相同，但各种劳动用途的货币工资和各种资本用途的货币利润之间似乎通常都存在某种比例。正如后面的章节要说明的那样，这种比例部分取决于各种用途的性质，部分取决于所在社会的不同法律和政策。但是，这种比例，虽在许多方面受法律和政策的支配，但似乎不受所在社会的贫富、进步、退步或停滞等状况的影响，而在所有这些不同状况中保持不变，或几乎不变。

第四，我要努力说明，哪些情况支配土地地租，哪些情况使它全部土地的生产物的真实价格上涨或下降。

第八章　论劳动工资

劳动的产物构成劳动的自然报酬或自然工资。

在土地私有与资本积累以前的原始社会状态下，劳动的全部产物属于劳动者。既没有地主也没有雇主同他分享这些劳动产物。

假如这种状态持续下去，劳动工资将会随着劳动分工引起的劳动生产力改进而增加。一切都逐渐更加便宜，因为只需要较少的劳动就可以把它们生产出来。而且，在这种状态下，等量劳动生产出来的商品自然可以互换，所以，要购买各种商品，只需少量的劳动产品。

但是，尽管所有东西实际上已经变得便宜，但表面上却有许多东西比以前更昂贵，或交换更大数量的其他货物。比如，我们假设大多数行业的劳动生产力提高到十倍，或者一天的劳动的产量十倍于最初劳动量，但某一种行业的劳动生产力却仅提高了一倍，也就是说，一天的劳动产量只两倍于以前的劳动。在这种情况下，如果用大多数行业中一天的劳动产物去交换某一行业中一天的劳动产物，那么，前者的原始工作量的十倍只能购买到后者原始工作量的两倍。因此，后者的任一特定数量，例如一磅，似乎比以前贵五倍。但实际上，它要便宜一半。尽管要用其他货物五倍的数量去购买它，只需一半的劳动量去购买或生产它。所以，获得这种产物比以前容易一半。

但是，劳动者独享全部劳动产物的原始状态，在初次实行土地私有和资本积累之后，便不能持续下去了。因此，在劳动生产力尚未得到显著改善之前，这种原始状态已经结束了，进而就没有必要去进一步追溯它对劳动报酬或劳动工资的影响了。

一旦土地成为私有财产，地主就会要求劳动者从土地生产出来或采集到的几乎所有物品中分给他一定的份额。因此，地主的地租便成为在土地上的劳动产物中扣除的第一个项目。

一般耕作者大都没有维持生活到庄稼收割的资料。他们的生活费通常是由雇用他们的农业家从他的资本项下垫付的。除非他能分享劳动者的生产物，换言之，除非他在收回资本时得到相当的利润，否则他就不愿雇用劳动者。因此，他的地租便成为其土地上的劳动产物首先要扣除的。

其实，利润的扣除，不仅在农业生产物方面如此，一切其他劳动的生产物莫不如是。在一切工艺和制造业中，大部分劳动者在作业完成以前都需要雇主给他们垫付原材料、工资与生活费。雇主分享他们的劳动产品，换言之，就是分享劳动对原材料所增加的价值，而这一分享的份额便是他的利润。

种田人有生活资料并把自己的生活资料维持到庄稼收获的时候的情况很少发生。他的生活费用一般由雇主，也就是雇用他的农场主垫付。假如农场主不能分享种田人的劳动产物并且他的资本不能获得利润，他是不会雇用农民并垫付其生活费的。因此，农场主的资本利润是劳动产物中第二个要扣除的。

几乎所有其他任何劳动产物，同样需要扣除利润。在所有工艺和制造业中，大部分工人都需要一个雇主给他们提供工作原料，并在工作结束前给他们垫付工资与生活费。雇主分享工人的劳动产物或所提供的原料上增加的价值。这个份额就是利润。

有时候确有这样的事情：一个独立的工人有足够的资本去购买他的工作所需材料，并维持自己的生活直到工作完成。在这种情况下，因为他既是雇主，也是工人，所以，他享受自己劳动的全部产物，或原材料所增加的全部价值。它包括通常属于两个不同人的不同收入，即资本利润和劳动工资。

但是，这些情况并不经常发生。在欧洲，一个雇主下面工作的工人有二十名，自己独立工作的工人只有一个。而且，“劳动工资”一词，都通常理解为，当劳动者是一个人，而雇用他的资本所有者是另一个人时，通过劳动获得的工资。

劳动的普通工资，到处都取决于劳资双方签订的契约。双方的利益绝不是相同的。劳动者渴望多得，而雇主希望少给。劳动者都想为提高工资而联合起来，而雇主们却想为降低工资而联合起来。

然而，在所有一般情况下，要预见劳资双方谁在争议中占有利地位，谁能迫使对方接受自己提出的条件，是不难的。因为人数较少，雇主们能够更容易联合起来。而且，法律准许或者至少没有禁止他们联合起来，但禁止劳动者联合起来。我们没有任何议会通过的法律去反对联合起来去降低工作价格，但有许多法律反对提高工作价格。在所有这类争议中，雇主们能坚持更长的时间。地主、农场主、制造商或商人，即使不雇用任何一个工人，往往也能靠他们已经获得的资本生活一到两年。可是，如果没有工作，许多工人不能维持一周，很少有人能维持一个月，几乎没有人能维持一年。从长远来看，雇主需要劳动者的程度，或许和劳动者需要雇主的程度一样，但雇主的需求不如劳动者那样迫切。

我们很少听说雇主们的联合，但经常听说工人们的联合。但是，谁要是因此认为雇主们实际上很少联合，那他未免不懂世故，不了解问题的真相了。雇主们为使劳动工资不超过其实际比率，总是随时随地都有一种心照不宣但始终如一团结一致的联合。破坏这种联合是一种最不受欢迎的行为，会遭受邻居和同业者的耻笑。我们的确很少听到这种联合，因为它是一种无人听说过的普通联合或者自然联合。雇主们有时候也参与某些特定的联合将劳动工资降低到这一比率之下。这些联合通常是悄悄地秘密地进行的，直到实施的时刻，让工人们毫无抵抗地屈服，就像他们有时候所做的那样，自己虽感到切肤之痛，但从不被他人说起。然而，这种联合常常会遭到工人们对抗的防御性联合。而且，即便没有这种联合的挑衅，工人们有时候也会为提高劳动价格自动联合起来。他们通常的理由，有时是粮食价格太高，有时是雇主从他们的劳动中获取的利润太多。但是，他们的联合，无论是防御性的还是攻击性的，他们总是声闻遐迩。为了迅速解决问题，他们总是大喊大叫，有时甚至采用可怕的暴力。他们处于绝望的境地，像绝望的人那样放纵荒唐地放纵自己的行为。他们要么饿死，要么威胁他们的雇主立即答应他们的要求。在这些情况下，雇主也像另一方一样大喊大叫，不断请求地方行政官的帮助，要求他们严格执行那些已经制定的严厉反对佣工、工人和工匠联合的法律。于是，工人们很少从那些纷乱的联合引起的暴力中获益。这些联合，部分因为地方行政官的干预，部分因为雇主们更能持久，部分因为大多数劳动者为了目前的生计不得不屈服，往往以其头目受到惩罚或灭亡而告终。

在与其工人们的争议中，雇主们往往处于有利地位，但仍然存在一个比率，这个比率似乎在相当长的时间内不可能降低到最低劳动的普通工资之下。

人必须靠自己的劳动生活，而且他的工资至少须足以维持其生活。在多数情况下，他的工资必须略多一些，否则他不可能抚养他的家庭，而且不能传宗接代。因此，坎梯隆先生似乎认为，最低级普通劳动者必须随时赚取至少双倍于自己生活费的钱，以便能抚养两个孩子。由于妻子必须照料孩子们，其劳动所得只够维持自己的生活。可是，据计算，半数儿童在未成年前就死了。因此，按照这种计算方法，最贫穷的劳动者必须试图至少养育四个孩子，以便能有两个孩子活到成人的年龄。但是，坎梯隆先生认为，四个孩子的必要扶养费被认为几乎等于一个成年人的生活费。他还认为，一个强壮奴隶的劳动价值等于其生活费的两倍。而且，一个最低级普通劳动者的劳动价值不可能低于一个强壮奴隶的劳动价值。于是，至少似乎可以肯定的是，为养育家庭，一对夫妻的劳动，即使是最低级的普通劳动所得，必须能够稍稍超过维持他们自身生活所需要的费用。但是，这种超额，是按什么比率，是按上述比率还是其他比率，我不想加以确定。

然而，有些情况会使劳动者处于有利地位，并让他们能够得到大大超过上述比率的工资。很显然，这个比率的工资是符合一般人道标准的最低工资。

无论哪个国家，当那些靠工资生活的人，如工人、工匠、佣工的需求不断增加时，当每年提供的就业机会比前一年多时，劳动者就没有联合起来去提高工资的机会。劳动力缺乏导致雇主之间的竞争，出更高的价钱雇用劳动者，于是他们就自愿打破雇主们不涨工资的自然联合。

很显然，对靠工资生活的劳动者的需求，定会随着预定用来支付劳动工资的资金的增加而成比例地增加。这种资金有两种：一是超过维持生活所需的收入；二是超过雇主自己使用所需的资财。

当地主、年金领取者或有钱人的收入超过他足以满足维持其家庭的生活时，他把剩余额的全部或一部分，用来雇用一个或更多的佣工。随着剩余额的增加，他自然或会增加佣工的数量。

若一位独立的劳动者，如织工和鞋匠，拥有的资本超过他足以购买原材料以及维持他自己在货物出售之前的生活，他自然会用这超出的资本去雇用一个乃至更多的工匠，以便从他们的劳动中获利。这种超出资本的增加，他的工匠人数自然也会增加。

因此，对以工资为生的劳动者的需求，必定随着一国的收入和资本的增加而增加。没有收入和资本的增加，就没有对以工资为生的劳动者的需求的增加。而收入和资本的增加，就是国民财富的增加。所以，对以工资为生的劳动者的需求，自然也随国民财富的增加而增加。国民财富不增加，对以工资为生的劳动者的需求不可能增加。

引起劳动工资上升的不是国民财富的实际大小而是它的不断增长。因而，最高的劳动工资不在最富的国家出现，而在最繁荣，或致富最快的国家出现。目前，英格兰的确比北美任何地方富有得多，其劳动工资也比北美任何地方都要高。在纽约，普通劳动者每日挣美币三先令六便士，折合英币两先令；造船的木匠挣美币十先令六便士，外加价值英币六便士的糖酒一品脱，全部折合英币六先令六便士；建筑木匠和砖匠挣美币八先令，折合英币四先令六便士；裁缝工人挣美币五先令，折合英币两先令十便士。这些价格全都在伦敦价格之上。据说，其他殖民地的工资也和纽约同样高。北美各地的食品价格都比英格兰低得多。北美从来没有听说过饥荒。在歉收的时期，即使出口量减少，他们总能满足自己的供给。因此，如果北美殖民地劳动的货币价格高于其宗主国，那么，其真实价格，即劳动购买和提供生活必需品与便利品的实际支配能力，在比例上必定更高。

但是，虽然北美并没有英格兰那样富裕，但比英格兰更繁荣，并以更快的速度获得财富。任何国家繁荣最具决定性的标志是其居民人数的增加。在大不列颠及大多数其他欧洲国家，在五百年内，其居民人数未能增加一倍，但在北美英属殖民地，居民人数在二十年或二十五年内，就增加了一倍。目前，导致居民人数增加的主要原因，不是新居民的不断移入，而是人口的迅速繁殖。据说，当地的高龄居民往往能亲眼看到五十、一百甚至一百个以上的直系子孙。丰厚的劳动报酬使得多子女家庭成为父母富裕与繁荣的源泉，而不是家庭负担。在每个孩子离开父母之前，其劳动能给他们带来净一百英镑的收入。一个带着四五个孩子的年轻寡妇，很少有机会在欧洲中层或下层人中间找到自己的第二任丈夫，但在北美，常有人求婚，这是一种财富。小孩子的价值是婚姻的最大鼓励。所以，我们对北美人常常早婚就不足为奇了。尽管早婚造成人口的大量增加，但北美人仍不断抱怨人手缺乏。劳动者需求以及维持这些劳动者的资金增加似乎仍然比找到可雇用的劳动者更快。

虽然一个国家很富有，但如若长久陷于停滞状态，我们就不能指望找到极高的工资。用于支付工资的资金，即居民的收入与资本，也许能达到极大的数额，但是，假如资金在数个世纪保持不变或几乎不变，那么，每年所雇用的劳动者人数就很容易供应，甚至超过下一年所需的劳动者人数。于是，既不会出现人手不足，雇主也不会为了得到劳动者而竞相抬高价格。相反，在这种情况下，劳动者人数会自然增加，并超过所能提供的就业机会。由于就业机会常常不够，所以，劳动者不得不竞相降价以期获得就业。假如，这种国家的劳动工资，已经足够养活劳动者以及他们各自的家人，那么，劳动者之间的竞争与雇主们的利益，不久就会使工资降至与普通人工资一致的最低比率。中国一直是世界上最富有的国家之一，即世界上土地最肥沃，耕种最好，人民最勤劳以及人口最多的国家之一。然而，它似乎一直处于停滞不前的状态。五百年前到访中国的马可·波罗所描写的耕种、产业及人口众多状况，与当今旅行家们的描述几乎没什么差别。或许早在马可·波罗时代之前，中国的财富就已经发展到其法律与制度所允许的最大程度。虽然旅行家的描述在许多方面不一致，但对中国劳动的低工资以及劳动者养活一家人的困难，却众口一词。如果耕地一整天的劳动所得能让农民在晚上购买少量的米的话，他就满足了。技工的状况就更糟了。他们不像在欧洲那样优哉游哉地待在工场等待顾客上门，无所事事地在自己工场内等候顾客，而是携带各自的工具沿街不停地奔走，就像祈求工作一样叫卖自己的服务。中国下层人民的贫困程度，远远超过欧洲最贫穷人民的贫困程度。据说，在广州附近，成千上万的家庭在陆地上没有住所，故常栖息在河流与河道里的小渔船上。由于缺少粮食，他们往往争夺欧洲船只抛弃的最肮脏的垃圾、动物尸体的腐肉，比如死猫或死犬，纵使一半已经烂掉并发臭，一样受到欢迎，就像别国人得到卫生食品那么高兴。中国鼓励结婚，不是因为孩子有利可图，而是因为有摧毁儿童的自由。在各大都市，每夜总有一些孩子被抛弃在街头巷尾，或者像小狗一样淹死在水里。做这种可怕的事情据说是一种公开的职业，一些人以此谋生。

然而，虽然中国或许处于静止状态，但似乎并未倒退。在那里，居民既没有遗弃任何一座城镇，也没有荒废任何一处曾经被耕种的土地。因此，每年被雇用的劳动量须保持不变或几乎不变，而且，用于支付维持劳动工资的资金没有明显减少。所以，尽管最下层劳动者的生活资料很缺乏，但他们必须想尽办法维持自己的种族，以便保持正常人口数量。

在用于维持劳动工资的资金明显减少的国家，情况则另当别论。各种职业每年对佣工与劳动者的需求量会比上一年少。由于不能在他们自己的行业中找到工作，许多在上层阶级中长大的人只能在最下层的职业中找工作。于是，在最下层的职业中，不仅本阶层的人已经过剩，而且还有许多其他阶层的人纷纷拥入。在这种情况下，职业竞争变得异常激烈，以致劳动工资降至劳动者生活资料极其贫乏，生活极其痛苦的水平。即使接受这些苛刻条件，还会有许多人找不到工作。他们要么饿死，要么被迫靠乞讨渡日，要么去干罪大恶极的勾当去获取生活资料。于是，穷乏、饥饿与死亡会立即在下层阶级中流行开来，并逐步蔓延至整个上层阶级，直至该国的人口数量减少到收入和资本足以维持的程度，而其他的收入与资本均已被苛政或灾难摧毁了。孟加拉及东印度的其他殖民地的情况大致如此。如果一国土地肥沃，人口数量已经大大减少，获取生活资料并不十分困难，但每年仍有三四十万人因饥饿而死亡，那么，我们就可以断言，这是因用于维持劳动贫民的资金迅速减少造成的。保护和统治北美的英国宪法结构与压迫和统治东印度的商业公司结构之间的差异，通过这些国家的不同情况得到很好说明。

因此，丰厚的劳动报酬，既是国民财富增加的必然结果，也是国民财富增加的自然征兆。另一方面，劳动贫民的生活资料缺乏是社会停滞不前的征兆，而劳动者处于饥饿状态是社会快速倒退的征兆。

当前，大不列颠的劳动工资似乎明显超过维持劳动者一家生活所需的数额。为证明这一点，我们无须做烦琐或未必有结果的计算，去推定劳动者养活一家人所需的最低工资。许多清晰的征兆表明，在大不列颠的任何地方，劳动工资并不受与普通人的最低工资一致的比率的支配。

首先，在大不列颠几乎所有地方，夏季工资与冬季工资之间存在差别，即使是最低级的劳动。夏季工资总是最高的。但是，由于数额巨大的燃料开支，所以一家人的冬季生活费是一年中最高的。生活费最低时，工资反而最高，所以，很显然，支配工资的，不是所需的生活费，而是工作的数量及其假定的价值。的确，或许有人会说，劳动者应将夏季工资的一部分存起来，用以支付冬季的费用。劳动者全年的工资并未超过一家人全年所需的生活费。然而，奴隶或完全靠他人才能生存的人，也不会享受这样的待遇。他的日常生活资料与他的日常需要成比例。

其次，大不列颠劳动工资不随食物价格的波动而波动。食物价格每年都在变，甚至每月都在变。但是，许多地方的劳动的货币价格，有时经过半个世纪还保持不变。因此，如果这些地方的劳动贫民，在物价最昂贵的日子，能够养活一家人，那么，在食物适度充足时，他们必定生活得很安逸；当食物价格便宜时，他们生活得很富裕。在过去十年中，大不列颠许多地方的高物价并未造成劳动的货币价格的合理上涨。的确，有些地方的劳动的货币价格提高了，但那更多的是由劳动需求增加引起的，而不是由食物价格的上涨引起的。

再次，就不同年份而言，由于食物价格的变动大于劳动工资的变动，所以，就不同地方而言，劳动工资的变动大于食物价格的变动。在大不列颠几乎所有地方，面包和肉类的价格总体来说是相同的或大致相同的。这些商品以及大多数其他零售商品（劳动贫民购买所有物品的方式），在大都市和在偏远地方，价格是同样便宜，或者，大都市比偏远地方更便宜。我将在后面说明其原因。但是，大都市及其附近地区的劳动工资，往往比数英里以外的地方的劳动工资高五分之一或四分之一，即高百分之二十或百分之二十五。伦敦及其附近地区的劳动的普通价格，基本上是每天十八便士。而数英里以外的劳动价格即降至十四便士或十五便士。爱丁堡及其附近地区的劳动的普通价格可以说是每天十便士，而数英里以外的地区就低至八便士。八便士是苏格兰低地大部分地方的普通劳动的普通价格。在那里，价格的变动比在英格兰小得多。劳动价格的这种差异，似乎总是不足以使一个人由一个教区搬到另一个教区，但这种差异，必定会导致最庞大的商品运输，不仅从一个教区到另一个教区，而且从大不列颠的一个地方到另一个地方，甚至从世界的一端到另一端，不久就使它们降至大致相同的水平。毕竟，人性善变，反复无常，但根据我们的经验，人类显然是安土重迁的。所以，假如贫民能在大不列颠的劳动价格最便宜的地方养活一家人，那么，他们在劳动价格最高的地方必定生活优裕。

最后，劳动价格的变化在时间上或地点上与食物价格的变化不一致，而是常常相反的。

谷物是普通人的食物，其价格苏格兰比英格兰高，因此，苏格兰几乎每年都从英格兰购进大量谷物。可是，英格兰谷物在其出售地苏格兰的售价必须高于其购买地英格兰的卖价，但相同质量的英格兰谷物的售价不能比在苏格兰市场上出售并与其竞争的谷物的价格高。谷物质量的好坏主要取决于谷物在磨坊磨出的面粉量。在这方面，英格兰谷物大大优于苏格兰谷物，所以，从外表看或与其体积甚至同它的重量大小的比例看，尽管英格兰谷物比苏格兰谷物贵一些，但就其质量或重量而言，通常比苏格兰谷物便宜得多。相反，劳动价格在苏格兰比在英格兰低。因此，如果贫民能在联合王国的这一地区（即苏格兰）养活一家人，那么，他们在联合王国的另一地区（即英格兰）必定过着优裕的生活。的确，燕麦片是苏格兰普通百姓食物中最大量和最好的食物，其质量总体上比英格兰同等级的邻近区域的燕麦片要差得多。然而，这种生活方式的差异不是工资差异的原因而是工资差异的结果。但由于奇怪的误解，我常听到有人将其说成是原因。一个人富有而其邻居贫穷，不是因为前者坐四轮大马车出行，而后者只能步行，而是因为前者富有才能拥有四轮大马车，后者因为穷只能步行。

英格兰、苏格兰两地的谷物价格上个世纪比现在高。这是不容置疑的事实，其证据对苏格兰比对英格兰更具决定性。在苏格兰，它是由政府档案证明的，并根据市场的实际状况每年对苏格兰各县的不同谷物进行宣誓定价。如果这种直接证据需要旁证来证实，那么，我会说，法国或欧洲大多数国家的情况一直如此。对法国而言，我们有最明确的证明。尽管可以肯定，上世纪英格兰、苏格兰两地的谷物价格稍高于现在，但同样可以肯定的是，上世纪的劳动价格比现在便宜得多。因此，假如贫民在上世纪能够养活他的家人，那么，他现在必定过着更舒适的生活。上世纪，苏格兰大部分地方的普通劳动的最普通日工资，夏季为六便士，冬季为五便士。在苏格兰高地及西部各岛，工资还是一星期三先令或接近三先令。现在，苏格兰低地的普通劳动的最普通工资为一天八便士。在爱丁堡附近地区以及毗邻英格兰的各县（也许是这种毗邻的关系），以及在劳动需求最近已大大增加的格拉斯科、卡朗和爱州等附近，普通劳动的最普通工资为一天十便士，有时为一先令。由于英格兰农业、制造业和商业的改进远比苏格兰早，劳动的需求以及劳动的价格必然因此而增加。所以，无论上世纪还是现在，英格兰的劳动工资均高于苏格兰。自那时起，英格兰的劳动工资已经大大上涨，但考虑到英格兰各地工资支付方式的更多，所以，要确定究竟上涨了多少工资更加困难。1614年，一名步兵一日的饷银与现在相同，都为八便士。最初规定军饷数额时，自然会以普通劳动者的普通工资为标准，因为步兵通常来自这个阶层。查尔斯二世时代的高等法院院长黑尔斯计算了一个六口人（父亲母亲，能做些事情的子女二人，全不能做事的子女二人）的劳动者家的开销为一星期十先令，或一年二十六英镑。他认为，如果他们不能靠自己的劳动赚取这一数额，他们就得去乞讨或盗窃来凑够此数。他好像对这个问题进行过非常仔细的研究。1688年，政治算数技能得到戴维南特博士称赞的格雷戈里·金计算了劳动者与佣工的普通收入，每个家庭（平均为三个半人）一年为十五英镑。从表面上看，虽然他的计算与黑尔斯的计算存在差异，但实际上两者非常接近。他们两人均认为，这类家庭每人一星期的开销约为二十便士。从那时起，在英国的大部分地方，家庭的货币收入与货币费用均得到较大增长，但有的地方增长多一些，有的地方增长少一些。而且所增加的，不像最近公布的关于现在劳动工资增长的那些夸张报告所说的那么多。必须指出的是，任何地方的劳动价格都不能精确地估算。因为，同一地方同一种类的劳动所支付的劳动工资是不同的。它不仅要考虑劳动者不同的能力，还要看雇主是慷慨还是吝啬。在工资没有法律规定的地方，我们能确定的，只是最普通的工资。而且，经验似乎表明，法律从来都不能对工作进行恰当的规定，虽然总是试图那样做。

在当今时代，劳动的真实报酬，即劳动所能给劳动者生产的生活必需品和便利品的真实数量或许在比例上的增加已经超过了货币价格的增加。不仅谷物的价格较之以前略微便宜，而且为勤奋的贫民提供惬意和卫生食物的许多其他东西的价格也已经便宜很多了。例如，目前英国大部分地方的马铃薯价格只有三十年或四十年前的一半。以前用锄头，现在普遍用犁种植的芜菁、胡萝卜、卷心菜等的价格，可以说与马铃薯的情况相同。而且，各种各样的蔬果价格也更便宜。大不列颠上世纪所消费的大部分苹果和洋葱都是从佛兰德斯进口的。麻布和呢绒初加工的大改进给劳动者提供了更好更便宜的衣服。同时，粗金属制造的大改进，不仅给相关劳动者提供了更廉价更好的专业工具，而且提供了许多惬意便利的家具。的确，肥皂、食盐、蜡烛、皮革及发酵酒的价格因课税而被抬高。然而，劳动贫民必须消费的物品数量却极其有限，而且这些物品的价格上涨并不抵消其他多数物品价格的下跌。世人普遍抱怨的奢侈之风已波及最下层的人民，劳动贫民现在也对以前满足他们需求的相同食物、衣服及住所感到不满足。这些可使我们确信，劳动的货币价格及其真实价格增加了。

下层人民生活状况的改善，是对社会有利还是不利呢？一看就知道其答案极为明显。在任何巨大的政治社会，佣工、劳动者和工人都占大部分。大部分人生活状况的改善绝不能被视为对整个社会不利。大部分社会成员处于贫穷与悲惨状态的社会绝不能说是繁荣幸福的。而且，当给整个社会提供食物、衣服和住所的人能够分享一部分自己的劳动产品并使自己得到过去的食物、衣服和住所时，才能算是公正的。

毫无疑问，贫穷不鼓励人们结婚，但未必总是阻止人们结婚。它甚至似乎对繁衍后代有利。苏格兰高地处于半饥饿状态的妇女常生育二十多个子女，而娇生惯养的阔太太们往往不能生育，即使生，一般只生两三个。不孕症在上层社会的女人中极为普遍，但在下层社会的女性中极为少见。女性的奢侈，虽能刺激享乐的欲望，但往往会削弱，甚至常常会彻底摧毁生育能力。

虽然贫穷不阻止生育，但对养育子女极为不利。不耐寒植物生长出来，在寒冷的土壤和恶劣的气候环境中不久也会枯死。我常听说，在苏格兰高地，一位母亲生育二十个子女，但活下来的只有两个。几个经验丰富的军官告诉我，在他们团出生的士兵子女远远不能补充本团的士兵人数，甚至连吹鼓手都不能提供。然而，在兵营附近经常见到大量在别处很少见到的可爱孩子。看来这些孩子很少能活到十三四岁。有些地方的孩子在四岁前就死去一半；许多地方的孩子在七岁前死去一半；在几乎所有地方，孩子在十岁前死去一半。然而，在所有地方的普通百姓的孩子中都会见到这么高的死亡率，这些普通百姓不能像上层社会的人那样去照料和养育自己的子女。尽管他们婚后所生的孩子比那些上层社会的人所生的孩子要多，但他们的孩子能活到成年的比例却较低。在育婴堂及教区慈善会养育的孩子的死亡率仍然要比普通人的孩子的死亡率高。

各种动物的繁殖都自然地与其生活资料成比例，没有任何一种动物的繁殖会超过这一比例。可是，在文明社会，只有下层社会的人的生活资料的缺乏才能限制人类进一步繁殖。要限制进一步繁殖，除了杀死他们多子女婚姻所生的大部分子女外，没有其他方法。

通过使劳动者能够给孩子提供更好的给养从而养育更多的孩子，劳动的丰厚报酬，自然会加宽和扩大上述限度。同样值得注意的是，扩大上述限度尽可能保持劳动需求所需要的比例。如果劳动需求持续增加，劳动报酬势必鼓励劳动者结婚和生育，使他们能够持续增加人口数量，以满足不断增加的劳动需求。如果劳动报酬在任何时候低于该目的所需要的，那么，人手缺乏很快就会提升劳动报酬。如果劳动报酬在任何时候超过该目的所需要的，那么，过量的人口生育很快就会使劳动报酬降至其必要的比率。一种情况下，市场上劳动供应不足，而在另一种情况下，市场上劳动供应过剩，其结果都会很快迫使劳动价格回到社会需要的合理的水平。正是采用这种方式，劳动者的需求就像对其他商品的需求一样势必支配劳动者的生育。生育过缓时，则加快其生产；生育过快时，则抑制其生产。世界上所有不同的国家，无论在北美，在欧洲，还是在中国，支配和决定人口繁育的正是这一需求。这种需求成为北美人口迅速增加的原因，成为欧洲人口缓慢而逐渐增加的原因，成为中国人口不增不减的原因。

据说，奴隶的损耗使其雇主蒙受损失，而自由雇工损耗则使其自身蒙受损失。然而，后者的损耗实际上与前者的损耗一样都使雇主蒙受损失。支付给各种工匠和佣工的工资，必须使他们能够按照社会对其需求的增加、减少或停滞等情况，维持其人口数量。但是，虽然自由雇工的损耗使其雇主遭受损失，但与奴隶的损耗相比，雇主遭受的损失又少得多。用于补充或弥补奴隶损耗的资金通常由疏忽的雇主或粗心大意的监工管理，而弥补自由佣工损耗的资金却由自由佣工自己管理。在富人家中普遍流行的经济管理混乱自然造成前者管理的混乱，而穷人的厉行节约与精打细算也会自然地在后者的管理中得以实施。于是，在不同的管理方式下，相同的目的需要有大不相同的费用去实施。因此，从不同时代和国家的经验来看，我相信，自由人完成的工作最后比奴隶完成的工作便宜。即便在普通劳动工资很高的波士顿、纽约和费城，情况也是如此。

因此，劳动的丰厚报酬既是财富增加的结果，又是人口增加的原因。对劳动的丰厚报酬的抱怨就是对最大公共繁荣的必然结果与原因的悲叹。

也许值得注意的是，正是在进步状态下，不是在社会达到绝顶富裕的时候，而是在社会日益富裕的时候，劳动贫民，即大多数人的条件似乎是最幸福最舒适的。在社会静止状态下，他们的生活条件是艰难的；在退步状态下，他们的生活是痛苦的。对于社会不同阶层的人来说，进步状态实际上是一种欢乐和热诚的状态。静止状态是呆滞的状态，而退步状态则是凄凉的状态。

由于劳动的丰厚报酬鼓励普通百姓生育，因而也增加了他们的勤勉。劳动工资是勤勉的鼓励。勤勉像人类的其他品质一样，越受到奖励就越勤奋。丰富的生活资料增加劳动者体力、改善条件和丰衣足食地终其一生的美好希望，以及促使其最大限度地发挥自己的能力。因此，在劳动工资高的地方，我们总是发现工人比低工资地方的工人更积极，更勤奋，更快速高效。例如，英格兰的劳动者比苏格兰劳动者更积极，更勤奋，更快速高效；大城市附近的劳动者比偏远农村的劳动者更积极，更勤奋，更快速高效。的确，当一些劳动者能在四天中赚取维持其一星期的生活资料时，他们便会在其余三天无所事事。然而，就大部分劳动者而言，情况并非如此。相反，当工人通过计件工资获得丰厚报酬时，他们极易操劳过度，没几年就把身体搞垮了。在伦敦及其他一些地方，木匠的最佳精力不能持续八年以上。这种事情在许多其他按件计酬的行业里时有发生。制造业通常按件计算工人工资，连农村劳动在工资比普通情况高的地方，也是按件计算工资。几乎所有技工都会因操劳过度以及从事某种特殊工作而患上某种特殊疾病。意大利著名医生拉马齐尼写过一本关于这类疾病的专著。我们不把我们的士兵看成我们中间最勤劳的人，但当他们从事某些特殊工作并按件领取丰厚的工资时，他们的军官常常必须与他们约定，他们每日的报酬按照支付的比率不允许超过一定数额。在订立这项规定之前，士兵们因相互竞争以及渴望得到更多报酬常常操劳过度，以致损害了自己的健康。一星期中有四天过度操劳往往是造成其余三天无所事事的真正原因。这无所事事的三天是世人大声抱怨以及抱怨最多的。连续几天从事大量的劳动（脑力劳动或体力劳动）之后，大多数人自然会强烈地想放松一下。除非受到外力或某种强大需要的抑制，这种欲望几乎是不可抗拒的。这是天性的要求，在紧张劳动之后，必须用某种嗜好去缓解，有时只是悠闲自得一下，有时却是闲游浪荡和消遣娱乐。如果不这样做，其后果常常是很危险的，有时甚至是致命的，不然，迟早会患上某种职业的特殊疾病。如果雇主老是听从理性及人道的命令，那么，他们应当鼓励工人们适度工作，而不是操劳过度。我认为，在每个行业，一个适度工作以便能够继续工作的人，不仅能长期保持健康，而且在一年中能完成最大量的工作。

有人认为，在物价便宜的年份，劳动者普遍更懒惰；在物价昂贵的年份，劳动者则更勤奋。他们于是得出结论：生活资料丰富时，劳动者的勤奋程度就降低；生活资料缺乏时，劳动者的勤奋程度就提高。生活资料比平时稍稍丰富一些也许使一部分劳动者变得懒惰，这是不容置疑的。但是，如果说它会影响到大部分人，或者说人们吃得好时比吃得不好时总体上要工作得更好，或者说人们在意志消沉时比兴致勃勃时工作得更好些，或者说人们在生病时比健康时工作得更好些，似乎是不大可能的。值得注意的是，饥荒年份往往是普通百姓生病与死亡的年份，而生病和死亡势必减少他们的劳动产物。

在生活资料充足的年份，佣工往往离开他们的主人，靠自己的勤奋去获得生活资料。但是，通过增加维持佣工的资金，同样廉价的食品价格鼓励雇主，尤其是农场主，雇用更多的佣工。在这种情况下，农场主希望通过维持稍多的劳动佣工从谷物中获取比在市场上出售更多利润。佣工需求量增加，但由于供应这种需求的人数减少了，所以劳动价格往往在物价便宜时上升。

在生活资料缺乏的年份，生存的困难与不确定使所有这些佣工渴望回到原来的雇主那里去工作。但是，通过减少用于维持佣工的资金，昂贵的食品价格使雇主们倾向于减少而不是增加现有佣工。在物价昂贵的年份，贫穷的独立劳动者往往把他们用来给自己提供工作的材料的少量库存全部消费，于是，他们为了生存被迫成为雇工。由于求职的人数超过了所能提供的就业机会，许多人只好接受比平时更低的条件，以求找到工作。因此，在物价昂贵的年份，佣工和帮工的工资往往很低。

所以，各种雇主总能在物价昂贵的年份比在物价便宜的年份从他们的佣工那里获得更多的好处，而且，雇主们发现佣工们在物价昂贵的年份比在物价便宜的年份更谦恭更具依赖性。于是，雇主们自然认为物价昂贵的年份对他们更为有利。而且，地主和农场主这两个最大的雇主阶级还有另外的原因喜欢物价昂贵的年份，那就是，前者的地租与后者的利润在很大程度上取决于食物的价格。然而，想象人们在为自己工作时比在为他人工作时的工作要少些，那是再荒谬不过的了。贫穷的独立劳动者通常要比按件计资的帮工勤奋，因为，前者享有自身勤奋的全部产物，而后者须与其雇主分享。当处于分开独立状态时，前者不太容易受到坏同伴的引诱。这种同伴在大制造厂中常常败坏他人的道德；独立劳动者比起那些按月或按年雇用的无论干多干少工资和生活费都一样的佣工，优越性可能更大一些。在物价昂贵的年份，独立劳动者对各种帮工和佣工的比例会增加，而在物价便宜的年份，其比例会下降。

麦桑斯是一位博学多才的法国作家，在圣埃蒂安选举时担任税收官。他试图通过比较三种不同的制造业生产的产品的数量与价值，来说明穷人在物价便宜时所做的工作比物价昂贵时所做的工作要多。这三种制造业分别是：埃尔伯夫的粗毛织业以及卢昂各地的麻织业与丝织业。根据他从官署登记簿抄写的报告，在物价便宜的年份，这三类制造业生产的产品数量及价值一般都比物价昂贵的年份高；在物价最低的年份生产的产品数量与价值往往最大，而在物价最昂贵的年份，生产的产品数量与价值最小。这三类制造业似乎均处于停滞状态，或者，尽管其产量一年不同一年，但总体来说，既没有增加，也没有减少。

苏格兰的麻织品业以及约克郡西区的粗毛织业都是正在发展的制造业，其产量与价值虽时有变动，但总体上一直在增加。然而，当考察它们已经公布的年度生产报告，我未能发现产量的变化与四季的物价高低有什么合理的联系。的确，在物资十分匮乏的1740年，这两种制造业的产量极大地下降，但在物资仍然十分匮乏的1756年，苏格兰制造业的产量却比普通年份高。在美国印花税法废止之后，约克郡制造业减少了，但直至1766年，其产量才恢复到1755年的水平。在1766年和1767年，其产量大大超过以往任何一年，而且从那时起持续增加。

产品销往远方的所有大制造业的产品，与其说必然取决于产地四季物价的贵贱，倒不如说必然取决于消费国中影响其需求的各种情况，取决于和平或战争，取决于其他竞争制造业的兴衰，取决于主要消费者的心情好坏。而且，可能在物价便宜的年份完成的大部分临时工作从未记录在制造业的公开登记簿上。离开雇主的男佣工变成独立劳动者，而妇女们回到其父母家中，普遍从事纺织，给自己和家人加工衣服。甚至连独立劳动者也未必都生产公开出售的商品，而是被邻居雇用，生产家庭用品。所以，他们的劳动产品，经常没有记录在公开登记簿上。这些记录有时极其夸张，而我们的商人和制造业者却往往据此妄断最大帝国的兴衰。

虽然劳动价格的变化并非总是与食物价格的变动一致，有时甚至完全相反，但我们不能因此误认为食品价格对劳动价格没有任何影响。劳动的货币价格必定受以下两种情况的支配：一是劳动需求；二是生活必需品和便利品的价格。劳动需求，按照它是增加、减少或不增不减，即按照它所需要的人口增加、减少或不增不减，决定着必须向劳动者提供的生活必需品和便利品的数量，而劳动的货币价格取决于购买这一数量所需要的金额。因此，在食物价格便宜的时候，虽然劳动的货币价格有时候很高，但在食物价格昂贵而劳动需求持续不变的情况下，劳动的货币价格会更高。

劳动的货币价格，在突然和特别充裕的年份，有时上升，而在突然和特别匮乏的年份，有时下跌，正是因为在突然和特别充裕的年份，劳动需求增加，而在突然和特别匮乏的年份，劳动需求减少。在突然和特别充裕的年份，许多雇主手中的资金足以维持并雇用比上一年更多的勤奋劳动者，而超过平时需求的劳动者未必都能被雇用。于是，为了雇用更多的劳动者，雇主们便相互竞争以求雇到需要的工人，进而有的时候抬高了劳动的真实价格及货币价格。

在突然和特别匮乏的年份，情况正好相反。用来雇用劳动者的资金较上一年少，大量的工人失业。于是，他们为获得职业而相互竞争，这在有的时候就降低了劳动的真实价格与货币价格。在生活资料特别匮乏的1740年，许多人只要有饭吃就愿工作。在接下来的几个生活资料充裕的年份，要雇到劳动者和雇工就比较困难了。

通过降低劳动需求，物价昂贵的年份的物资匮乏会降低劳动价格，就像食物的高价会抬高劳动的价格；相反，通过增加劳动需求，物价便宜的年份的物资充裕会抬高劳动的价格，就像食物的便宜会降低劳动的价格一样。在食品价格正常变化的年份，两种对立原因似乎互相抵消。这也许就是劳动工资比起食物价格来，到处都更稳定更持久的部分原因。

通过增加价格中工资那一部分增高的比例，劳动工资的增长必然抬高许多商品的价格，并按照价格增高的比例，减少国内外这些商品的消费。然而，造成劳动工资增长，即资本的增加的原因，会提高劳动生产力，使较少的劳动生产出较多的产品。出于自己利益的考虑，雇用大量劳动者的资本所有者势必尽力妥当地划分和分配他们劳动力，使其生产尽可能多的产品。由于相同的原因，他力图把他和他的工人们所能想到的最好机械提供给他们。在某一特定工场内劳动者中发生的事实，由于相同原因，也会在整个社会的劳动者中发生。劳动者的人数愈多，他们的分工当然就愈精细。更多的人参与发明完成各自工作的最适用的机械，所以这种机械就容易发明出来。因此，由于这种改进，许多商品能用比以前更少的劳动生产出来，劳动价格的增加被劳动量的减少抵消了。

第九章　论资本利润

资本利润的增减与劳动工资的增减，同样取决于社会财富的增减，但财富状态对二者的影响却大不相同。

资本的增加提高了工资，但同时也会降低利润。当许多富商的资本投入同一行业，他们之间的相互竞争自然会降低这一行业的利润；当同一社会各种行业的资本都增加时，相同的竞争必定在它们所有的行业中产生相同的效果。

前面已经提到，即便某一特定地方和某一特定时间，要确定劳动的平均工资也是不容易的。在这种情况下，我们所能确定的只不过是最普通的工资。但就资本的利润而言，我们也很少能够确定。利润总是上下波动，即便经营某特定行业的人，也未必总能告诉你他每年的平均利润是多少。他的平均利润不但要受他所经营的那些商品的价格变动的影响，而且还要受他的竞争者和顾客的运气的好坏，商品在海陆运输上甚至在仓储中可能遭遇的众多意外事故的影响。因此，平均利润不仅年年在变日日在变，甚至时时在变。要确定一个大国内各种不同行业的平均利润必定更加困难；至于要精确判断以前或近期的平均利润，必定是完全不可能的。

虽然我们不可能精确地确定目前或以前的资本平均利润，但可以从货币的利息上形成某种概念。可以制定这样一个原则：在使用货币获利很多的任何地方，通常要为使用这些货币支付很多的报酬；在使用货币获利较少的任何地方，通常要为使用这些货币支付较少的报酬。因此，根据任何国家市场的一般利息率，我们可以确信，资本的一般利润必定随市场的一般利息率的变化而变化。利息率下降，利润也下降；利息率上升，利润也上升。因此，利息的变化可以让我们形成利润变化的某种概念。

至亨利八世第三十七年，所有超过百分之十的利息被宣布为非法。由此可见，在此之前的利息有百分之十以上。在爱德华六世统治时期，宗教热情禁止一切形式的利息。然而，这一禁令，像相同类型的所有其他禁令一样，据说没有产生任何效果，高利贷的恶性不但没有减少，反而增加了。于是，亨利八世的法令，因伊丽莎白女王第十三年的法令第八条的规定，才又产生了效力。直到詹姆士一世第二十一年，法定利息率才从百分之十降至百分之八。复辟后不久，利息率减为百分之六。安妮女王第十二年，再减至百分之五。所有这些法律规定看来都是非常恰当的。它们似乎都遵循了市场利息率具有良好信用的人通常借款的利息率，并没有走在前面。自安妮女王时代以来，百分之五的利息率似乎高于市场利息率。在最近一场战争之前，政府曾以百分之三的利息率借款，而首都及王国的其他许多地方，有良好信用的人则以百分之三点五、百分之四、百分之四点五等利息率借款。

自亨利八世以来，国家的财富与收入一直在不断增加，而且在这个过程中，其速度似乎在逐渐加快，而不是放慢。它们不仅在加快，而且越来越快。这期间的劳动工资一直在不断增加，而大部分工商业的资本利润却一直在减少。

在大城市经营一种行业往往比乡村需要更多的资本。每一种行业使用的庞大资本和众多富裕的竞争者，往往造成城市资本利润率低于农村资本利润率。但是，大城市的劳动工资一般要比乡村高。在欣欣向荣的大城市，拥有大量生产资本的人往往雇不到他们所需数量的劳动者，于是，他们便竞相提高劳动工资，以便雇到尽可能多的人，这样就抬高了劳动工资，降低了资本利润。在偏远地区，由于没有充足资本去雇用需要的劳动者，求职者往往竞相降价，以求找到工作，于是劳动工资下降，而资本利润增加。

虽然苏格兰的法定利息率与英格兰的相同，但市场利息率却高得多。苏格兰有良好信用的人，通常很少能以少于百分之五的利息率借款。就连爱丁堡的私立银行开出的期票也要支付百分之四的利息，这种期票的一部分或全部可随时兑现。伦敦的私立银行对存入的资金不给付利息。在苏格兰经营的几乎所有行业，所需资本都比英格兰少。所以，苏格兰的普通利润率要高于英格兰的。上面已经说过，苏格兰的劳动工资要低于英格兰的。苏格兰不仅比英格兰穷得多，其发展速度也明显缓慢得多。

在本世纪，法国的法定利息率一直未受市场利息率的支配。1720年的法定利息率，从二十分之一降至五十分之一便士，即从百分之五降至百分之二。1724年，法定利息率提高至三十分之一便士，即提高至百分之三点三。1725年时，又升至二十分之一便士，即升至百分之五。1766年，在拉弗迪执政时，又降至二十五分之一便士，即百分之四。后来，神父特雷又将其恢复到百分之五的利息率。多次剧烈的降低利息，其目的被认为是在为降低公债利息率作准备。这个目的有时确已达到。就目前而言，法国也许没有英国那么富有。虽然法国的法定利息率常常低于英国，但其市场利息率却高于英国。因为，像其他国家那样，法国有多种安全和容易的逃避法律的方法。据在英、法两国经商的英国商人说，法国的贸易利润比英国高。毫无疑问，正是因为这个原因，许多英国人不想把资本投在贸易被鄙视的国家，也不愿投在贸易受到高度尊重的国家。法国的劳动工资比英国的低。当你从苏格兰来到英格兰，你可能注意到两地普通百姓在衣着和面容方面的差异充分表明他们生活状况的差异。当你从法国回到英国，这种对比就更加鲜明了。法国无疑比苏格兰富裕，但其发展速度似乎不及苏格兰。人们普遍甚至流行的看法是，它正在退步；我的理解是，这种看法即使对法国来说，也是没有根据的；但是，既看到苏格兰的现在又见过它二三十年前状况的人绝不会有这种看法。

另一方面，按领土面积与人口数量的比例，荷兰比英格兰富有。荷兰政府以百分之二的利息率借款，而信用良好的私人以百分之三的利息率借款。荷兰的劳动工资据说比英格兰的高。众所周知，荷兰人的贸易利润比欧洲任何其他民族的人都低。一些人认为，荷兰的贸易正在衰退。就某些特定的行业而言，情况也许的确如此。但这些症状似乎足以表明，该国并没有出现总体意义上的衰退。利润减少时，商人们往往会抱怨商业衰退了；但利润减少是商业繁盛的自然结果，或所投资本比以前多的自然结果。在最近一次战争期间，荷兰人乘机获得了法国的全部转口贸易，而时至今日，仍有很大一部分掌握在荷兰人手中。荷兰人拥有的英法两国的国债成为荷兰人一大笔财产。仅就英国而言，据说就达约四千万镑（但我认为这个数字太夸张）。荷兰人还把巨额资金借给其他国家的私人，因为这些国家的利息率比荷兰的高。这些情况无疑表明荷兰人的资本过剩，或者说，他们的资本已增加到超出在本国商业中勉强有利可图的程度。但这些情况并不表明商业已经衰退。正如一个人的私人资本，尽管是在经营某一特定行业获得的，但可以增加到在这一行业中无法运用的程度，而这一行业仍继续发展；大国的资本也可能就是这种情况。

在北美殖民地和西印度殖民地，劳动工资、货币利息以及资本利润都比英格兰高。不同殖民地的法定利息率和市场利息率从百分之六到百分之八不等。然而，劳动的高工资和资本的高利润同时存在是新殖民地特殊情况下所特有的现象，而在其他情况下是很少见的。与多数其他国家相比，按其与领土面积的比例，新殖民地的资本在某个时间内必定会供应不足；按其与资本量的比例，必定在某个时候人口数量不足。他们的土地超过他们现有资本所能耕作的土地。因此，他们只把现有资本用于耕种那些土质最肥沃和位置最适宜的土地，即靠近海滨和通航河流沿岸的土地。购买这类土地的价格往往低于其自然生产物的价值。用于购买和改良这类土地的资本必定产生极大的利润，进而使他们能够支付非常高的利息。这种有利可图的投入使资本得到快速积累，并使种植园主能够非常迅速地增加自己的佣工人数，以致超过他在一个新殖民地所能找到的人数。于是，他们能给在新殖民地找到的劳动者提供非常丰厚的报酬。可是，随着殖民地的增加，资本的利润便逐渐减少。当土质最肥沃和位置最好的土地已被全部占有，耕种土质和位置较差的土地所能获得的利润只能更少，而用在土地上的资本也只能提供更低的利息。目前，大部分殖民地的法定利息率和市场利息率也因此大大降低了。随着财富、改良及人口的增加，利息就降低了。但劳动工资并不随着资本的利润而跌落。无论资本利润如何，劳动的需求会随资本的增加而增加。利润下降之后，资本不但继续增加，而且比以前增加得更快。勤劳的民族与勤劳的个人都是如此。带来小额利润的大量资本通常比带来巨额利润的小量资本增加得更为迅速。俗语说，货币产生货币。当你已经得到了少许，你就不愁得不到更多。巨大的困难是如何去得到这少许的钱。资本的增加与劳动的增加（即对有用劳动需求的增加）两者之间的关系已作了部分的说明，以后在讨论资本积累时，还将作更充分的说明。

新领土的获得或新行业部门的开展，即使在财富正在迅速增加的国家，有时会提高资本利润，进而增加货币利息。如果该国的资本不足以应付这种新获得或新发展给个人带来的全部业务，那么，只能将其投入在能提供最大利润的那些行业部门。以前投在其他行业的资本，必定有一部分撤回来，转投新的更有利的行业。因此，所有旧行业的竞争便没有以前那么激烈了，而市场上各种货物的供给也不像以前那么充足了。货物价格势必或多或少地上升，并给那些经营这些货物的人带来更大的利润，使他们也能以更高的利息率借款。在最近一次战争结束后不久，一些信用良好的个人以及某些伦敦的最大公司，通常以百分之五的利息率借款，而在战前，他们没支付过百分之四或百分之四点五以上的利息。我国占领北美和西印度曾增加我国领土与贸易一事，就可以充分说明这一点，用不着设想我国资本已经减少。旧资本经营的新业务的大量增加，必然会减少许多行业的资本数量。由于这些行业竞争少，利润势必增加。我将在后面提到为什么大不列颠的资本存量并没有减少，即便它为最近一次战争付出了巨额费用。

然而，社会资本存量或用于维持工人的资金的减少，不但会使劳动工资降低，而且还会使资本利润以及货币利息增高。通过降低劳动工资，社会剩余资本的所有者们能够以比以前更少的花费向市场提供货物；由于供应市场的资本较以前少，所以，他们就能以更高的价格出售这些货物。他们在货物上的花费减少了，于是从中获得的就更多了。因此，他们在两端的利润的增加能够支付更高的利息。在孟加拉及东印度的其他英属殖民地如此突然如此容易获得的巨大财富足以让我们相信：在那些被破坏的国家，非常低的劳动工资会带来非常高的资本利润。而且，货币利息也相应地非常高。在孟加拉，钱往往以百分之四十、五十或六十的利息借给农民，并以下一期的收成做还款抵押。由于支付如此高昂利息的利润必然会吞噬地主的几乎所有地租，如此苛刻的高利息，也必然会侵占利润的大部分。罗马共和国衰亡以前，各省在其总督们毁灭性的暴政下，似乎都有同样高的利息。西塞罗的书信告诉我们，道德高尚的布鲁塔斯曾以百分之四十八的利息在塞浦路斯借款。

当一个国家获得的财富已达到它的土壤、气候的性质和相对于他国而言的位置所允许获得的最大限度时，它就不可能再进一步向前发展，但并不退步。在这种状态下，劳动工资和资本利润也许会非常低。假如一个国家的人口生育已完全达到其领土能维持或其资本能雇用的程度，就业竞争必将异常激烈。在这种情况下，劳动工资将会降至足以维持现有劳动者人数的地步；但是，由于该国的人口已非常饱和，人口数量不可能再增加。

如果一个国家的资本与各种必须经营的业务所需要的资本相比，已达到饱和程度的话，那么，每个特定部门使用的资本数量，取决于该行业的性质和范围允许达到的程度。所以，由于各地的竞争十分激烈，普通利润会降到尽可能低的水平。

不过，也许没有任何一个国家的财富曾经达到这种程度。中国似乎已停滞了很长时间，其财富或许早已达到与其法律和制度一致十分富有的程度。可是，在其他法律与制度下，中国的土壤、气候和位置可容许的限度可能比上述限度大很多。一个忽视或鄙视对外贸易，只允许外国船只驶入它的一两个港口的国家，不能经营不同法律和制度下可能经营的相同数量的贸易。而且，在一个富人或大资本所有者享有极大安全，而穷人或小资本所有者享受不到任何安全，而且随时都可能被下级官吏借口执行法律而被掠夺的国家，不同部门投入的资本，绝不可能达到这些业务的性质和范围容许的限度。在不同部门，对穷人的压迫势必确立富人的垄断地位。富人们垄断全部贸易业务，就能获取巨大利润。所以，据说中国的普通利息率为百分之十二，而资本的普通利润必定足以负担如此高的利息。

法律上的缺陷有时会使其利息率提高到大大超过一国的贫富所需要的状况。当法律不强制人们履行合同时，那就会使所有借款人所处的地位与受管制国家中破产者或信用不好者的地位差不多。收回借款的不确定性使得出借人索要通常要求破产者支付相同的高利贷利息。在蹂躏罗马帝国西部各省的野蛮民族中，长久以来，合同履行全靠合同当事双方的信用，君主的法院很少干涉此事。当时的高利息率，恐怕就是其中的部分原因吧。

当法律完全禁止利息时，它并不阻止收取利息。许多人必须借钱，但没有谁在借款时不考虑这笔钱的使用是否恰当，即使用这笔钱能够得到多大的回报，以及有无规避相关法律的困难与危险。孟德斯鸠先生解释的所有伊斯兰国家中出现的高利息率，不是因为他们贫穷，而是部分地方因为法律禁止利息，以及部分地方因为借款难以收回。

最低的普通利润率必须总是高于足够补偿所投资本遭遇的偶然损失。只有这一剩余才是纯利润或净利润。通常情况下，所谓毛利润，不但包括这一剩余，而且还包括为补偿偶然损失而保留的部分。借款人所能支付的利息，只与纯利润成比例。

最低的普通利润率必须同样高于足够补偿虽已十分谨慎但仍可能遭遇的偶然损失。如果无此剩余，那么，出借资金的唯一动机就只能是仁慈或友情了。

在一个已经获得了足够财富，而且每个特定业务部门都有可使用的最大数量资本的国家，由于普通净利润率很低，所以这种利润能够负担的普通市场利息率也很低，于是，除了最富有的人之外，其他任何人都不可能靠自己的货币利息生活。所有小有产者或中等有产者被迫自己监督自己资本的运作。几乎每一人都成为商人或从事某种职业，这是必然的。荷兰似乎正在接近这一状态。在荷兰，不是商人就不能算时髦人物。需要使得几乎每一个人都惯常地去经营某种行业。时尚到处都受习俗的支配。就像不穿衣服会被人耻笑一样，在某种程度上，不像他人那样被雇用也是如此。正如一个文官在军营或营地显得不自在，甚至还可能被人瞧不起，一个游手好闲的人在商人中也是如此。

在大部分商品的价格中，最高的普通利润率或许会吞噬应当属于土地的全部地租，剩下的仅够支付商品生产及投放市场所需的劳动的最低工资，即仅够维持生存的工资。当劳动者工作时，总得设法养活他们，但别人未必都付钱给地主。东印度公司佣工在孟加拉进行的贸易，其利润率恐怕与这个比率相差不远。

通常的市场利息率与普通纯利润率之间应维持的比例必然随着利润的涨跌而涨跌。在大不列颠，商人们所谓的双倍利息被看作有益的，适中的，合理的利润。我认为，这所谓的有益的，适中的，合理的利润，只不过就是普通的通常利润。在一个普通纯利润率为百分之八或百分之十的国家，当借钱做生意时，用利润的一半作为利息，或许是合理的。借款人需承担资本风险，在某种程度上，他向出借人担保资本；在大部分行业，百分之四或百分之五，既可作为这种担保所冒风险的足够补偿，也可作为运作这笔资本的足够回报。可是，在普通利润率低得多或高得多的国家，利息与纯利润之间的比例也许不相同。当利润率很低时，利润的一半或许不能支付利息；当利润率很高时，利润的一半就能支付利息。

在财富迅速增加的国家，许多商品的价格中，低利润率可以补偿高劳动工资，并且使这些国家能够以他们不兴旺的邻国一样便宜的价格出售商品，因为这些邻国的劳动工资较低。

实际上，高利润比高工资更可能提升劳动价格。例如，假若麻布制造业不同劳动者，如梳麻工、纺工、织工等的工资，提升至每日两便士，那么，一匹麻布应提升的价格，只等于生产这匹麻布所雇的工人数，乘以这些个人生产这匹麻布的工作天数，再乘以两便士。商品价格中属于工资的那部分贯穿整个制造阶段，只按算术级数递次增加。但雇用这些工人的所有雇主的利润，如果都抬高百分之五，那么，商品价格中归于利润的那部分，在一切制造阶段，就按几何级数递次增加。梳麻工的雇主在卖麻时，要求在他所垫付的材料和工人工资的全部价值基础上，再另加百分之五。纺工的雇主，也要求在他所垫付的麻价和纺工工资的全部价值基础上，另加百分之五。织工的雇主，也同样要求在亚麻纱价和织工工资的基础上另加百分之五。在提升商品价格的过程中，工资的增加所起的作用与单利在债务积累中所起的作用相同。利润增加所起的作用与复利所起的作用一样。我国商人和主要制造业十分抱怨高工资在提高物价，从而减少国内外商品销售的不良影响，但他们对高利润的不良影响却只字不提。他们对自己的回报产生的恶果保持沉默。他们只对他人得利而产生的恶果抱怨。

第十章　论工资与利润随劳动与资本用途的不同而不同

总的来说，不同劳动与资本在其用途方面的利弊，在同一地方，必定完全相等，或不断趋于相等。假如在同一地方，任何一种用途明显要比其余的用途更有利或更不利，那么，许多人会蜂拥而入或退却。于是，其优势很快就会回到其他用途的水平。至少，在各种事物都听任其自然发展的社会，在有完全自由的社会，以及每个人完全自由地选择他认为合适的职业并在他认为合适时常变换职业的社会，情况的确如此。每个人的利益会促使他去寻找有利的用途，避开不利的用途。

的确，欧洲各地的货币工资及利润随着劳动和资本用途的不同而差异巨大，但这种差异部分是由各种用途本身的某些情况造成的。实际上或至少，人们想象这些情况弥补某些用途的少量货币收益，抵消其他用途的大量货币收益；这种差异也部分是由欧洲各地不让事物有完全自由的政策造成的。

我把本章分为两部分，以便分别讨论某些情况及某种政策。

第一节　由于用途本身的性质造成的不平等

就我所能观察到的而言，以下五种主要情况弥补某些职业的少量货币收益，抵消其他职业的大量货币收益。

第一，职业本身适宜或不适宜；

第二，学习这些职业的难易程度，费用的高低；

第三，职业的稳定与否；

第四，从事这些职业的人担负的重任大小；

第五，这些职业成功的可能性大小。

第一，劳动工资因职业的难易、清洁或肮脏以及尊卑而不同。于是，大多数地方，按整年计算，缝工赚的钱比织工的少，这是因为缝工的工作容易得多。织工赚的钱比铁匠的少，这是因为织工的工作并不总是更容易，但要清洁得多。铁匠虽是技工，但其十二小时的工作所得往往不及一个煤矿普工八小时的工作所得，这是因为铁匠的工作不像煤矿普工的那样脏，那么危险，而且他还在地面上日光下工作。体面构成一切体面职业报酬的大部分。正如我将尽力逐一说明的那样，就货币收益而言，考虑到各方面，这些职业报酬一般都是不足的。不体面却有相反的效果。屠户的职业既残忍又令人讨厌，但在许多地方，这种职业比大部分其他普通职业更有利可图。刽子手的职业是所有职业中最令人厌恶的职业，但与其完成的工作量相比，他的报酬比其他任何普通职业都多。

打猎与捕鱼在人类社会的野蛮状态下是最重要的职业，但在高级状态的社会，却成为最愉快的娱乐活动。以前为某种必要而从事的活动，现今却变成取乐而追求的活动。所以，在进步社会，把别人消遣的事当作职业的人都是极其贫穷的。自西奥克里塔斯时代以来，渔夫一直如此。在大不列颠任何地方，私猎者都是极其贫穷的。在法律严禁私猎者的国家，特许狩猎者的状况也不见得要好很多。更多人出于对这些职业的天生兴趣开始从事此等职业，而不是因为这些职业能让他们过得很舒服；而他们的劳动产品的售价，与其劳动量相比，总是过于便宜，以致从事这些职业的人只能获得极少的生活费。

不适宜与不体面对资本利润的影响与它们对劳动工资的影响相同。小旅馆或小酒店的主管绝不是自己店铺的主人，他遭受醉汉的野蛮对待，他的职业既不是适宜的也不是体面的。但很少有以小额资本获得大额利润的普通职业。

第二，劳动工资随学习这些职业的难易程度、费用的高低而变化。

在安装一台昂贵机器时，必须预期的是，在用坏之前，它所完成的特殊工作至少会用普通利润去替代投入在它上面的资本。一个花费大量劳动和时间去接受教育并从事那些需要特殊技巧和熟练技能的人可以被比作其中的一台昂贵机器。必须预期的是，他学习并以超过普通劳动的普通工资去从事的职业，至少会用同等价值资本的普通利润去替代他花在接受教育上的费用。考虑到人类生命期限的不确定性，必须在合理的时间内做到这一点，就像在机器比较确定的使用年限内一样。

熟练工人的工资和普通工人的工资之间的差异，就基于这个原则。

欧洲的政策把所有机修工、技工和制造业者的劳动看成熟练劳动，而把所有乡村劳动者的劳动看成普通劳动。这一政策似乎认为，前者的劳动在性质上比后者的劳动更细致更巧妙。在某些情况下，也许确实如此，但在大多数情况下，却并不是这样，我将尽力逐一加以说明。因此，为了让某个人有资格从事某种工作，欧洲的法律和习俗要求他必须先从学徒做起，尽管各地的严格程度不尽相同。它们让每个人自由地公开地参加。在做学徒期间，学徒的全部劳动都归他的师傅。与此同时，学徒的生活费，在许多情况下，还是由其父母亲或亲属提供，但在几乎所有情况下，其衣服均由其父母亲或亲属提供。通常情况下，他的部分工资还得交给师傅作学费。那些不能给钱的学徒就要给时间，或要做比一般年限更长时间的学徒。不过，这种做法未必对师傅有利，但考虑到学徒往往很懒惰，它对学徒总是不利的。相反，在乡村劳动中，当劳动者受雇于比较简单的工作时，能够学到该行业比较复杂的部分，而且，他的劳动能够维持该职业不同阶段的生活费。因此，欧洲各国的机修工、技工和制造业者的工资比普通劳动者的工资略高是合理的。于是，他们获得了较高工资，并且，他们的高收益使他们在许多地方被看成高人一等的人。然而，这种优越感往往很小。在较普通的制造业中，如亚麻布或呢绒制造业，帮工的日工资或周工资在大多数地方的平均数略高于普通劳动者的日工资或周工资。的确，由于他们的职业更稳定，更单一，所以，他们全年的收益也许稍多些。然而，似乎很显然，这些所得并不比足够补偿他们接受教育所花的费用多。

精巧艺术和自由职业的教育花费的时间更长，费用更多，因此，画家和雕刻家、律师和医生的货币报酬应该要丰厚得多，而实际情况也是如此。

资本利润似乎很少受使用资本的行业学习难易程度的影响。实际上，大城市使用资本的所有不同方式，就学习难易的程度而言，似乎完全相同。国内贸易或国外贸易的一个部门的业务并不比另一个部门的业务复杂得多。

第三，不同职业的劳动工资因工作的稳定与否而不同。

有些行业的职业比其他行业的职业更要稳定一些。在大部分制造业中，只要能工作，一个技工一年中几乎每天肯定都有事可做。相反，一个泥水匠或砖匠不能在严重冰冻或险恶天气时工作，而在其他任何时候，他的工作也完全取决于顾客的临时召唤。因此，他就可能常常没有任何工作可做。所以，他在有工作可干的时候挣的钱不仅要维持他在无事可做时的生活，而且要能补偿他在不稳定境遇中遇到的焦虑和沮丧的痛苦时刻。在他想到不确定性的时候势必出现这种情况。因此，大部分制造业者的估算收入接近普通劳动者的日工资，但泥水匠或砖匠的收入大致高出普通劳动者的日工资的一半到一倍。如果一个普通劳动者一星期的收入为四五先令，那么，一个泥水匠或砖匠一周的收入往往是七八先令。当一个普通劳动者的收入为六先令时，一个泥水匠或砖匠的收入为九到十先令。当前者的收入为九到十先令时，像在伦敦那样，后者的收入常常为十五到十八先令。然而，在熟练劳动中，泥水匠或砖匠的劳动似乎更容易学习。据说，伦敦轿夫在夏季有时被雇为砖匠。所以，这些工人的高工资与其说是熟练技能的报酬，倒不如说是工作不稳定的补偿。

与泥水匠相比，建筑木匠所做的工作似乎更细致更重技巧。然而，在多数地方，因为不可能到处都一样，所以，建筑木匠的日工资略低于泥水匠的日工资。尽管他的工作取决于顾客的临时召唤，但不全部取决于顾客的临时召唤；他的工作不太容易受到天气的影响。

当通常提供稳定工作的行业碰巧在某一特定地方不是这样时，工人的工资总会上升，并大大超过它同普通劳动工资的通常比率。在伦敦，几乎所有下层技工像其他地方的日工一样，每日每周都可能被雇主雇用或解雇。因此，伦敦最下层技工，如裁缝工，一天也能挣半克朗，即使普通劳动的日工资也可以达到十八便士。在小城镇及乡村，裁缝工的工资往往很少等于普通劳动者的工资，但在伦敦，裁缝工动辄数星期无事可做，尤其在夏季。

当工作的不稳定与工作的艰难、不愉快和肮脏结合在一起，它会提升普通劳动的工资，并使其超过最熟练技工的工资。在纽卡斯尔，按件计酬的煤矿工人的工资一般是普通劳动者工资的两倍。在苏格兰许多其他地方，其工资是普通劳动者工资的三倍。他们挣到的高工资，完全是由他们工作的艰难、不愉快和不肮脏造成的。在多数情况下，只要他们满意，他们的工作是稳定的。就艰难、肮脏和不愉快而言，伦敦运煤工人的工作几乎和煤矿工的工作相同，但由于运煤船只不定期到达，所以大部分运煤工人的工作是非常不稳定的。如果煤矿工人的工资通常是普通劳动者工资的两倍到三倍，那么，运煤工人的工资有时是普通劳动者工资的四倍到五倍，这似乎应该认为是合理的。数年前进行的一项调查发现，按照当时的工资率，运煤工人每天能挣六至十先令。六先令大约是伦敦普通劳动的工资的四倍。在每一个特定的行业中，最低的普通收入往往可看成绝大多数的收入。尽管这些收入似乎显得过高，只要它们超过足以弥补职业上的一不愉快情况，那么，在一个没有独占权的行业里，很快就会出现大量的竞争者，进而使收入降至一个较低的比率。

工作的稳定与否不能影响某种特定行业的资本的普通利润。资本是否一直被使用取决于其交易者，而不取决于其行业。

第四，劳动工资因劳动者需负担的责任大小不同而不同。

各地金匠和宝石匠的工资，不仅比许多其他劳动者高，而且比相同且更大技巧的劳动者高。这是因为交付给他们的材料很贵重。

我们把我们的健康托付给医生，把我们的财产甚至生命和名誉托付给律师或辩护师。这种信任绝不能稳妥地托付给十分卑微，地位低下的人。因此，他们获得的报酬必须给予他们如此重要的信任需要的社会地位。他们接受教育付出的大量时间以及巨额费用一旦与这种情况结合起来，势必进一步提升他们的劳动价格。

如果一个人仅仅用自己的资本经营生意，那么，无所谓信任问题。他可能从他人取得的信用，不取决于他所经营的行业的性质，而取决于他人对他的财产、正直与精明所持的看法。因此，不同行业的不同利润率，不可能由经营者所负责任的不同程度造成的。

第五，不同工作的劳动工资，随取得成功的可能性的大小的不同而不同。

一个人能否胜任其所学的职业的可能性因职业的不同而大不相同。在大部分机械行业取得成功几乎是必然的，但在自由职业中取得成功却不是那么有把握的。如果把你的儿子交给鞋匠当学徒，他毫无疑问能学会如何制鞋；但是，如果送他去学法律，那么，他精通法律并能靠此谋生的可能性至少是二十分之一。在完全公平的博彩中，中彩者应得到落彩者所失的全部。在一种二十人失败，一人成功的职业中，成功的人应享有二十个不成功的人应得的全部。大概要在将近四十岁时才能从其职业取得一些收益的法律顾问，其回报应不仅要足以补偿他自己受教育所花的大量时间和巨额费用，而且还应足以补偿那些可能没有任何收入的二十多人的教育时间与费用。尽管法律顾问所收的费用有时显得过高，但他的真正报酬绝不等于收取的费用。如果计算一下某个特定地方，任何普通行业的各种工人，如鞋匠或织工，一年的可能收入和他们一年的可能支出是多少，你就会发现，他们的收入通常要超过他们的支出。但是，如果你对所有的法律顾问及伦敦四个律师培训机构的学生的支出与收入做同样的计算，你就会发现，他们的年收入仅占其年支出的极小一部分，即使你尽量提高他们的年收入，并尽量减少他们的年支出，情况亦如此。所以，法律这个彩票，远非完全公平的彩票。而律师这个行业以及许多其他自由的，受尊敬的职业的金钱收入显然是很不充分的。

然而，那些职业与其他职业保持同等水准。虽然有这些使人泄气的事情，但所有慷慨且开明的人都迫切地挤进这些职业。两个不同的原因促成并推荐这些职业：第一，任何一种职业所带来的卓越名誉的欲望；第二，每个人所具有的或多或少对自己的好运而不是自己的能力天生的自信心。

想要在任何行业中做到优秀，除了个别是平庸的人，其他大部分都是具有天赋或超级天才的人。伴随卓越能力的赞美常常是这些才能回报的一部分。回报的大小要看成就的大小。它占据医生这种职业回报的大部分；在法律这种职业中，它所占的部分或许更大；在诗歌或哲学中，它几乎占了回报的全部。

有几种非常适宜而优美的才能，拥有这些才能的人定能博得某种赞赏。但是，无论是出于理性还是偏见，若用这些才能去谋利，就会被看成是公开出卖色相。因此，用这种方式展现才能的人的金钱报酬必须足够补偿他获得这种技能所花的时间、劳动和费用，而且还须足够补偿他以此谋生而遭受的屈辱。演员、歌剧演唱者、歌剧舞蹈者等之所以有非常高的报酬，基于两个原则：一是才能稀缺而完美；二是以这种方式运用这些才能而蒙受的名誉丧失。我们一方面鄙视他们；另一方面却又对他们的才能给予非常优厚的回报，乍看起来，这似乎十分荒唐。然而，当我们鄙视他们时，我们必定给予他们丰厚的回报。倘若对这些职业的公众意见或偏见改变，他们的金钱报酬很快就会减少。由于更多的人愿意从事这些职业，所以竞争势必很快降低他们的劳动价格。尽管这类才能远非普通才能，但也绝不是像世人所想象的那样稀罕。尽管许多人完全拥有这些才能，但他们不屑去使用这些才能。如果运用这些才能而体面地有所收获的话，那么会有更多人具备学会这些才能的能力。

大部分人对自己的才能过于自负。这是历代哲学家和道德家所说的一种老毛病。人们较少注意到他们对自己好运的荒唐猜测。然而，如果可以这样说的话，这种做法仍然更加普遍。任何活着的人，只要他身体还算健康，有精神，基本上都是如此。每个人都或多或少高估了自己获益的机会，而大多数人都低估了自己损失的机会。任何一个身体还算健康和有精神的人都高估了其价值。

我们从彩票的普遍成功可以看出，收益的机会自然而然被高估。完全公平的彩票，即全部所得足以弥补全部所失的彩票，世上从来没有，将来也不会有。这是因为情况真要是这样，经营彩票的人将一无所得。在国营彩票中，彩票实际上并不值最初购买人所支付的价钱，而且，彩票在市场上通常按超过实际价值的百分之二十、三十，乃至四十的价格售卖。获得大奖的空想是产生这种需求的唯一原因。头脑清醒的人很少把花少额的钱去获得十万或二十万英镑的机会看成一件蠢事，虽然他们也知道那少额的钱或许比这个机会所值高百分之二十或三十。奖金不超过二十英镑的彩票，纵使在其他方面比普通国家的彩票更接近于完全的公平，但对彩票的需求也会不相同。为了有获得某种大奖的更好机会，有些人购买几张彩票，而有些人则购买更多的小面额彩票。然而，你冒险购买的彩票越多，你就越可能是个输家，这是数学上十分肯定的事。假如你冒险购买彩票中的全部彩票，你肯定会输掉。你购买的彩票的张数越多，损失就越接近这种确定性。

从保险公司的适度利润我们可以看出，损失往往会被低估。为了给一宗贸易投保火灾险或海上险，普通保险费必须足够补偿普通损失、支付管理费用，以及提供任何贸易中相同数量的资本所获得的利润。这样，投保人支付的仅仅是风险的真实价值，或者投保所能期望的最低价格。但是，虽然许多人通过保险赚了一点儿钱，但很少有人发大财。很显然，一般得利与损失相抵的结果，对保险业不像对那些使许多人发财的行业那么有利。虽然保险通常很便宜，但许多人却因非常轻视风险而不太愿意支付保险费。拿英国的平均数来看，二十所房屋中就有十九所不曾投保火险。而对于大部分人来说，海上风险比火灾更加可怕，保险船只和未保险船只之间的比例要大得多。然而，无论什么季节，甚至在战争期间，许多未保险船只仍在航行。这样做有时候或许并非由于轻率。当一家大公司或甚至一个大商人有二十或三十艘船在海上航行，它们在某种程度上可以相互提供保障，由此节省下来的保险费也许足够补偿在一般情况下可能遭受的损失。然而，在多数情况下，忽视航运保险就像忽视房屋保险一样，都是没有这种精密计算的结果，而完全是由于轻率和鲁莽地轻视风险造成的。

轻视风险和奢望成功，在一生中以青年人选择自己职业的年龄时最活跃。那时，对不幸的担心不能抵消对幸运的希望。这一点，从普通人准备应征入伍或出海航行就可以看得很清楚。

普通士兵可能失去的再明显不过了。然而，青年志愿者们不顾危险，在一场新战争开始时，特别踊跃地报名参军。尽管升迁的机会几乎没有，但他们在自己青年时期给自己想象了大量获得荣誉和声誉的机会。这些不切实际的希望成为他们热血的全部代价。他们的报酬比普通劳动者少，而在实际工作中，他们的疲劳比普通劳动者大得多。

总而言之，航海的彩票并不像陆军彩票那样不利。一个声誉好的工匠或技工的儿子往往可以征得其父的同意去航海。可是，如果他报名参军，总要瞒着他的父亲。就前一种职业而言，其他人看到自己有取得成功的机会，但就后一种职业而言，除了他自己，没有其他任何人认为他有成功的机会。伟大的海军上将不像伟大的陆军上将那样受到公众的赞美。在海上服役时取得的成功，与在陆地上服役时取得的同等成功，在名利方面相比差异明显。这种差异在所有下级职位中都存在。根据等级规定，海军上校与陆军上校属于同一级别。但是，按照一般的判断，前者的级别比不上后者的级别。由于彩票中大奖比较少，所以小奖必定较多。因此，与普通陆军士兵相比，普通水兵更常得到一些运气与升职，也就是说，获得小奖的希望是吸引他们当水兵的主要原因。尽管普通水兵所需的技能和熟练程度都要优于几乎任何其他技工所需的技能和熟练程度，并且他们一生中不断地经历困难与危险，但是，他们仍然只是一个普通水兵。而他们除了通过发挥自己的技能，战胜困难，进而获得的某种快感之外，几乎没有其他任何报酬。他们的工资并不比决定海员工资率的港口普通劳动者的工资高。由于他们频繁地往返于各港口间，所以，航行于大不列颠各港口的海员月工资大体上与各港口的劳动者的月工资处于同一水平。而由于进出伦敦港的海员人数最多，所以其海员工资率便决定着其他港口的海员工资率。伦敦大部分不同类别工人的工资约是爱丁堡同类别工人工资的两倍。但由伦敦港出航的水手的月工资很少比从利斯港出航的水手高出三四先令，并且差别经常没有这么大。和平年代的海上贸易，如果伦敦每个普通劳动者按一星期九先令或十先令计算，他每月可赚四十至四十五先令。水手除了工资外，还有饮食供应。然而，饮食的价值未必总能超过他的工资与普通劳动者工资的差额；即使有时候超过了这一差额，但超过的部分也不会是水手的净收益，因为他不能和他的妻子和孩子分享它，他必须靠他的工资来养活他们。

危险和九死一生的冒险不仅不会让青年人失去勇气，反而常常对他们更具吸引力。下层人中，慈祥的母亲往往害怕把自己的儿子送入海港城市的学校就读，以免轮船、水手们的谈话和种种冒险故事引诱他们去当水手。凭借勇气和本领让我们摆脱危险的遥远憧憬，对我们来说并不是不愉快的，而且不会提高任何职业的劳动工资。而如果是勇敢与机智均不能起作用的职业，那么情形就不一样了。众所周知，那些非常不卫生的行业，劳动工资总是非常高。不卫生乃是一件令人不愉快的事情，但它对劳动工资的影响应归入那个项目去讨论。

在资本的所有不同用途中，普通利润率或多或少都会随收益的确定或不确定而变化。一般而言，国内商业的收益不像对外贸易那么不确定，而对外贸易的一些部门又不像其他部门那么不确定。例如，对北美的贸易不像对牙买加的贸易那么不确定。普通利润率总是或多或少随风险的上升而升高，但升高的程度似乎与风险不成比例，升高的利润不一定能完全抵偿风险。破产在最危险的行业中最常见。在所有行业中最危险的是偷运，尽管在冒险成功时获利极多，但它绝对是一条通往破产之路。对成功的奢望在这种场合所起的作用，与在其他场合所起的作用一样，诱使许许多多的冒险者去从事那些危险行业，以致他们之间的竞争使利润降低到足以补偿风险的程度之下。要想完全补偿这种风险，除了资本的普通利润外，普通收益不仅应弥补全部偶然损失，还要对冒险者提供一种与保险者利润同性质的利润。但是，如果普通收益足够提供这些，那么，这些行业的破产就不如其他行业常见。

因此，使劳动工资发生变化的五种情况中，只有两种影响到资本利润，即业务是愉快还是不愉快，伴随业务的是安全还是危险。就愉快或不愉快而言，绝大部分的资本不同用途几乎没有或者根本没有差别，但在劳动的各种用途中，却存在着很大的差异。尽管资本的普通利润随风险的上升而升高，但升高的程度似乎与风险不成比例。由此可见，在同一社会或附近地区，资本不同用途的平均或普通利润率要比不同种类劳动的货币工资更接近于某种水平。事实也正如此。一个普通劳动者的收益与一个生意好的律师或医生的收益差异，明显大于任何两个不同贸易部门普通利润之间的差异。此外，不同行业的利润在表面上的差异往往具有迷惑性，这是因为我们并不总是把应该算作工资的与应当算作利润的区分开来。

药剂师的利润一语，已成为过高利润的代名词。然而，这种表面上很大的利润通常只是合理的劳动工资。就技能而言，药剂师比其他任何技工都要精巧和细致得多，责任也重得多。他不仅是贫民的医生，而且在病痛或危险比较轻微的场合又是富人的医生。所以，他的报酬应当和他的技能与托付给他的责任相称，而且一般都包含在他所出售的药品价格中。可是，在大集镇，一个生意最兴隆的药剂师一年所出售的全部药品的费用也许不过花他三十或四十英镑。所以，尽管他应该以百分之三四百或百分之一千的利润出售这些药品，但这种利润常常只是他的合理的劳动工资；他的合理的劳动工资，只有加在药品价格中才能够收取。表面利润的大部分实则为披着利润外衣的真实工资。

在一座港口小镇，一个小杂货商仅用一百英镑的资本就能获得百分之四十或五十的利润，而同地的一个大批发商人即使用一万英镑也很少能够获得百分之八或百分之十的利润。对该地居民的便利来说，杂货商所经营的杂货业也许是必需的，而且狭小的市场不允许更大资本投在这种行业里。然而，这个小杂货商不仅须靠此生活，而且要活得和经营这业务所具备的资格相称。除了拥有小额资本外，他须能读、能写、能算，同时须能判断五六十种不同的货物以及它们的价格与品质，还有用最便宜的价格去市场购买这些货物。简言之，他必须具备大商人所需。除了缺乏足够的资本外，没有任何其他东西能阻止他成为一个大商人。像他这样有才能的人，每年取得三四十英镑作为劳动报酬绝不能算作过高。把这种报酬从他的表面上很高的资本利润中扣除，剩余的部分恐怕就只是普通利润。在这种情况下，表面利润的大部分也是真实工资。

零售贸易的表面利润与批发贸易的表面利润之间的差异，在首都比在小城镇和乡村小得多。在一万英镑可用于杂货业的地方，杂货商人的劳动工资对于这么大资本的真实利润，只不过是很小的一部分。因此，一个富裕零售商的表面利润与批发商的表面利润差不多在同一个水平上。正是由于这个原因，以零售方式出售的货物一般在首都和小城镇及乡村同样便宜，而且还要便宜得多。例如，杂货一般更便宜；面包与肉类常常同样便宜。把杂货运往大城镇的费用并不比运往小城镇或乡村高，而把谷物和牲畜运往大城镇的费用要贵得多，因为它们大部分要从远得多的地方运来。因此，假如杂货的最初成本在都市和农村都一样，那么，在获取利润最少的地方，它们的价格就最便宜。可是，就面包和肉类的最初成本而言，大城镇比乡村高。所以，尽管大城镇的利润较低，它们的售价未必总是更低，但往往是同样便宜。就面包及肉类这些商品而言，相同的原因减少了表面利润，增加了最初成本。通过使用更多资本，市场的扩大减少了表面利润，但在另一方面，由于货物从远方供应，其最初成本必然增加。在多数情况下，表面利润的减少与最初成本的增加似乎可以互相抵消。谷物及牲畜的价格，虽然在王国各地很不相同，但面包及肉类的价格，在王国的大多数地方几乎完全相同，其原因也许就在于此。

尽管零售贸易及批发商贸易的资本利润在首都比在小城镇和乡村小，但从前者的小开始往往可以发大财的人，而从后者却很少做得到。在小城镇和乡村，由于市场狭窄，贸易不能够总是随着资本的增加而扩大。因此，在这类地方，虽然某个商人的利润率可能很高，利润的总额却不能很大，因而他们每年的积累也不会很大。相反，大城镇的贸易能随着资本的增加而扩大，而勤俭和生意兴隆的人的信用增加得比其资本增加快得多。他的生意随他的信用及资本成比例地扩大；他的利润总额随他的生意规模的扩张而增加；他每年积累的资金也随他利润总额的增加而增加。但是，即便在大城市，发大财也不是一个正规的，知名的，众所周知的商业部门，而主要是由于长时期地勤勉、节约和小心地经营。的确，有时候从事所谓投机生意也可以发大财，但是投机商人并不总是经营一种正常的已建立的和众所周知的生意。他今年是谷物商，明年是葡萄酒商，后年又是食糖商，烟草商或茶商。当他预见到某一行业的利润可能高于其他普通行业的利润时，他就会参与其中；当他预料到哪个行业的利润可能回到其他行业的水平时，他就会放弃哪个行业。因此，他的利润和损失，不能和其他任何知名的和众所周知的行业商业部门保持任何常规的比例。一个大胆的冒险者有时可能通过两三次成功的投机而获得大笔财产，有时也可能通过两三次失败的投机而损失大笔财产。这种生意只能在大城市做。经营这种生意所需要的信息，只在商业和通信最广泛的地方才能获得。

上述五种情况，虽然造成了劳动工资与资本利润很大的不均等，但就总体的有利与不利而言，没有造成劳动和资本不同用途的任何不均等。这些情况的性质是：弥补一些用途的小货币收益，抵消一些用途的大货币收益。

然而，为了使这种均等发生在整个有利或不利中，即便是完全自由的地方，亦须具备三个条件：第一，用途在附近是众所周知的和知名的；第二，这些用途必须处在普通状态，或者所谓的自然状态；第三，这些用途必须是使用者的唯一的或主要的用途。

第一，这种平等只能发生在众所周知的知名的用途中。

在所有其他情况都相同的地方，新行业的工资一般比旧行业的工资高。当设计者试图创建一种新制造业时，他首先必须以高于其他行业的工资或高于本行业应有的工资把工人从其他行业吸引过来，而他要经过很长时间才能把工资降到一般水平。有些制造业，其需要完全由于时尚和一时爱好而产生，总会不断变化，而且很少能持久到它们被看成是知名的老制造业。相反，其需求主要是从用途或必要性产生的制造业就不太容易变化，同一形式或构造还为人所需要长达数个世纪。因此，前一类制造业的劳动工资可能比后一类制造业的劳动工资要高一些。伯明翰的制造业主要属于前一类，而谢菲尔德的制造业主要属于后一类。这两个不同地方的劳动工资据说与它们各自产业的不同性质相符。

建立任何一种新的制造业、新的商业部门或新的农业实践总是一种投机，而设计者期望从其中获得巨大利润。这些利润有时是很大的，但有时或许是完全相反的；但总的来说，这些新行业的利润与附近其他老行业的利润并不保持一个有规律的比例。如果计划成功，那么利润在最初通常是很高的。但当这个行业或做法完全确立并为人所周知的时候，竞争就使其利润降到和其他行业相同的水平。

第二，只有在劳动和资本的不同用途处在普通状态，即所谓自然状态下时，这些用途的所有利害才会有这样的均等。

对几乎每种不同劳动的需求有时较平时大，有时又较平时小。在前一种情况下，工作的有利之处升高到普通水平以上，而在后一种情况下，工作的有利之处降低到普通水平以下。在干草晾干期和收获期，对乡村劳动的需求比一年中大部分时间都大，而且工资也随着需求的增加而升高。在战争时期，当四五万原为海上贸易的海员被迫为国王服役时，对商船海员的需求必然会由于人员稀缺而增加，而这种情况下海员的工资通常由每月一几尼至二十七先令上升到四十至六十先令。相反，在日趋衰落的制造业中，许多劳动者不愿离开他们自己的原有行业，宁愿接受较少的工资，即便这种工资与他们的工作性质并不相称。

资本的利润随着使用资本所生产的商品的价格的变化而变化。当任何一种商品的价格升至普通或平均比率之上的时候，至少有用来将商品投放市场的某一部分资本的利润会升至利润的正常水平之上；当商品价格下降时，利润则降至正常水平之下。所有商品的价格或多或少地都会发生变化，但有些商品的价格变化比其他商品要大得多。在人类劳动所生产的所有产品中，每年使用的劳动数量必然受到每年需求的支配，以便每年的平均产量尽可能等于每年的平均消费量。前面已说过，在有些行业中，相同的劳动数量总是生产出同量或几乎同量的商品。例如，在麻织业或毛织业，相同数量的人手年年几乎都会制造出相同数量的麻布或呢绒。所以，这些商品的市场价格变化只能是因某种偶然事故引起的需求变化。国丧使黑布的价格升高，但是它对素麻布及呢绒的需求几乎没有变化，所以其价格也几乎没有变化。但在有些行业中，使用等量劳动未必就都生产等量的商品。例如，在不同的年份，等量的劳动生产出数量迥异的谷物、葡萄酒、啤酒花、食糖、烟草等。所以，此类商品的价格，不仅随着需求的变化而变化，而且还随着更大的和更频繁的变化而变化，因而这类商品价格波动极大。一些经销商必定随着商品价格的波动而波动。投机商人的活动主要在此类商品上。当他们预见到某些商品的价格将要上升，他们就会试图全部买下；当预见到某些商品的价格将要下降，就会把它们全部出售。

第三，劳动和资本的不同用途的有利与不利总体中的平等，只有在那些用途成为使用者的唯一的或主要的用途时才能发生。

当一个人靠某一种不占据他大部分时间的职业谋生时，他往往愿意在闲暇时从事另一种工作，而他从这份工作中赚取的工资虽然较少，但与其工作性质相称。

在苏格兰许多地方，仍然还有一种称为佃农的人，尽管他们在若干年前比现在更常见。他们是地主和农场主的外佣工。他们从雇主那里得到的一般报酬是一间房屋，一小块种熟食叶用菜的小园子，一块够饲养一头奶牛的草地，或许再加上一两亩贫瘠的土地。当佃农的主人偶尔需要他们的劳动时，他们的主人每周额外给他们两配克燕麦，约值英币十六便士。在一年的大部分时间，主人很少需要或者根本不需要他们的劳动，而他们耕种一小块土地也不会占用主人留给佃农自己支配的全部时间。所以，当这些雇工的人数比现在多的时候，据说他们愿意在空闲时间以极少的报酬为任何人工作，而且愿意以低于其他劳动者的工资工作。在古代，这种佃农在欧洲几乎随处可见。在土地耕种差且人口稀少的国家，大多数地主和农场主无力为自己提供额外的人手，而乡村劳动在某些季节是需要额外人手的。这些劳动者偶尔从他们的主人处得到的日报酬或周报酬，显然不是他们劳动的全部价格。他们的小块租用地构成这种价格的大部分。但是，很多作家似乎把这种日报酬或周报酬看作他们劳动的全部价格。这些作家搜集古代的劳动价格和食物价格，并且乐于将两者说成是非常低。

这类劳动产品往往以低于其性质要求的价格在市场上出售。苏格兰许多地方编织的长袜的价格比任何其他地方用织机织成的长袜的价格便宜得多。这些长袜是佣工和普通劳动者的劳动产品，他们从其他工作获取自己的最主要生活资料。每年有超过一千双长袜从设得兰群岛输入利斯，每双的价格从五便士至七便士不等。我们听说，在设得兰群岛的小小首府勒韦克，普通劳动的普通工资为每天十便士。在设得兰群岛上，他们织成的毛袜的价值为每双一几尼以上。

在苏格兰，纺麻线同编织长袜的方式大致相同，并且主要由从事其他工作的佣工去做。他们只能赚取极其微薄的生活费，尽管他们试图靠这些工作来维持自己的全部生活。在苏格兰的大部分地区，一星期能赚二十先令的妇女就算一个好纺工。

在富裕国家，市场一般非常广阔，任何一种行业都能够运用从事这些行业的人全部的劳动与资本。以一种职业谋生，同时又以另一种职业获得一些小利的实例，这种情况主要出现在穷国。然而，下述情况与上述情况有些相似，却会在一个富裕国家的首都见到。我相信，没有任何欧洲城市的房租比伦敦还要贵。但我也知道，租用一套备有家具的房间，没有任何城市比伦敦便宜。伦敦的出租屋不但比巴黎便宜得多，而且相同质量的出租屋，伦敦的租金也比爱丁堡便宜得多。似乎特别奇怪的是，房租昂贵是出租屋廉价的原因。伦敦房租昂贵主要由以下原因造成的：劳动昂贵、建筑材料昂贵（因为它们一般须从远地运过来），尤其是地租昂贵。（因为占有垄断者地位的各个地主，对城市中一英亩不良土地，往往要求比一百亩最优良农田的地租更高的地租。）除上述原因外，还有一个，那就是人们所特有的风俗和习惯，迫使各家主租用整座房屋。英格兰的一栋住宅意味着相同屋顶之下所包含的一切。但在法国、苏格兰以及欧洲其他地方，它常常只意味着建筑物的一层。一位伦敦商人不得不在他的顾客所居住的城镇的地段租一整栋房屋。他把最下一层作为自己的店铺，顶楼作为他自己及其家属的寝所。他把中间两层租给寄宿者以收回一部分房租。他期望靠营业来维持其家庭的生活，并不希望靠租房给寄宿者来养活家庭。然而，在巴黎和爱丁堡，租房给寄宿者的人往往没有其他的生存手段分租房间来谋生，借宿的价格不但需支付房租，而且需支付其一家人的全部生活费用。

第二节　由于欧洲政策造成的不平等

如上所述，即便在有完全自由的地方，因上述三个条件的任何一个条件的缺乏，劳动和资本不同用途的有利与不利就必然会造成以上所说的那些不平等。但是，由于不让事物有完全自由，欧洲政策便产生了比其他更重要的不平等。

欧洲政策造成的不平等主要是以下三种方式：第一，限制某些行业的竞争，使其从业人员数量少于愿意参与这些行业的人数；第二，增加某些行业的从业人员数量，使其超过自然地参与这些行业的人数；第三，阻止劳动与资本从一个行业到另一个行业、从一个地方到另一个地方的自由循环。

第一，欧洲的政策通过限制某行业的竞争，使其从业人员数量少于自愿参与这些行业的人数，进而造成劳动和资本用途的有利与不利总体上的非常重要的不平等。

行业协会的独有特权就是欧洲政策用来达到这一目的的主要手段。

行业协会组织的行业的独有特权势必将其所在城市中的竞争限制在那些只有该行业自由的人之内。获得这种自由的必要条件，通常是在当地跟一个有资格的师傅做过学徒。行业协会的内部规章，有时规定允许一个师傅所带的学徒人数，但几乎普遍规定的一个学徒必须做满的学习年限。这两条规定的目的，在于将竞争限制在比愿意参与某行业的人数还要少得多的数量之内。学徒人数的规定在于直接限制竞争，而长的学徒年限的规定更加间接地限制了竞争，尽管增加了学习费用，但同样有效果。

在谢菲尔德看来，根据行业协会的规定，一个师傅每次只能带一个徒弟。诺福克及诺韦杰的织工师傅每次只能带两个徒弟，违反者将每月向国王缴纳五英镑的罚金。在英格兰的其他任何地方或英属殖民地，一个帽匠师傅每次只能带两个徒弟，违返者将每月缴纳五英镑的罚金，一半归国王，另一半归记录法庭控告的人。这两项规定，虽经王国公法的确认，但显然是受制定谢菲尔德规则的同一个行业协会的精神的驱使。伦敦丝织工组织行业协会，在其组合不到一年，就制定内部规章规定该行业的一个师傅每次只能带两个徒弟。该规定由议会通过的一项特别法令才被废止。

在整个欧洲，大多数有行业协会组合的行业所规定的学徒期限为七年。所有这样的行业协会很久以前都称为大学（university），“大学”一词的确是任何行业协会组织的固有拉丁名称。铁匠大学、缝工大学等表达在古代城镇的古老宪法中经常出现。当现在特称作大学的那些特定行业协会最初建立之时，获得文学硕士学位所必需的学习年限，显然是从行业协会要古老得多的普通行业规定的学徒年限抄袭过来的。就像普通行业中任何一个人必须在一个有资格的师傅指导下工作七年才能成为师傅并带徒弟一样，一个人要想成为文理科的师傅、教师或博士（此三者在古代均为同义词），并且有学生或学徒（此两者在古代亦是同义词）跟他学习，他必须在有资格的师傅下学习七年。

伊丽莎白第五年颁布的通常称为《学徒法》的法令规定，一个人若想将来从事当时在英格兰实行的一切手艺、工艺或技艺，就必须做至少七年的学徒。以前是许多特定行业协会的规则，现在已成为英格兰集镇所有行业的普通的和公共的法令。尽管法令的词语非常笼统，并且似乎包括整个王国，但根据解释，其适用范围仅限于各集镇。所以，人们一直认为，在乡村，一个人可以从事几种不同的行业，尽管他在哪种行业中都没有当过七年学徒，因为他们对居民的方便是必须的，而且人数不多，不足以为每种行业提供足够人手。

此外，根据对文字的严格解释，这项法令的适用范围只限于伊丽莎白第五年以前在英格兰已经建立的行业，而没有扩展到以后新建立的行业。这种限制引起了几种区别。从公安规则的角度来看的话，这些区别似乎是再愚蠢不过的。例如，人们判定，制造马车的人不得自己制造马车车轮，也不得自行雇人给马车制造马车车轮，他必须向车轮匠购买车轮，因为车轮制造业是伊丽莎白第五年以前英格兰已有的行业。但是，虽然车轮匠从来没有做过马车制造者的学徒，却可以自己制造马车，或雇用帮工制造马车。马车制造者的行业不在该项法令的适用范围之内。因为这个缘故，曼彻斯特、伯明翰和伍尔弗汉普顿等地的许多制造业不在这项法令的适用范围内，因为它们是在伊丽莎白第五年以后才在英格兰建立的。

在法国，学徒年限因城镇的不同以及行业的不同而不同。在巴黎，大多数行业所要求的学徒期限为五年，但一个人要想取得某种行业的师傅资格，他至少还须再做五年的帮工。在这五年的帮工期间，他被称为师傅的伙伴，而这五年期间本身被称为伙伴期间。

在苏格兰，没有规定学徒期限的普通法律。不同的行业协会对此有不同的规定。在学徒期限很长的地方，一般可以通过支付少额款项来缩短期限。在大多数城镇中，可以通过缴纳极少额的罚金，购买任何行业协会的自由。苏格兰的主要制造业，如亚麻布和大麻布的织工，以及附属于这些制造业的其他工匠，如车轮制造者、纺车制造者等，可以不缴纳任何罚金，就可以在任何自治城镇操持本行业。在所有的自治城镇中，所有的人都有在每周的法定日出售肉类的自由。在苏格兰，学徒年限一般为三年。即便是在一些需要非常精巧的技艺的行业，学徒期限也是如此。一般来说，我没有听说欧洲还有哪国的行业协会的法律是如此宽松的。

因为每个人自己的劳动所有权是他一切其他所有权的原始基础，所以，这种所有权是神圣的不可侵犯的。一个穷人拥有的世袭财产，就是他的双手的力量与技巧。阻止他以他认为正当的方式，在不侵犯邻居的条件下，使用他自己的力量与技巧，很显然侵犯了他的最神圣的财产权。这种做法不但侵害了该劳动者的正当自由，而且还侵害了可能雇用他的人的正当自由。由于妨碍了劳动者以自己认为合适的方式去工作，所以，也妨碍了他人用自己认为合适的方式去雇用他。判断雇用他是否合适，无疑应由有重大利害关系的雇主去裁夺。立法者假装的忧虑以免雇主雇用了不合适的人，很明显既粗暴又严苛。

长期的学徒期制度并不能保证市场上不常出现不合格产品。当市场上出现不合格产品时，通常是欺诈的结果，而不是无能。因此，最长的学徒年限也不能保证没有欺诈。有必要制定完全不同的法规来防止这种恶习。与任何学徒法律相比，器皿上的纯度记号、麻布和呢绒上的检验印记更能让购买者放心。购买者一般只看这些标记，从来不会去询问制造货物的工人是否做过七年的学徒。

长期的学徒期制度往往不会培养年轻人的勤劳习惯。按件计酬帮工很勤奋，因为他靠自己的勤奋获得收益。学徒可能懒惰，而且几乎总是懒惰，这是由于懒惰与否与他没有直接利益。在低级的职业中，劳动的成果完全在于劳动报酬。谁能最快享受到劳动成果，谁就可能最快对劳动有兴趣，并早日养成勤奋的习惯。如果一个年轻人很长时间不能从劳动获得收益，那他自然会厌恶劳动。由公共慈善团体送去做学徒的儿童，其学徒年限一般比普通的年限长，而且他们都变得非常懒惰，毫无用处。

古人完全不知道学徒制度的存在。每一部现代法典均用了较大篇幅规定师徒的相互义务。罗马法根本没有提及这类义务。我不知道哪个希腊或拉丁单词（我敢说我敢断定根本就没有这种字眼儿）表达了我们现在所称的“学徒”一词的概念：一个佣工在一定年限内，约定要在某个行业为了师傅的利益而劳动，其条件是师傅教他学习这个行业。

很长的学徒期限是完全没有必要的。比一般行业高得多的技艺，如钟表的制造，并不包含需要长期教授的秘诀。这些美妙机器的首次发明，甚至一些用来制造钟表的工具的首次发明，无疑是经过长时间和深思熟虑的结果，并且可以正当地看成人类才智的最可喜成果之一。但是，当它们已经完全发明并被人们了解时，要详细地给年轻人解释如何使用这些工具，如何制作钟表，大概只需要上几周的课，也许几天的课就足够了。的确，就一般机械工艺来说，数天讲授时间，一定就够了。诚然，即使普通行业里的手的灵巧，没有很多的实践与体验，也是不可能学到的。但是，如果一个年轻人从他当帮工开始，就按他完成的工作量付给他相应的报酬，对他有时因笨拙和缺乏经验而损失的原料负责赔偿的话，那他会更加勤奋更加用心地工作。这种方式对他的境遇一般会更有效，而且总会花更少的时间和金钱。的确，师傅将会遭受损失。师傅会损失他现在节省的，学徒在七年学习期间的工资。或许到头来学徒自己也会遭受损失。在一个那么容易学习的行业中，他将遇到更多的竞争对手。当他成为一个完全的劳动者时，他的工资将会比现在少得多。竞争相同程度的增加，不仅会降低师傅的利润，而且也会降低工人的工资。从事手艺、工艺和技艺的都将成为损失者，但是公众将会成为获利者，工匠的产品在市场上的售价将会更加便宜。

这是为了预防因自由竞争而引起的价格下跌以及工资与利润的减少，才建立了所有行业协会，并制定了行业协会的大部分规则。要建立行业协会，在古代欧洲的许多地方，需要的只是它所在的自治城市当局的许可，而不需要其他授权。在英格兰，的确还需要取得国王颁发的特许状。不过，国王的这种特权似乎不是为了捍卫普通的自由，去对付这种暴戾的垄断组织，而是为了向臣民榨取钱财。只要向国王支付罚金，一般似乎比较容易得到这种特许状。当任何一类特定的技工或商人认为没有国王的特许状也适合作为一个行业协会而行动时，这些所谓的假行业协会并不总是因此被取缔，但它们须每年向国王缴纳罚金，以获得行使这些篡夺的特权的许可。所有行业协会及其认为应制定来管理自己的规则都归所在地的自治城市的直接监督。对它们处罚通常不是来自国王，而是来自自治城市这个更大的行业协会，那些附属的行业协会只不过是它的一部分或成员而已。

自治城市的管理权完全掌握在商人和工匠手中。对他们中间每个特定阶级来说，防止他们所说的各自产品在市场上存货过多，实际上就是使他们各自产品在市场上经常保持存货不足状态，这样做分明是符合他们各自的利益。每一个阶级都迫切需要制定合适的规章，以达到这一目的。只要允许它这么做，它也同意每一个阶级都这么做。的确，因为这些规章，每个阶级必须从市内其他阶级那里以略高的价格购买所需要的货物。作为补偿，它们自己的货物也以略高的价格出售。因此，买卖相衡，正如他们所说的半斤八两。同一市内各个阶级都不会在彼此之间的交易中蒙受损失。但是，在他们与乡村的交易中，他们都是大赢家。这种交易构成了使每个城镇得到支撑和富裕的整个贸易。

每个城镇的全部生活资料与工业原料均取自乡村。城镇主要采用两种方法支付这些生活资料与工业原料：第一，把经过加工制造的那些原料的一部分送回农村，在这些物品的价格之上，还附加了工人的劳动工资及工人的师傅或直接雇主的利润；第二，把从其他国家或由国内遥远地方输入本地的天然产物的一部分送往农村，在这些物品的原价之上，也要添加运输工人或海员的工资，以及雇用他们的商人的利润。城镇通过自己制造业所获得的好处来自前一种商业部门，城镇通过国内贸易和对外贸易获得的好处来自后一种商业部门。劳动者的工资及雇主的利润是从这两种商业部门获得的。所以，凡是让此类工资和利润超出一般水平的规章制度，都会使城镇以较少劳动量的产品去购买较大量的乡村劳动产品。由于这些规章制度使城镇商人和工匠享有比农村的地主、农场主及农业劳动者更优越的地位，因而破坏了城镇与乡村贸易中应有的自然平等。社会劳动的全部年产品，每年都是在城镇和乡村居民中间分配的。通过这些规章制度，城镇居民应得的份额比乡村居民应得的份额大。

城镇每年支付从乡村输入的食物和原料的真实价格，乃是它每年输往乡村的制造品及其他货物的数量。输出品的卖价要昂贵些，而输入品的买价要便宜些。城镇的产业就更为有利，而乡村的产业就更为不利。

我们只需通过一次非常简单而又明显的观察，无需进行精密计算，就可以弄清楚，欧洲各地的城镇产业比乡村产业处于更为有利的地位。在欧洲各国，我们发现，以小资本开始经营商业和制造业这类属于城镇正当行业开始而最终发大财的，至少有一百人，而以小资本从改良和耕种土地以生产天然产物这种属于乡村的正当行业开始而最终发大财的只有一人。所以，就产业的报酬而言，后一种要优于前一种，而且，前一种的劳动工资和资本利润明显大于后一种。可是，资本与劳动自然会寻找最有利的用途。因此，它们自然会尽可能地汇集于城镇，离开乡村。

因为聚集在一个地方，城镇居民能够容易地结合在一起。所以，城镇中微不足道的行业在各地都有行业协会组织。即便在完全没有这种组织的地方，他们通常体现出这类组织的精神，如嫉妒陌生人，厌恶收徒弟，不愿意把自己行业的秘密传授给别人。这种精神往往教导他们通过自愿联合或协定，来防止他们不能靠规则去禁止的自由竞争。仅有少数人从事的行业，最容易形成这类联合。也许半打梳毛工就足以维持一千名纺工和织工的工作。这些梳毛工人，通过联合起来不招收学徒，不仅能够垄断这一职业，而且可以使整个羊毛制造业成为他们的奴隶，使他们劳动的价格升至大大超过他们工作的性质所要求的水平。

分散在遥远地方的乡村居民不容易联合起来。他们从来没有组织过行业协会，也从来没有受到过行业协会精神的影响。从来没有人认为，必须先当学徒，才有资格从事农业耕种（耕种是乡村的大行业）。然而，除了所谓美术及自由职业外，恐怕没有一个行业要求种类如此繁多的知识和经验。用各种文字写成的有关农业的无数书籍可让我们相信，连最聪明最有学识的国民也不认为农业是很容易懂的。可是，我们很难从这些书籍中找到一般农民所具有的有关农业的各种不同和复杂的操作知识。一些书的作者有时会用轻蔑的话谈到普通农民。相反，任何一种普通机械行业的所有操作都可在寥寥数页的小册子进行详尽说明，因为文字附上图表实例就能达到目的。现在法国科学院正在刊行的工艺史中，有几种工艺实际上就是用这个方法说明的。此外，农业的操作方法必须随各种变化以及其他意外事故而有所不同，所需要的判断与熟虑比那些一成不变或几乎完全相同的操作方法所需要的多得多。

不仅农民的手艺，即耕种的一般操作方法，而且乡村的许多低级劳动部门，需要比大多数机械行业更多的技能和经验。以铜和铁为加工对象的人所使用的工具与材料的特征总是相同的或几乎相同的。但用一些牛或马去犁地的人所使用的工具的健康状态、力量和性情在不同场合是极不相同的。而他使用的材料和工具都是变化多端的，都需要他运用更多的判断力和自由裁决力去处理。虽然普通耕地的人被看作愚蠢和无知的人，但他们几乎很少在判断力与自由裁决力方面存在缺点。的确，他不像生活在城镇的机械工人习惯于社会交际，而他的声音和语言比较粗鲁，没有听惯的人比较难理解。但由于他习惯考虑事物的更多变化，因而他的理解力一般比其他人要高明得多。后面这种人的注意力从早到晚通常集中在一种非常简单的操作上。凡是因业务或好奇同乡村下层人民接触过的人都十分清楚地知道乡村的下层人民比城镇人高明多少。因此，在中国和印度，乡村劳动者的地位与工资据说都比大多数工匠和制造业者的等级和工资高。假若没有行业协会内部规章及其精神的阻止，他们在各地也都是那样。

欧洲各地的城镇产业之所以比农村产业优越，并不完全是因为行业协会组织及行业协会内部规章造成的。这种优势还受到许多其他规定的支撑。对外国制造品以及对外国商人输入的全部货物征收高额关税均是出于这个目的。行业协会的规章使城镇居民能够提升自己产品的价格，不需害怕自己的同胞在自由竞争时以低价出售他们的产品。那些其他规定确保他们同样不会受到外国人的竞争。因这两种法规引起的价格升高，不论何处，最终都由农村的地主、农场主和劳动者负担，他们很少反对建立这种垄断。他们通常既没有意愿也不适合联合起来，并且商人和制造业者的叫嚷与诡辩很容易让他们相信，社会一部分人以及一部分处于从属地位的人的个人利益才是全社会的大众利益。

在大不列颠，城镇产业对乡村产业的优势似乎过去比现在大。与上世纪或本世纪初相比，现在的乡村劳动工资更接近于制造业劳动工资，投入在农业上的资本利润更接近于贸易和制造业的资本利润。这种变化可以看成是特别鼓励城镇产业的必然的，但非常晚的结果。城镇产业累积的巨额资本，最终不再使用在城镇所特有的产业上去获得以前那样的利润。像其他产业一样，城镇产业也有自己的限度；通过加剧竞争，资本增加势必降低资本利润。城镇利润的减少迫使城镇资本流向农村，并在农村创造了对乡村劳动的新需求，最终必然抬高劳动工资。于是，资本自行扩散到——假如我可以这样说的话——地面上，并且通过在农业的使用，这些资本部分回到了乡村，资本的大部分，本来是以农村为牺牲而在都市中积累的。欧洲各国农村最大的改良，均为都市本来所积累的资本流回农村的结果，关于这点，我将在下面说明。在欧洲各地，乡村的最大改进是由最初在城镇积累的资本以这种方式流入乡村；我将同时表明，尽管一些国家在这个过程中获得了很大程度的富裕，但这一过程本身却是缓慢的，不确定的，极易遭到无数的意外事故的干扰和阻挠，而且，无论从哪个方面来看，都是与自然与理性的顺序相反。我将在第三篇和第四篇尽力说明造成这种情况的利益、偏见、法律及习俗习惯。

相同行业的人很少聚集在一起，即使是为了娱乐和消遣。但他们的谈话往往不是阴谋对付公众便是谋划抬高价格。的确，要想通过任何法律去阻止这类集会，那是不可能的，因为，法律要么很难被执行，要么与自由和正义发生冲突。虽然法律不能组织同一行业的集会，但它不应该去促进这种集会，更不应该使这种集会变得必不可少。

强迫某一特定城镇的同一行业的所有从业者把他们的名字和住址登记

在公共登记簿上的规则，有利于这类集会的举行。它会把相互不认识的人联系起来，使同一行业中每一个人都能找到其他每一个人。

让同一行业的人捐款，去帮助他们的穷人、病人、寡妇以及孤儿的规定，通过给予他们处理的共同利益，使得这样的集会变得必不可少。

行业协会不但使这种集会成为必要，而且会使多数人的行为对全体人员有拘束力。在自由行业中，除非全体成员一致同意，否则不可能建立有效的联合，而且这种联合只有在每个成员的意见保持一致的时间内，才有可能继续存在。在行业协会中，经多数通过就可制定实施正当处罚的规则。这种规则限制竞争的作用，比任何自由联合更加有效更能持久。

要更好地管理行业就必须建立行业协会的托词是毫无根据的。对工人的有效和真正的监督，不是来自他们的行业协会，而是来自他们的顾客。使工人不敢欺诈，不敢疏忽大意的，正是他们对失去顾客的恐惧。排他的行业协会势必会削弱这种监督力量。于是，不管工人的行为是好是坏，必须使用这批工人。因为这个缘故，在许多大的联合的城市中，找不到像样的工人，即使在那些最必要的行业中也是如此。如果你想把你的工作做得过得去的话，那你就必须在郊外做，因为那里的工人没有特权，只靠自己的人品。然后，你把他们制成的物品偷偷地运进城镇。

采用这种方式，欧洲的政策通过限制某些行业的竞争，从而使从业人员的人数比愿意参与这些行业的人数少，进而使劳动和资本的不同用途的整个有利与不利中产生巨大的不平等。

第二，欧洲的政策通过增加了某些行业的竞争，使从业人员的人数超过自然会有的人数，在劳动和资本的不同用途的整个有利与不利中造成相反的另一种不平等。

由于人们把要有适当数量的青年人接受某些行业的教育的观点看得非常重要，所以有时由公众，有时出于私人捐助者的虔诚，为此目的设立了儿童寄宿及教育费、奖学金、英格兰大学奖学金、苏格兰大学奖学金等，使得许多原本不打算进入这些行业的人也加入了有关行业。我相信，在所有基督教国家，大部分牧师的教育费都是出自这种方式。他们很少有人是自费接受教育的。所以，接受长时间的，冗长的，昂贵的教育的人，未必都能获得相应的报酬，因为教会中挤满了愿意接受比他们应得报酬低得多的报酬的人。于是，富者应得的报酬就因穷人采用这样的竞争夺走了。假如我们把一个助理牧师或一个牧师与任何普通行业的帮工比较，那将会不合适，但是，牧师助理或牧师的薪水可以正当地和帮工的工资性质相同。他们三者的报酬均按照他们与各自的上级签订的合同支付的。十四世纪中叶之前，正如我们发现的那样，按照几次全国宗教会议所公布的规定，牧师助理或领薪的教区牧师的薪金为五马克，其所含白银和现今十英镑货币所含的大约相同。在同一时期，一个泥瓦匠师傅的工资为一天四便士，所含银量和现今一先令所含相同；一个泥水帮工的工资为一天三便士，相当于现今货币的九便士。所以，假如两者都经常被雇用的话，他们的工资高于牧师助理的工资。假若泥水师傅每年有三分之一的时间没有工作，他的工资完全和牧师助理的薪金相等。安妮女王第十二年第十二号法令宣称："由于对牧师助理缺乏充分的给养与奖励，所以，在有些地方，他们的给养很缺乏。于是授权各地主教亲自签名盖章，规定他们的薪金或津贴每年不超过五十英镑，但也不得少于二十英镑。"现今，每年四十镑被看成牧师助理非常不错的待遇。尽管有这项议会法律，仍然有许多牧师助理的年薪低于二十英镑。有的伦敦的制鞋帮工每年可赚四十英镑。在这里，任何勤勉的劳动者每年所得几乎都在二十英镑以上。二十英镑的确不超过许多乡村教区普通劳动者通常赚到的工资数额。每当法律试图规定工人的工资时，它总是降低工资，而不是增加工资。可是法律曾经数次试图提高牧师助理的工资，并为了保持教会的尊严，命令教区长给予牧师助理们自己愿意接受的可怜生活费更高的薪金。在这两种情况下，法律似乎没有发挥任何效力，也从来没能提高牧师助理的工资，也没有把劳动者的工资降低到它希望的程度。因为，鉴于处境贫困以及竞争者众多，它一方面不能阻止牧师助理愿意接受比法定薪金更低的待遇；鉴于希望通过雇用他们获取利润的人或快乐的人之间的竞争，另一方面不能阻止工人得到更多。

尽管教会下级成员的境况很穷困，但大圣俸和其他教会尊严却能维持教会的荣誉。而且，这种职业受到的尊敬也可以补偿他们金钱报酬的低微。在英格兰及所有罗马天主教国家，教会这一彩票实际上比所需要的更加有利。苏格兰、日内瓦的教会以及其他新教教会的实例，使我们相信，就一个有那么大声誉而受教育的机会又极易得到的职业来说，要获得一般圣俸的希望便诱使相当多有学问的正派的以及值得尊敬的人充当圣职。

在没有领俸圣职的职业中，如律师和医务，如果有相同比例的人靠公费接受教育，那么，竞争很快就会变得非常激烈，进而大大降低他们的金钱报酬。于是，不值得任何人自己出钱让自己的儿子接受教育并参与这些职业。这些职业将完全由公共慈善团体所培养的人士充当，庞大的人数和贫穷使他们一般都满足于少得可怜的报酬，使现在非常受尊敬的律师和医师职业完全贬值。

通常叫作文人的那类不成功的人，现正处在上述假设条件下律师和医师或许将要落得的境地。在欧洲各地，他们中间大部分接受教育的目的是为了供职教会，但因种种原因，他们没有取得圣职。所以，他们一般都是靠公费接受教育的，而他们的人数到处都很多，往往使他们的劳动价格降低到非常贫困的水平。

在印刷术发明之前，文人想要靠其才能获取报酬的唯一职业就是充当公共或私人教师，即把自己学到的奇妙而有用的知识传授给他人。与给出版商写作这种有印刷术带来的职业相比，这种职业肯定更有荣誉感更有用，甚至是更有利可图的职业。做一个优秀教师所需要的时间与研究，必须具备的天资、知识和勤奋，至少与成为一名伟大的律师和医学从业人员所必须具备的条件相等。可是，优秀教师的一般报酬与律师和医生的报酬不可同日而语，因为一种行业挤满了靠公费接受教育的穷苦人，而另外两种行业则由从少数自费受教育的占据。然而，公共或私人教师的一般报酬虽然看起来很少，但如果那些为面包而写作的更贫穷的文人的竞争不被赶出市场，那么，这些教师的报酬肯定还会更少。在印刷术发明以前，学者和乞丐似乎差不多就是同义语。在这之前，各大学的校长们似乎常给他们的学生颁发乞讨特许证。

在古时候，在还没有建立这种慈善事业，让贫困子弟接受教育并进入学术行业之前，著名教师的报酬似乎要高得多。苏格拉底在所谓他与诡辩家的对话中，曾谴责他那个时代的教师言行不一致。他说："他们对他们的学生作了最华丽的诺言，答应要把学生教导成为有智慧、幸福和公正的人，而为了回报如此重要的服务，他们只要求四迈纳或五迈纳的报酬。"他继续说："教授智慧的人，自己肯定应当是有智慧的。但是，假如一个人以这样的价格出卖这样一笔生意，那么，他会被人冠以蠢才之名。"在这里，苏格拉底并未打算夸大教师的报酬，并且，我们可以确信，当时教师的报酬不会比他所说的少。四迈纳等于十三英镑六先令八便士；五迈纳等于十六英镑十三先令四便士。由此可见，雅典当时给大多数优秀教师的报酬必定不少于这两个数目中最大的一个。苏格拉底自己向每个学生收取十迈纳，即三十三英镑六先令八便士。他在雅典讲学时，据说有一百个学生。我的理解是，这一百的数目是他在一次讲学时的学生人数，即我们所说的多次授课的一门课程的听课人数。像雅典这么大的城市，像苏格拉底这样著名的教师，而他所教的又是当时最流行的修辞学，一百名学生，并不算太多。所以，他接受一门课程肯定赚了一千迈纳，即三千三百三十三英镑六先令八便士。在那个时代，许多其他知名的教师似乎都获得了大笔财产。乔治阿斯曾用纯金制成自己的雕像赠送给德尔菲庙。我认为，我们不可推断他的金像同他本人一样大。乔治阿斯的生活方式，以及当时其他两位知名的教师皮阿斯及普罗特格拉斯的生活方式，在柏拉图看来都很华丽，甚至接近于炫耀。据说柏拉图本人的生活也相当阔绰。而亚里士多德在担任亚力山大王子的导师之后，正如人们普遍认为的那样，也得到了亚力山大和他父亲菲利普的慷慨奖赏。当时，科学教师的人数也许比三四十年后还要少，而竞争的结果使教师的劳动价格以及世人对教师的尊敬都有所下降。但不管怎样，最知名的教师获得的报酬和受到的尊敬远远超过现今同一职业中的任何一个人。雅典人把派遣学园学派的卡涅阿德斯（Cameades）和斯多葛派的戴奥真尼斯（Diogenes）作为庄严的使者前往罗马。尽管当时雅典已失去昔日的辉煌且已衰落，但还是个独立的庞大的共和国。卡涅阿德斯出生在巴比伦，没有其他任何一个国家的人比雅典人更加嫉妒外国人充当公职，派遣他担任这种职务可见雅典人对他的尊敬程度。

总的来说，这种不平等对大众利多害少。它也许稍稍贬低了公共教师这一职业，但文学教育费的低廉确是一个有利条件，它大大抵消了这种微不足道的不便。如果欧洲大部分地方进行教育的学校、大学组织得比现在更合理，那么，从中获得的利益就会更多。

第三，欧洲的政策通过阻碍劳动和资本从一种职业向另一种职业，从一个地方向另一个地方的自由流动，在某些情况下造成了劳动和资本极为不便的不平等。

学徒制度的规定，阻止了劳动的自由流动，使劳动者在同一个地方内，也不能自由地从一个行业转到另一个行业。行业协会的排外特权，阻碍了劳动的自由流动，使同一职业的劳动者，也不能自由地从一个地方转向另一个地方。

我们经常可以见到这样一种情形：有些处于迅速发展阶段的行业，劳动者的工资较高，并且不断需要新的工人；有些处于衰退阶段的行业，劳动者工资很低，工人大量过剩。但是这两者之间，即使是在同一个城市，甚至就是近邻，也不能互通有无。因为有学徒制度和排外特权的存在，妨碍了它们相互帮助。在前一种情况下，学徒法令可能起阻碍作用。在后一种情况下，学徒法令和行业协会的排外特权均起着阻碍作用。此外，还有一些技术很相似的行业，如果没有这些不合理的规定从中作梗，劳动者就能够很迅速地从一种职业转入另一种职业了。例如，织素麻、织素丝、织素羊毛这三者的技术非常相似，如果劳动可以自由流动，那么，当这三种行业中，有任何一种行业处于衰退状态时，该行业的劳动者，就可立即改行进入其他两种繁荣的行业中去。而他们的工资，也就不会再出现繁荣时过高，衰退时极低的情形了。

由于一项特殊法律，英格兰织麻业对任何人开放，但由于该行业在全国大部分地区没有被大力推广，所以，只能给其他衰退制造业的劳动者提供有限的就业机会。在实施学徒法令的地方，衰退制造业的劳动者除了请求教区救济或充当普通劳动者外，没有其他任何选择。不过，按照他们的习惯，他们更适合于在类似于他们自己行业的任何一种制造业中找到工作，而不是去做普通劳动者。因此，他们通常请教区帮助。

凡是阻碍劳动从一种职业向另一种职业自由流动的，同样阻碍资本的自由流动。因为一种行业所能使用的资本量在很大程度上取决于这种行业所能使用的劳动量。不过，行业协会法规阻碍了资本从一个地方向另一个地方的自由流动，其程度小于它阻碍劳动的自由流动。无论何处，富商在自治城市中获得经商权比穷技工在自由城市中获得工作权要容易得多。

我相信，行业协会法律阻碍劳动的自由流动是欧洲各地普遍存在的现象。据我所知，济贫法妨碍劳动的自由流动确是英格兰特有的现象。这种阻碍体现为：贫民除了在所属的教区，很难在其他教区取得居住权，要想获得从事自己行业的权利就更难了。行业协会法律阻碍的只是技工和制造业者劳动的自由流动。获得居住权的困难甚至也阻碍了普通劳动的自由流动。这或许是英格兰乱政中最大的一种混乱，值得对其起源、发展及现状作一些说明。

当寺院被摧毁，穷人失去他们的救济并在几次救济他们的尝试失效之后，伊丽莎白第四十三年第二号法律规定，各教区有救济其所属穷人的义务，每年任命监管人员，会同教区委员征收足够救济贫民的捐税。

按照这项法律，给每个穷人提供生活费是各教区必须做的事情。因此，谁才能算作一个郊区的穷人已变成一个很重要的问题。经过一系列变化之后，这个问题最终由查理二世第十三年及第十四年的法律确定下来。法令规定，不论是谁，只要他在某教区连续居住了四十天，就可取得该教区的户籍。但在此期间，两个治安推事按照教区委员或穷人监管人的申诉，命令新居民回到他最后合法居住的教区去。这是合法的，除非他租有每年十英镑地租的土地，或者能够向治安推事提供他们认为满意的保证金，担保他放弃原教区的户籍。

据说，这项法令产生了一些欺诈行为。教区官员有时贿赂自己教区内的贫民，让他们偷偷搬到另一个教区，并在那里隐藏居住四十天以便获得户籍，最后放弃原属教区的户籍。因此，詹姆士三世第一年的法律作以下规定：任何人只要在新教区不间断居住四十日就可获得该教区户籍的规定，只能从他将写有家庭住址和家属人数的书面通知送交当地教区委员或穷人监管人之时算起。

然而，教区官员对于自己所在的教区未必都像其他教区那样诚实，有时他们纵容闯进教区的人，即便接到通知，也不采取任何适当的措施。为了自身利益，教区居民都要尽可能阻止闯进的人，所以，在威廉三世第三年的法律又进一步规定：四十日的居住期只能从教堂星期日举行礼拜之后公布的书面通知之时算起。

伯恩博士说："书面报告公布后，继续居住四十日而获得户籍的人，毕竟寥寥无几。法律的目的不在于让人取得户籍，而在于避免潜入教区的人取得户籍；因为提交通知只是给教区增加压力，迫使他离开。但是，如果一个人的情况实际上能否迫令其离开有疑问时，那么，他提交通知就迫使教区在以下两种办法中选择一种：第一，容许他继续居住四十日，毫无争辩地给予他户籍；第二，行使权力，让他离开。”

因此，这项法令使穷人几乎不可能按老办法，即居住四十日，获得新户籍。但是，为了让一个教区的普通人民不致因这项法令而排除他们在另一个教区安全定居的可能性，法律又规定无须提交或公布任何通知也可取得户籍的其他四种办法：一、缴纳教区所课的税；二、被推选教区年度官员，并已任职一年；三、在教区当学徒；四、在教区被雇用一年，而且在全年中继续做同一工作。

除非整个教区人民共同采取行动，否则谁都不能用前两种办法取得户籍，而整个教区的人民都清楚地知道，通过征收教区捐税或选任教区公职对于一个除自身劳动力外一无所有的人来说意味着什么。

已婚人员均不能通过后两种办法取得户籍。很少有做学徒的是已婚的；法律规定，已婚的佣工不得因已经受雇一年而取得户籍。采用通过服务而给予户籍的办法的主要结果是，在很大程度上取消了以一年为雇用期的老办法，这种办法从前在英格兰是一种习惯，直到今日法律仍把未经议定的雇用期认定为一年。但是，雇主未必都愿意因雇用佣工长达一年而给予他户籍，而佣工们也未必都愿意以这样的方式被雇用，因为最后的户籍会取消以前的户籍，他们可能因此失去在他们父母亲和亲戚居住地的原有户籍。

很显然，一个独立工人，不论他是普通劳动者或是工匠，都不能通过做学徒或被雇而获得新的户籍。因此，当其中一个人带着他的技能来到新教区时，不论他多么健康多么勤奋，任何一个教会委员或穷人监管人都会随意命其离开，除非他租用了每年租金十英镑的房屋（这对于一个只能靠劳动为生的人来说是一件不可能的事情）；或者能够提供治安推事认为足够的保证金以保证取消原来的户籍。可是，保证金的数目完全由治安推事自由裁决，但其要求的数目不会少于三十英镑。法律规定，凡购买价值少于三十英镑的终身享有的或留给子孙的不动产的人不能取得户籍，因为这不足以取消原来教区的户籍。靠劳动为生的人无法提供三十英镑的保证金，而且他们常常被要求的保证金比这一数目更高。

为了在一定程度上恢复那几乎完全被上述法令剥夺的劳动自由流动，发明了证书。威廉三世第八年及第九年的法令规定，任何持有最后合法居住的教区发给的证书的人，由该教区委员及穷人监管人署名，经两名治安推事批准，申明任何教区都有收留他的义务，那么，他所移居的教区不得以他可能被起诉而令其离开，只有在他实际上被起诉时才可令其离开，此时，发给证书的教区负责偿还他的生产费和遣返费。为使持证者在将要居住的教区有最大的安全，同一法令又进一步规定：移居者须租有一年租金十英镑的土地，或自行给教区服务满一年，才能取得户籍，除此之外，没有其他任何办法。于是，他就不能通过提交报告、被雇用、做学徒或缴纳教区税而取得户籍。安妮女王第十二年法令第一号第十八条规定，持有此证书的人不能通过当佣工或做学徒在证书规定的教区取得户籍。

颁发证书这项发明在多大程度上恢复了被上述法律几乎完全剥夺的劳动的自由流动，我们可从伯恩博士以下有见地的话中略知一二。他说：“有种种理由要求来到任何地方定居的人持有证书；即在这些地方居住的人，均不能通过做学徒、被雇用、提交报告或缴纳教区税而取得户籍，而且，他们不能让他们自己的学徒和雇工取得户籍。如果他们被起诉，他们居住的教区当然知道要把他们遣送到哪里，教区支付的遣返费以及他们居留期间的生活费都可以得到补偿。如果他们因生病了不能被遣返，那么，颁发证书的教区必须承担他们的生活费。所有这一切都需要证书。因为这些原因，有些教区在一般情况下也不敢发放证书，否则，它们需重新接受那些持有证书的人。而在他们迁回时，境况比从前还要糟。”这些话的用意似乎是，穷人将要迁入的教区一定要求持有此类证书，而他将要迁出的教区很少发放证书。这个极有才智的作者在他所著的《济贫法史》中说：“颁发证书这种办法造成一种可能处境，它使教区职员有权力把穷人终身监禁起来，不管他在不幸获得所谓户籍的地方继续居住是多么不方便，还是他自己所要迁入的地方对他是多么有好处。”

虽然证书只证明持证者所属的教区，并不证明他的品行，但是否发放该证书完全由教区官员自由裁决。伯恩博士说，曾经有人建议颁发执行令，强迫教区委员及穷人监管人签发证书，但高等法院拒绝了这项建议，认为这是非常奇怪的企图。

我们常发现，在英格兰，相距不远的地方的劳动价格很不相等，这也许是因为户籍法阻止穷人带着手艺不需要证书从一个教区到另一个教区去工作。的确，健康和勤奋的独身者有时候也可以得到宽容在没有证书的情况下在其他教区居住；但是，如果有妻子和家人的人想要这样做的话，肯定会被大多数教区驱逐。所以，在英格兰，不能像在苏格兰以及我相信在所有没有户籍困难的其他国家那样，一个教区劳动力的不足，都可以通过其他教区的过剩劳动力得到缓解。在这些国家，尽管在大都市附近或在对劳动有特别需要的地方的工资有时会高些，但随着距离的增加，工资便逐渐下降，直至接近全国的一般水平；但我们从来没有遇到在英格兰有时看到的情况，邻近地区之间的工资有突然无法说明的差异。在英格兰，穷人要想越过教区的人设立的边界，有时候比越过海湾或高山构成的天然边界要困难得多。高山有时候把一个国家分开，形成完全不同的工资率。

将一个没有犯过轻罪的人从他选定居住的教区驱逐明显违反了自由权与公正。可是，英格兰的普通人民虽然羡慕自由，但他们也像大多数其他国家的普通人民一样，从未真正懂得什么是自由。他们已经忍受压迫长达一个多世纪，没有任何补救了。虽然有思想的人有时抱怨说居住法为群众一种公共苦难，但是，它从未成为公众大声反对的对象。像反对普通搜查证那样，后者的做法无疑太过分，但不会变成一种普遍压迫。我敢说，年满四十岁的英格兰穷人几乎在他的一生中都遭受过户籍法最残酷的压迫。

我将用下面的话结束这冗长的一章：在往昔，往往规定工资的首先是全国的一般法律，其次是各郡治安推事的特别命令，可现在，这两种办法都被废止了。伯恩博士说：“根据四百多年的经验，现在是放弃把按性质不能作详细限制的东西纳入规定企图的时候了，因为，如果所有从事同一种工作的人没有发挥自己勤劳或才智的空间，竞争也就没有了。”

然而，议会的特别法令有时候仍然试图规定特定行业和特定地方的工资。于是，乔治三世第八年的法令规定，除国丧外，伦敦及其附近五英里以内的裁缝们，每日不得付给其个人两先令七便士以上的工资，而其雇工也不得接受此金额以上的工资，违返者将遭受重罚。每当立法试图调节雇主与雇工之间的意见分歧时，总是以雇主为顾问。所以，当法规对劳动者有利时，总是正当而公平的，但对雇主有利的，它往往却是不正当不公平的。例如，强迫不同行业的雇主用货币而不是货物去支付他们工人的工资的法律，是完全正当而公平的。但是，这项规定并没有因此给雇主们造成实际的困难，它只是迫使雇主们用货币去支付他们试图用货物支付的价值。这项规定对劳动者有利，但乔治三世第八年的法令却对雇主有利。当雇主们联合起来提出要降低减少支付给他们自己的工人工资时，他们通常是签订一种私人契约或协议，约定不支付超过定额的工资，违反者将遭受一定处罚。假如工人们也加入同一类相反的联合组织的话，约定不许接受低于某种定额的工资，违反者将受到处罚，法律就将严厉地制裁劳动者。如果法律公平对待的话，它就会用对待劳动者的办法对待雇主。但乔治三世第八年的法令强制实施雇主们有时企图通过联合建立的那些规定。工人们抱怨说，那部法律把最有能力和最勤勉的工人与普通工人同等看待，似乎是完全有根据的。

古时候也常常试图通过规定食品及其他物品的价格去调节和其他经销商的利润。据我所知，面包的法定价格是这种古老习惯的唯一遗迹。在有排他行业协会的地方，规定首要生活必需品的价格也许是正当的。但在没有行业协会的地方，竞争比法定价格会更好地调节物价。依据乔治二世第三十一年的法律而建立起来的规定面包价格的方法，由于法律上的缺陷，在苏格兰无法实施；办法的执行得靠市场管理员，可苏格兰当时没有市场管理员。直到乔治三世第三年，这个缺陷才得以弥补。即使没有法定价格，也没有造成什么明显的不便，而在实施法定价格的地方，也没有带来明显的好处。但是，苏格兰大多数城镇面包师建立的行业协会，尽管它们要求排他权利，但也没有得到十分严格的保护。

正如已经谈过的那样，劳动与资本不同用途中不同工资率和利润率的比例，似乎不大受社会贫富、社会进步或退步或停滞状态的影响。公共福利方面的重大变革虽然影响了一般工资率和利润率，但最终必然同等程度地影响所有不同用途。因此，它们之间的比例必定保持不变，至少在相当长的时期内，不会因上述变化而变动。

第十一章　论地租

作为使用土地所支付的价格，地租自然是承租人按照土地实际情况所能支付的最高价格。在决定租约条件时，地主试图让留给土地租地人的土地产品的份额，仅足够维持其用来提供种子、支付劳动、购买和维持牲畜以及其他农具的资本，并提供本地区农业资本的普通利润。这一数额显然是承租满意的且不遭受损失的最小份额，地主绝不会多留给他任何东西。超过这一份额的生产物或那一部分产物的价格，地主自然会设法留给他自己，作为地租，这显然是承租人按照土地实际情况所能支付的最高份额。的确，有时候由于慷慨，更多的是由于无知，地主接受比这一数额略低的地租；有时候，虽然比较少见，由于承租人的无知，他愿意按照本地区农业资本的普通利润而言，支付更多或接受略少的地租。但这种比例仍可视为自然地租，或自然会使大部分土地出租的租金。

也许有人认为，地租只不过是地主为改良土地所支付的资本的合理利润或利息。毫无疑问，在某些场合，情况可能部分是这样，但只不过是部分如此而已。对于未改良的土地，地主也要求收取地租，而所谓土地改良所付出的利润或利息，一般只是这种原始地租的附加额。土地改良所需的资本未必总是由地主支出的，有时候，承租人也可以支出资本。不过，在续订租约时，地主通常同样要求增加地租，好像土地改良的资本是由他出的。

有时，地主对完全不能进行人工改良的土地也要收取地租。巨型海藻（kelp）是一种海草，经过燃烧之后，可提供一种制造玻璃、肥皂以及其他用途的碱盐。这种海草生长在大不列颠的几个地区，尤其是苏格兰高水位标志之下的岩石上，每天被海潮淹没两次，所以，生长在这些岩石上的海草绝不是靠人工增多增加其数量的。但是，地主对生长在属于他的海岸范围内的这种海草，也像对待他的谷地一样要求收取地租。

设得兰群岛附近海域的鱼类极为丰富，因此鱼构成当地居民粮食的大部分。但是，居民要想从水产物获利，就不得不居住在近海地带的陆地上。因此，地主收取的地租就不是和农民从土地上获得的利益成比例，而是和他从土地和海上两方面获得的利益成比例。这种地租部分是用鱼缴纳的。地租构成鱼类商品价格一部分的实例很少见，我们在设得兰群岛看到的就是其中的一个实例。

因此，作为使用土地所支付的价格，地租是一种垄断价格。它一点儿不与地主改良土地所支出的资本成比例，或者它不与地主所能收取的地租成比例，而是与农场主所能支付的数额成比例。

经常送往市场出售的土地产品的普通价格必须足够偿还将这些产物送往市场所需垫付的资本，并提供普通利润。如果普通价格超过此数，其剩余部分自然就是地租。若不超过此数，商品虽仍然可以送入市场，却不能给地主提供地租。价格是否超过这一限度，取决于需求。

对土地产物某些部分的要求，总是使它以较高的价格出售，超过将它送往市场的原价；另外的部分则可能或者不可能卖到这么高的价格。前者总是能给地主提供地租，而后者有时可能，有时不可能提供地租，这取决于不同情况。

因此，应当指出，地租构成商品价格一部分的方式与工资和利润是不同的。工资和利润的高低，是价格高低的原因，而地租的高低，却是价格高低的结果。商品的价格的有高有低是因为这种商品上市所需支付的工资与利润有高有低。但这种商品能提供高地租，能提供低地租，或不能提供地租，却是因为这种商品价格有高有低。但商品价格大大超过或稍稍超过足够支付工费及利润的数额，或是仅够支付工资及利润。

本章分为三部分，主要讨论：

第一，总能提供地租的那部分土地产品；

第二，有时能提供有时不能提供地租的那部分土地产品；

第三，这两种不同的天然产物，互相比较和制造品比较时，在不同改良阶段时期自然产生相对价值的变动。

第一节　论总能提供地租的土地产品

像所有其他动物一样，人类的繁殖自然地与其生活资料成比例，所以，食物总是或多或少地有需要。食物总能购买或支配多一些或少一些数量的劳动，总可以找到愿为获得食物而从事劳作的人。诚然，食物购买到的劳动量并不总是等于按照最节约的方式进行管理所能维持的劳动量，这是因为有时支付的劳动工资较高。但食物总能按照附近地区劳动者的普通生活标准维持一定数量的劳动。

但是，在几乎所有情形中，土地产出的食物数量大于将其送往市场所需的全部劳动的生活费，而这是按照维持劳动的最节约的方式计算的。剩余部分也总是等于偿还使用劳动的资本及其利润。因此，还留有一部分作为地主的地租。

挪威和苏格兰的最荒凉野外有某种饲养牛羊的牧草地。该牧草地饲养的牛羊产出乳汁与繁殖的幼畜，除了足够维持饲养所需的全部劳动和支付农场主或所有人的普通利润外，还有少量剩余，作为地主的地租。地租随着牧场条件的优良程度而增加。相同面积的优良土地不但能维持较大量的牲畜，而且由于这些牲畜聚集在较小范围内，饲养及收集其产品所需的劳动也较少。于是，地主就从产品数量的增加和用产品维持费的劳动的减少两方面获利。

无论土地的产品是什么，其地租随土地肥沃程度的不同而不同；无论土地的肥沃程度如何，其地租又随土地位置的不同而不同。与偏远地区同样肥沃的土地相比，城镇附近的土地能提供更多的地租。耕种后者耗费的劳动量虽然与耕种前者耗费的劳动量差不多，但要把偏远地区的产品运到市场，就需要较大的劳动量。因此，偏远地方必须维持较大数量的劳动，而农场主的利润，地主的地租得到支付的剩余部分势必减少。但是，正如前面已经说过，偏远地区的利润率一般比城镇附近的利润率高。所以，减少的剩余中只有一小部分属于地主。

良好的道路，运河和通航河道，由于运输费用的减少，使偏远地区和城镇附近地区更加接近于同一水平。所以，交通改良是全部改良中最有实效的。便捷的交通促进了偏远地区的开发，尽管这类地区在一个国家的幅员中占据最广阔的部分。由于它们打破了城镇附近乡村的垄断地位，因而对城镇有利，即使城镇附近的乡村也可能因此受益。尽管它们把竞争性商品引入了旧市场，除了通过自由与普遍的竞争，促使每个人为了自卫而被迫进行良好经营之外，这种良好经营绝对不可能建立起来。将近五十年前，伦敦附近的一些州郡曾向国会提出抗议，反对征收通行税的道路延伸到偏远的州郡。他们认为，由于低廉的劳动，这些偏远州郡会将他们的牧草和谷物以低于他们自己产品的价格在伦敦市场出卖，从而降低他们的地租，破坏他们的耕种。可是，从那时起，他们的地租已经上升，而他们的耕种也已经得以改善。

一块中等肥沃程度的谷地为人类生产的食物比一块同样面积的最好牧草地所生产的多得多。虽然耕种谷地需要更多的劳动，但是在补偿种子和维持一切劳动以后剩余的食物量同样大得多。所以，假如过去从未有人认为一磅肉的价值超过一磅面包的价值的话，那么，这较大的剩余到处都会有更大的价值，并且构成了农场主利润和地主地租的更大资源。在农业开始初期，情况似乎普遍如此。

但是，在不同农业发展时期，面包与肉类这两种食物的相对价值是大不相同的。在农业开始初期，占全国绝大部分未改良荒野全部用于牲畜放养。肉类多于面包，因此面包成为竞争最大的食物，其价格最贵。乌洛阿告诉我们，在布宜诺斯艾利斯，四五十年前，一头牛的普通价格为四里尔（real），折合英币二十一个半便士，而且可从两三百头牛中挑选。乌洛阿没有提及任何有关面包价格的事情，或许是因为他没有发现其中的异常之处。他说，布宜诺斯艾利斯一头牛的价格与捕获它的劳动没有差别。但无论哪里，栽种玉米需要大量劳动，而在一个位于普拉特河流域的国家，而且是欧洲通往波托西银矿的直接通道，其劳动的货币价格不可能非常便宜。当耕种在国内大部分地区推广的时候，情形就不同了。当时，面包比肉类多，竞争的方向变了，肉类价格比面包价格高。

由于耕种面积的扩大，未改良荒野不足以满足肉类的需求。大部分耕地必须用来饲养并喂肥牲畜，所以，肉类价格须足以支付饲养牲畜所需的劳动，地主的地租以及农场主将土地用于耕种应该获得的利润。在未开发的荒野上饲养的牲畜，与得到最大改良的土地上饲养的牲畜，在同一市场，比照其重量或品级，以同一价格出售。荒野的所有者因此获利，并按照其牲畜的价格，提高自己土地的地租。不到一个世纪以前，苏格兰高地许多地方的肉类价格和燕麦面包的价格同样便宜，或者更便宜。英格兰和苏格兰统一之后，英格兰的市场向苏格兰高地的牲畜开放。它们的普通价格现在约为本世纪初的三倍，而苏格兰高地的许多不动产的租金涨至三倍和四倍。在几乎大不列颠的每个地区，现在一磅最好的肉的价值一般比两磅最好的白面包的价值还要多；在丰收年，有时值三磅乃至四磅。

于是，在土地改良过程中，未改良草地的地租与利润在一定程度上受已改良草地的地租与利润的支配，而已改良草地的地租与利润又受谷物地的地租与利润的支配。谷物是一年生作物，而肉类却需要四五年工夫才有收获。因此，一英亩土地生产的一种食物的数量比另一种食物的数量少得多，较少的产量必须以较高的价格去补偿。假若补偿超过了限度，那么，更多的谷地会变成牧草地；假若补偿未达到限度，那么，部分牧草地又会变成谷物地。

然而，牧草和谷物之间在地租和利润上的这种平等，直接生产牲畜食物的土地和直接生产人类食物的土地在地租和利润之间的这种平等，只在大部分土地已经改良的国家才会发生。在某些特殊的当地情况下，牧草地的地租和利润比从谷物地获得的地租和利润高得多。

在大城镇附近，对牛奶及马料的需求以及肉类的高价经常造成牧草价格高于它同谷物价值的自然比例。很显然，这种地方优势不能被扩散到偏远地区。

特殊情况有时使某些国家的人口变得非常稠密，以致整个国土，像大城镇附近地区的土地一样，生产的牧草及谷物不足以满足其居民生活上的需求。因此，这些国家的土地主要用来生产容积较大且不易从远方运来的牧草，而人民生活所需的食物则主要从外国进口。当今的荷兰就是这样的状态，而且，在古罗马繁荣时期，古意大利的大部分地区也是如此。西塞罗告诉我们，老伽图说，私有土地管理首要和最有利可图的事情是饲养好；饲养得还算好是第二位的；饲养得不好是第三位的。他把耕作的利润与利益列为第四位。的确，在罗马附近的古意大利，因古罗马常把谷物无代价的或以极低的价格分配给人民，所以大大阻碍了耕作。这种谷物来自被征服省份。这些省份中，有几个不纳赋税，但需以每配克六便士的规定价格将各自产品的十分之一卖给共和国。共和国以这种低价将谷物分配给人民必然降低了从罗马旧领土运往罗马市场的谷物的价格，因而必然阻碍了该国的谷物耕种。

在以谷物为主要产物的旷野，一片圈围的草地的地租往往比附近谷物地的地租高。圈地更加便于维持耕种谷地所需的牲畜。在此情况下，圈地的高地租不是用它自己的产品支付的，而是用它耕种的谷物地的价值支付的。假若邻近土地全被圈围，那么，圈地的地租就会下跌。苏格兰圈地目前的高地租，似乎由于圈地太少，或许只能维持到这种稀少性存在的时候。就圈地而言，对草地的好处比对谷物的多，因为它不但可节省看管牲畜的劳动，而且牲畜不受守护人和他的狗的干扰，吃得更好些。

但是，在没有地方性利益的地方，草地的地租和利润必然受到适宜谷物或其他植物性食物生产的土地地租和利润的支配。

在相同面积的土地上，仅仅使用天然牧草所能饲养的牲畜比较少，而使用芜菁、胡萝卜、包菜等人工牧草，或使用其他已经用过的方法，所能饲养的牲畜就比较多。这样就可降低进步国家中肉类的价格。而且，情况似乎的确如此；至少在伦敦市场上，目前的肉类价格对比面包价格比上世纪初低得多。

伯奇博士在他所著的《亨利亲王传》的附录中列举了亲王日常支付的家畜肉的价格。重六百磅的一头牛通常约花去他九镑十先令，即每百磅三十一先令八便士。亨利亲王是在1612年11月6日逝世的，时年十九岁。

1764年3月，议会曾对当时高昂的食品价格的原因进行了调查。在这次搜集的许多证据中，有一个弗吉尼亚商人证言：他于1763年3月备办船上食物，支付每百磅牛肉二十四先令或二十五先令，他认为这是普通价格，而在高物价的1764年，对于同质同量的牛肉，他却支付二十七先令。但是，1764年这样高的价格，却比亨利亲王所付的日常价格还低四先令八便士；

应当指出，为远道航海而购买的是适于腌藏的牛肉，而只有最好的牛肉才适于腌制。

亨利亲王所支付的价格包括整个牛身、次肉、好肉计算在一起的价格，为每磅三又五分之四便士；依照这一比率，当时零售的上等肉，每磅至少在四便士半到五便士之间。

1764年在议会作调查时，做证人都说，当时上等牛肉的上好肉块的零售价格每磅为四便士到四又四分之一便士，而下等肉块的价格，每磅为七个铜元到二便士半或二又四分之三便士。这种价格比三月间的普通市价，每磅约高半便士。但是，即使是如此高的价格，也比亨利亲王时代的普通零售价便宜得多。

在上世纪的前十二年间，温莎市场上等小麦的平均售价为每亨特（合九温彻斯特蒲式耳）一镑十八先令三又六分之一便士。

然而，在1764年前的十二年（包括1764年）内，同一市场的上等小麦的平均价格，每亨特为二镑一先令九便士半。

因此，小麦价格在上世纪前十二年内，比它在1764年前的十二年（包括1764年）内便宜得多，而家畜肉价格却高得多。

在一切大国中，大部分耕地都用来生产人类或牲畜的食物。这类耕地的地租和利润支配着其余一切耕地的地租和利润。假若用以生产某种特殊生产物的土地，提供了比上述更少的地租和利润，那么这类土地马上就会改作谷田或牧场。若它能提供更多的地租和利润，那么部分谷田或牧场不久就改用来生产那些特殊的生产物。

为使土地适合生产特殊生产物，有的需要有较大的最初改良支出，有的需要有较大的年度耕作支出；与谷物和牧草相比，似乎前者能提供较大的地租，后者能提供较大的利润。然而，这样较高的收入很少发现能超过较高支出的合理利息或补偿。

如在啤酒花园、果树园及蔬菜园，地主的地租和农场主的利润一般比谷田或草地的大。但是，要使地基变成这种状况，需要有更大的开支。因此，地主能得到更多的地租。此外，由于这种土地需要更细心和更专门的管理，所以农场主能得到更多的利润。况且，要确定这些作物的收成是更难的，至少对啤酒花园和果树园来说是如此。所以，其价格必须提供类似保险利润的某种东西，以补偿一切意外损失。种园者的境遇一般是平常的，最多是中等的，这就使我们相信，他们的聪明才智通常并未得到超额的补偿。他们的令人愉快的技巧被许多有钱人当作消遣来操作，以至赖以生存的人不能得到什么好处；因为那些应该成为他们产物的最佳顾客的人都给自己提供了他们所有最名贵的产品。

地主从这种改良所获得的好处，似乎仅仅足以补偿原来开支的费用。在古代耕作中，除葡萄园外，农场中能提供价值最高产品的那部分农地，似乎是便于浇水的菜园。但是被古代人尊为农业耕作技术之父的德谟克利特，在两千年前，写了关于这方面的著述。他认为，把蔬菜园用围墙圈围起来是不聪明的做法。他认为，菜园的利润不足以补偿石墙的费用，而砖墙（我想他指的是日光晒干的砖）容易被大雨和冬季风暴侵蚀，需要经常修补。科伦麦勒在提及德谟克利特的意见时，不加反驳，但提出了一个省钱的办法：由荆棘和石南做成篱笆。他说，根据他的经验，那是既持久又不易侵入的屏障；然而，在德谟克利特时代，一般人似乎还不知道这种圈围方法。科伦麦勒的意见，首先被瓦罗推荐，以后又被帕拉第乌斯采用。根据这些古代农事改良者的意见，蔬菜园生产物的价值似乎仅足以支付特殊栽培和灌溉所花的费用；因为在靠近太阳的国家，那时和现在一样，认为应掌握水源，以便将其引导至园中的每个地方。在欧洲的大部分地方，现在都认为蔬菜园只值得用科伦麦勒提倡的围篱方法。在大不列颠及其他一些北方国家，如果不借助石墙，那就不能获得优良的果实。所以，它们的优良果实的价格，必须偿付其生产上必不可少的石墙的建筑费和维持费。常常用果树围墙圈围菜园，这样就使不能用生产物来补偿围墙建筑费和维持费的菜园，也得到圈围的好处。

种植适当而培养完善的葡萄园，乃是农场中最有价值的部分，这似乎是古代和现代一切葡萄酒生产国都承认的农业上不容置疑的原则。但科伦麦勒告诉我们，种植新葡萄园有无利益，却是一件有争议的事情。他像一个确实喜好各种新奇植物的人一样，表示赞同种植新葡萄园，并力图通过利润与费用的比较来证明，种植新葡萄园是一种最有利的改良。然而，关于这种新产业计划中利润与费用的比较，通常是很不可靠的，而在农业中尤其如此。如果这类种植所获得的利益，都像科伦麦勒想象的那么大，那么就不会有关于这个问题的这种争论。直到现在，在葡萄酒产国中，这还是个争论纷纭的问题。这些国家的农事作家、高级种植的爱好者和提倡者，通常似乎和科伦麦勒一样，都赞同栽种新葡萄园。法国旧葡萄园所有者阻止种植新葡萄园的焦急心情，似乎可以支持那些作家的意见，并表明那些有经验的人都觉得现今在那个国家种植葡萄，比栽种其他任何植物都更有利可图。可是，从另一方面来看，这种高额利润只能维持到现时限制葡萄自由培植的法律有效时为止。1731年，他们接到政府命令，除非得到国王许可，否则禁止种植新葡萄园，也禁止重新培种辍耕两年的旧葡萄园。要得到国王的特许，须先请州长查验，证明这块土地不适宜于任何其他耕作。当时发布这道命令的托词是谷物和牧羊稀少，葡萄酒过剩。但是，如果葡萄酒过剩确系事实，那么它就会使这种种植的利润降至牧场和谷田的利润的自然比例以下，这样无须上述命令就可有效阻止新葡萄园的种植。关于所谓葡萄园增加，招致谷物缺乏，我们知道，就法国来说，在土地适宜于生产谷物的葡萄产州，谷物耕种得比其他各州都更精细，在勃艮策、吉延、上郎格多克均是如此。一种耕作雇用很多劳动者，必然给另一种耕作的产品提供好市场，从而鼓励另一种耕作。减少购买葡萄酒的人数，无疑是最有效果的奖励谷物耕作的方式。这种方式简直等于通过阻遏制造业来促进农业的政策。

因此，最初要求较大土地改良支出或每年要求较大耕种支出的那些生产，其地租和利润，虽往往大大超过谷物或牧草的地租和利润，但当其超过额仅足以补偿这种额外开支时，那么其地租和利润，实际上是受普通作物的地租和利润的支配。

有时也发生这样的情况，适合于栽种某种特殊作物的土地数量太小，不够供应其有效需求。全部生产物可出售给愿出比一般价格略高的那些人。他们所出的价格，稍稍超过作物生产以至上市，按地租、工资和利润的自然比率，或按大部分其他耕地的地租、工资和利润率所必须支付的全部地租、工资和利润。在其价格中，除去改良及耕作的全部费用，剩余部分，在这种情况下，而且只在这种情况下，可不和谷物或牧草的同样剩余部分保持一个正常比例，而且可在任何程度上超过。超过额的大部分自然归地主。

例如，葡萄酒的地租利润与谷物、牧草的地租利润之间的通常和自然比例，必须理解为只在生产好的普通葡萄酒的葡萄园才会有。这种葡萄园的土壤，或是疏松，或是含有沙砾，或是含有沙。而所产葡萄酒，除浓度与适合卫生外，又无可以称道的特色。国内普通土地，只能和这种普通葡萄园相提并论，至于有特殊品质的葡萄园，那显然是非普通土地所能媲美。

在一切果树中，葡萄树最易受土壤差异的影响。一般认为，葡萄从一种特殊土壤获得其特殊滋味，任何培育或管理办法都无法做到。这种真实的或想象的味道，有时仅为几个葡萄园产物所特有，有时为小区域中绝大部分葡萄园所共有，有时又为一大州中大部分葡萄园所共有。这种葡萄酒在市场上出售的总量，不够满足有效需求，即不够供应那些愿意支付为生产和运输这种葡萄酒，按一般地租、工资和利润率，或按上述葡萄园所支付的地租、工资和利润率，所必须支付的全部地租、工资和利润的人的需求。因此，这总量可卖给愿意支付更高价格的人，必然会把这种葡萄酒的价格抬高到超过普通葡萄酒的价格。这两种价格相差的大小，取决于这种葡萄酒的流行与稀少程度所激起的购买者竞争程度的大小而定。但无论相差多少，其差额的大部分，归于地主。虽然这种萄葡园在栽培上一般都比其他葡萄园更为谨慎周到，但其较高的价格，与其说是慎重栽培的结果，倒不如说是慎重栽培的缘故。就生产这种高价产物来说，由怠慢而产生的损失非常大，所以，即使最不小心的人，也不得不注意。因此，这高价中的一小部分，就足够支付生产所需额外劳动的工资和额外资本的利润。

欧洲各国在西印度拥有的食糖殖民地可与这种贵重的葡萄园相比较。它们的全部产量不足以满足欧洲的有效需求；其全部产量可以卖给愿以超过这产品生产和上市，按其他任何产品通常支付的地租、工资和利润率，所必须支付的地租、工资和利润的价格而购买的人。在交趾支那，最上等的精制白糖的普通售价为每昆特尔三皮亚斯特，折合英镑十三先令六便士，这是波佛尔先生告诉我们的。他对该国农业做过非常仔细的观察。那边所称的昆特尔，重一百五十磅到二百巴黎磅，平均为一百七十五巴黎磅，按英格兰一百镑磅计，其价格为每百磅约八先令英币。这与我们从我们的殖民地输入的红糖或粗砂糖通常支付的价格相比，不及四分之一，与最上等精制白糖相比，价格也不及六分之一。交趾支那的大部分农地，是用来生产大多数国民所需的米麦。在那里，米麦和砂糖的价格，也许具有自然的比例，即大部分农地的各种作物自然而然地成比例，使各地主和各农场主，都尽可能得到按通常原始改良费用和每年耕作费用计算的报酬。但我国蔗田殖民地的砂糖价格，对欧美稻田或麦田的生产物价格，却没有这种的比例。据说，甘蔗栽培者常常希望以糖酒及糖蜜两项，补偿所有的栽培费，而把全部砂糖作为纯利润。就我来说，不敢冒昧确认此系事实。假如确系如此，正如谷物耕作者希望以糖酒及糖蜜两项，补偿其耕作费用，而以全部谷粒作为纯利润。我常常看见，伦敦及其他都市的商人团体，收买我国蔗田殖民地的荒地，托代办人或代理人从事改良和耕作，以期获取利润；虽然距离遥远，而当地司法行政又不健全，不能保障他们的确定收入，他们亦在所不顾。而在苏格兰、爱尔兰或北美产谷区域的最肥沃土地，谁都不想用同一方法来改良和耕作，虽然这些国家的司法行政更加严格，他们渴望得到比较正常的收入。

在弗吉尼亚和马里兰，由于栽种烟草更为有利，人们情愿栽种烟草，不愿栽种谷物。在欧洲大部分地方，栽种烟草也获得利益。但是，几乎所有欧洲国家都以烟草为主要课税对象，而大家认为，国内要是栽种烟草，对各栽种地征税，比对输入烟草课关税更为方便，于是大多数地方，竟因此以不合理的命令，禁止栽种烟草。结果，允许栽种烟草的地方，便取得了一种垄断，而弗吉尼亚和马里兰的烟草生产量最大，所以它们虽有若干竞争者，却享受这种垄断的大部分利益。可是，栽种烟草，似乎不像栽种甘蔗那么有利。我从来不曾听过，居住在大不列颠的商人，投资改良和培植烟草园。靠种烟草发财由殖民地返国的，也不像由我们蔗岛以生产砂糖发财而返国的那么常见。从殖民地居民乐于栽种烟草，不愿栽种谷物这一事实来看，欧洲对烟草的有效需求，似乎未全部得到供给，但烟草的供给，也许比砂糖的供给更接近有效需求。现在，烟草的价格，也许超过烟草生产和上市，按谷田一般支付的地租、工资和利润率所必须支付的全部地租、工资与利润，但其超过额必定小于现今糖价的超过额。因此，我国殖民地的烟草种植者，像法国旧葡萄园所有者那样，都害怕生产过剩。于是，通过议会法令，限定每个年龄在十六岁到六十岁的黑奴，只能栽培烟草六千本，他们认为六千本可出烟草一千磅。他们计算，每个黑奴，除生产这个数量的烟草外，还能耕作玉蜀黍耕地四亩。道格拉斯博士告诉我们（我想他的话未必可靠），他们为防止市场供给过剩，在丰年有时把每个黑奴所生产的烟草，烧去若干，像荷兰人把他们所生产的香料烧去若干一样。如果维持现今烟草的价格，需要采用这种过激办法，那么，栽种烟草优于栽种谷物的好处，即使目前还或多或少存在，恐怕也不会长久继续下去。

因此，生产人类粮食的耕地的地租，支配着其他大部分耕地的地租。

任何特殊作物耕地的地租不会长期低于食物耕地的地租，因为那部分土地定会立即改为他用；要是特殊作物耕地的地租高于食物耕地的地租，那也是因为适合于这作物的土地过少，不能供应其有效需求，属于特殊例外情况。

在欧洲，直接充作人类粮食的土地产品是五谷。所以，在一般情况下，谷田的地租支配所有其他耕地的地租。英国不必羡慕法国的葡萄园，也不必羡慕意大利的橄榄园。因为如果没有占据特殊位置，葡萄与橄榄的价值亦需由谷物价值规定，而英国的土地肥沃程度并不比这两国差。

如果一个国家的国民爱吃的植物性粮食，不是谷物，而是另一种植物，并且假设在这个国家的一般土地上通过和谷田耕作相同或几乎相同的耕作，所生产的这种植物量比最肥沃谷田所生产的还要多，那么，地主的地租肯定要大得多。也就是说，在扣除劳动工资、农场主的资本及一般利润后，剩余量肯定更多。不论这个国家劳动的一般工资是多少，较大的剩余量总能维持较大的劳动量，因此，地主也就能购买或支配更多的生活必需品和便利品。换言之，地租的真实价值会更大。

稻田比麦田能生产出更多的食物。据说，每英亩稻田，一般每年收获两次，每次产量三十蒲式耳到六十蒲式耳。因此，虽然耕种稻田比耕种麦田需要更多的劳动，但其产量除了维持劳动外的剩余量也多。因此，以大米为主要粮食的国家和以小麦为主要粮食的国家，前一个国家的地主比后一个国家的地主的所得要多。在卡罗林纳和英领其他殖民地，耕作者一般兼有农场主和地主双重身份，因此，地租与利润混淆在一起。当地的稻田虽每年只收获一次，并且当地人民根据欧洲的习惯不以大米为主要食粮，但是也认为耕种稻田比耕种麦田更为有利。

良好的稻田一年四季都是沼泽地，其中一季充满了水。它除了种稻以外，不适合用作其他任何用途——不适合种麦，不适合放牧，不适合种葡萄，等等。而适合种麦、放牧、种葡萄的土地也不能作为稻田。所以，即使在产米的国家里，稻田的地租也不能规定其他耕地的地租，因为其他耕地不能转化为稻田。

马铃薯地的产量，不亚于稻田的产量，却比麦田的产量大得多。一英亩土地生产一万两千磅马铃薯并不算高产，一英亩地生产两千磅小麦也不算低产。诚然，由于马铃薯所含水分很大，从这两种植物所得的食物或纯粹养料，不能与其重量完全成比例。但是，从马铃薯这块根食物的重量中，即使扣除一半作为水分（这是很大的扣除），一英亩地的马铃薯，仍有六千磅纯粹养料，仍三倍于一英亩麦地的产量。况且，耕作一英亩马铃薯的费用比耕作一英亩麦地的费用少，而就麦地在播种前通常需要的犁锄休种而言，其花费就超过栽种马铃薯的锄草及其他特殊费用。所以，这块根食物，如果在将来成为欧洲某地人民的普通爱好食物，正如米在一些产米国家成为人民的普通爱好食物那样，使得栽培马铃薯的土地面积在全耕地中所占的比例，等于现今栽种小麦及其他人类食用谷物的土地面积在全耕地中所占的比例，那么同一面积的耕地必能养活多得多的人民。而且，劳动者如果一般都靠马铃薯生活，那么在生产中，除了扣除耕作资本及维持劳动外，还有更大的剩余。这剩余的大部分，亦将属于地主。于是，人口就会增加，而地租也会高出现在的地租许多。

凡是适合栽种马铃薯的土地，也适合栽种其他任何一切有用植物。假如马铃薯耕地，在全部耕地中所占比例，和今日谷田所占比例相同，那么马铃薯耕地的地租，就将像现今谷田地租那样，规定其他大部分耕地的地租。

我听说，在兰开夏的某些地方认为，燕麦面包对劳动人民来说是一种比小麦面包营养更为丰富的食物。而在苏格兰，我也听到同样的话。我对其真实性总觉有点儿疑问。吃燕麦面包的苏格兰普通人民，一般地说，不像吃小麦面包的普通英格兰人民那么健康那么漂亮；他们既不像英格兰人那么起劲儿地工作，也不像英格兰人那么健康。由于两地的上层人之间没有这种差异，经验似乎告诉我们，苏格兰普通人民的食物，没有英格兰普通人民的食物那么适合于人类的体质。但就马铃薯来说，情形却完全两样。伦敦的轿夫、搬运工和煤炭挑夫，以及那些靠卖淫为生的不幸妇女（也许是英国领土中最强壮男子和最美丽女子），据说，这些人的大部分，一般来自只以马铃薯为食物的爱尔兰最下层人民。马铃薯提供最明确的证据，证明它含有营养素，而且特别适合于人类的体质。

马铃薯很难保存到一年，更不可能像谷物那样贮藏两三年。不能在腐烂以前卖出的恐惧，使人不想栽种马铃薯，而在任何大国，马铃薯不像面包那样，成为各阶级人民的主要植物性粮食，这也许是一个主要原因。

第二节　论有时能提供有时不能提供地租的土地产品

在各种土地生产物中，只有人类的食物是必然能提供地租的；其他生产物，随着不同情况，有时能提供地租，有时不能提供地租。

除食物外，人类最需要的就是衣服及住宅。

在原始自然状态下，土地生产的衣服及住宅材料比食物能供给更多的人。但在进步状态下，前者就没有后者能提供得多了，至少就人们愿意支付代价这方面，是如此。在原始自然状态下，衣服和住宅材料总是过剩，因而没有任何价值。大部分这些材料由于用不上被抛弃，被使用的那少部分，其价格只等于改造这些材料使其适于人用所花的劳动与费用。在这种情况下，自然不能提供地租。在进步状态下，这些材料全被使用，而且往往供不应求，其价值增加。对于这些材料，总有人愿意以超过其生产和上市的劳动的价格来购买。所以，这种情况就能为地主提供地租。

原始的衣服材料，乃是较大动物的皮。所以，只以动物的肉为主要食料的狩猎和牧畜民族，在获取食料时，就获得了他们自身穿不了的衣服。如果没有对外贸易，那么此等多余材料，便看作无价值东西而被抛弃。未被欧洲人发现以前的北美狩猎民族，情况大抵如此。现在，他们以过剩的毛皮和欧洲人交换毛毡、火器和白兰地酒，这样就使他们的毛皮具有若干价值。我相信，在现在世界的通商状态下，即使最不开化的民族，只要土地所有制业已确立，就在一定程度上有这种对外贸易，他们在国内土地生产但不能在国内加工或消费的衣服材料，在较富裕的邻国中找到销路，以至此等材料的价格抬高到超过其运输费用。于是，此等材料的价格就给地主提供了若干地租。当苏格兰高地牲畜的大部分，在内部丘陵地带消费的时候，兽皮成为输出的最主要商品，换回其他物品，这样就稍稍增加了高地土地的地租。以前，英格兰不能在本国加工或消费的羊毛，也在当时更富裕和更勤劳的弗兰德人的国家里找到了销路，其售价对羊毛产地也提供了若干地租。然而，在耕作状态不比当时英格兰及今日苏格兰高地更为进步，又无对外贸易的国家，衣服材料显然是那么过剩，以至有一大部分由于无用而被抛弃，那就不能给地主提供地租。

住宅材料未必都能像衣服原料那样容易运往遥远地方，因而，也不像衣服材料那样容易成为国外贸易的对象。即使在今日商业状况下，也常常如此。在住宅材料生产过剩的国家，这些过剩材料，不能给地主提供什么价值。伦敦附近的良好石矿，提供了相当大的地租，而苏格兰和威尔士许多地方的石矿，却不提供地租。在人口稠密农耕进步的国家中，用于建筑的无果树木，价值很高，其产地提供了相当大的地租，而在北美许多地方，树木产地的所有者，却不但得不到地租，如果有人愿意采伐并运去他的大部分大树，他还会非常感谢。苏格兰高地有些地方，由于缺少公路和水运，所以能向市场运送的只有树皮，而木材则随地丢弃，任其腐烂。当住宅材料是那么过剩的时候，实际上被使用的那部分的价值，也不过等于加工时所花的劳动和费用。这一部分对地主不提供地租。然而当邻近富裕国民，有住宅材料的需要时，又另当别论。例如，伦敦街道的铺石，曾使苏格兰海岸一部分不毛岩石的所有者，从向来不提供地租的岩石收到地租。又如，挪威及波罗的海沿岸的树木，在大不列颠许多地方找到了国内找不到的市场，于是这些树木给其所有者提供了若干地租。

一个国家的人口，不与和衣住材料所能供给的人数成比例，而和食物所能供给的人数成比例。衣服和住宅问题比较好解决，而食物问题不好解决。在大不列颠的许多地方，一个人仅需花费一天，就可以建成用来居住的简单建筑物；把兽皮制成最简单的衣服，也花不了太多的时间。就野蛮或未开化民族来说，为获得这种衣服及住宅，所费不过占全年劳动的百分之一。而其余百分之九十九的劳动，用于获取食物，往往只勉强够用。

但由于土地改良和耕作进步的结果，少数人就足以生产供给全社会的食物，剩下的人就可以用其劳动去生产其他物品，满足人类的其他欲望和嗜好。衣服、住宅、家具以及其他各种应用物品，便是这些欲望和嗜好的主要对象。富人所消费的粮食，并不比他穷苦邻人所消费得多。在质的方面也许大不相同，选择和烹调富人的粮食，可能需要更大的劳动和技术，而在量的方面，几乎相同。但是，比较一下富人的豪宅和穷人的陋室以及两者的衣柜，其巨大差异，无论在质上还是量上，都会令人感叹。人类的食欲受到胃的狭小容量的限制，而对于住宅、衣服、家具及应用物品的欲求似乎却无止境。所以，一个人有剩余食物而又对其有支配权，一定愿意用剩余食物交换其他物品来满足其他欲望。用满足有限欲望的剩余物品，来换取无限欲望的满足。穷人为了获取食物，竭力劳作，以满足富人的嗜好；为了使自己的食物供给较有把握，往往相互竞争，使其作品日臻完善，日趋便宜。劳动者人数随食物量的增大而增加，或者说，随土地改良及耕作的进步而增加。由于他们的工作容许极度分工，所以他们能够加工的原料的数量增加得比他们的人数多得多。因此，人类对能用在衣服、住宅、家具以及各种应用物品上的各种原料有了需求，甚至土地中的化石、矿产、贵金属和宝石。

所以，土地改良和耕作进步不仅仅是食物能够提供地租的原因，对能够提供地租的土地的其他生产物来说，其价值中相当于地租的部分亦来自于此。但是，这些后来才能够提供地租的其他土地生产物，并不总是能够提供地租。即便在土地改良，耕作进步的国家，对这些土地生产物的需求，未必都能够使其价格在除了支付工资，偿还资本并提供资本一般普通利润外，还有剩余。这类土地生产物是否能提供地租，取决于各种情况。

例如，煤矿能否提供地租，既要看它的产出力，又要看它的具体位置。矿山的产出力的大小，要看使用一定数量劳动，从矿山所能采出的矿物量是多于或是少于使用等量劳动从大部分其他同类矿山所能采出的数量。

有些煤矿位置很方便，但由于产出力过小，不能开采。其生产物不能偿还费用。这样的煤矿既不能提供利润，也不能提供地租。

有些煤矿的产出物仅够支付劳动工资，偿还开矿资本，并提供一般利润。企业家能从这种煤矿获得若干利润，地主却不能由此得到地租。所以，这类煤矿，除了地主投下资本自己开采，可得到一般利润外，其余任何人都不能经营得利。苏格兰有许多煤矿由地主亲自经营。这些煤矿不能由他人经营，因为没有地租，地主不许任何人采掘，而任何人采掘也不能付给地主地租。

苏格兰还有些产出力很大的煤矿，但由于位置不好，不能进行采掘。这些煤矿虽然只需使用一般劳动量或比一般少的劳动量就能开采出来，但因人口稀少，缺少公路或水运，开采出的煤无法运到市场上出售。或者说，产出量仅够补偿采矿的资本和利润，而不够运输的资本和利润。

与木柴相比，煤炭不是那么令人满意的燃料；据说，它还是比较不太卫生的燃料。因此，在消费煤炭的地方，其费用一般必然要比木柴的费用少。

木柴的价格几乎像牲畜的价格一样，随农业状态的变动而变动，其变动的原因和牲畜价格变动的原因完全相同。在原始状态下，各国大部分地方都被森林覆盖。那些树木，在当时地主眼中，全是毫无价值的障碍物，如果有人愿意采伐，他定然是欢喜不过的。后来，农业进步，那些树木，部分由于耕作发达而被砍去，部分由于牲畜增加而归于毁灭。牲畜头数增加的比例，和全由人类勤劳而获得的谷物增加的比例，虽不相同，但在人类的注意和保护下，牲畜也繁殖起来。人类在丰饶的季节，预先给牲畜贮藏食料，以备在缺少的季节使用，这样人类给牲畜提供的食物量，就比未开发的自然所提供得多。人类给牲畜铲除敌害，使它们能安然自由享受自然所给予的一切。许许多多畜群，随意放牧森林，森林中的老树，虽不会受到损害，但幼树却受到摧残。其结果，在一两个世纪后，整个森林归于毁灭。这样，木柴的不足，抬高了木柴的价格。这价格给地主提供了很好的地租。地主有时觉得，以最好土地栽植无果树木更为有利，而大的利润往往足够抵消其收入的迟缓。这似乎是现今大不列颠境内许多地方的情况，在这些地方，树林的利润被认为和谷田或种牧草的利润相等。不过，地主由植林所得的利益，不论何处，至少在相当长的时期内，不能超过谷田或牧场的地租，而在耕作进步的内地，其利益往往比这种地租少得多。在土地改良得很好的海岸，作为燃料的煤炭，要是容易得到供给，那么建筑木材由耕作较落后的外国输入，往往比本国生产更为便宜。爱丁堡最近数年建筑的新城市，也许没有一根木材是苏格兰产的。

不论木柴的价格如何，如果一个地方烧煤炭的费用，和烧木柴的费用几乎相等，那么我们可相信，在那种情况下，煤炭在那地方的价格就达到最高的水平。英格兰内地某些地方，特别是牛津郡，情况似乎就是如此。牛津郡普通人民的火炉中，通常都混用木柴与煤炭，可见这两种燃料的费用不可能有很大的差异。

在产煤国家，任何地方的煤炭价格都比这最高价格低得多。否则，煤炭就担负不起由陆运或水运送往遥远地方的运输费用。这样，煤炭能够卖出的，不过是很少的分量。煤矿采掘者及所有者，为自己利益计，定会觉得，与其以最高价格卖出少量，倒不如以比最低价格略高的价格卖出多量。此外，产出力最大的煤矿，支配附近一切煤矿的煤炭价格。那些产出力最大煤矿的所有者及经营者发觉，只以略低于附近煤矿的价格出售煤炭，就能增大其地租与利润。这样一来，邻近煤矿不久也不得不以同样的价格出售煤炭，尽管它们不能以这价格出售。尽管这样的价格总要削减，有时甚至剥夺它们的地租与利润。于是一部分煤矿只好停止经营，另一部分煤矿因不能提供地租而只能由所有者自己来经营。

像所有其他商品一样，煤炭能在相当长的时期内继续售卖的最低价格，乃是仅够补偿使它上市所需用的资本及其普通利润的价格。那些对地主不提供地租，因而非由地主自己来经营就得完全弃置的煤矿，其煤炭价格，一般必和这最低价格大致相同。

即使有些煤矿能够提供地租，其价格中的地租部分一般也比其他大多数土地的生产物价格中的地租要小。土地的地面产出物的地租，通常等于生产总额的三分之一。这一比例很稳定，不大受意外变故的影响。但煤矿的地租，一般只有总生产额的十分之一，要是有五分之一，就是非常大的地租。而且，这一比例极不稳定，极易受意外变故的影响。这种意外变动特别大，以至在三十倍年租被认为是购买田产的普通价格的国家，十倍年租却被看作是收买煤矿的高价。

对所有者说，煤矿的价值既取决于煤矿是否丰富，也取决于煤矿的位置。而金属矿山的价值，则较多地取决于其丰富程度，较少地取决于其位置。由矿石分离出来的普通金属，尤其是贵金属，具有那么大的价值，以至一般地说，都负担得起长时间陆运和长距离水运的费用。其市场不局限于矿山邻近国家，而扩及全世界。例如日本的铜，成为欧洲贸易商品；西班牙的铁，成为智利及秘鲁的贸易商品；秘鲁的银，不仅在欧洲找到了销路，而且通过欧洲，也在中国找到了销路。

威斯特摩兰及什罗普郡的煤炭价格，对纽卡斯尔的煤炭价格，没有多大影响，而利奥诺尔的煤炭价格，对纽卡斯尔的煤炭价格，则毫无影响。这些煤矿产物，绝不会互相竞争。但距离很远的金属矿产物，却往往有发生相互竞争的可能，而事实上，也常常如此。因此，世界产金属最多的地方，普通金属价格，尤其是贵金属价格，必然或多或少地影响世界各地矿山的金属价格。日本铜的价格，必对欧洲铜矿上铜的价格发生影响。秘鲁银的价格，换言之，秘鲁银在当地所能购买的劳动量或货物量，不但对欧洲银矿银的价格有影响，而且对中国银矿银的价格也有影响。秘鲁银矿发现以后，大部分欧洲银矿归于废弃。银价降得那么低，以至那些银矿产物，不能偿还开采费用，或者说，除偿还开采时所消费的衣食住及其他必需品外，不能提供一些利润。波托西银矿发现后，古巴及圣多明各的矿山，乃至秘鲁的旧矿山，也有这种情况。

因此，各矿山所产各种金属的价格，在一定程度上，都受世界当时产量最大的矿山产物价格的支配，所以大部分矿山所产的金属价格，除偿还其采掘费用外，没有多大剩余，因而，对地主不能提供很高的地租。在大多数矿山所产的贱金属价格中，地租似乎只占小部分，而在贵金属价格中，地租所占部分尤小。劳动与利润，构成了贵贱金属价格的大部分。

总产量的六分之一可以算作康沃尔锡矿的平均地租，它是世界闻名的最丰富的锡矿，这是矿区副监督波勒斯所说的。他说，有些矿山的地租超过这一比率，有些不及这一比率。苏格兰许多产量很丰富的铅矿的地租，也占总产量的六分之一。

佛勒齐及乌罗阿两氏告诉我们，秘鲁银矿所有者，往往只要求经营银矿的人，在他设立的磨场中磨碎矿石，并把一部分磨碎的矿石给予所有者作为磨碾的代价。的确，直到1736年，西班牙国王对这些银矿所征收的矿税，计达标准银产额的五分之一；截至此时为止，这可视为大部分秘鲁银矿的真实地租，秘鲁银矿当时是世界最丰富的银矿。如果矿不征税，这五分之一当然属于地主，而当时由于负担不起这种捐税而没有采掘的许多矿山，定会开采。康沃尔公爵所征的锡税，据说为全价值的百分之五以上，即二十分之一以上；不论其税率怎样，要是不课税，这当然属于矿山所有者。假定以二十分之一与上述六分之一相加，就可发现，康沃尔锡矿的全部平均地租对秘鲁银矿的全部平均地租的比例，是十三比十二。然而，秘鲁银矿现今连这低微的地租也不能担负，而银税也在1736年由五分之一，减到十分之一。银税虽轻微如此，但与二十分之一的锡税比较，却更能引诱人们做走私生意，而就走私而言，贵重的物品比容积大的物品容易得多。所以，有人说，西班牙国王得不到什么税收，而康沃尔公爵却得到很好的税收。以此之故，地租在世界最丰富锡矿生产锡的价格中所占的部分，可能比地租在世界最丰富银矿生产银的价格中所占的部分大。在偿还开采那些矿产物所使用的资本及普通利润后，留归矿山所有者的剩余部分，贱金属比贵金属大。

秘鲁银矿开采者的利润通常也不是很大。最熟悉当地情形并最受人敬佩的上述那两位作者告诉我们说，在秘鲁着手开采新银矿的人，都被认为是注定要倾家荡产的，所以大家都避开他。看来，采矿业在秘鲁和在这里一样被看作彩票，中彩的少，不中彩的多，而几个大彩，却诱引许多冒险家做这样无结果的尝试，失去他们的财产。

可是，由于秘鲁国王的收入大部分来自银矿的产品，所以秘鲁法律尽量奖励新矿的发现及开采。发现新矿山者，不论是谁，一律按照他看准的矿派方向，划出一块长二百四十六英尺，宽一百二十三英尺的矿区归他所有，并自行开采，不给地主任何报酬。鉴于自己的利益，康沃尔公爵也在那古公国内，制定了类似的规定。凡在荒野或未圈地内发现锡矿的人，都可在一定范围内，划出锡矿的境界，这叫作为矿山定界。这境界设定者，就是该矿区实际所有者。他可以不经原地主许可自行开采，或租与他人开采，不过在采掘时要给地主微薄的报酬。在以上那两种规定中，私有财产的神圣权利都由于国库岁入想象上的权利而被侵犯了。

秘鲁同样奖励新金矿的发现与开采，而国王的金税只占标准金产量的二十分之一。原来金税与银税同为五分之一，后来减到十分之一，然而就开采的情况看来，即十分之一的税率也太重。上述两作家佛勒齐和乌罗阿曾说，由银矿发财的已属罕见，由金矿发财的更为罕见。这二十分之一似乎是智利和秘鲁大部分金矿所支付的全部地租。金的走私比银的走私容易得多，这不但由于和容积对比，金的价值高于银的价值，而且由于金的固有状态特殊。像大多数其他金属那样，银在被发现时，一般掺有其他矿物，很少是纯质，要把银从这矿化物中分解出来，需经过极困难和极烦琐的操作，而这种操作，要在特设的厂坊进行，这样就容易受到国王官吏的监督。反之，金在被发现时，几乎都是纯质，有时发现相当大的纯金块，即使掺有几乎看不出来的沙土及其他外附物，但通过极简单的操作，也能使纯金从这些混杂物分解出来。不论何人，只要持有少量水银，就可在自己私宅中进行分解工作。所以，国王如果从报税得到很少的收入，那么他从金税所得的收入可能要少得多，而地租在金价中所占的部分，必定比它在银价中所占的部分小得多。

贵金属能在市场出卖的最低价格，换言之，贵金属长期在市场上所能交换的最小其他货物量，要受决定一切其他货物普通最低价格的原理的支配。决定这种最低价格的，是使贵金属从矿上进入市场通常所需投入的资本，换言之，是使贵金属从矿上进入市场通常所需消费的衣食住。这最低价格必须足够偿还所费的资本并提供这种资本的普通利润。

但贵金属的最高价格似乎不取决于任何他物，而只取决于贵金属本身的实际供给是不足还是丰裕。贵金属的最高价格，不由任何其他货物的最高价格决定，不像煤炭那样，其价格由木柴的价格决定，除木柴外任何东西的缺乏都不能使煤炭价格上涨。把金的稀缺性增加到一定程度，那么最小一块金可能变得比金钢钻还昂贵，并可能换得更大数量的其他货物。

对这些金属的需求，部分地出于其效用，部分地出于其美质。除铁外，贵金属也许比任何其他金属有用。贵金属容易保持清洁，而且不易生锈，所以，食桌及厨房用具，如以金银制造，更惹人喜爱。银制的煮器比铝制、铜制或锡制的煮器清洁。金制的煮器又比银制的煮器清洁。不过，贵金属的主要价值，在于它的美质，而这美质，使贵金属特别适宜于做衣物和家具的装饰。任何颜料或染料，都不能提供像镀金那么光亮的色彩。贵金属的这种美质，又因贵金属的稀少而大大增加。在大部分富人看来，富的愉悦，主要在于富的炫耀，而自己具有别人求之不得的富裕的决定性标志时，算是最大的炫耀。在他们看来，有几分用处或有几分美的物品，由于稀少而大大增加其价值，换句话说，由于收集相当数量的这种物品，需要有很大劳动量，而这么大的劳动量的代价，只有他们才能支付，因而大大增加其价值。他们情愿用比这种物品美丽得多，有用得多，但比普通物品的价格更高的价格来购买这种物品。效用、美丽和稀少这些特质，乃是贵金属具有高价，即到处都能换得很大数量其他货物的根本原因。贵金属并不是由于用作货币而后具有高价值的，它在未用作货币以前，就已有了高价值，而高价值正是使它适宜于做这种用途的特质。不过，这种用途，由于引起了新需求，由于减少了能被用于其他用途的数量，后来保持或增加了其价值。

对宝石的需求，全由其美质而产生。宝石除作为装饰物外，没有其他效用。其美质的价值，因为稀少，即因为采掘困难和采掘费用浩大，而大大增加。所以，在大多数场合中，工资及利润几乎占宝石高价格的全部。地租在宝石价格中只占极小部分，往往不占任何部分，只有产出力最大的矿山才提供相当大的地租。宝石商塔弗尼埃考察戈尔康达和维沙波尔两地的金刚石矿山时听说，当地矿山是为着国王的利益而开采的，而国王曾命令，除产最大和最美的金刚石的矿山外，其余所有矿山一律封闭。在所有者看来，其余所有矿山似乎是不值得开采的。

由于世界各地贵金属及宝石的价格都受到世界上最丰富矿山产物价格的支配，所以贵金属或宝石矿山给所有者所能提供的地租，不和其绝对产出力成比例，而和其相对产出力成比例，换言之，和它比同种类其他矿山优越的程度成比例。如果有新矿山发现，而这些新矿山之优于波托西矿山，正像波托西矿山之优于欧洲矿山一样，那么，银价就会下降得多，甚至波托西矿山也无经营价值。在西领西印度发现以前，欧洲最丰富矿山，也许已能对其所有者提供像秘鲁最丰富矿山对其所有者所提供的那么大的地租。就银量来说，当时虽较今日少得多，但当时由此所能换得的其他货物量，可能与今日相同，而所有者当时所得份额所能换得的劳动量或商品量，也可能与今日相等。生产物和地租的价值，换言之，生产物和地租给公众与矿主所提供的实际收入，可能完全一样。

贵金属或宝石最丰富的矿山，对于世界财富，不能有多大的增加。因为这类产品的价值，主要来自其稀少。要是这类产品多了，其价值必然下跌，这时，金银餐具，及其他衣服家具的奢华装饰物，就能以较少的劳动量或商品量买入。这就是世界能得自金银宝石之丰富的唯一利益。

就土地财产来说，情况并非如此。土地的生产物及地租的价值，不和其相对丰富程度成比例，而和其绝对丰富程度成比例。生产一定数量衣食住的土地，总能给一定数量的人提供食物、衣服和住宅，而且，不论地主享有的比率如何，他总能因此支配相当的劳动，和支配这劳动给他提供的商品。最贫瘠土地的价值，并不因近邻有最肥沃土地而减少；反之，其价值却常因此而增加。肥沃土地所养活的众多人口，给贫瘠土地的许多生产物提供了市场，而贫瘠土地的生产物，在能以自己产物维持自己的人民中是找不到市场的。

凡是能提高生产食物的土地的肥沃程度的东西，不仅会增加被改良土地的价值，而且也会给许多其他土地的生产物创造新的需求，从而使这些土地的价值也增加了。由于土地的改良，许多人都有自己消费不了的剩余食物，因而对贵金属和宝石有了需求，对于衣服、住宅、家具和设备方面其他一切便利品和装饰品，也有了需求。食物不仅成为世界上财富的主要部分，而且使许多其他各种财富具有主要价值的，乃是食物的丰富。当古巴和圣多明各刚被西班牙人发现时，那边的穷苦居民，常以小金块作为头饰和服饰。他们对这些金块的评价，似乎和我们对那些比一般略美的小鹅卵石的评价相同，就是说，值得拾取，但有人要时，却不值得拒绝。他们对新客第一次请赠金块，无不立即赠与，似乎并不认为赠送了新客非常珍贵的礼物。他们看到西班牙人那么热切地想获得金块，感到惊讶。他们没有想到世界上竟有这样的国家，它的许多人民，对于他们老是缺乏的食物有那么大的剩余量，愿意以足够供养全家好几年的大量食物，来交换小量会发亮的玩意儿。如果他们能够理解此中理由，西班牙人的黄金热，就不会使他们惊异了。

第三节　论总能提供地租的产品和有时能有时不能提供地租的产品两者价值的变化

由于土地的不断改良和耕作而造成的食物的不断丰富，必然会增加对食物以外的土地的每一种产品可以应用或可能装饰的产品需求。所以，在改良进展过程中，可预期这两种生产物的相对价值只有一种变动。就是说，和总能提供地租的生产物的价值相比，有时提供地租有时不提供地租的生产物的价值不断地增长。随着技术和产业的发展，衣服、居住材料、地中有用化石和矿物以至贵金属和宝石的需求逐渐增加。它们所能换得的食物逐渐增多，换言之，其价格逐渐增高。因此，以上所说是大部分物品在大多数场合的情况，要是没有特殊事故使这些物品中某些物品的供给增加得大大超过其需求，那就是这些物品在一切场合的情况。

例如，石灰石开采场的价值，必须随其周围地方的不断改良和耕种增加而增高，特别是当它是该地唯一的这种矿藏的时候。然而，银矿的价值，即使在周围一千英里以内没有第二个银矿，其价值也不一定会随矿山所在国的改良和耕种而增加。石灰石开采场产品的市场，很少能扩展到周围数英里之外，其需求一般必和这小区域的改良与人口成比例。而银矿产物的市场，却可扩展到全世界。所以，除非全世界都改良，各地方人口都增加，否则白银的需求不会因银矿附近某大国的改进而有所增加。即使全世界都有了改进，但若在这改进的过程中，发现了丰富得多的新矿山，那么，尽管白银的需求必然会增加，但由于银的供给增加得那么多，所以银的真实价格可能逐渐低落。一定分量的白银比如说一磅白银所能支配或所能购买的劳动量，或者说一磅白银所能换得的劳动者主要生活资料即谷物的量，可能逐渐减少。

白银的巨大市场，是全世界的商业和文明地区。

假若白银市场的需求，由于一般的改良进步而增加，同时，供给却不按同一比例而增加，那么，白银的价值就会按照谷物的价值而逐渐增高起来。即一定分量白银所能换得的谷物量将逐渐增加，或谷物的平均货币价格将逐渐下降。

反之，如果由于某种意外事故，供给的增加，在好多年内，在比例上都大于需求的增加，那么这金属就会逐渐便宜。换言之，尽管有了一切改良，谷物的平均货币价格却逐渐增高。

另一方面，假若这金属的供给和其需求几乎按同一比例增加，那么这金属就能继续购买或交换几乎相同数量的谷物。尽管有了一切改良，谷物却继续保持着几乎相同的平均货币价格。

这三者似乎包括了在改良进程中所能发生的事情的一切可能的组合。如果我们以法国和英国发生的事实来作判断，那么在过去四个世纪中，这三种不同的组合似乎都在欧洲市场上发生过，而发生的顺序和我这里所说的大致相同。

关于过去四个世纪中白银价值变化的离题论述

第一时期

在1350年及以前的数年间，英格兰每夸特小麦的平均价格，大约都被估计为不低于陶衡（Tower-weight）四盎司白银，约等于我们现今货币的二十先令。它似乎从这一价格逐渐下降至两盎司白银，约合现今货币的十先令。这是我们发现它在十六世纪初的估计价格，也似乎是一直到1570年的估计价格。

1305年，即爱德华三世的第二十五年，制定了所谓的劳动法。这法规在前言中十分抱怨佣工的粗野无礼，说他们力图迫使其雇主增加工资。所以，法律规定：所有佣工和劳动者，在以后均应满足于爱德华三世第二十年及此前四年通常领得的工资及配给（这种配给在当时包括衣服和食物）；因此，配给他们的小麦估价，无论何地，均不得高于每蒲式耳十便士，而且，雇主永远可以用小麦或货币支付。小麦每蒲式耳十便士在爱德华三世第二十五年被算作十分合适的价格，因为它需要通过特殊的法律来迫使佣工接受，作为他们通常食物配给的交换；这在以前的十年中（即爱德华三世第十六年）被算作是合理的价格。但在爱德华三世第十六年，十便士大约包含陶衡半盎司白银，约等于现今货币的半克朗。所以，陶衡四盎司白银，与当时货币六先令八便士相当，又与今日货币二十先令相当，这必定被算作八蒲式耳即一夸特小麦的中等价格。

关于被认为是当时谷物的中等价格，这项法令所提供的证明，无疑比历史学家及其他作家的记载更好，因为他们所列举的某些年份的价格着眼于特别贵或特别贱的价格，所以想据此判断当时的普通价格，实不容易。加之，还有其他理由令我们相信，十四世纪初及以前数年的一些时候，小麦的普通价格不低于每夸特四盎司白银，而其他谷物的价格可以类推。

1309年，坎特布里的圣·奥古斯丁修道院副院长拉尔夫·得·波恩在就任典礼后大摆筵席。威廉·桑恩记录了这次宴会的菜谱及许多项目的价格。这次宴会的消费有：第一，小麦五十三夸特，价值十九镑，折合每夸特七先令二便士，约合今币二十一先令二便士；第二，麦芽五十八夸特，价值十七镑十先令，折合每夸特六先令，约合今币十八先令；第三，燕麦二十夸特，价值四镑，折合每夸特四先令，约合今币十二先令。这里的麦芽和燕麦价格，似乎高于它们和小麦价格的通常比例。

这些价格的记载，不是因为它们特别贵或特别贱，而只是对这次以豪华文明的宴会所消费的大量谷物实际支付的价格的顺便记载。

1262年，即亨利三世第五十一年，恢复了所谓“面包麦酒法定价格”这个古代法令。亨利三世在序言中说，这项法令是在其祖先英格兰诸王的时候制定的。因此，这项法令或许同他祖父亨利二世的时代一样古老，也可能同征服时代一样古老。该法令按照当时每夸特由一先令至二十先令的小麦价格，规定面包价格。但是，这项法令在作出此规定时，一般假设它会同样考虑到超过普通价格或不及普通价格的价格。因此，根据这项假设，含有陶衡银六盎司而相当于今币三十先令的当时十先令，在此法令制定之初，必被算作一夸特小麦的中等价格，直到亨利三世第五十一年，还被认为是普通价格。因此，我们假定中等价格不低于法定最高面包价格的三分之一，换言之，不低于当时货币六先令八便士，含白银陶衡四盎司，总不会大错。

因此，根据这些不同事实，我们似乎有一些理由可以得出结论：大约在十四世纪中叶及以前很长的时期内，不能假定每夸特小麦的平均价格或普通价格低于陶衡四盎司白银。

自十四世纪中叶至十六世纪初，被算作小麦的合理的和适中的价格，即普通或平均价格，似已逐渐减至这一价格的一半，最后降到大约等于陶衡二盎司白银，约合今币十先令。直到约1570年，还继续被估定为这一价格。

1512年写成的诺森伯兰第五代伯爵亨利的家务书，对小麦价格有两种不同的估算：其一，一夸特以六先令八便士计算；其二，一夸特仅值五先令八便士计算。1512年，六先令八便士仅含有陶衡二盎司白银，约等于今币十先令。

从爱德华三世第二十五年至伊丽莎白在位初期这两百余年间的许多法令来看，六先令八便士似乎一直被认为是小麦的所谓适中和合理的价格，即普通或平均价格。然而，在这一时期内，由于铸币方面的一些变革，此名义金额中所含的白银数量却在不断减少。不过，白银价值的增加似乎弥补了同一名义金额中所包含的白银数量的减少。因此，在立法机关看来，名义金额含银量减少这种情况不值得注意。

于是，1436年的法律规定，当小麦价格低至每夸特六先令八便士时，没有许可证，也可出口。1463年的法律规定，如果小麦价格没有超过每夸特六先令八便士，那就禁止进口。立法机关设想，当麦价十分低廉时，出口不会造成任何不便。但当麦价超过此价格时，允许进口是明智的选择。因此，当时含有今币十三先令四便士那么多白银的六先令八便士（其含银量，比爱德华三世时代同一名义金额所含的银量，已减少三分之一），就被认为当时适中和合理的小麦价格。

1554年，根据菲利普和玛丽第一年和第二年的法令，1558年，根据伊丽莎白女王第一年的法令，当小麦价格超过每夸特六先令八便士时，禁止其出口，这在当时包含的白银并不比现今同一名义金额所包含的多两便士。但不久发现，要到价格如此低廉时才不限制谷物出口，这实际上等于完全禁止出口。于是，1562年，根据伊丽莎白第五年的法律，当小麦价格不超过每夸特十先令时，在某些指定的港口可以出口，当时十先令和现今同一名称的金额几乎含有相等的银量。所以，这六先令八便士的价格，在当时被认为是所谓的适中和合理的小麦价格，这和诺森伯兰家书在1512年的估价大致相同。

杜普雷·得·圣莫尔先生观察到，谷物的平均价格，在十五世纪末叶及十六世纪初，比在过去的两个世纪便宜得多，一位有关谷物政策论文的高雅作者也有相同的看法。在同一时期，欧洲大部分国家的谷价也许同样下降了。

白银和谷物相对价值的增高，也许全是因为对这种金属的需求因不断改良及耕作进步而增加，而同时供给则保持不变；或者可能完全是由于需求保持不变，而供给则逐渐减少。当时世界闻名的大部分银矿，都已采掘将尽，因而开采费用大大增加；或者可能是，部分由于前一种原因，部分由于后一种原因。十五世纪末叶及十六世纪初，欧洲大多数国家的政局，比过去几个世纪更加安定。安定性的增加自然会使产业发展和改良程度增强；对贵金属以及每一种其他装饰品和奢侈品的需求也自然会随财富的增加而增加。每年较大的产出会要求较大数量的货币使其流通；较大数量的富人就会要求有更大数量的食用器皿以及其他银制装饰品。自然也可以假设，当时向欧洲市场供应白银的大部分银矿可能采掘将尽，因而开采费用更高。它们中间有许多银矿是从古罗马时代起就已经开始开采的。

可是，论述古代商品价格的作者，大部分都认为，自征服时代起，甚或从朱利阿·恺撒侵略的时候起，直到在美洲发现银矿为止，白银的价值都在不断减少。他们之所以持这种见解，似乎部分是由于他们偶然对谷物和土地的某些其他天然产物的价格所做的观察，部分是因为流行的说法，认为所有国家的白银数量，自然而然地随财富的增加而增加时，其价值则自然而然地随数量的增加而减少。

在他们对谷物的价格所做的观察中，以下三种不同情况似乎常使他们产生误解：

第一，在古代，几乎所有地租都是以实物支付的，即用一定数量的谷物、家禽、牲畜等支付的。然而，有时候地主却规定，他可随心所欲地要求佃户或是每年支付实物，或是支付一定数额的货币来代替。支付实物改为支付一定数量的货币的价格，在苏格兰称为换算价格。由于接受实物或接受货币的选择权总操在地主手中，所以，出于佃户的安全，其换算价格必须低于而不是高于平均市场价格。因此，许多地方的换算价格不比平均市场价格的一半高出多少。在苏格兰大部分地方，直到今日，对家禽还沿用这种换算办法，许多地方对牲畜也还沿用这种换算办法。要不是由于实施公定谷价制度而废除换算办法，恐怕对谷物至今还会沿用这种办法。所谓公定谷价，就是根据谷价公定委员会作出的判断，每年依照各县的实际市场价格，对各种类各品质谷物的平均价格所评定的价格。这一制度，在换算（他们称之为换算）谷物地租时，都按照当年的公定价格而不依据任何固定价格；所以，佃户都得到充分保障，而地主亦觉得方便得多。但搜集往年谷价的作者们，往往把苏格兰所谓的换算价格，误当成实际市场价格。弗利特伍德有一次承认，他自己犯过此类错误。可是，当他为了某一特殊目的而写作时，他在使用了这种换算价格十五次以后，才敢承认这种错误，每夸特小麦的价格为八先令。在他所研究的第一年（即1423年），这一金额所含的银量与今币十六先令所含的银量相同。但在他所研究的最后一年（即1562年），这一金额所含的银量则与现今同一名义金额所含的银量相同。

第二，某些关于法定价格的古代法令，有时由怠惰录事潦草地抄写，有时由立法机关潦草地制定，这样就使上述作者产生了误解。

古代关于法定价格的法令，似乎首先总是规定，在小麦和大麦价格最低时，面包和麦酒的价格应当是多少，接着进一步层层规定，当这两种谷物的价格超过最低价格若干时，面包和麦酒的价格应该是多少。然而，这些法令的抄写者似乎往往以为，抄法令规定的头三四个最低价格就够了，这样可节省自己的劳动，并且（我想）他们认为，这已足以表明，在所有较高的价格情况下应当遵循的比例是什么。

例如，在亨利三世第五十一年的面包、麦酒法定价格的法令中，面包的价格就是按照小麦的不同价格来规定，每夸特小麦以当时的货币一先令到二十先令的不同的价格，按当时的货币计算。然而，在拉夫黑德先生的法律汇编出版之前，所有法律汇编的各种版本均是根据一种抄本，这个抄本的抄写人所抄写这项法律只到十二先令的价格为止。所以，为这不完全抄本所误导的一些作家，就很自然地得出结论：中等价格即每夸特六先令约等于今币十八先令，乃是当时小麦的普通价格或平均价格。

在大约同时制定的有关囚车和枷锁的法令中，麦酒的价格先按大麦的价格（每夸特两先令到四先令）每上升六便士去规定。但是，这里的四先令并不表明是大麦当时常达到的最高价格，而这些价格只是作为例子，来说明较高或较低价格应按这一比例增减。我们可以从法律的最后这句话看出这一点："Et sic deinceps crescetur veldiminuetur per sex denarios."这种表述虽欠精确，但意义却够明了。就是说："这样，麦酒价格应随大麦价格每上升或下降六便士而增减。"在起草这项法令时，立法机关本身似乎也像抄写人在抄写另一项法律一样疏忽大意。

在苏格兰的一本古律书——《王位的尊严》（Regiam Majietatem）的抄本中，有一部关于法定价格的法令，其中面包的价格是根据小麦的所有不同价格来调整的。后者从每一苏格兰波尔（boll）的十便士到三先令不等，苏格兰波尔约合英格兰半夸特。在被认为制定这项法令的时候，三苏格兰便士约合现今英币九先令。拉迪曼先生似乎依此得出结论：这三先令为当时小麦达到的最高价格，而十便士、一先令，至多两先令，则为其普通价格。但是，查阅抄本后就看得很明白，那些价格只是作为例子用来说明小麦和面包之间所应遵循的比例。此法令的最后一句是：

"reliqua judicabis secundum prascripta habendorespectum ad Pretium bladi."

其意为"你应该依据上面提到的谷物价格来判断其余的情况"。

第三，在远古时代，小麦有时以极低的价格出售，这似乎也使上述作者被误导。他们认为，既然当时的小麦最低价格，比后来的小麦最低价格低得多，那么其普通价格，亦必比后来的低得多。但在另一方面，他们也许发现，远古时代的小麦最高价格，也比后代的小麦最高价格高很多，正如其最低价格比近代的最低价格低很多。例如，在1270年，弗利特伍德提到一夸特小麦的两种价格：其中一种价格为当时货币四镑十六先令，折合今币十四镑八先令；另一种价格为当时货币六镑八先令，折合今币十九镑四先令。像如此高的价格，在十五世纪末叶或十六世纪初，都不会见到。

虽然谷物的价格在各个时期都易于变动，但在动乱和无秩序的社会，变动得更为剧烈。在这样的社会，商业和交通中断，以致国内甲地的富饶，不能救济乙地的贫乏。从十二世纪中叶到十五世纪末叶，在普兰塔日尼王室统治下紊乱的英国，一个地区可能很富饶，而另一个相距不很远的地区，可能由于季节性灾害或某一邻近贵族的侵入，庄稼被毁，而陷于饥馑；如果有个敌对的贵族的土地插入其间，那么前者就不能给后者提供任何援助。在十五世纪后半叶和十六世纪，在都铎王朝的强力统治下和行政下的英格兰，没有一个贵族强大到敢于破坏公共安全。

读者在本章末尾将会看到弗利特伍德所搜集的1202—1597年（包括这两年在内）的全部小麦价格。他把这些价格换算为现时货币，并按照时间顺序分为七组，每十二年为一组。在各组末尾，读者可以找到该组十二年的平均价格。在这个长时期内，弗利特伍德只能搜集到八十年的价格，以致最后一组是十二年中还差四个年度的价格。因此，我根据伊顿学院的记载，补充了1598年、1599年、1600年及1601年的价格。这是我所做的唯一增补。读者可看到，自十三世纪初到十六世纪中叶以后，每十二年的平均价格都在逐渐下降，到十六世纪末期，又开始逐渐上升。的确，弗利特伍德所搜集的价格，似乎主要是引人注意的过高价格或过低价格，所以，我不敢断言，能从这些价格得出很肯定的结论。但是，如果这些价格要是能证明什么的话，那么所证明的就是我所要阐明的了。可是，弗利特伍德本人像大多数其他作者，似乎都相信，银价在此期间，由于银产量日益丰饶而不断下降。他所搜集的谷物价格，却和这种意见不一致，而和杜不雷·圣·莫尔的见解，和我所努力说明的那种见解却完全一致。弗利特伍德和圣·莫尔这两位作者，似乎都孜孜不倦地勤勤恳恳地搜集往时的各种物价。他们两人的意见，虽是那么不相同，而他们两人所搜集的事实，至少就谷物价格而言，是那么的一致，这不免令人感到几分惊讶。

然而，最明智的作者认为，远古时代的白银的价值很高，不是根据谷物的低价，而是根据某些其他土地产品的低价。据说，谷物是一种制造品，在未开化时代，谷物比其他大部分商品贵得多。我想，这里所指的是大部分未经制造的商品，如家禽、牲畜以及各种猎物，等等。在贫困和野蛮时代，这些物品无疑比谷物便宜得多。但这种便宜，不是银价过高的结果，而是这些商品价值低的结果。这不是因为白银在那个时代能购入或代表比富裕和进步时代更多的劳动量，而是因为在那个时代，这类商品购入或代表少得多的劳动量。白银在西属美洲必然比欧洲便宜，即在产出国必然比输入国便宜，因为要耗去运费和保险费，由水陆长途运输。但是乌罗阿却告诉我们，不久以前，在阿根廷首都，从四百头牛中挑一头，价格仅二十一便士半。拜伦告诉我们，在智利首都，一匹良马的价格为英镑十六先令。在土壤肥沃而大部分区域又全未开垦的国家，家禽、牲畜和猎物都不难通过极少量劳动获得，因此它们所能购买的劳动极为有限。这类商品在任何地方只能以便宜的货币价格出售这一事实，并不证明那里的白银的真实价值很高，只证明那里此类商品的真实价值很低。

白银及其他一切商品的真正尺度，不是任何一个商品或任何一类商品，而是劳动。我们应当牢记这一点。

但在土地几乎荒芜或人口稀少的国家，自然生产的家禽、牲畜和各种猎物往往比居民的消费量多得多。在这种状态下，供给通常超过需求。所以，在不同的社会状态下，在不同的改良阶段，这类商品便代表极不相同的劳动量，或等于极不相同的劳动量。

无论在什么社会状态下，无论在什么改良阶段，谷物都是人类劳动的产物。但各种劳动的平均产量，大体上总是和其平均消费量相适应，也就是说，平均供给大体上总是和其平均需求相适应。而且，无论在什么改良阶段，在同一土壤同一气候条件下，生产同一数量的谷物，平均来说，需要花几乎相同的劳动量，或者说，需要花几乎等量的代价，因为，在耕作改良的状态下，劳动生产力的不断提高或多或少要被牲畜（农业的主要工具）价格的不断提高所抵消。因此，由于这些缘故，我们可以确信：在所有社会状态下，在所有改良阶段中，等量谷物比等量其他土地的天然产物更为近似地代表或等于等量的劳动。所以，正如在前面已经说过的那样，在财富和改良的不同阶段中，谷物是比其他任何一个或一种商品更正确的价值尺度。因此，在所有上述不同的阶段中，我们把谷物和白银相比，比起将它和任何一种或一组商品与白银比较起来，就能更好地判定它的真实价值。

此外，谷物或其他为人民所普遍喜爱的植物食物，在每个文明国家，都构成劳动者生活资料的主要部分。随着农业的推广，每个国家的土地所生产的植物食物比动物食物多得多，而劳动者到处都把最便宜和最丰饶的适合卫生的食物作为主要生活资料。除了最繁荣的国家，或劳动报酬非常昂贵的地方，家畜肉在劳动者生活资料中仅占极小部分，家禽占更小的部分，猎物不占任何部分。在法国，甚至在劳动报酬比法国略高的苏格兰，劳动贫民，除非在佳节或其他特殊场合，很少能尝到肉味。因此，劳动的货币价格，在很小程度上，取决于家畜肉或其他土地的天然产物的平均货币价格，而在极大程度上取决于谷物（劳动者主要生活资料）的平均货币价格。所以，金银的真实价值，换言之，金银所能购入或所能支配的真实劳动量，在极小程度上取决于金银所能支配的家畜肉量或任何其他土地天然产物数量，而在极大程度上取决于金银所能购入的谷物量。

但是，上述不仔细地观察，也许不会让那么多聪明作者陷入歧途，要不是他们同时受到一种流行观念的影响的话，即当白银的数量在每个国家随着财富的增加而自然增加，其价值随着白银数量的增加而降低。但是，这种观念似乎是毫无根据的。

任何一个国家贵金属数量增加的原因有二：其一，供给贵金属的矿山的储量很大；其二，人民财富的增加，即劳动年产物的增加。前一种原因，无疑必然与贵金属价值的减少有关，但后一种原因，却与其价值的降低无关。

随着更加丰饶矿山的发现，有更大数量的贵金属提供市场，而较大数量贵金属所要交换的生活必需品和便利品，在数量上如果和从前一样，那么同一数量金属所换得的商品量必定比从前少。所以，任何一个国家贵金属量的增加，要是起因于矿山丰富程度的增加，那就必然使贵金属的价值有所减少。

反之，当任何一个国家的财富增加时，换言之，当该国劳动的年产物逐渐增加时，需要有更大数量的铸币让更大数量商品流通；人们负担得起，他们有更大数量的商品用来交换，所以他们购买的金银器皿自然会越来越多。他们的铸币数量由于必要而增加，他们的金银器皿量，由于追求虚荣和浮华而增加，而精巧雕像、绘画及其他各种奢侈品和珍奇品，由于同一原因，也必然增加。但是，正如雕刻家和画家在富裕繁荣时比在贫穷和萧条时代所获报酬不会太少一样，黄金与白银在富裕繁荣时的价格不可能比贫穷和萧条时低很多。

如果更丰饶新矿的偶然发现并没有降低金银的价格，那么，由于各国的金银价格随各自财富的增加而增多，所以，不论矿山的状态如何，金银在富国的价格，自然总比贫国的价格高。金银像其他所有商品一样，需要寻找最好价格的市场，而对一切货物都付得起最好价格的国家，通常就是能对金银支付最好价格的国家。必须记住，对于一切货物所支付的代价，归根结底不外乎劳动。在劳动都得到同样良好报酬的国家，劳动的货币价格，与劳动者生活资料的货币价格成比例。然而，金银在富国所能交换的生活资料自然比穷国多，换言之，金银在生活资料丰饶的国家所换得的生活资料的数量自然比生活资料供给不足的国家多。这两个国家若是相距很远，其差异可能也会很大，因为金银虽自然而然地由较差的市场流入较好的市场，但由于距离遥远，很难进行大量金银的运输以使两个国家金银的价格处于相同的水平。这两个国家若是距离很近，那么由于运输容易，上述差额便较小，有时甚至看不出来。中国比欧洲任何国家富裕得多，而中国和欧洲的生活资料的价格差别很大。中国的米价比欧洲各地的米价低得多。英格兰比苏格兰富裕得多，但两地谷物价格的差异却小得多，只是看得出些许微小差别。就数量来说，苏格兰产的谷物价格，一般似乎比英格兰产的便宜得多，然而就品质来说，其价格却肯定比英格兰产的要高些。苏格兰几乎每年都从英格兰得到大量的供给。不论何种物品，其价格在输入国通常总是比输出国高些。因此，英格兰谷物在苏格兰售得的价格必然比英格兰高。可是，就品质，即就谷物所能制成的面粉或饭食的量和质来说，英格兰谷物一般不能以比苏格兰谷物更高的价格在苏格兰市场上出售。

就生活资料价格而言，中国与欧洲有很大差异，而就劳动的货币价格来说，二者的差异则更大。这是因为欧洲大部分地区处在改良进步状态，而中国似乎处在停滞状态，所以，劳动的真实报酬在欧洲比中国高。英格兰劳动的货币价格比苏格兰的高，因为后者虽在不断进步，但不如前者那么快，因而其劳动的真实报酬也低得多。苏格兰人民很多移往国外，而英格兰人民却很少迁移，这足以证明两地在劳动需求上有很大差异。必须记住，不同国家劳动真实报酬的比例，不受该国实际贫富程度的支配，而受该国进步、退步或停滞等状态支配。

在最富裕的国家金银自然有最大价值，而在最贫穷的国家自然只有最小价值。在最贫穷的野蛮的世界里，金银几乎毫无价值。

谷物在大城市总是比在偏远地方昂贵。但这并不是白银实际便宜的结果，而是谷物实际昂贵的结果。把白银运往大城市所需的劳动量并不比将其运往偏远地方的劳动量小，而把谷物运往大城市却需要多得多的劳动量。

在一些很富裕的商业国家，如荷兰及热那亚地区，其昂贵的谷物价格与大城市昂贵的谷物价格出于同一原因。它们不能生产足够维持其居民的谷物。它们富就富在技术工人和制造工人的勤勉与熟练，富在简化劳动和节省劳动的各种机器，富在运输船舶和其他一切运输工具和商业手段。然而，它们缺乏谷物，它们所需要的谷物必须从遥远的国家输入，所以其价格还必须附加上从这些国家运来的费用。把白银运往阿姆斯特丹所需要的劳动量并不比运往但泽少，但把谷物运往阿姆斯特丹却需要多得多的劳动量。总之，白银的真实成本在两地必定是几乎相同的，谷物的真实成本在两地却是悬殊的。现在假定荷兰或热那亚居民数目不变，而他们的真实富裕程度减低了，从遥远国家输入谷物的能力也减低了，那么，伴随着这种衰退而来的必然是银量的减少，银量的减少可能是衰退的原因亦可能是衰退的结果，但谷物的价格不但不会随银量的减少而下降，反而会上升到饥荒时候的价格。当我们缺少必需品时，我们必须放弃一切不必要物品。不必要物品的价值在贫穷困苦时期下降，正如它在富裕繁荣时期上升那样。必需品的情况刚好相反。必需品的真实价格，即它们能支配或购买的劳动量，在贫穷困苦时期上升，在富裕繁荣时期下降。富裕繁荣时期总是物资非常丰富的时期，否则就不能说是富裕繁荣时期。谷物是必需品，而白银只是非必需品。

因此，在十四世纪中叶到十六世纪中叶这段时期内，由于财富增加和改良发展而引起的贵金属数量的增长，不论其增大程度如何，它在大不列颠或欧洲其他任何国家都不可能有价值降低的倾向。所以，搜集往时物价的人，要是根据对谷物或其他物品价格的观察，没有理由推断这个时期内白银的价值降低了，那么他们就更没有理由根据想象中财富的增进和改良的发展来推断出这期间白银价值的降低。

第二时期

但是，不管学者们对第一时期银价变化的意见多么不同，他们对第二时期银价的变化却是意见一致的。

从1570年到1640年约七十年的时间内，白银价值和谷物价值的比例按完全相反的方向变化。这期间，白银的真实价值下降了，换言之，它所能换得的劳动量比以前少；谷物的名义价格上升了，从前售价是每夸特二盎司白银，约合现今货币十先令，现今售价是每夸特六至八盎司白银，约合今币三十至四十先令。

美洲产量丰富银矿的发现，似乎是这一时期银对谷物的比价降低的唯一原因。对于这种变化，大家都作同样的说明，关于银的比价下降这一事实及其原因，从未发生任何争论。在这一时期，欧洲大部分地区在产业和改良上都在发展，因而对银的需求必然在增加。但是，供给的增加大大超过了需求的增加，所以，银价大大下降。应当注意，美洲银矿的发现对英格兰的物价似未曾有显著影响，直到1570年以后才有影响。尽管波托西银矿已发现二十多年了，但对英格兰物价仍无影响。

根据伊顿学院的记录，从1595年到1620年（包括这两年在内），温莎市场上最好的小麦每九蒲式耳一夸特的平均价格为二镑一先令六又十三分之九便士，从这金额略去零数，再减去全额的九分之一，即减去四先令七又三分之一便士，那么八蒲式耳一夸特的价格为一镑十六先令十又三分之二便士。从这金额上同样略去零数，再由余下的金额减去九分之一或四先令一又九分之一便士，即最好小麦与中等小麦这二者价格之差，那么中等小麦价格约为一镑十二先令八又九分之三便士，约合银六盎司又一盎司的三分之一。

又据同一记录，从1621~1636年（包括这两年在内），在同一市场上同量最好小麦的平均价格约为二镑十先令。从这金额按上述扣除，那么八蒲式耳一夸特中等小麦的平均价格为一镑十九先令六便士，约合白银七又三分之一盎司。

第三时期

从1630~1640年，或在1636年前后，美洲银矿发现对降低银价的影响已经结束，而与谷价比较，银价的下降那时候似乎有过之而无不及。到了本世纪，银价似乎略有上升，这上升的趋势，或许在上世纪末就已经开始。

据上述记录，从1637~1700年，即上世纪最后六十四年间，温莎市场上最好小麦每九蒲式耳一夸特的平均价格约为二镑十一先令三分之一便士。这平均价格，比十六年前的平均价格高一先令三分之一便士。但在这六十年间发生了两次事变，以致当时谷物缺乏远远超过收成情况所造成的程度。单单这两次事变就足以说明谷物价格这时微小上升的原因，而无须设想银价的进一步降低。

第一个事件是内乱，它阻碍耕作，妨碍商业。其结果是谷物价格大大超过了当时收成情况所造成的程度。内乱的这个影响涉及大不列颠一切市场，而谷物须供给到偏远地方的伦敦市场所受影响尤巨。所以，据上述记录，温莎市场上最好小麦九蒲式耳一夸特价格在1648年约为四镑五先令，次年约为四镑。这两年谷物的价格，超过二镑十先令（1637年前十六年的平均价格），计达三镑五先令。要是把它在上世纪最后六十四年中摊分，那就很够说明当时谷价为什么略有上升。此两年的价格，虽属最高价格，却绝不是内乱造成的唯一高价。

第二个事件是1688年颁布的谷物输出奖励法令。许多人认为，这种奖励金能促进耕作，经过长久的岁月会增加谷物的产量，从而使国内市场上的谷价更加低廉。奖励金究竟能在多大程度上在什么时候增加谷物产量，降低谷物价格，我将在后面讨论；现在所要说的是1688~1700年间，并不曾产生任何这样的效果。在这个短期中，奖励金的唯一效果是，因为奖励每年剩余量的输出，从而造成了丰收年的富余不能弥补歉收年的不足，所以反而抬高了国内市场上的谷物价格。从1693~1699年间，英格兰普遍感到的谷物缺乏，虽主要起因于当时天时不良，因此并不是英格兰所特有的现象，而是欧洲大部分所共有的现象，但我们应当知道，奖励金的颁发，确曾在英格兰加剧了谷物缺乏的程度。所以，1699年有九个月时间禁止谷物输出。

在上述两个事件发生的同一时期，还发生了第三个事件，这事件虽不会引起谷物的缺乏，也不会增加通常为谷物所实际支付的银量，但谷物价格的名义金额却必然会因此增大若干。这个事件即银币的削减磨损使银币大为贬值。这种恶劣行为，始于查理二世时代，一直到1695年不断加剧。据朗迪斯先生所述：当时通用银币的价值比其标准价值平均约降低了百分之二十五。但是，代表一切商品市场价格的名义金额，必然不是由受标准银币应含银量所决定的，而是由银币实含银量所决定的。所以，在铸币因削减磨损而大为贬值时，同接近其的标准价值相比，这名义金额必然要高一些。

在本世纪，银币低于其标准重量从来没有像现在这样严重。不过，银币的磨损虽很大，其价值却因它所能兑换的金币的价值而得到了维持。在最近金币改铸以前金币虽磨损了不少，然而终究没有银币磨损那么厉害。反之，在1695年，银币的价值并没有得到金币的维持；当时一几尼金币通常可兑换削损了的银币三十先令。在最近的金币重铸以前，银块价格每盎司很少能值五先令七便士以上，这价格只比造币厂价格高五便士。但1695年，银块普通价格却为每盎司六先令五便士，即超过造币厂价格十五便士。所以，就是在最近金币重铸以前，金银两种铸币和银块比较，其低于标准价值的程度至多不过百分之八。反之，在1695年，据说铸币却低于标准价值百分之二十五。但在本世纪初，换言之，在威廉王进行大重铸之后，大部分通用银币一定比今日银币更接近其标准重量。在本世纪也没有发生一件像内乱那样阻害耕作妨碍商业的大灾难。实行将近数十年的谷物输出奖励制度，虽必定把谷物价格抬高，超过按照那时实际耕作情况本来会有的价格，但因为这种奖励金在本世纪已有充分时间产生一般人们所期待的好结果，即促进农耕和增加国内市场上的谷物量，就我们后面将要说明的那种理论来说，它在一方面虽产生稍稍抬高物价的效果；同时在另一方面，却也不见得不会产生稍稍降低物价的效果。许多人还以为，降低的效果比提高的效果更大。所以，根据伊顿学院的记载，在本世纪最初六十四年间，温莎市场上最好小麦每九蒲式耳一夸特的平均价格计为二镑六又三十二分之十九便士。这价格比上世纪最后六十四年间的平均价格约低十先令六便士，即百分之二十五以上；比1636年以前十六年（那时候美洲丰富银矿发现的影响，可以认为已经充分发挥）的平均价格约低九先令六便士；比1620年以前二十六年（那时候美洲银矿发现的影响，尚未充分发挥）的平均价格约低一先令。据上所述，则在本世纪最初六十四年中，中等小麦的平均价格是八蒲式耳一夸特，约为三十二先令。

因此，在本世纪中，和谷物价格相比，银价似乎稍有上升，但这上升的趋势，也许于上世纪终结以前的某些时候即已开始。

1687年，温莎市场上最好小麦九蒲式耳一夸特价格计为一镑五先令二便士。这是自1595年以来的最低价格。

格里戈里·金先生是一位通晓此类事情的有名学者。1688年，他推算的结果认为，在一般丰年小麦的平均生产者价格为每蒲式耳三先令六便士，即每夸特二十八先令。据我所知，所谓生产者价格有时又称契约价格，即农民签订契约，规定在一定年限内供给商人一定数量谷物时所定的价格。因为这契约，使农民可以省去上市议价的费用和麻烦，所以，契约价格通常比一般认为的平均市价低。金先生判定的当时一般丰年的普通契约价格为每夸特二十八先令。据我所知，在最近连年天时不佳谷物缺乏的时期以前，这个价格确是一般年岁的普通契约价格。

1688年，议会通过设置奖励金鼓励谷物的输出。当时乡绅在立法机关所占席数较现今为多，他们感到谷物的货币价格正在下降。奖励金是以人为力量将谷物价格抬高到查理一世及查理二世时代通常出售的高价的权宜之计。所以，在谷价每夸特涨到四十八先令以前，就要一直发给出口奖金。这个价格与金先生在同年推测出的一般年岁的生产者价格相比约高二十先令，即约高七分之五。假使金先生的计算确有几分值得它那时候所博得的普遍赞扬的话，那么，当时除了极歉收的年份，每夸特四十八先令的价格，就只有借助于奖励金那个人为手段，否则绝无实现的可能。不过，当时国王威廉的政府实力尚未巩固，它正在恳求乡绅们制定年土地税，政府方面既有所求于乡绅们，对于乡绅们的建议便只好采纳了。

因此，在上世纪末结束以前，银价和谷价相比大抵已略有上升了，到了本世纪，这种上升趋势，虽由于奖励金的必然作用，不能按照当时的实际耕作情形而大大显著起来，但银价大体上仍继续上升。

在丰收年份，由于奖励金促进谷物的输出，必然会使谷价大大超过这些年份所应有的水平。但奖金制度最明显的目的，却也就是在最丰收的年度，仍要设法使谷价提高以奖励耕作。

诚然，在谷物大缺乏的年份，奖励金大抵停发。但是，即使在这种年份，仍有许多年数的谷价不免蒙受奖励金制度的影响。丰年的谷物既由奖励金诱起了异常大量的输出，所以，以甲年丰收补救乙年不足的调剂作用就无从施展了。

因此，奖励金不论在丰收年或在歉收年，都会使谷价抬高，超过按照实际耕作情况自然应有的价格。这样说来，假使本世纪最初六十四年的谷物平均价格比上世纪最后六十四年的谷物平均价格低，那么，要是在同一耕作状态下，没有奖励金的作用，就一定还会更低些。

但是，也许有人说，没有奖励金的促进，耕作状态或许就不会相同。奖励金制度对于一国农业究竟有何种影响，我将在后面专门讨论奖励金的时候加以说明。在这里我只想说，银价和谷价相比升涨更多这一事实，并不是英格兰特有的现象。这现象，在同一时期且以几乎同一比例也在法国发生过。这一事实已被三位非常忠实且勤勉而辛苦的谷价研究者社普雷·德·圣莫尔先生、麦桑斯先生和谷物政策论著者所观察到。但法国在1764年以前，曾以法律禁止谷物输出。我们很难设想，在一个禁止谷物输出的国家所发生的差不多相同的价格下降现象，在另一个国家却是由于奖励谷物输出造成的。

谷物平均货币价格的这种变化与其说是谷物真实价值下降的结果，倒不如说是欧洲市场上白银的真实价值渐趋上升的结果。前面说过，谷物在相当长时期内，和银或任何其他商品比较，是更正确的价值尺度。美洲丰富银矿发现以后，谷物的货币价格升至以前的三四倍。当时人们普遍认为这种变化不是由于谷物真实价值上升，而是银的真实价格下降。所以，如果本世纪最初六十四年间的谷物平均价格比上世纪大部分年度的谷物平均价格低，我们也应该同样将这种变化归因于并不是谷物真实价值下落，而是银的真实价值上升。

过去十年乃至十二年间高昂的谷价曾使人猜疑，欧洲市场上白银的真实价值是否还会继续下落。但这种高昂的谷价，似乎显然是天时异常不顺的结果，是暂时的偶然的事故，因而不应看作是恒久的事故。在最近十年乃至十二年间，欧洲大部分，都苦于天时不良。加以波兰发生动乱，许多在谷价高昂的年份须倚靠波兰供给的国家陷入谷物缺乏的苦境。像这样长期的天时不顺，虽不是很寻常的事件，但也绝不是一种特别稀有的事件；曾研究过去谷价的人，都不难举出同种类似的其他若干实例。此外，异常歉收的十年也不是比异常丰收的十年更为奇怪的现象。从1741~1750年的谷价低廉正好与最近八年乃至十年间的谷价高昂形成对照。据伊顿学院的记录，1741~1750年间，温莎市场上最好的小麦每九蒲式耳一夸特的平均价格仅为一镑十三先令九又五分之四便士。这比本世纪最初六十四年间的平均价格约便宜六先令三便士。依此推断，在这十年间，中等小麦每八蒲式耳一夸特的平均价格仅为一镑六先令八便士了。

但是，1741年与1750年间的谷物价格，一定是由于有奖励金的缘故，才没有在国内市场上按自然的趋势下落。据海关统计，这十年间所输出的各种谷物的数量，竟达到八百零二万九千一百五十六夸特一蒲式耳。为此而付出的奖励金达一百五十一万四千九百六十二镑十七先令四便士半。1749年，当时的首相佩兰先生对下院说，过去三年中谷物输出奖励金一项支出了巨大的金额。他很有理由这样说，在次年他则更有理由这样说。因为单是那一年，付出的奖励金就达到三十二万四千一百七十六镑十六先令六便士。这种强制的输出，必曾使国内市场上的谷价升涨到超过没有奖励金时所本应有的价格，至于超过多少无须说明。

在本章所附统计表之末，读者可以看到那十年的统计是和其他各年的分开列出的。此外，也可看到此前十年的统计表，其平均数虽同样在本世纪最初六十四年的总平均数以下，但低得不多。但1740年却是特别歉收的年份。1750年以前那二十年间和1770年以前那二十年，恰好形成对照。前者虽夹有一两年的谷贵年份，但显然比本世纪的总平均数低得多，后者虽夹有一两年的谷贱年份（例如1759年），但显然比总平均数高得多。假使前者低于总平均数以下的程度不如后者超过总平均数以上的程度一样大，其原因或许应归因于奖励金制度。况且，这种变化过于突然，并非缓慢渐进的银价变动所能解释的。结果的突发性只能归因于一种可以突然起作用的原因，那就是天时的意外变化。

诚然，在本世纪中，大不列颠的劳动的货币价格确实上升了。但这种上升，不是欧洲市场上银价下降的结果，而是因大不列颠普遍的繁荣而产生的对劳动需求增长的结果。法国的繁荣程度不及英国，自从上世纪中叶以来，该国劳动的货币价格随谷物的平均货币价格日渐下降。在上世纪乃至本世纪，法国普通劳动的日工资，几乎始终如一地，大约等于一塞蒂埃小麦的平均价格的二十分之一（一塞蒂埃约为四温彻斯特衡蒲式耳）。前面说过，大不列颠劳动的实际报酬，换言之即付给劳动者的生活必需品和便利品的真实数量，在本世纪中已大为增长。其货物价格的上升，似乎不是由于欧洲一般市场上银价的下降，而是由于大不列颠这个特别市场上该国特殊幸运的环境所产生的劳动真实价格上升的结果。

在美洲发现以后的最初一段时期内，白银在欧洲市场上，依旧是以原来的价格或不太低于原来的价格出售。因而，这一时期的矿业利润非常可观，大大超过自然利润率。但此后不久将银输入欧洲的人渐渐发觉了，输入额不能以这种高价全部出售。白银所能交换的货物量正逐渐减少。白银的价格逐渐降至它的自然价格的限度。换言之，银的价格仅够按照自然价格支付其上市所须支付的劳动工资、资本利润及土地地租了。前面说过，秘鲁大部分银矿都须付西班牙国王所课征的相当于总产额十分之一的赋税，因此，土地的地租便全无着落了。这种赋税，最初为总产额之半，不久即降至三分之一，接着又减至五分之一，最后为十分之一，一直继续到现在。在秘鲁大部分银矿中，这似乎就是补偿开矿家资本及支付其普通利润后所剩下的全部了。开矿家的利润曾一度是非常高的，但现今却低到仅能维持开采工作的进行了，而这一事实似乎已得到普遍认同。

西班牙国王对于秘鲁银矿所课征的矿税，在 1504年已减为登记银的五分之一，该年即1545年波托西银矿发现之前四十一年。在九十年中，即在1636年以前，这些对西班牙国王纳税的美洲最丰富银矿已经有足够时间去充分发挥影响，使欧洲市场上的银价降低到不能再低的限度。九十年是一个足够长的时间，足以使任何非独占商品的价格降低到其自然价格，或者说，降低到它能继续一面缴纳特种赋税一面仍能在长时期内继续出售的最低价格。

欧洲市场上的银价或许有可能进一步下降，使得税率，不仅要像1736年那样不但必须减低至十分之一，而且还必须像金税一样减低至二十分之一，甚至使得现今尚继续开采的大部分美洲银矿有停止开采之必要。这些情况之所以没有发生，是由于银的需求亦在逐渐增加，美洲银矿出产物的市场亦在逐渐扩大，不仅维持住了欧洲市场上的银价，而且还把银价抬高到稍稍超过上世纪中叶的水平。

自美洲发现以来，美洲银矿出产物的市场都在逐渐扩大。

第一，欧洲市场已逐渐扩大。美洲发现后，欧洲大部分地区都有很大进步。英格兰、荷兰、法兰西、德意志、瑞典、丹麦，甚至俄罗斯，都在农业及制造业上大步向前发展。意大利似乎也不曾退步。它的没落是在秘鲁被征服以前，此后则渐有起色。西班牙及葡萄牙，据说是退步了。可是，葡萄牙只占欧洲的极小一部分；西班牙的衰退，亦没有像一般想象的程度之大。在十六世纪初，西班牙甚至与法国比较也是一个极贫穷的国家，法国从那时以来已有很大改进。所以，常常巡游这两国的查理五世，曾有这样著名的评语：在法国一切物资都是丰富的，但在西班牙一切物资都是缺乏的。欧洲农业和制造业的生产额既然增大了，其流通所需的银币量自然逐渐增加；富翁的人数既然增多了，银制器皿和银制饰物的数量也必然逐渐增加。

第二，美洲本身就是银矿产物的新市场。这地方农业、工业及人口方面的发展比欧洲最繁荣国家的都要快得多，因此对银的需求的增加也自然快得多。英格兰殖民地完全是一个新市场。那里以前一向对银没有需求，部分用来铸币，部分用于打制器皿。西班牙和葡萄牙殖民地也是新市场。新格伦纳达、尤卡登、巴拉圭、巴西等地在未被欧洲人发现以前，其居民都是不知工艺不知农业的野蛮民族。可是，他们现在大部分都有了相当的工艺与农业。墨西哥与秘鲁两国，虽不能全然视为新市场，但确实也是比过去扩大了很多的市场。尽管刊行了许多这两国古代辉煌状况的奇妙故事，凡读过它们的发现史及征服史的人，只要具有沉着的眼光就会看出，当时的居民在农工商业上比今日乌克兰的鞑靼人更为无知。即两国中比较进步的秘鲁人，也只知道以金银作装饰品，而不知铸金银为货币。他们的商业完全以物物交换的方式进行，所以，几乎没有分工这回事。耕作土地的人同时不得不自行建筑住宅，制造自己的家具、衣物、鞋及农具等。他们之中，虽然有不少工匠，但据说都是由君主、贵族、僧侣维持的，实际上也就是他们的仆役或奴隶。墨西哥和秘鲁所有的古代工艺，从来没有供给过欧洲市场任何制造品。西班牙的军队不过五百人，甚至往往不到二百五十人，但他们的殖民地几乎都觉得获得食物很难。他们足迹所至，就连人口极稠密，耕作极发达的地方也常常发生饥荒。这种事实足以证明，记述这些国家人口稠密，耕作发达的故事大部分是虚构的。西班牙殖民地的统治方式，在许多方面没有像英国殖民地那样有利于农业的发展，技术的改良及人口的增长，但西班牙殖民地在这几方面却比欧洲任何国家都进步得快。其原因是土壤肥沃，气候宜人，以及土地广大又便宜。这是一切新殖民地共有的优点。有了这些优点，就足以补偿其政治上的许多缺点。弗雷齐埃曾于1713年观光秘鲁，他说，利马市人口在两万五千至两万八千人之间。但1740~1746年间，居住此地的乌洛阿却说利马市人口超过了五万。他们两位关于智利及秘鲁其他许多主要都市人口的计算的差异，与此略同。他们两人报告的正确，是无可置疑的。其计算的差异，正可表示当地人口的增加，并不逊于英格兰殖民地。总之，这一切，都表明美洲即是该地银矿产物的新市场，那里对于白银需求的增加必定比欧洲最繁荣的国家增长还要更快。

第三，东印度为美洲银矿产物的另一市场。自这些银矿开采以来，该市场所吸收的银量越来越多。从那时起，依赖亚卜普科船舶而进行的美洲和东印度间的直接贸易一直在增长，而同时经由欧洲的间接交易增长比例更大。在十六世纪中，与东印度进行正规贸易的欧洲民族只有葡萄牙人。但在该世纪末，荷兰人起来竞争，不到数年就把葡萄牙人赶走，使之不能再在印度的主要殖民地上立足。在上世纪的大部分时间里，东印度贸易的大部分由这两国分占。葡萄牙人贸易日渐衰退，而荷兰人的贸易却以比这衰退更快的速度不断增长。英国人和法国人在上世纪即与印度进行贸易，到这一世纪，他们间的贸易已大为增长。瑞典人及丹麦人的东印度贸易始于本世纪。俄罗斯人最近也组织所谓商队，取道西伯利亚及鞑靼，径赴北京，与中国进行正规的贸易。总之，除法国东方贸易因最近的战争而被毁灭了以外，其余各国对东方的贸易，几乎无不在继续扩大。欧洲所消费的东印度货物日益增多，其消费额之高，似乎曾使印度各种业务都逐渐增大。例如，十六世纪中叶以前，欧洲用茶极其有限，只不过把它用作药品。然而现在，英国东印度公司为本国国民当作饮料而输入的茶每年计达一百五十万磅。但这还不够满足需要，又由荷兰各港和瑞典的哥登堡不断秘密运进英格兰。而且，在法国东印度公司繁荣时代，也常由法国海岸秘密输入。此外，中国的瓷器、马鲁古群岛的香料、孟加拉的布匹以及其他无数货物，欧洲的消费额也按将近同样的比例有所增长。所以，就用在东印度贸易上的船舶来说，上世纪的任何一个时间全欧洲所使用的船舶吨位或许不比英国东印度公司在最近减少其船舶以前所使用的更大。

但当欧亚初通贸易时，亚洲各国尤其是中国与印度的贵金属的价值却比欧洲高得多，现在仍是如此。这种差别是因前者多为产米国，其稻田大抵每年能收获两次甚或三次，而每次收获的产量又比小麦普通收获更多。所以，产米国与产麦国比较，即使面积相同，产米国的粮食必然更为丰富。因此，这些国家的人口更为众多。此外，这些国家的富人持有自身消费不了的大量剩余粮食，也就掌握了可购买更大数量的他人劳动的手段。因此，根据所有的记载，中国和印度的高官富豪比欧洲最富裕的人都有多得多的隶役。而且，这些高官富豪持有过剩食物，于是能够支付较大数量的粮食来购买那些产额甚少的珍奇物品，例如富翁竞求的金银和宝石。所以，供给印度市场的银矿和供给欧洲市场的银矿相比，即使同样丰富，其产物在印度所能换得的粮食自然更多。可是，以贵金属供给印度市场的矿山，似乎远较以贵金属供给欧洲市场的矿山贫瘠，而以宝石供给印度市场的矿山却远较以宝石供给欧洲市场的矿山丰富，所以，贵金属在印度自然比在欧洲能换得更多的宝石，并能换得更多的粮食。像金刚石那样非必要物品，其货币价格在印度比在欧洲要低些，而像粮食这样最重要必需品的货币价格在印度要比在欧洲低得多。但前面说过，在中国和印度这两个大市场，劳动的真实价格，即劳动者得到的生活必需品的真实数量，却不如欧洲劳动者高。这些劳动者的工资，因此只能购到较少量的食物，食物在印度比欧洲便宜，所以，与欧洲比较，印度劳动的货币价格就更为低廉。

因为一方面它只能购到少量的粮食，一方面粮食的价格又便宜。在技术相同勤勉相同的国家，大部分制造品的货币价格均与其劳动的货币价格成比例。中国和印度制造业上的技术和勤勉虽不及欧洲各地，但似乎相差不远。它们劳动的货币价格既如此便宜，其制造品的货币价格自然要比欧洲任何地方都低。加之，欧洲大部分地方输送货物，多由陆运，先把原料由产地运往制造所，再由制造所运往市场，其间所消费的劳动多，制造品的真实价格及名义价格就因此而增大。反之，在中国和印度，则因内地河港纵横，货物常由水运，所需运费较少，其大部分制造品的真实价格与名义价格降得就更低。综合这些理由，贵金属由欧洲运往印度，无论过去或现在都十分有利可图。在印度能够获得好价的物品，没有什么能与贵金属相比，就是说，在欧洲产制花费一定数量的劳动和商品的数量而言，没有一个在印度能比贵金属换得更多数量的劳动和商品。贵金属中，将金运往印度，亦不如将银运往印度有利，因为在中国及其他大部分印度市场上，纯银与纯金的比率，通常为十比一，至多亦不过十二比一。而在欧洲，则为十四比一或十五比一。在中国以及在印度的大部分其他城市，十至十二盎司银能购得一盎司金，而在欧洲十四至十五盎司银才能购得一盎司金。因此，对于航行印度的欧洲船舶，一般来说，银是最有价值的运输品。对于向马尼拉航行的亚卡普科船舶来说，也是如此。新大陆的银依靠这种关系成为了旧大陆两端通商的主要商品之一。也是以银的买卖为媒介，把世界各地联系起来的。

为了供应如此广大的市场，每年由各矿山掘取的银量，不但要足够供应一切繁荣国家不断增加的铸币需求和器皿需求，还必须足够弥补所有使用白银国家银币银器皿的不断毁损和消磨。

贵金属用作铸币的不断消耗，用作器皿由于磨损与洗擦的不断消耗，单是这种被广泛使用商品的不断消耗就已经是很大的了。单就这些消耗来说，每年就必须有极大数量的供给。在某些特殊制造品中所消费的金属，从整体来说，或许不比上述逐渐的消费大，但因其特别迅速，所以就备感显著。据说，单单伯明翰某些制造品，为镀金包金而使用的金银量，每年计达五万镑，这五万镑金银一经移作这种用途就绝对无恢复原状之可能。从这一事实，我们更可以想到，世界各地，在与伯明翰这些相类似的制造品上，或在镶边、彩饰、金银器、书边镀金及家具等物上，每年所消费的金银数量是多么巨大。而且金银每年由一地运往另一地，在海陆途中失去的分量，也一定不在少数。加之，掘地埋藏宝物为亚洲各国几乎普遍的习俗。埋藏的场所，在埋藏者死亡以后，往往再无人知晓。这种习俗必然会增加金银的损失量。

根据极可靠的记载，由卡迪兹及里斯本输入的金银量（包括明输密输），每年约值六百万镑。

据麦格斯先生说，西班牙每年输入的平均量（即从1748~1753年这六年间），葡萄牙每年输入的平均量（即从1747~1753年这七年间），合计银一百一十万零一千一百零七磅，金四万九千九百四十磅。银每金衡磅值六十二先令，计值三百四十一万三千四百三十一镑十先令。金每金衡磅值四十四几尼半，计值二百三十三万三千四百四十六镑十四先令。两者共值五百七十四万六千八百七十八镑四先令。麦根斯先生认为这些登记的进口数字是正确的。关于输出金银的各地点以及从每一地点输入金银量，他都根据登记簿，详为揭示。关于他认为可能秘密输入的金银量，他也作了估计。这位贤明商人的丰富经验，使他的意见具有重大的分量。

《欧洲人在东西印度创业的哲学史及政治史》一书的作者以能辩而见闻广博著名于世。据他说，自1754~1764年输入西班牙的金银量，平均以十里尔银币为一皮亚斯特计算，计达一千三百九十八万四千一百八十五又五分之三皮亚斯特。但这只是登记过的输入量，如果把未登记的输入量加上，每年总输入恐怕不会低于一千七百万皮亚斯特。一皮亚斯特如按四先令六便士换算，全额则等于三百八十二万五千镑。这位作者曾详细列举了金银输出的各个地点，并参考登记数字，详细记载了各地输出的金银量。据他报告，每年由巴西输入里斯本的金量，若就葡萄牙国王所征税额判断（税率似为标准金属的五分之一），共价值应为葡币一千八百万克鲁查多，即法币四千五百万利佛，约合二百万镑。关于未登记输入的部分，他说，如果按公开输入部分的八分之一计算，这样又可加上二十五万镑，合计共二百二十五万镑。依据这种计算，西班牙、葡萄牙两国每年输入的贵金属总额就达到六百零七万五千镑。

此外，我曾查阅若干其他确实可靠的记载（尽管只是抄本），每年输入量总额平均为六百万镑上下，只是有时多一些，有时少一些。

每年输入卡迪兹及里斯本的贵金属量并不等于美洲各矿山每年产量的全部。全年产额中有一部分往往由亚卡普科船舶运往马尼拉；有一部分在西班牙殖民地和其他欧洲各国殖民地间进行秘密买卖；还有一部分无疑是留在出产地。此外，美洲矿山，并非世界上唯一的金银矿。但是，它们一直是产量最丰富的金银矿。人们公认，今日已发现的其他各矿山产出额和美洲矿山比较，是微不足道的。人们也公认，美洲产出额的大部分每年都向卡迪兹和里斯本两地输入。但是，单是伯明翰一年消费的五万镑，已相当于这每年六百万镑输入的一百二十分之一了。从这点来看，世界各地每年消费的金银总额，也许与其产出的总额相等。即使有剩余，也足以供给一切繁荣国家的继续增长的需求。而如果没有满足需求，欧洲市场上的金银价格就会略有提高。

每年由矿山提供市场的铜铁量，绝非金银量可比。但我们绝不能因此就想象，这些金属供给的增大，有超过需求的倾向，或者说，有使其价格逐渐下降的倾向。那么，我们为什么会设想贵金属有这种倾向呢？诚然，粗金属比较坚固，但常用于比较容易磨损的用途，而且因其价值较低，人们对其保存也不像对贵金属那么小心。但是，贵金属并不一定比粗金属更能久存。贵金属亦常在各方面损失、消磨和耗费。

所有金属价格虽然都会有缓慢且逐渐的变化，但与其他土地天然产物比较，每年的变化相对比较小。而贵金属价格与粗金属价格比较，突然变化的可能性还要更小。原来，金属价格不易变化的原因在于它的耐久性。去年上市的谷物，在今年年终将全部或几乎全部消费干净，但两三百年前由矿山采取的铁，可能一部分现在还在使用，两三千年前由矿山采取的金，也可能有一部分现在还在使用。各年消费的谷物量，与各年生产的谷物量，常常保持相当的比例。但甲年份与乙年份所使用的铁矿产量间的比例，几乎不大会受这两年份铁矿产出额偶然差异的影响。所使用的金量间的比例，更不会受金矿出产额变化的影响。所以，大部分金属矿山逐年的生产额，虽然比大部分谷田的变化要大，但生产额的变化对这两种不同生产物价格的影响是不同的。

黄金价值和白银价值比例的变化

在美洲矿山发现以前，欧洲各造币厂规定，纯金对纯银的价值比例为一比十到一比十二，即一盎司纯金值十盎司乃至十二盎司的纯银。大约在上世纪中叶，其比例变为一比十四到一比十五，即一盎司纯金值十四盎司到十五盎司纯银。这样，金的名义价值上升了，换言之，金所能交换的白银量增加了。黄金和白银的真实价值，换言之，它们所能购得的劳动量虽均有下降，但白银比黄金降得更低。美洲金矿银矿的丰富程度超过以前任何已发现的矿山，但银矿的丰富程度似乎比金矿更大。

每年由欧洲运往印度的银量很大，使得英国一部分殖民地逐渐降低白银相对于黄金的价值。加尔各答的造币厂与欧洲一样，认为一盎司纯金值十五盎司纯银。可是，这个评价和金在孟加拉市场上的价值相比或许显得太高。中国金银之比依然为一比十到一比十二，日本据说是一比八。

据麦根斯先生的计算，每年输入欧洲的金银数量之比约为一比二十二，即金输入一盎司，银输入二十二盎司。他以为，银输入欧洲后，又有一部分转运东印度，结果留在欧洲的金银数量之间的比例约与其价值比例相同，即一比十四或一比十五。他似乎以为，这两金属价值间的比例，必然与其数量间的比例一致。所以在他想来，如果没有这么多银输出，则它们价值的比例应为一比二十二。

但两种商品的普通价值比例与其在市场上普通存量的比例，不一定一致。一头值十几尼的牛的价格约为一头值三先令六便士的羊的价格六十倍。如果我们依此推想，通常市场上有一头牛就应有六十头羊，那是荒谬的。只根据一般以金一盎司可购银十四到十五盎司的事实，就推论通常市场上有金一盎司，有银十四到十五盎司，也同样是荒唐可笑的。

通常市场上银的数量对金的数量的比例，比一定数量金的价值对同一数量银的价值的比例可能要大得多。市场上廉价商品与市场上高价商品相比较，往往不但前者的总量更大，而且前者的总价值也更大。每年上市的面包，不仅总量比家畜肉大，价值也比家畜肉大。家畜肉的总量和总价值大于家禽的总量和总价值；家禽的总量和总价值大于野禽的总量和总价值。廉价商品的顾客通常比高价商品的顾客多得多，廉价商品因此能在市场上售出更大的数量，售出更大的价值。所以，廉价商品总量对高价商品总量的比例，比同等数量的两种商品的价值比例更大。就贵金属来说，银为廉价商品，金为高价商品。因此，通常市场上，银不仅在总量上比金大，而且在总价值上也比金大，这是我们可以预测到的。凡持有少量金银器物的人，只要把自己的银器和金器比较一下，就会发觉，银器在数量上和价值上都大于金器。而且，还有许多人持有不少的银器，却没有金器。即使有，也只是些诸如表壳、鼻烟盒之类的小玩意儿，其总额的价值并不大。诚然，就英国铸币来说，所有金币的价值大于所有银币的价值，但在其他各国，情况并非如此。有些国家的铸币，其所有银币的价值与所有金币的价值基本相等。据造币厂统计，苏格兰在未与英格兰合并以前，金币虽略多于银币，但相差不多。其他许多国家的铸币中占多数的不是金币而是银币。法国一切巨额的支付，通常都用银币。至于金币，则只限于随身携带的小额。但是，一切国家的银器价值必大于其金器价值，以此才足以补偿有些国家金币超过银币而有余。

尽管从某种意义上说，白银在过去总比黄金便宜得多，将来或许也不免如此。但从另一种意义上说，按照现今西班牙市场的情况，也许可以说黄金比白银更便宜。一种商品是贵是贱，不仅可以按照其平常价格的绝对大小，而说它是昂贵的或便宜的，而且可以按照其价格究竟在多大程度上超过其长时期供应市场所可能的最低价格。这个所谓的最低价格，是指只足够补偿这一商品上市所必需的资本及其普通利润的价格，也就是对地主不能提供任何报酬而全部由工资及利润二者构成的价格。现在在西班牙市场上，金确实比银更接近于这最低价格。西班牙所课征的金税，不过合标准金的二十分之一，即百分之五，而银税则为十分之一，即百分之十。前面说过，美洲西班牙属地的大部分金银矿山，其地租全都作为赋税供给国王。国王的收入，在金的方面还不及银的方面。经营金矿发财的，也比经营银矿发财的少。可见金矿的利润，一定低于银矿的利润。这样，西班牙市场上金的价格，既只提供较少的地租和利润，所以与银比较，就一定多少更接近于这最低价格了。把一切费用都列入计算，在西班牙市场上，全部黄金似乎不能像全部白银那样有利地出售。的确，葡萄牙在巴西所收的金税，与西班牙往昔在墨西哥和秘鲁所收的银税，同为标准金属的五分之一。这样，对一般欧洲市场来说，美洲的全部黄金是否比美洲的全部白银更接近这可能的最低价格，就很难说了。

钻石及其他宝石的价格，或许比黄金的价格更接近这可能的最低价格。

银税不仅和奢侈品税一样，是最适当的税目，而且，在当时，又是政府收入的重要来源。所以，这种课税在有征收可能的时候，是难于放弃的。但课税的不可能，已在1736年使银税由五分之一减至十分之一，也许有一天，同样的不可能将使其不得不再降低，正像金税不得不减到二十分之一那样。美洲西班牙属地的银矿，也像其他各矿山一样，由于开采必须向更深的矿层进行，以及排出这些深处的积水和供给这些深层新鲜空气等费用较大，开采费用逐渐增大，这是每一个研究过这种矿山的情况的人都承认的。

这等于说银变得越来越少了（因为一种商品的获得，如果困难加大了，费用增加了，就可说它变得越来越稀少了）的原因，一定会引起以下三种现象：第一，这种费用的增加一定会由于银价按正比例增加而取得补偿；第二，必须通过银税的成比例减少而取得补偿；第三，必须部分地通过提价，部分地通过减税予以补偿。三者必居其一，但以第三种现象为最可能。正如金税尽管大减，但和银相比的金价仍然上升一样，银税尽管大减，但和劳动及其他商品相比的银价，也可能仍然上升。

银税的递减，纵然不能完全制止欧洲市场上银价的上升，但是，总会或多或少阻碍其上升。减税也许能使以前因不堪重税而中止开采的矿山再行开采。这样，每年上市的银量必然要略有上升，而一定数量银的价值也必然要略有下降。1736年西班牙国王减低银税的结果，欧洲市场上的银价，比较以前虽不曾实际减落，但与在银税不降低时的银价比较，大概至少要低百分之十。

上述各事实和议论使我相信，或者更正确地说，这种揣测是真的，银税虽然减少了，银价却在本世纪的欧洲市场上略有上升。之所以说揣测，是因为我对这个问题虽已竭尽所能，但仍不敢绝对肯定。的确，假定银价确有上升，其上升程度到目前为止也很有限。所以恐怕还有许多人对银价实际上是否上升，对相反现象是否发生，即银价在今日欧洲市场上是否在下降，持怀疑态度。

不过，以下事件是必须注意的。不论金银被假定的年输入量是多少，其年消费量终归有一个时期会与其年输入量一致。金银的总量愈多，其消费亦必愈大，有时还比总量增加得多。总量增多，价值就会下降，于是用途就会增多，人们使用时也就不会那么慎重爱护，结果必定会导致金银的消费量以更大的比例增大。所以，经过一定时期后，金银的每年消费量，在输入不继续增加的条件下，一定会与其每年输入量趋于一致。可是在现在，进口仍在增长。

在金银每年消费量与输入量相等以后，如果每年的输入逐渐减少，那么，每年消费量也许有一段时间会超过输入量。于是，金银的总量可能会不知不觉地减少，金银的价值会不知不觉地上升，直到每年输入量不增不减之时为止。这时候，金银每年消费量，将逐渐适应每年输入量所能支持的数额。

怀疑白银价值仍在继续下降的根据

欧洲财富的日益增加，以及认为由于贵金属量随着财富的增加而增加，贵金属价值因此随着贵金属数量增加而减少这种通俗观念，可能使许多人相信，欧洲市场上金银价值目前还在下降。而许多土地的天然产物还在逐渐上升这个事实，也许使这班人越发确信这种见解。

我已在前面说过，一国随着财富增加而增加的贵金属量，绝没有降低其价值的趋势。一切种类的奢侈品和珍奇品，当然都趋向富国，同样，金银也自然趋向富国，不是因为这些物品在富国比在贫国便宜，而是因为它们在富国比在贫国昂贵，即在富国可得更好的价格。优越的价格吸引了这些物品，这优越性一旦消失，这些物品就会停止前往。

除了谷物及其他全靠人类劳动而生产的各种植物，一切种类的天然产物，如家畜、家禽，如各种猎获物，如地中有用的化石和矿物等，都随着社会财富增长和技术改进而自然趋于昂贵，这也是我已经努力说明过的。所以，纵使这些商品能换得比以前更多的白银，我们仍不能因此便说，白银真正变得更贱了，换言之，银只能购买比以前少的劳动量。能由此引出的结论只是，这些商品的价格实际上已经提高，换言之，能购得比以前多的劳动量。随着财富的增长和技术的改进，这些商品，不但名义价格上升了，其真实价格也上升了。名义价格的上升，并非银价下降的结果，而是该商品自身真实价值上升的结果。

改良的推进对三类天然产物的不同影响

天然产物可分作三类。第一类产物几乎全然不能由人类劳力使之增加；第二类产物能适应需要而增加；第三类产物虽能由人类劳动而增加，但人类劳动的实效是有限的或靠不住的。第一类产物的真实价格可随财富的增长和技术的改进而无限制地上升。第二类产物的真实价格，有时虽可大大上升，但绝不能长久超越一定限度。第三类产物的真实价格，在自然倾向上，虽随改良程度的推进而上升，不过在同一改良程度下，其价格有时反而下降，有时保持原状，有时或多或少地上升，要看偶然事件使人类劳动的努力，在增加此类产物时所取得的实效情况而定。

第一类

随社会进步而价格提高的第一类产物，是几乎完全不能由人类劳动增加的。它们的产量既不能超过自然生产的一定分量，又非常容易腐烂，所以，想把各季节生产的这类产物全部积蓄起来是不可能的。大部分稀少奇异的鸟类鱼类、各种野禽野兽、各种候鸟，都属于此类产物。随着财富的增加以及随着财富的增加而发生的奢侈的增长，对此类产物的需求多半会增大，但其供给却不能由人力使其大量增加。所以，这种商品的价格，可以随购买者竞争的不断扩大而无限制地上升。例如山鹬，即使成为时尚品，其价格上升到二十几尼一只，人类也不能由劳动而使市场上的山鹬增加到大大超过现有的只数。在古罗马最鼎盛时代，为何对珍贵鱼类、鸟类支付极高价格，正可用这理由来解释。这种高价并非当时银价下降的结果，而是不能随人意增加的这些稀有珍品本身价值上升的结果。在罗马共和国没落前后若干年内，白银的真实价值比现今欧洲大部分地区都高。罗马共和国对西西里所缴纳什一税的小麦，每一莫迪斯或一配克付价三塞斯特斯，约合英镑六便士。但这一价格大概要比平均的市价低，西西里农民有义务按这价格交售他们的小麦，因为他们认为是一种课税。所以，罗马人若需从西西里进口什一税以外的谷物，他们就必须依照契约，对于超过量每一配克付给四塞斯特斯，约合英镑八便士，这在当时或许被看作适中和合理的价格，就是当时视为平均或普通的契约价格，换算起来，每夸特约值二十一先令。英国小麦，就其品质而言，不及西西里小麦，而就其在欧洲市场上的售价而言，亦低于西西里小麦。但在最近的歉收年份以前，其普通契约价格，却为每夸特二十八先令。因此，把古代的银价与现在的银价相比，一定为三对四之反比例，即当时三盎司白银与现在四盎司白银比较，能购得等量的劳动或商品。历史学家普林尼记载，塞伊阿斯以六千塞斯特斯（合英镑五十镑）购得一只白夜莺，献给女王阿格利皮纳；阿西尼阿斯·塞纳以八千塞斯特斯（合今日六十六镑十三先令四便士）购得红鱼一尾。当我们读到这些记载时，这些奇高的价格，虽使我们吃惊，但这些价格以我们看来，似还比实价少三分之一。这两件东西的真实价格，换言之，它们所能交换的劳动及生活资料的数量，比其名义价格在今日给我们表示的数量约多三分之一。这就是说，塞伊阿斯为一只白夜莺而付出的劳动和生活资料的支配权等于现今六十六镑十三先令四便士所能购得的；阿西尼阿斯·塞纳为一尾红鱼付出的劳动及生活资料的支配权，等于现今八十八镑十七先令九又三分之一便士所能购得的。造成这种奇高价格的原因，与其说是银量充斥，以致银价便宜，倒不如说是罗马人的剩余劳动和剩余生活资料过于丰盈，以致珍奇品争购者多。当时罗马人所持有的银量，比同一劳动量及生活资料的支配权在今日所能获得的银量要少得多。

第二类

价格随社会进步而上升的第二类天然产物，其数量应随人类需要而增加。它们包括那些有用的动植物，当土地未开垦时，由于自然生产物很多，所以毫无价值可言；当耕种发展时，就不得不让位给那些更加有利可图的产物。在社会日益进步的长期过程中，这类产物的数量日益减少，与此同时，其需要却继续增加。于是，其真实价值，换言之，它所能购入或支配的真实劳动量逐渐上升，直到最后升到如此高度，使它们能像人类劳动在最肥沃和耕作最完善的土地上产出的任何其他物品一样，成为有利可图的产品。但是，一旦达到这一高度，就不能再增高了。若超过这限度，那马上就会有更多土地和劳动，用到这方面来生产这类物品。

例如，牲畜价格的上升程度，如果使人们觉得，开垦土地以生产牲畜牧草，和开垦土地以生产人类食物，具有同等利益，那就不能再进一步上涨了，如果再上涨，马上就会有更多的谷田转化为牧场。耕地扩大的结果，一方面，野生牧草的数量减少了，以致不依劳动培畜而自然生长的家畜的肉减少；另一方面，拥有交换家畜肉的谷物或谷物代价（二者是一回事）的人数又增加了，以致家畜肉的需求增加。于是，家畜肉价格，继之牲畜价格必逐渐上升，终使人觉得，以土壤最肥沃，耕作最完善的土地生产牲畜的牧草，和生产人类的食物，有同等利益。但一定要到社会进步的后期，耕作才会如此扩大，使牲畜价格抬高到这种程度。要是国家还向前进步，牲畜价格不高到此等程度，一定会继续上升。在今日欧洲，恐怕还有一部分地方牲畜价格尚未达到这种高度。即合并以前的苏格兰某地方，亦属于此。苏格兰宜于畜牧的多，宜于其他用途的少。所以，那里的牲畜，如只限于行销内地市场，则牲畜价格，恐怕不会达到这样的高度，以致把土地生产牧草成为有利可图。前面已经说过，英格兰的牲畜价格，在伦敦附近，虽似乎在上世纪初期达到了这一极限，但较偏远地方，大概要很久以后才会达到这高度。也许还有少数地方，至今尚未达到这一高度。但是，在第二类天然产物中，价格首先随社会进步而升至极限的，恐怕要首推牲畜了。

在牲畜价格尚未达到这一高度之前，即使适于深耕细作的土地也必有大部分不能完全耕作。在土地广大的国家，常有大部分农地位于偏远地方，其肥料不易从都市运送，因此，耕作优良的土地其数量一定和农场自己所能生产的肥料量成比例的；而农地自产肥料量，又一定和农地所维持的牲畜数成比例。给土地施加肥料，不外乎有两种用途：其一，放畜于田，因而得粪；其二，饲畜于厩，出粪肥田。但牲畜价格如不足以支付耕地的地租和利润，农民就不愿在土地上放牧牲畜，更不愿设厩饲养牲畜。因为，设厩饲养牲畜所需牧草，势必依靠肥沃而已经垦治的土地，如从荒芜未经改良的土地上收集稀少分散的牧草，所需劳动和费用，一定非常大。这样，如果牲畜放牧于已经改良的土地，其价格已不够偿付该地产草的费用，那么发厩饲养，牧草的收集和搬运，要增加相当大的劳动和费用，其价格必定更不够偿付产草的费用。在这种情形下，想设厩饲养耕作所必需的牲畜尚无所谓，若要多养，绝无利润可言。但如果只饲养耕作所必需的牲畜，则所得肥料，绝不够供给全部可耕作的土地，使其不断保持良好状态。肥料既不够供给全部农地，农民自然会拣最有利最方便，即最肥沃且位于农家庭院附近的土地进行施肥，结果，全部农地中会经常保持良好耕作状态的，就单是一部分土地，而其余大部分土地，则唯有任其荒芜，至多不过任其生产若干瘠弱小草，似苟延待毙的牲畜的残生。所养的牲畜，与土地完全加入耕作所需的数额比较，虽嫌太少，但与土地实际产出的牧草比较，却又往往嫌其过多。这荒芜土地的一部分，在这样继续放牧六七年后，可能加以垦治，也许可产出一两季粗劣的燕麦或其他粗劣的谷类。长此以往，则地力消耗净尽，又须恢复以前的休耕放牧状态。于是，又转而耕种另一部分土地，直至它也同样地力耗竭，再行休耕。苏格兰在与英格兰合并以前，其高地一带的土地，大都在这种方式下经营。当时能够不断靠肥料而维持良好状态的土地，常常仅占全部农地的三分之一甚至四分之一，有时，甚至不到五分之一、六分之一。其余土地，则全无肥料可施；不过其中还有若干部分，系依上述方式，挨次垦治，挨次休耕。所以，在苏格兰，本可耕作的良好土地，亦因依照这种经营方式，以致其生产额比其生产力所能生产的低得多。这种经营方式，当然是不利的。但苏格兰在合并以前，似因牲畜过于便宜，不得不采取这种不利的经营方式。至于牲畜价格大大上升之后，该国大部分地方何以依然沿用旧法，那是因为在大多地方，人民愚昧，拘泥古习，又由于自然的事理不容即时或急速采用优良方法。其中障碍，可大致分为两方面：第一，租地人贫困，还没有足够时间来获得足够的牲畜，使它们能更完全地耕作其土地。他们资力有限，牲畜价格上涨，饲养更多牲畜虽对他们有利，但也使他们难于多购。第二，纵使租地人具有此等资力，而牧草地的开垦和改良，亦非一蹴而就。总之，牲畜增加和土地改良这两者，势必同时进行，不能分先后。牲畜没有增加，土地便无法改进；土地若不大大改进，牲畜数量便不会显著增加，土地就不能维持大大增加的牲畜。像这种革故图新过程中的自然障碍，需有长期的节约和勤劳，否则这种障碍是无法铲除的。现今，旧方式虽在逐渐衰落，但要在国内各地全盘废除，恐怕还要经过半个世纪或一个多世纪的时间。苏格兰从与英格兰合并所得到的一切商业利益，也许是牲畜价格上升为最大利益。牲畜价格上升，不但提高了高地一带地产的价值，同时，又成为低地一带改进的主要原因。

所有新殖民地都有大垦荒芜的土地。这类荒芜地，除饲养牲畜外，不能用作其他用途，所以，牲畜不久就极度繁多。每一件东西如果十分丰富，其价格就势必十分低廉。美洲殖民地的牲畜，最初都是欧洲人从其故乡运来，但在极短时间内，这些牲畜就繁殖了如此之多，以致其价值变得如此之低，甚至马也任凭它在森林中游荡，没人认为值得去追寻。在这种情形下，辟地饲养牲畜，定无利可图。如要辟地饲养牲畜而有利，非得到这些殖民地建立之后，经过漫长的岁月才能办到。由于缺乏肥料，用于耕作的牲畜与预定要耕作的土地之间的比例失调，所以，其农业经营的方式，与现今仍然流行于苏格兰大部分地方的如出一辙。当瑞典旅行家卡尔姆叙述他于1749年在北美某些英国殖民地所看到的农业状况时说，那里很难找出英格兰民族的特性，因为英格兰民族在农业的各个方面都是极为精通的。他又说，当地人很少给自己的谷田施放肥料，当一片土地因连续收获而地力耗尽以后，他们就开垦其他新的土地。当这片土地的地力又耗尽后，他们再开辟第三块土地。他们听任自己的牲畜在森林中和荒地上漫游，处于半饥饿状态；春生牧草，因啮取过早之故，往往不到开花结果就已几乎全部灭绝。每年生长的青草似乎是北美地区的天然牧草。欧洲人开始定居于该地时，这种牧草异常繁盛，高达三四英尺。卡尔姆明确指出，在他写游记时不能养活一头母牛的一块土地，往时肯定可以养活四头母牛，而且，以前每头母牛能够产出现在每头母牛四倍的牛乳。他认为，该地的牲畜，所以一代一代渐趋退化的原因不外乎牧草缺乏。这类牲畜恐与三四十年前在苏格兰各地见到的矮小牲畜无大的差别。现今苏格兰低地矮小牲畜的大改良，与其说是由于畜种的选择（虽然有些地方，也使用这种方法），不如说是由于饲料更为丰富。

因此，虽然要到改良推进的后期牲畜的价格才能提高到使辟地饲养牲畜成为有利，但在这第二类天然产物中，最先达到这一有利价格的，恐怕仍当首推牲畜，因为牲畜价格如未达到这种程度，则改良的程度要接近现日欧洲许多地方已达到的完善程度，似乎不大可能。

第二类天然产物中，最初达到这一价格的是牛，最后达到这一价格的当为鹿肉。大不列颠的鹿肉价格，表面上看起来似乎很高，但其高价还足以偿还鹿园的开支，凡有饲鹿经验的人都知道得很清楚。若非如此，就会像古代罗马人饲养叫特蒂（turdi）的小鸟一样，不久便会成为普通农家饲养的动物了。瓦罗和科拉麦拿告诉我们，饲养特蒂是最有利的事情。蒿鸟飞到法国时很瘦，据说在法国有些地方，把它养肥是非常有利可图的事情。总之，鹿肉如果继续为流行食品，而大不列颠的财富与奢侈，又像过去某个时期一样增长，那么鹿肉价格很可能比现在还要贵。

在改良进步的过程中，从牲畜这样一种必需品的价格涨到极点到奢侈品鹿肉的价格涨到极点，其间要经过很长的岁月。在此期间，许多其他种类的天然产物，各根据不同情形，或迟或早地逐渐达到其最高价格。

例如，在所有农场中，谷仓和厩舍的废物都能养活一定数量的家禽。这类家禽的饲养，即是废物利用，无须农场主特别开支，所以，家禽通常都被以极低廉的价格出售。农场主由此获得的几乎全为纯利，而价格也不会再低到使他们不愿多去饲养这类家禽。在耕作粗放，人口稀少的国家，像这样无需费用饲养的家禽，常常足够供应其全部需求，因此，这种家禽就常与家畜肉及其他一切肉食一样廉价。不过由这种方法饲养的家禽总数，势必比农场饲养的家畜肉总数少得多。凡效用相同而数量较少的产物，常比效用相同而数量较多的产物，更为富裕奢华时期的人民所爱好。因之，由于耕作改进，财富和奢侈不断增长，家禽价格就逐渐超过家畜肉价格，直到最后达到一种高度，使得辟地饲养家禽成为有利可图的事情。家禽价格一旦达此高度就不能继续上升，否则用于其他用途的土地，亦必改用来饲养家禽。在法国若干地方，家禽饲养一向被视为农村经济中最重要的产业，其有利程度足以使农民愿为饲养家禽而广种玉米和荞麦。中等农家，有时竟在宅内养鸡四百余只。英格兰对于饲养家禽，似乎不像法国那样重视。可是，家禽在英格兰的售价，一定比法国高，因为英格兰每年有大量家禽从法国得以供应。在改良推进的过程中，一切肉食达到最高价格的时候，必定是在辟地生产此等动物食料成为通常做法的前夕。在这种做法尚未普遍流行之前，这类动物的价格，势必因其稀缺而上升，而在这种做法普遍化之后，通常必有新栽培方法出现，使农家能在同面积土地上生产出数量更大的这种饲料。产量既多，农家不但必须降低售价，而且亦能够降低售价，因为要是其不能做到的话，多产必不能长久维持。今日伦敦市场上家畜肉的普通价格，也许因引种苜蓿、芜菁、胡萝卜、卷心菜等物而比上世纪初略有下降。

猪为贪食的动物，不但食粪，而且食其他一切有用动物所嫌恶的许多东西。因此，猪的饲养与家禽一样，起初不过是为了废物利用。这样，只要利用废物饲养的猪的数量能够充分满足需求，这种家畜肉的市价，必定比其他任何家畜肉便宜得多。但是，需求如果超过此数量所能满足的程度，换言之，饲养猪如果同饲养其他家畜一样，有特为其生产饲料的必要，那么猪的价格，必然因此而上升。在一国的自然状态及其农业的状况下，养猪比饲养其他家畜所需费用还多，则猪肉价将比其他各种兽肉昂贵，如较少，则猪肉价将比其他各种兽肉便宜。据布丰先生说，法国的猪肉价几乎与牛肉价相同。在大不列颠许多地方，现今猪肉却比牛肉还要贵些。

关于大不列颠生猪及家禽价格的高涨，往往有人说，那是因为佃农和小农的人数减少了。这类人数的减少是欧洲各地技术改良及耕作进步以前所发生的事情，同时，又是使此类物品的价格比在没有发生此类事件时更早更快上涨的原因。一个最贫穷的家庭，往往不用任何费用就能养活一只猫或一只犬。一个最贫穷的农家，也同样能以极少的费用养活几只家禽或一头母猪和数头小猪。他们把食桌上些许残物、乳浆、乳渣，作为此类动物食料的一部分，而其余的食料，则任其在附近田野间自行寻求却不会明显地损害他人。像这样费用少或无须花费而生产的动物的数量，势必因小农人数减少而大大减少，同时，其价格势必比小农人数尚未减少时更快地提高。但是，这种动物的价格，在改良的过程中，迟早总会达到它所能达到的最高限度，换言之，这种高价就是能对耕作提供此等动物食料的土地所使用的劳动和费用，支付像对耕作大部分其他耕地使用的劳动和费用所支付的一样的报酬。

与养猪及家禽一样，奶酪业最初也是为了废物利用。农场上耕牛所产的牛乳，平常都超过小牛哺育及农家消费的必需量，而且在某一个季节产奶量特多。可是，在一切土地的天然产物中，以牛乳为最易变质。牛乳在产量最高的热季，很少能保存二十四小时。于是，农家把一部分制为牛酪，保存一周；一部分制为盐牛酪，保存一年；一大部分制为干牛酪，保存至数年之久。这种种牛酪，农家通常以一部分留作家用，其余则全数运往市场，只希望卖到最好的价钱。市价即使低贱，也不致贱到使农家不愿以这自家消费不了的剩余部分供应市场。要是市价过低，农家对于制酪作业，多半会搞得不精不洁，乃至不为这种作业另备房屋，而因陋就简地在烟熏、污秽、不洁的厨房中进行。实际上，苏格兰在三四十年前，一切农家制酪的作业皆为此类，即在今日，还有许多农家依然还是这种情形。导致家畜肉价格逐渐上涨的原因，即对家畜肉需求的增加，以及随着农业改良，利用废物饲养的家畜数量的减少，同样也会使制酪业的产品的价格得到提高。制酪业产品的价格，当然与家畜肉价格和饲养家畜的费用相关联。价格提高，就能够对更多劳动给予更多的报酬，也能够促进农家对于制酪的注意和清洁。制酪就成了更值得农家关注的副业，其产品的质量就日益得到提高。最后，其价格升到那么高，虽以最好的耕地为制酪而饲养家畜亦可获利。可是，价格一旦达此高度就不能进一步上升，否则马上便有更多土地移作这种用途。英格兰大部分地方的牛酪价格，似已达到此最高限度，所以，有许多良好土地因为制酪而饲养家畜。苏格兰除大都市附近若干地方外，其余各地，都似乎尚未达到此最高限度，所以，普通农家很少为了制酪而以良好土地饲养家畜。在最近数年间，牛酪的价格的确在逐渐上涨，但如为此目的而使用良好土地，却仍不容许这样去做。苏格兰的牛酪品质，一般都不及英格兰。的确，这品质上的低劣，恰抵其价格上的低贱。可是，品质低劣并不是价格低贱的原因，却是价格低贱的结果。苏格兰牛酪的品质，即使远较今日为优，但在苏格兰现状下，我想，上市的大部分牛酪，仍不能以远较今日为高的价格出售。品质优良的牛乳，生产上必然有较多土地和劳动方面的费用。像今日这种价格，恐不够补偿这种费用。英格兰许多地方的牛酪价格虽然较高，但制酪业和生产谷物与饲养家畜这两种主要农作业相比，仍不能视为一种比较有利可图的土地利用途径。所以制酪业在苏格兰就更不那么有利了。

不论哪个国家，必须依人力生产的一切土地产品价格，要是不足以偿还土地的改良费用及耕作费用，那么该国的土地绝不会完全用来耕作，完全得到改良。要使全国土地完全用于耕种和得到改良，各种生产物的价格，第一，要足够支付良好谷田的地租，因为其他大部分耕地的地租，都以谷田地税为转移；第二，要能对农场主所付的劳动和费用，给予同良好谷田通常所提供的一样好的报酬。换言之，农场主必须由这价格取回其资本，并获得资本的普通利润。各种生产物价格的上涨，显然必须先于生产各种生产物的土地的改良。获利是一切改良的目的，改良的必然结果如为损失，那就不能称之为改良。但如由改良而生产的物品价格不足以补偿改良的费用，那么，改良的结果就必然是遭受损失。因此，全国土地的改良与耕作，如确为一切公共利益中的最大化，则这类天然产物价格的上涨，就不能视为公共灾难，而应视为最大的公共利益的必需的先驱和伴随物。

上述一切天然产物的名义价格或货币价格的上涨，并非银价下降的结果，而是这些产物自身真实价格上涨的结果。这些产物不但值更大的银量，而且值比以前更多的劳动量和生活资料。它们上市即需费去更多的劳动量和生活资料，因此上市之后，它们代表更多的劳动量和生活资料，或者说，在价值上等于更多的劳动量和生活资料。

第三类

第三类即最后一类天然产物的价格。它随着改良程度的推进而自然地上涨。人类的辛勤劳动对增加此等产物所收的实效，或为有限，或为不确定。因此，这类天然产物的真实价格虽有随改良的进步而上升的自然趋势，但有时也会下降。在不同的时代，偶然事件发生的不同，会造成人类的辛勤劳动在该产物的增产上所取得的成就大小不同，而这就会影响价格是否会继续同一状态，还是在同一时期里上升或下降。

某些天然产物的生产，视其他产物的生产为转移。因为一国所能提供的前一类产物量，必然受它所能提供的后一类产物量的支配。例如，一国的羊毛或皮革的产量，必然该国所维持的牛羊头数的支配；它所能维持的牛羊头数，又必然受该国改良状况及农业性质的支配。

可以设想，在改进的过程中使牛羊肉价格逐渐提高的原因，对羊毛和皮革的价格也会产生相同的影响，并使其价格按大致相同的比例提高。在进行改良的初期，如果羊毛和皮革市场也像鲜肉市场那样局限于一个狭窄范围，则上面所说的情形也许会成为事实。可是，这两者的市场范围通常是极不相同的。

鲜肉市场几乎到处都局限于生产鲜肉的国家内。的确，爱尔兰和英属美洲的某地经营着大规模的盐腌食物贸易，但我们相信，它们是商界中唯一从事这种贸易的国家，将本国大部分鲜肉出口到其他国家。

反之，羊毛和皮革市场在开始进行改良时就很少局限在其生产国。羊毛不经任何加工，生皮仅需稍稍加工，就可以容易地运往遥远国家；因为这些产物是多种制造品的原料，所以，即使其出产国的产业对它没有需求，其他国家的产业也可能对它有需求。

在耕作不良因而人口稀少的国家，羊毛和皮革的价格在一头牲畜的全部价格中所占的部分，总是比在耕作较好人口较密而家畜肉有较大需求的国家大得多。休谟先生说，撒克逊时代的羊毛价格约占一头羊的价值的五分之二。这一比例比现在羊毛价格在全羊价值中所占比例大得多。据我所得到的确实信息，在西班牙的某些省份，宰羊往往只是为了得到羊毛和羊脂，而羊肉则常常丢弃在地上任其腐烂，或让野兽和肉食鸟类吞噬。如果这种事情在西班牙也时有发生，那在智利、布宜诺斯艾利斯、西班牙所属的美洲的其他许多地方就几乎是经常发生的了。这些地方，人们往往仅为获取兽皮和兽脂而宰杀有角牲畜。这种事情也几乎经常发生在希斯盘纽拉岛，当海盗侵扰它的时候。而法国人的种植园（现已延伸到该岛的全部西部海岸）的安定、改良和人口状况使该岛西班牙人的家畜具有若干价值的时候，那里也经常专为兽皮和兽脂而宰杀牲畜。西班牙现今不但继续占有该岛的东部海岸，而且还拥有整个岛屿与该国的山区。

随着改良的推进和人口增加，牲畜的价格必定会上涨。不过，这种上涨对兽肉价格的影响比对羊毛和皮革的价格的影响大得多。在社会原始状态下，兽肉市场总是局限于生产国内，所以它必定随该国的改良和人口的增加而有比例地扩大。但是，即使是一个野蛮国家的产物，其羊毛和皮革市场也往往扩展到整个商业世界，它很少能因该国的改良与人口增加而有比例地扩大。整个世界商业的状况不会因一国的改良而受到显著的影响，在社会改良之后，这类商品的市场可能仍与以前完全相同或几乎相同。不过，按照事物的自然趋势，总的来说，随着社会改良，这种市场也会有所扩展。特别地，假如以这类商品为原料的制造业在某个国家发达起来，那么这类商品的市场虽然不会扩大许多，但至少可以比以前更接近于其产地，而它们的价格至少会因节省运往遥远国家的费用而提高。因此，兽毛和兽皮价格即使不能按兽肉价格比例提高，但自然会上升若干，绝不至于下降。

不过，虽然英格兰的毛织业非常发达，但其羊毛价格自爱德华三世以来却已经大大下降。许多可靠记录表明，在爱德华三世在位期间（十四世纪中叶或1339年前后），一托德（tod）羊毛或八十磅英格兰羊毛的适中，合理价格不下于当时货币十先令。当时货币十先令，含有陶衡六盎司白银，以每盎司合二十便士计算，约等于今币三十先令。现在英国最优质羊毛的好价格却不过每托德二十一先令。于是，爱德华三世时代的羊毛货币价格对现在羊毛的货币价格的比例为十比七。按真实价格说，则前者的优越性更大。按每夸特六先令八便士的麦价计算，十先令在当时只是十二蒲式耳小麦的价格。按每夸特二十八先令的麦价计算，二十一先令在现在只是六蒲式耳小麦的价格。因此，当时与现在羊毛的价格比例为十二比六，即二比一。在古代，一托德羊毛所购得的食品数量两倍于现在一托德羊毛所购得的食品数量，也就是劳动数量的两倍，前提是劳动的真实报酬在两个时期完全相同。

羊毛的真实价值及名义价值的下降，绝不是事物自然发展趋势造成的结果，而是暴力和人为的结果：第一，绝对禁止英格兰羊毛输出；第二，准许西班牙免税进口羊毛；第三，禁止爱尔兰向英格兰以外的任何国家输出羊毛。由于这些规定，英格兰的羊毛市场不但没有随着英格兰的改良而有所扩大，反而局限于国内市场。在英格兰市场上，它允许几个外国的羊毛与本国羊毛进行竞争，并迫使爱尔兰羊毛来参与竞争。由于爱尔兰的毛织业遭受这种不公平不公正对待的影响，爱尔兰人在自己境内只能利用一小部分自产羊毛，不得不把大部分羊毛运往大不列颠这个唯一容许进入的市场。

关于古代生皮的价格，我没有找到任何可靠的记录。羊毛通常被作为输纳国王的贡品，献贡时，根据其估价，至少可以在某种程度上确定它的普通价格。生皮的情况似乎并非如此。不过，弗利特伍德根据1425年牛津伯塞斯特修道院副院长与他的一位牧师的记载，给我们提供了生皮在那一特殊场合的价格：公牛皮五张，价十二先令；母牛皮五张，价七先令三便士；二龄羊皮三十六张，价九先令；小牛皮十六张，价二先令。在1425年时，十二先令所含的白银约等于今日英镑二十四先令。因此，一张公牛皮的价值折合银量等于今币四又五分之四先令。它的名义价格比现在低得多，但当时十二先令，按每夸特六先令八便士计算，可购小麦十八又五分之四蒲式耳。而同量小麦，在现今按每蒲式耳三先令六便士计算，却要值三十一先令四便士。因此，当时公牛皮一张，所能购得的小麦量，现在需要十先令三便士才能购得，即其真实价值等于今币十先令三便士。在冬季的大部分时间，家畜不免陷于半饥饿状态，我们不能设想其躯体是肥大的，重量四石即常衡十六磅一张的公牛皮，在今日视为中等牛皮，在当时恐要视为上等牛皮。每石半克朗，实为今日（1773年2月）牛皮的普通价格，按这价格，这重四石的牛皮一张，不过值今币十先令。因此，就公牛皮的名义价格而言，今日较当时为高，但就真实价格而言，即就所能购买或支配的食品真实量而言，今日实较古时为低。如上述账单所示，母牛皮价格对公牛皮价格，大抵常保有普通比例。羊皮价格大大超过这普通比例。羊皮也许和羊毛一起卖掉。反之，小牛皮价格大大低于这一比例。在家畜价格非常便宜的国家中，不是为着延续畜种而饲养的小牛，一般都在幼时扑杀。二三十年前的苏格兰，就是这样。小牛价格通常不够偿还它所消费的牛乳价格。所以，小牛皮的价格因此很低。

现在的生皮价格比几年前便宜很多，这或许是因为对海豹皮不再征税，并于1769年准许在规定时间内从爱尔兰及其他殖民地免税进口生皮。不过，就本世纪平均来看，生皮的真实价格或许比古时略高。与羊毛相比，这类商品的性质就不宜于送往远方市场。保存时蒙受的损害也较羊毛大。用盐腌制的皮革被认为不如新鲜生皮，其售价更低。这种情形必定会使生皮的价格在能自行制造的生产国高，不能自行制造而只能出口的生产国低。在野蛮国家低，在进步的工业国高。在现代高，在古代低。此外，我们的制革商不像呢绒商那样，能说服国家的贤明人士并使其相信这类制造业的繁荣为国家安全所系。因此，它们很少受到重视。的确，生皮的出口被禁止了，且被宣告为一种令人厌恶的事情；但从海外进口的生皮，却已课税；虽对从爱尔兰及各殖民地进口的生皮免税（仅限五年），可是，爱尔兰剩余的生皮，即不在爱尔兰自己境内加工的生皮，却不一定要在大不列颠市场销售。在这几年中，普通牲畜的皮革被列入殖民地不能运往别处只运往母国的商品名单。在这一方面，爱尔兰的商业迄今不曾因支持大不列颠的制造业而被压制。

在改良和耕种发达的国家，任何使羊毛或皮革价格降至自然趋势以下的规定，都有抬高鲜肉价格的趋势。农民在改良的土地上饲养的牲畜，其价格必须足够付给地主以他有理由希望能得到改良好土地的地租以及付给农民以他有理由希望能得到这种土地的普通利润，否则他们就将不再饲养。因此，这一价格中羊毛和皮革没有支付的部分，必须由兽肉来支付。一方面支付得少，另一方面就必须支付得多。这个价格在牲畜的各个部分如何分摊，地主和农场主是不关心的，只要全额付给他们就行。在改良及耕种发达的国家，地主和农场主的利益不可能因这类规定而受到大的影响，虽然他们作为消费者，其利益可能因食物价格上涨而受到影响。在未改良和耕种不发达的国家，情形则完全不同：那里的大部分土地除了饲养牲畜外，无其他任何用途；而牲畜价值的主要部分由羊毛和皮革构成。作为地主和农场主，他们的利益受到这类规定的极大影响，而作为消费者，其受到的影响很小。在这种情况下，羊毛和皮革价格的下降并不会招致兽肉价格的提高，因为该国大部分土地只用来饲养牲畜，所以相同数量的牲畜继续被饲养。鲜肉仍将以同一数量供应市场，而且鲜肉的需求不比以前更大。因此，价格也一定和以前一样。整个一头牲畜的价格就会下跌，接着，以牲畜为主要产物的所有土地（即该国大部分土地）的地租和利润也因此而下跌，永久禁止羊毛输出普遍（但非常错误地）归咎于爱德华三世。在当时的情形下，该禁令是所能想到的最具破坏性的规定。其实施不但使国家大部分土地的真实价值降低，而且使最重要的小牲畜的价格下降，因而在很大程度上推迟了土地的进一步改良。

苏格兰与英格兰联合的结果是苏格兰羊毛价格的显著下降，因为苏格兰羊毛被排除在与欧洲大市场之外，而局限于大不列颠这个小市场。如果不是家畜肉价格的上升充分补偿了羊毛价格的下降，那么，苏格兰南部各郡主要用于养羊业的大部分土地的价格必深受这次合并的影响。

人类劳动在增加羊毛或皮革数量方面的努力，其实效一方面受到限制，因为它依靠本国牲畜的产量；另一方面不能确定，因为它依靠他国牲畜的产量。就后者而言，与其说是依靠他国出产的羊毛和生皮的数量，倒不如说是依靠他国是否自己加工或是否认为应当限制这类天然产物的出口。这些情况是与本国的劳动毫不相干的，所以必然使本国劳动所作努力的实效或多或少不能确定。因此，在增加这类产品的过程中，人类劳动的实效不但受到限制，而且不确定。

人类劳动在增加另一种重要天然产物（即上市鱼类）的数量中，人类劳动的实效也是受到限制和不确定的。这方面的努力，势必受当地地理位置的限制。距离海洋的远近，内地江河湖沼的多少，海洋江河湖沼产鱼量是否丰富，这些都是重要的影响因素。当人口增加时，该国土地和劳动的年产物变得越来越大时，鱼的购买者势必增多。而且，这些购买者拥有更大数量和更多种类的其他货物或较大数量和较多这类的其他货物的价格（二者是一回事）。但是，为供应扩大了的市场，所投入的劳动量，如不增多到超过市场扩大的比例，那就不能满足扩大的需要。当每年原来只需要一千吨鱼的市场扩大到需要一万吨鱼时，为供给该市场而增加的劳动量，如不超过十倍，就不能满足这一需要。鱼大都要取自较远的地方，需使用较大的渔船和各种费钱的机械。因此，这种商品的真实价格自然会随改良的推进而上升。我相信，各国发生的情况或多或少都是如此。

尽管每天的捕鱼量难以确定，但是，假设一国的地方情况不变，那么，人类劳动在把一定数量的鱼投入市场的一般努力，就一年或数年来说，或许可以设想为相当确定的；这种效力无疑事实上也是如此。可是，由于这功效取决于一国的地方情况而不是该国的财富及劳动状况，所以，它在不同的国家，在非常不同的改良时期可能是完全相同的，而在同一时期则非常不同；它与改良状况的联系是不确定的，我在这里要讨论的就是这种不确定性。

人类要增加从地下开采的各种矿物和金属，特别是贵金属的数量，其劳动功效似乎没有限制，但完全是不确定的。

一个国家所拥有的贵金属数量的多少，不受它的地方情况中任何事情的限制，例如它的自有矿山产量的丰富与贫瘠。在没有矿山的国家，这种金属往往很丰富。无论什么国家，其拥有的贵金属数量，取决于以下两种情况：第一，该国的购买力，其产业状态以及其土地和劳动的年产物，因为这些因素决定它所能用以开采本国矿山的金银或购买他国矿山的金银这一类非必要品的劳动与生活资料的数量是多还是少；第二，在一定时间内以金银供给世界商场的矿山的丰富和贫瘠程度。因为金银运输容易，运费便宜，而且体积小价值大，所以，即使离矿山很远的国家，其金银量或多或少受到矿山产量的丰富和贫瘠程度的影响。在中国和印度的金银量，曾多少受美洲各矿山丰饶的影响。

就一国金银量取决于上述两种情况的前一种情况（购买力）来说，金银的真实价格，像所有其他奢侈品和非必要品的真实价格一样，可能随该国财富及改良的推进而上升，随该国的贫困与衰退而下降。有大量剩余劳动与生活资料的国家，与只有少量剩余劳动与生活资料的国家相比，在购买一定数量的金银时，一定能支付较大数量的劳动与生活资料。

就一国金银量取决于上述两种情况的后一种情况（供给商业世界的矿山的丰富或贫瘠情况）来说，金银的真实价格，换言之，它们所能购买或交换的劳动和生活资料的真实数量，必将随产量的丰富而或多或少下降，随产量的贫瘠而或多或少上升。

但是，在一定时期内以金银供给世界的矿山，究竟是丰饶还是贫瘠，与同一国家的劳动状态显然没有任何关系。它似乎与一般世界的劳动状态也没有必然的关系。诚然，当技艺与商业逐渐向世界更广的地区扩展，矿山的探索也随之在更广的地区扩大时，发现新矿山的机会定会比在狭小范围内进行探索大得多。但是，在旧矿山逐渐掘尽时，能否发现新矿山是极无把握的事，绝非人类技巧或劳动所能保证的。大家承认，所有迹象都是可疑的，只有新矿山的实际发现和成功采掘，才能确定它的实际价值，甚至它的存在的真实性。在寻找新矿山的过程中，人类劳动的成功与失败的可能性都是没有一定限度的。在一两个世纪中，也许能发现比任何已知矿山更为丰饶的新矿山；而那时候最丰富的矿山可能比美洲矿山发现以前的任何矿山还要贫瘠，这也是可能有的事。无论发生这两种情况中的哪一种情况，对于世界的真实财富和繁荣，换言之，对于土地和人类劳动的年产物的真实价值，是无关紧要的。它的名义价值，换言之，表明或代表这种年产物的金银量，无疑会有极大的差异，可是，其真实价值，换言之，其所能购买或支配的真实劳动量却完全一样。在前一种情况下，一先令所代表的劳动可能不超过现时一便士所代表的劳动；在后一种情况下，一便士所代表的劳动可能和现时一先令所代表的劳动相同。但是，在前一种情况下，口袋里有一先令的人并不见得比现时有一便士的人富有；在后一种情况下，有一便士的人也与现时有一先令的人一样富有。世界从前一种情况所得到的唯一好处，就是金银器皿的便宜与繁多；从后一种情况所蒙受的唯一不便，只是这类东西的昂贵与稀少。

关于白银价值变动的离题论述的结论

搜集古代商品货币价格的著者，大都似乎认为，谷物及一般货物的货币价格低廉，换言之，金银价值的昂贵，不仅是这些金属稀少的证明，而且作为当时这个国家贫穷与野蛮的证明。这种概念是和那种一国富裕是由于金银丰饶，一国贫穷是由于金银稀少的经济学体系分不开的。关于这种经济学体系，我将在本书第四篇进行详细说明和考察。我现在想说的是，任何一个国家贵金属价值的昂贵仅可证明当时供应世界商场的矿山的贫瘠，绝不能证明这个国家的贫穷或野蛮。穷国因不能购买比富国更多的金银，所以它也无能力支付更高的价格。因此，这类金属的价值在穷国绝不会比富国更高。中国比欧洲任何地区都富得多，但贵金属价值在中国却比欧洲任何地区都高得多。的确，自美洲矿山发现以来，欧洲的财富已经大大增加，同时金银的价值也逐渐下降。但是，金银价值的下降并非起因于欧洲真实财富的增加或欧洲土地和劳动的年产物的增加，而是起因于比已知矿山更为丰饶矿山的偶然发现。欧洲金银量的增加与制造业及农业的增长，虽然是发生在几乎同一时期，但其原因却非常不同，彼此之间并没有任何自然的关系。前一种时间是偶然发生的，与任何深谋远虑和政策没有也不可能产生任何作用；后一件事情是由于封建制度的崩溃以及这样一种政府的建立：为劳动提供了它所需要的唯一鼓励，即它能享受自己劳动果实的某种差强人意的安全。封建制度迄今依旧存在的波兰，其贫穷状况差不多和美洲发现以前无异。然而在波兰也像在欧洲其他地区一样，谷物的货币价格已经上升，贵金属的真实价值已经下降。可见，波兰的贵金属数量一定也像其他地方一样增加了，贵金属同土地和劳动的年产物的比例也一定大致相同。可是，这种贵金属数量的增加似乎并没有增加该国的年产物，也没有改善其制造业及农业，更没有改善其居民的环境。西班牙和葡萄牙是拥有矿山的两个国家，是仅次于波兰的两个最贫穷国家。可是，贵金属的价值在西班牙和葡萄牙一定比欧洲其他任何地方低；因为贵金属是从这两国运往欧洲其他地方的，不但要负担运费和保险费，而且还由于这两国金银的出口被禁止或需缴纳重税，还要负担偷运的费用。所以，就金银对土地和劳动的年产物的比例来说，这两国的贵金属数量一定比欧洲任何其他地区都多，可是，它们却比欧洲任何其他国家都贫穷。它们虽已废除了封建制度，但没有一个更好的制度来代替。

可见，正如金银价值的低廉不能证明一国的财富和繁荣状况那样，金银价值的昂贵或一般货物，尤其是谷物的货币价格的低廉，也不能证明一国的贫穷或野蛮。

不过，一国的贫穷或野蛮，虽不能取证于谷物的货币价格的低廉，但十之八九可取证于家畜、家禽及所有各种猎物的货币价格比谷物的货币价格低的事实。这类东西的货币价格的低廉清楚地表明以下两个事实：第一，它们比谷物更为丰富，它们所占的土地比谷物所占的土地面积更大；第二，这种土地比各地的价值更加低廉，可见该国有绝大部分土地还未耕作和改良。它清楚地表明，这种国家的牲畜和人口对其土地面积的比例和文明国家的普通比例不同，从而表明其社会处于幼稚状态。从一种货物尤其是谷物的货币价格的高低，我们只能得出当时以金银供应商业世界的矿山是丰富还是贫瘠的结果。但是，从某种货物的货币价格与其他货物的货币价格对比的高低，我们可以按几乎接近于必然性的或然性的程度，得出结论说该国是富还是穷，它的大部分土地是已经改良还是没有改良，它是一个或多或少的野蛮国家还是一个或多或少的文明国家。

完全由于白银价值降低造成的货物的货币价格上升会同等影响所有各种货物，使其货币价值普遍上升三分之一、四分之一或五分之一，按照白银的价值比以前降低三分之一、四分之一或五分之一。但是，粮食价格的上升——这已经成为一个议论纷纷的话题——并不会同样影响所有各种食物。就本世纪的平均情况来看，人们公认，即使那些以银价上升来说明谷价上升的人也承认，谷价上升率比其他食品价格的上升率小得多。由此可知，后者价格的上升，绝不能完全归因于银价下降，我们必须考虑其他原因。以上所提出的原因，也许已充分说明，为什么这些食品价格涨得比谷物大，而无须求助于银价下降的假设。

仅就谷物的价格而言，在本世纪前六十四年间，在最近的特别严重的歉收年份之前，其价格较上世纪最后六十四年略低。这一事实表明，不但有温莎市场的价格表，而且还有苏格兰所有各郡的公定谷价表，以及麦桑斯先生和杜普雷·得·圣莫尔先生十分勤勉地搜集到几个法国市场的账簿。在自然难以确证的时间事件上，证据比所能预期的更加充分。

至于最近十年或十二年的谷物高昂，可以由年成不好来充分证明，不必假设银价有任何下跌。

可见，关于银价正在不断下跌的意见似乎没有任何健全的观察作基础，无论是根据谷物的价格，还是根据其他事物的价格。

或许有人说：同量白银现时所能购得的某种食品量，即使按照上面的叙述，也远较上世纪所能购得的该种食品量少。他们还说，确定这个变化究竟是由于该货物价值的上涨，还是由于银价的下跌，即使确定了，也不过是确定一种徒然的无益的区别，对一个只携带一定量白银去做买卖或只有一定量货币收入的人没有任何帮助。我当然不敢说，知道这个区别就能以较低廉的价格购到货物，但这种知识绝不能因此说没有任何用处。

它很容易证明一个国家的繁荣状态，这就可能对公众有些益处。如果某些事物的价格的上升完全是由于白银价值的下降的话，那就是由于这样一种情况；从它只能得出美洲银矿的产量丰富的结论。尽管有了这种情况，一个国家的真实财富，即土地和劳动的年产物，就会像在葡萄牙、波兰那样日渐减少；或者像欧洲其他大部分地方那样正在逐渐上升。但是，这些食品价格的上升，若是由于生产该食品的土地的真实价值的增加，即该土地产出力的增长，或由于土地的改良和良好耕作的缘故，由于土地更适于谷物生产，那我们就可以坚决地断定，该国是在繁荣进步。土地乃是一切大国的国家财富中最大的，最重要的，最持久的部分。这种区别，对于此最大，最重要，最持久部分的价值是否增加，即能提供决定性的证据，那无疑是对公众有益的，至少能给予公众一些满足。

这种区分在规定某些下级雇员的报酬时，对公众可能有些益处。若某种食品价格的上升是由于银价的下降，则他们的货币报酬（如果以前不是太大的话），肯定应该按照下降的比例予以增加。否则，他们的真实报酬显然会成比例地减少。但是，如果食物价格的上升是由于生产它们的土地价值的上升的话，即由于土地肥沃程度的提高，那么，究竟应当按什么比例来提高他们的货币报酬，甚至究竟该不该增加，就难以判断了。改良及耕作的扩张，既然一定会使一切动物食物与谷物对比的价格或多或少地提高，也一定会使一切植物性食物和谷物对比的价格或多或少地下降。它必能使动物性食物价格上涨，国家生产此类食物的大部分土地，既然已改良而适于谷物的生产，也必定能为地主和农场主提供谷田的地租和利润。它降低植物性食物的价格，因为通过提高土地的肥力，提高土地的丰产程度。农业的改良也会引进许多比谷物需要的土地少且劳动量更低的植物性食物，它们在市场上的价格比较低。这就是马铃薯和玉蜀黍或所谓印度谷物最重要的改良，是欧洲农业或欧洲本身从它的商业和航运的巨大扩张得来的。此外，在原始农业状态下，许多植物性食物仅限于菜园中用锄头生产。在农业改良状态下，引进了犁在普通田地里种植芜菁、胡萝卜、卷心菜等。因此，在改良推进的过程中，如果某种食物的真实价格必然上升，那么，另一种食物的真实价格必然下降。要判定一种食物的涨价在什么程度上由另一种食物的跌价来抵消，那是很难的问题。当鲜肉价格一旦涨到极点（或许除猪肉外，每种鲜肉在一个多世纪之前的英格兰的大部分地方就已经达到了这种高度），此后其他各种动物性食物价格的上涨，对一般下层阶级人民的状况不会产生太大影响。英格兰大部分穷人的状况，不会受到家禽、鱼类、野禽、鹿肉价格的上升的太多困扰，因为他们可以从马铃薯价格的下降得到一定的补偿。

在当前的歉收年份，谷价昂贵无疑会困扰穷人。但在一般丰收年份，当谷物处于其普通价格或平均价格时，任何其他天然产物价格的自然上升对他们不会产生多大影响。由于食盐、肥皂、皮革、麦芽、麦酒等制造品价格因课税而发生的人为的上涨，也许会让他们遭受更大的痛苦。

改良推进对制造品真实价格的影响

但是，改良的自然影响是逐渐降低几乎一切制造品的真实价格。一切制造品的真实价格几乎毫无例外地都会降低。由于更好的机械，更高的熟练程度，更恰当的分工与工作分配，改良的种种自然效应大大减少了任何一项具体工作所需的劳动量；虽然社会的繁荣使劳动的真实价值提高很多，但劳动量的大大减少通常足以抵消劳动价格中可能的最大上升而有剩余。

诚然，有少数制造品，从改良获得的一切好处还不足以弥补其原料的真实价格的上升。在一般木匠和细工木匠的工作中，在精细家具制作的粗活中，木匠的真实价格因土地改良而必然增加，会抵消从最好的机器最高的熟练程度以及最恰当分工和工资分配得到的全部好处而有剩余。

但是，在所有其他原料的真实价格没有上升或上升有限的情况下，制造品的真实价格下降很多。

在本世纪和上世纪中，物价下降最显著的要算那些以粗金属为原料的制造品了。上世纪中叶需二十镑才能买到的一块走得较好的手表，现在恐怕用二十先令就可买到。刀匠和锁匠的制成品，所有用粗金属制成的玩具以及通称为伯明翰产品和谢菲尔德产品的价格均已大大下降，尽管其下降程度不如手表那么大，但是，这已经使欧洲其他地方的工人感到惊讶了。他们在许多场合承认，即使他们用双倍甚至三倍的价格，也不能生产出同样优良的产品。也许以粗金属为材料的制造业，比一切其他制造业都更适宜于进行分工，更能使用改良程度更大的机器。

在同一时期，毛织业制造品的价格没有那样显著的下降。反之，有人认为，上等呢绒的价格在最近二十五年或三十年间，与其品质相比，略微上涨了一些。据说，这是因为原料价格的大幅上涨，这种原料全部是西班牙羊毛。完全由英格兰羊毛制成的约克郡呢绒的价格，就其品质而言，在现时已下降了很多。但是，品质的好坏是一个大有争议的问题。所以，我把所有这类信息看作很不确实的。在毛织业中，现时的劳动分工同一个世纪前没有什么差别，使用的机械也差不多。但它们任何细微的改良，都可能降低毛织品的价格。

但是，如果我们把这种制造品的现时价格与其在十五世纪末叶的价格比较，则其价格下降就显得十分明显。当时劳动分工或许不及现时精细，使用的机器也不及现时完备。

1487年，即亨利七世第四年颁布的法令规定："上等花红呢或其他上等花呢一码，其零售价不得超过十六先令，违反者每码课罚金四十先令。"可见，当时十六先令的含银量与现时二十四先令的含银量相等，当时被看作一码上等呢绒的合理价格；由于这是一部提倡节约的法令，这类呢绒的售价在此之前或许要贵一些。现今一几尼可看作这类织物的最高价格。现今呢绒的质量很可能要好得多，即使假定品质相等，上等呢绒的货币价格自十五世纪末叶以来已经明显下降，而它的真实价格则下降更多。六先令八便士在当时及此后很长时间算是一每夸特小麦的平均价格。因此，十六先令就是二夸特三蒲式耳多小麦的价格。现时小麦按每夸特二十八先令计算的话，一码上等呢绒的真实价格在当时至少等于现时货币三镑六先令六便士。购买人所放弃的劳动和生活资料的数量一定和三镑六先令六便士现今所能支配的劳动量和生活资料相等。

尽管粗呢的真实价格也下降很多，但不及上等呢绒的下降幅度。

1463年，即爱德华四世第三年颁布的法令规定："凡农业雇工、普通劳动者、住在城市或乡镇以外的所有工匠的雇工，都不允许在他们的衣服中使用或穿着每码二先令以上的呢绒。"当时二先令，约含有今币四先令同量的白银。但是，现在每码值四先令的约克郡呢，恐怕比当时最苦雇工穿用的粗呢在质量上好得多。可见，这些人所穿衣物的货币价格，就其品质而言，现在亦比当时便宜。其真实价格比当时更便宜了。每蒲式耳小麦的价格为十便士，当时看作适中和合理的价格。所以，二先令，就是当时约二蒲式耳二配克小麦的合理价格。按每蒲式耳合三先令六便士计算，现在二蒲式耳二配克的小麦值八先令九便士。当时贫困雇工，每购一码粗呢，所须舍弃的购买力相当于今日八先令九便士所能购得的生活资料数量。但是，这部提倡节约的法令限制穷人的奢侈与浪费。因此，他们的衣服普遍比现在昂贵。

该法令又禁止同一等级的人穿每双价格超过十四便士（约等于今币二十便士）的长袜。当时的十四便士约等于一蒲式耳二配克小麦的价格，以每蒲式耳三先令六便士计算，现在一蒲式耳二配克的小麦要卖五先令三便士。在现在看来，一双长袜的价值为五先令三便士，对最穷最低级雇工是贵到极点的价格。然而，当时的下级雇工一定为这双长袜支付等于这一数目的价格。

在爱德华四世时代，欧洲任何地区或许不知道如何编制长袜。当时所穿的长袜都是由普通呢绒制成的，这也许就是长袜昂贵的原因之一。在英格兰，最先穿袜的人据说是伊丽莎白女王。她的长袜是西班牙大使奉赠的。

古时粗细毛织业使用的机器远不及今日的完备。这类机器曾经过三次重大改良，此外还有多次较小的改进，其次数和重要性都难以确定。三次重大改良如下：第一，用纺条纺锤代替纺轮，同量劳动可以完成两倍以上的工作量。第二，若干巧妙机械的使用在更大程度上便利和简化了绒线和毛线的卷绕或经纬线在装入织机前得到适当的安排；这种操作在这类机器发明之前，一定是极其烦琐和困难的。第三，使用漂布机浆洗呢绒，代替以往在水中践踏的方法。在十六世纪初期，英格兰还不知道有水车和风车；据我所知，阿尔卑斯山以北的欧洲各国也不知道。所以，它们在早些时候被引进意大利。

这些情况也许可在一定程度上向我们说明，为什么粗呢和细呢的真实价格在古代要比现在昂贵得多。当时，需要花费更多的劳动才能将这类货物运入市场。因此，上市后，必须购买或交换更大量劳动的价格。

在英格兰，古时的粗呢制造业的运作方法或许与现在在工艺和制造上还处于幼稚阶段的任何国家一样。它大概是一种家庭制造业，其工作的各部分差不多都是由私人家庭的每个成员偶尔完成的；但他们通常只在没有其他工作可做时才做这种工作，因为这种工作并不是他们获取大部分生活资料的来源。劳动者采用这种方式完成的物品，上面已经指出，比起作为他们生活资料的主要或唯一来源的制品来，其市价要低得多。反之，精毛织品当时不是在英格兰制造的，而是在富裕的商业国弗兰德制造的。那时候，该地制造这类毛织品的人，大概也像现在一样，从这类工作中获取其全部或大部分生活资料。此外，它当时是一种外国制成品，至少需向国王缴纳一种古老的关税，即吨税和磅税。的确，这些税大概不会很重。当时欧洲的政策不在于设高关税限制外国制品进口，而是要鼓励这种进口，使税率尽可能低，以便商人能给达官显贵提供他们所需的而本国劳动不能提供的便利品和奢侈品。

这些情况也许可在某种程度上向我们说明，粗呢的真实价格与细呢的真实价格相比，为何过去比现在低得多。

本章结论

我将用下面的话结束这冗长的一章：所有社会状况的改良都直接或间接提高土地的真实地租，即增加地主的真实财富，使地主对他人的劳动或劳动产品有更大的购买力。

改良及耕作的扩大，可直接抬高土地的真实地租。地主在产品中的份额，必然随全部生产物的增加而增加。

在土地的天然产物中，有一部分真实价格的上升，最初是土地改良和耕作扩大的结果，接着，又是促进土地改良和耕作扩大的原因。例如，牲畜价格的上升会直接而且以更大的比例提高土地的地租。地主份额的真实价值，换言之，他支配他人劳动的真实能力，会随土地产品的真实价值的提高而增大，而他在全部生产物中所占的份额也会随之增大。这种生产物，在其真实价值升高以后，并不需要使用比以前多的劳动量来取得它。因此，在土地全部生产物中，只须以一小部分来弥补雇用劳动的资本及支付普通的利润。所以，它的大部分必然归地主所有。

劳动生产力的提高都会直接降低制造品的真实价格，进而间接提高土地的真实地租。地主通常用他自己消费不了的天然产物或剩余天然产物的价格（二者是一回事）去交换制造品。凡降低制造品真实价格的事情，均会提高天然产物的真实价格。因为，同量的天然产物等于更多的制造品。于是，地主便能购买更多他所需要的便利品、装饰品和奢侈品。

社会真实财富的增加以及社会所雇用的有用劳动量的增加，都有间接提高土地的真实地租。这种劳动量有一定部分必然属于土地。有更多的人和牲畜从事耕作，土地产品将随投资的增加而增加，而地税又随生产物的增加而增加。

而相反的情况，即对耕作及改良的忽视，土地的天然产物任何一部分真实价格的下降，由于制造技术退步和产业衰落而发生的制造品真实价格的上升，以及社会真实财富的减少等，都会降低土地的真实地租，减少地主的真实财富，使地主对于他人的劳动或劳动产品的购买力变小。

每个国家的土地和劳动的全部年产物或这种年产物的全部价格（二者是一回事），自然分成土地地租、劳动工资和资本利润三部分。这三部分构成三个阶级人民的收入，即靠地租为生、以工资为生和以利润为生的人的收入。这是构成每个文明社会的三大主要和基本的阶级。一切其他阶级的收入，归根结底，都来自这三大阶级的收入。

由此可见，这三大阶级中第一个阶级的利益和社会的一般利益密切相关，不可分割。凡是促进或妨碍一种利益的事情，也必将促进或妨碍另一种利益。当公众商讨与商业和政治有关的规定时，土地所有人为本阶级的利益打算，是不可能起到误导作用的，至少是在他们对本阶级利益具有相当认识的时候是如此。的确，他们往往缺乏这种基本认识。他们在上述三阶级中是唯一这样的一个阶级：他们的收入既不用自己劳动，也不用自己操心，仿佛自行来到他们的手中，不靠自己任何计划与打算。这一阶级所处的安乐稳定地位，使他们自然变得懒惰，进而使他们变得无知，而且不会用脑筋去思考。而要预测和理解任何公共规定的效果，思考是必不可少的。

第二阶级即靠工资过活的阶级的利益，也同样与社会利益密切相关。如前所述，劳动工资最高的时候，就是对劳动的需求不断增加或所雇劳动量逐年显著增加的时候。当社会的真实财富处于停滞状态时，劳动者的工资很快就会下降到他仅够赡养家庭或延续劳动者种族的地步。当社会衰退时，其工资甚至会降低到这一限度以下。土地所有人阶级在社会繁荣时的所得或许比劳动者阶级更多，但没有一个阶级比劳动者阶级在社会衰落时所经历的痛苦更大。但是，劳动者的利益虽与社会利益密切相关，但他们没有了解这种社会利益的能力，更没有能力理解本身利益与社会利益的关系。他们的处境不能让他们有接受各方必要消息的时间，即使有时间，他们的教育和习惯也不能使他们对任何消息作出适当的判断。因此，在公共讨论时，他们的声音很少被人听到或较少受人重视，除非在某些特殊场合。他们的大声疾呼受到其雇主们的鼓励、激发和支持，不是为了达到他们自己的目的，而是为了达到雇主自己的目的。

雇主们即靠利润为生的人构成第三个阶级。推动社会大部分有用劳动的，正是为追求利润而使用的资本。资本使用者的规划和设计支配和指导着劳动者的一切最重要劳动活动，而利润则是这一切规划和设计提出的目标。可是，利润率不像地租和工资那样，随社会的繁荣而上升以及随社会的衰落而下降。反之，它在富国自然低，在穷国自然高，而它总在正迅速走向没落的国家最高。因此，第三个阶级的利益与社会一般利益的关系和其他两个阶级的利益不同。在这一阶级中，商人和制造业者通常是运用资本最大的两个阶层。因为他们最富裕，所以最受人们的重视。他们在整个人生中从事规划与设计，因此通常比大部分乡绅具有更敏锐的理解力。但是，因为他们通常考虑的是他们自己特殊事业的利益，而不是社会一般利益，所以他们的判断，既是基于最大公平作出的（这种判断并不是在每个场合都是公正的），也是取决于前者利益的考虑，而很少取决于社会一般利益的考虑。他们比乡绅高明，与其说是由于他们更理解公共利益，倒不如说是他们更理解自身的特殊利益。由于这种更好的认识，他们往往利用乡绅的慷慨大度，说服其放弃自己的利益和公共利益，这是根据一个非常简单但又诚挚的信念，即他们的利益（而不是乡绅的利益）就是公共利益。然而，不论在商业或制造业的哪个部门，商人的利益在某些方面往往和公众利益不同，甚至是相抵触的。商人的利益总是要扩张市场，缩小竞争的范围。扩大市场通常与公共利益是一致的，但缩小竞争范围总是违背公共利益的，让商人的利润提高到自然水平之上，进而为了他们自己的好处向其余的同胞课征一种荒谬的税。因此，这一阶级所建议的任何新商业法规，都应当十分小心地加以考察。非小心翼翼地抱着怀疑态度作了长期的仔细检查以后，决不应随便采用。因为他们这班人的利益，从来不和公众利益完全一致。一般地说，他们的利益在于欺骗公众，甚至在于压迫公众。事实上，公众也常为他们所欺骗所压迫。

第二篇　论资财的性质及其蓄积和用途

导　言

当社会处于原始状态时，没有劳动分工，很少进行交易，每个人都为自己提供一切所需东西。此时，没有必要去预先积累或积蓄资财，用于事实社会业务。人人都力图依靠自己的劳动来满足自身随时发生的需要。饿了便到森林去打猎；衣服破烂时，便剥兽类的皮来穿；当房屋开始倒塌时，便利用附近的树木和草皮加以修葺。

在彻底实行劳动分工之后，一个人自己劳动的产物，仅能满足自身随时发生的需要的极小部分。其他绝大部分需要依赖他人的劳动产物来供给，他用自己的产品或自己产品的价格（二者是一回事）去购买。但是，在他自己的劳动产品已经完成且已出售之前，他是无法购买的。因此，他必须在某个地方积累各种存货以维持他自己的生活，并为他自己的工作提供原料和工具，至少是自己的产品已经完成并出售的时候。一个织匠在织物尚未完成，尚未卖掉以前，要不是在自己手中或他人手中有所积蓄，足以维持他的生活，并给他提供原料和工具，他就织不出任何东西。很显然，这种积蓄必须在他开始从事这项职业很久以前完成。

按照事物的本性，资财的积蓄必须在分工以前进行；只有在预先积累的资财越来越多的时候，劳动分工才能越来越细。相同数量工人所能加工的原料数量，随着越来越细的分工，增加的比例就会越来越大；由于每个工人所承担的操作越来越简单，所以各种新机器的发明使得操作更加简便。于是，当劳动分工推进的时候，雇用工人数目不变，所必须预先积累的食物供应，要和在分工没有这样推进时相同；而必须预先积累的原料和工具，却要比在分工没有这样推进时所需要的数量更大。况且，一种行业分工越是精细，它的工人人数往往越是增加；更确切地说，使他们分工能够越来越精密的，就是他们人数的增加。

要这样大大改进劳动生产力，预蓄资财是绝对必要的。而这种积蓄，自然会导致这种改进。运用自己的资财维持他人劳动的人，自然希望在资财运用时能够尽量完成尽可能多的工作。所以，他尽力最适当地分配工人的职务，并向他们提供他自己能够发明的或有能力购买的最好的机器。但在这两方面，他的能力如何往往要看他的资财数量以及所雇工人人数。因此，在每一个国家，其劳动数量随着使用劳动的资财增加而增加，而且，由于上述资财增加的结果，同量劳动能够完成数量大得多的工作。

资财增加对劳动及其生产力的效果通常就是这样。

我在本篇将要尽力说明的是资财的性质、资财积累对各种资本的影响、各种资本的不同用途的效果。本篇共分五章。第一章说明个人资财或大于社会的资财，自然分成不同部分或部门。第一章说明货币作为社会总资财的一个特殊部门，货币的性质和作用是什么。在第三章和第四章，我试图考察在这两种情况下，它发挥作用的方式。第五章，即最后一章，我将讨论资本的不同用途对国民劳动量及土地和劳动的年产物量会产生什么不同的直接影响。

第一章　论资财的分类

如果一个人拥有的资财仅够维持他数日或数周的生活，那么他就很少会想到用这笔资财取得任何收入。他将尽可能节约地消费它，并希望在用完它之前，能依靠自身的劳动取得某种东西来取代它。在这种情况下，他的收入完全来自他的劳动。这是每个国家大部分劳动穷人的生活状况。

如果他拥有的资财足够维持他数月或数年的生活，那么他自然希望其中的大部分可以提供收入；他将只保留一小部分用作直接消费，维持他的生活直到这种收入开始带来。于是，他的全部资财分成两部分。一部分是他希望能为他取得这种收入的，称为资本。另一部分是为他提供直接消费的，由三部分组成：一、原为这一目的而保留的那部分资财；二、逐渐得来的收入，不论来源如何；三、用以上两项之一在前几年购得但至今尚未完全消费的东西，如存积的被服、家具等。这三种东西的一种、两种或全部，构成人们普通积存的资财以供自己直接消费。

有两种不同的方法可以采用资本为使用者提供收入或利润。

第一，资本可用来生产、制造或购买货物，然后将其出售以获取利润。这样使用的资本，在货物保留在手或处于同一状态时，不能给使用者提供任何收入或利润。商人的货物在未卖出并换得货币之前，不能给他提供收入或利润；货币在未重新换成货物以前，也不能给他提供任何收入或利润。商人的资本不断以一种形态用出而以另一种形态收进；而且只有通过这种流通或连续交换，才能为他提供利润。因此，这样的资本可称为流动资本。

第二，资本可用来改良土地、购买机器和生产工具或不改变主人或不再进一步流通而可提供利润的东西。这样的资本可称为固定资本。

不同行业使用的固定资本和流动资本的比例是大不相同的。

例如，商人的资本全是流动资本。他无须使用机器或生产工具，除非把他的商店或货仓也看作生产工具。

每个工匠师傅或制造业者的资本，一部分须以生产工具的形式固定。这部分在有些人那里很小，而在另一些人那里很大。裁缝师傅除了一包针外，不需要其他的生产工具。鞋匠师傅的生产工具更值钱些，虽然资本不多。与鞋匠相比，织匠的生产工具就贵得多了。但是，这类工匠的资本，绝大部分是流动资本，以工人工资或原料价格的形式，会通过商品的价格带着利润偿还他。

其他制品就需要更多的固定资本了。例如，一个大铁工厂，要设置熔铁炉、锻冶厂、截铁厂，非有大笔费用不可。在煤矿和其他矿山，排水和其他用途所需机器的费用更高。

就农场主而言，用于购买农具的那部分资本就是固定资本，而用于维持工人与支付工资的那部分资本则是流动资本。他通过保留前者和放弃后者而获取利润。他的耕畜就像他的耕种用具一样是固定资本；耕畜的维持费就像雇工的维持费一样是流动资本。农场主通过保有耕畜，放弃它们的维持费而获取利润。购入并养肥以便出售而非以劳动为目的的牲畜，其价格和饲养费都是流动资本。农场主靠出卖这些牲畜以取得利润。在饲养牲畜的国家，购入一群羊或一群牛的目的并非代耕或贩卖，而是为了得到它们的毛、奶或羔羊或牛犊，买入的羊或牛就是固定资本。利润是通过付出它取得的，这种流动资本随它自己的利润以及牲畜的全部价格（毛、奶和幼畜的价格）的利润一同回到他的手中。种子的全部价值也可称为固定资本。种子虽往返于土地与谷仓之间，但未更换主人，所以不能适当地称为流动资本。农场主获取的利润，不是靠出售种子，而是靠种子增殖。

一个国家或一个社会的总资财，即是其全部居民或成员的总资财，所以，自然分作这三个部分，各有各的功能或作用。

第一部分是留作用于目前消费的，其特性是不提供收入或利润。它由食物、衣服、家具等组成，是已经由消费者购买，但尚未完全消费掉的资财。一个国家在任何时候的全部住宅也是第一部分资财的一种。投在房屋上的资财，如该屋是由其所有者自住，那么，从那时起，即失去资本的作用，也不再给它的所有人提供任何收入。住宅不能对居住者的收入作出贡献；虽然住宅像衣服和家具一样无疑对居住者很有用，但只构成其支出的一部分，而不构成其收入的一部分。将房屋出租可以获得租金，但房屋本身不能生产任何东西，所以承租人仍须从劳动、资本或土地上所得的收入来支付租金。因此，尽管房屋能为它的主人提供收入，因而起到了资本的作用，但不能给公众提供收入，不能起到资本的作用，它丝毫不能增加全体人民的收入。衣服和家具有时也能提供收入，从而对某些个人起到资本的作用。在化装舞会流行的国家，就有人以出租化装衣服一晚为业。家具商人常常按月或按年出租家具；殡仪馆往往按日或按星期出租殡仪用具。还有许多人出租设备齐全的房屋收取租金，不仅因为使用房屋，而且因为使用家具。但是，由此得来的收入，最后总是从其他收入来源去取得。在个人或社会的所有各种留作直接消费的资财中，用于房屋的资财是消费的最慢的。衣服可以穿几年，家具可使用五十年或一百年，但建筑坚固，保护完好的房屋却可使用几百年。不过，尽管它们的总消费时期较长，但它们仍然实际上是留作直接消费的资财，像衣服和家具一样。

在社会总资财的三个部分中，第二部分就是固定资本。其特性是不必经过流通或更换主人，就能提供收入或利润。它主要由以下几个部分组成：

第一是一切有用的机器和生产工具能便利和简化劳动。

第二是一切有利润可图的建筑物，如商店、货栈、工场、农屋、农舍连同它们的所有必要建筑物；畜舍、谷仓等，不仅给出租房屋的主人提供收入，而且是占有它并为它支付租金的人获取收入的手段。这些建筑物和住宅大不相同。它们可以看作一种生产工具。

第三是土地的改良。在清理、排水、圈围、施肥等最适于耕种的状态方面所做的有利可图的资财支出。经过改良的农场好像有用的机器，可以便利和简化劳动，使等量的流动资本能提供更多的收入。改良的农场和这些机器同样有利并更为持久，往往不需要其他修理。只要最好地使用农场主的资本去耕种。

第四是社会所有居民或成员学到的有用才能。学习这种才能需要接受教育，进行研究或做学徒，所花费用不少。这样花去的资本，好像已经实现并且固定在学习者的身上。这些才能是他个人财产的一部分，也是他所在的社会财产的一部分。工人熟练程度的提高同样可以看作便利和简化劳动的机器和生产工具，尽管要花费一定费用，但这种费用可以得到偿还，并带来利润。

社会总资产自然分成的三部分中的第三部分，也就是最后一部分，是流动资本。其特性是，只有通过流通或更换主人，才能提供收入。它也由以下四项组成：

第一是货币。只有通过货币，其他三项才能流通并分配给真正的消费者。

第二是屠夫、畜牧人、农场主、谷物商、酿酒人等手中持有的食物。他们出售这种食物以获取利润。

第三是生产者、制造者、布商、绸缎商、木材商、木匠和细木匠、砖瓦匠等人手中的衣服、家具或房屋等材料。不论这些材料是否是纯粹的天然原料或半加工的材料，只要未曾制成衣服、家具或房屋，仍然掌握在上述那些人手中。

第四和最后是已经制成但仍在制造者或商人手中，未曾卖给或分配给真正消费者的物品，例如锻冶店、木器店、金店、宝石店、瓷器店里经常看到的制成品。这样，流动资本包含商人手里掌握的食物、原料和各种制成品以及它们流通并将它们分配给最后使用或消费它们的人手中所需的货币。

在这四项中，食物、原料和制成品——通常在一年内，或在一年左右，会从流动资本变成固定资本或留作直接消费的资财。

固定资本都是由流动资本变成的，而且需要由流动资本来不断支持。全部有用的机器和生产工具最初都出自流动资本。流动资本提供建造机器的原料，提供维持建造机器的工人的费用。机器制成以后，又常需有流动资本来修理。

不通过流动资本，任何固定资本都不能提供任何收入。制造所用的材料以及工人维持生存所需的食物均出自流动资本。没有流动资本，即使最有用的机器和生产工具，也不能生产任何东西。无论土地如何改良，如果没有流动资本去维持耕作和收获的工人，是不能提供任何收入的。

固定资本和流动资本的唯一目的和目标就是维持并增加用作直接消费的资财。人民的衣食住读依赖这种资财。人民的富裕或贫穷取决于这两种资本所能提供的用作直接消费的资财是丰饶还是不足。

为了补充社会上固定资本和供直接消费的资财，需要不断从流动资本中抽出十分庞大的一部分，所以流动资本需要不断补充。没有这种补充，流动资本就不复存在。这种补充有三个主要来源：土地的产物、矿山的产品以及渔业产品。这三个资源不断提供食物和原料补充，其中一部分随后被加工制成成品，另一部分补充从流动资本不断抽出的食物、原料和制成品。还需从矿山采取所需要的维持和补充用来作为货币的金属。因为，货币虽在普通的经营过程中不像其他三项那样必须从流通中抽出，以便置于社会总资本的其他两个部分中，但也像其他东西一样，必然难免被磨损，有时遗失和运往国外，须不断加以补充，虽然数量很小。

土地、矿山和渔业都需要固定资本和流动资本来经营；其产品不仅能够偿还投入的资本，而且还能偿还社会一切其他资本，并带来利润。于是，农场主每年给制造业者补充他在前一年消费的食物和使用的原料，制造业者向农场主补充他在同一时期内使用和消耗的制成品。这是每年在两类人中进行的真实交易，尽管不是用制成品和天然产物进行的直接交易，因为很少有这样的交易发生；农场主向他出售自己生产的谷物、牲畜、亚麻和羊毛，并从他那里购买自己需要的衣服、家具以及生产工具。购买谷物、牲畜、亚麻、羊毛的人，不见得就是卖衣服、家具、工具的人。所以，农场主用自己的天然产物换取货币，然后用货币去随意购买他所需要的制成品。经营渔业和矿业的资本甚至可以用土地补充（至少是部分的）。从水里捕鱼是土地的产品；从地里采矿是地面上的产物。

在自然丰富程度相等时，土地、矿山和渔场的产量就会和经营它们的资本数量与资金用法是否恰当成比例。在资本数量相等且使用方法同样适当时，它们的产量就和自然丰富程度成比例。

在每个比较安定的国家，任何有常识的人都将竭力使用他自己能支配的资财以获取目前的享乐或未来的利润。如果用来获取目前的享乐，那就是留作直接消费的资财。如果用来追求未来利润，那它就必须保留它或放弃它。保留的是固定资本，放弃的是流动资本。在较安全的地方，一个人如果不把他所能支配的一切资财——不管是自有的还是向他人借的——用于这些用途之一，那他一定是发疯了。

然而，在那些不幸的国家，由于人们常畏惧有权有势者的暴虐，他们往往把自己的大部分资财藏匿起来，以便在遇到他们认为经常会遭受的灾难威胁时，随时把它带到安全地方。据说，在土耳其和印度，我相信在亚洲其他各国，这都是普通的做法。在封建暴虐时代，我们的祖先似乎也是这样做的。在那时，发掘的宝物被视为欧洲最大君主不可忽视的一项收入。凡埋藏地下且无从证明属于谁的物品，一律视为国王所有，而不是发现者或土地所有者的，除非所有者的特许状中有明文规定。在当时，金银矿的地位也完全相同，除非特许状中有明文规定，否则土地的让与权中从不包含金银矿。但铅、铜、锡、煤等除外，因为它们被认为是不重要的东西。

第二章　论作为社会总资财的一个特殊部门或作为维持国民资本的费用的货币

我在第一编里已经指出，因为商品的生产和上市都使用劳动、资本与土地，所以大部分商品的价格都分解为三部分：一部分为劳动工资；另一部分为资本利润；第三部分为土地地租。诚然，有些商品的价格仅由两部分构成，即劳动工资和资本利润；甚至极少数商品的价格仅由一部分构成，即劳动工资。但无论如何，每一种商品价格终归成为上述那三个部分中的一个部分或全部，不归于地租也不归于工资的部分，必归于某人的利润。

如前所述，分开来看，每种商品的情况是如此，合起来看，构成每个国家的土地和劳动的年产物的全部商品的情况也是如此。这种商品的总价格或总交换价值一定也分解为这三个部分并分配给该国的不同居民，作为他们的劳动工资、资本利润或者土地地租。

然而，尽管一个国家的土地和劳动的年产物的全部价值是这样划分的并成为各居民的收入，但是，好像个人私有土地的地租分为总地租和纯地租一样，国内全部居民的收入同样可分为总收入和纯收入。

个人私有土地的总地租包含农场主付出的一切；在总地租中，减去管理上、修缮上所需的各种必要费用，其余留给地主支配的部分，称为纯地租。换言之，所谓纯地租，就是在不伤害其财产的条件下可供地主直接消费的资财，或者说，可用来购置衣食和车马、装饰房屋、家具、享受和娱乐的资财。地主的实际财富与纯地租成比例，而不与总地租成比例。

一个大国全体居民的总收入包含他们土地和劳动的全部年产物。在总收入中减去维持固定资本和流动资本的费用，其余留给居民自由支配的便是纯收入。换言之，所谓纯收入，乃是不损害他们的资本，供居民直接消费的资财，可以用来购买自己所需的生活资料、便利品、娱乐品等。国民的真实财富与他们的纯收入成比例，而不与他们的总收入成比例。

很显然，补充固定资本的费用绝不能算在社会纯收入之内。有用的机器，需修补而方能使用；耕种所需的工具，需修补后才能使用；有利可图的建筑物，需修缮后才有利可图。这种修葺所要的材料，只是把各种材料加工为成品所需要的劳动产品，均不能算作社会的纯收入。诚然，这种劳动价格也许会成为社会纯收入的一部分，因为从事这种劳动的人可能要把工资的全部价值留作自己直接消费的资财。但就其他劳动而言，不仅劳动的价格属于这类资财，而且劳动的产品也属于这种资财；劳动的价格属于留作自己直接消费的资财，劳动的产品则成为别人直接消费的资财。别人的生活资料、便利品和娱乐品都随工人的劳动而增加。

固定资本的目标在于增加劳动生产力，即使同一数目的工人能够完成更大数量的工作。设备完全且所有必要建筑物、篱笆、沟渠、排水和道路均处于良好状况的农场，和不具备这些条件的农场相比，即使广狭相等，肥瘠相等，劳动人数相等，役畜数目相等，所获产物也一定多得多。有最精良机器设备的厂坊，和工具不怎么完备的厂坊比较，虽所雇工人的人数相等，其产量也一定会多得多。适当地花在固定资本上面的任何费用，一定都能很快地带来很大的利润，而且年产物价值由此而来的增加，会比这类改良物所必要的维持费多得多。不过，这种维持费需动用这种年产物的一部分。原来可直接用于增加食物、衣服、住宅等社会生活资料和便利品的生产，就有一部分改作他用。这新的用途当然是很有利的，但与原来的用途不同。因此我们说，机械方面的改进，使同一数目的工人，得以较便宜较简单的机器，进行同量的工作，这确实是社会的福利。从前比较昂贵复杂的机器，其修补常需花去一定数量的材料和人工。现在机器改良了，这一定数量的材料和人工，可以被节省下来，再凭借某种机器的力量，用来增加产品的数量。例如，大制造厂主原来每年需以一千镑作为机器修理费，现在，倘若能够把修理费变成五百镑，其余五百镑可用来增购材料和增加工人。于是，机器所生产的产品数量，自然就会增加。产品的增加自然会带来社会福利的增加。

在一个大国，固定资本的维持费可与私有土地的维修支出相比。保持土地产物从而保持地主的总地租和纯地租的数额，都常需有维修费。但是，当措施得当时，维修费减少；当产物不减少时，则总地租至少总会保持不变，而纯地租则一定会增加。

但是，固定资本的维持费，虽然不能列在社会纯收入之内，但流动资本的维持费却有所不同。流动资本包含四部分，即货币、食物、原料和制成品。前面已经说过，后三个部分经常从流动资本中抽出，变成社会的固定资本或留作直接消费的资财。这些消费品中不用作维持固定资本的那部分，全部变成留作直接消费的资财，成为社会纯收入的一部分。所以，维持这三部分流动资本，并未从社会纯收入抽出任何部分的年产物，除了维持固定资本必需的之外。

就这点而言，社会流动资本便与个人流动资本不同。个人流动资本决不能算作个人纯收入；个人纯收入全由他的利润构成。但社会流动资本，虽由社会内各个人的流动资本组成，但不能因此便说社会流动资本绝对不是社会纯收入的一部分。商店内的货物，虽然不是商人自己留作直接消费的资财，但可以是别人留作直接消费的资财。由其他财源取得收入的其他人，可以经常为商人补充货物的价值，并支付利润。商人或其他人的资本均不会减少。

因此，货币是社会流动资本中的唯一项目，其维持费可以使社会纯收入有所减少。

就对社会收入的影响而言，固定资本与货币构成的那部分流动资本很相似。

第一，机器和工具的建造与维持需要一些费用。这些费用，虽然是社会总收入的一部分，但是从社会纯收入中扣除下来的。货币也是如此。货币的收集与弥补，也需要一项费用，这种费用虽然是社会总收入的一部分，但也是从社会纯收入中扣除下来的。货币是商业上的伟大工具，有了它，社会上的生活资料、便利品、娱乐品才得以适当的比例，经常被分配给社会成员。但由于它是非常昂贵的工具，其维持须花费社会上一定数量的极有价值的材料即金银和一定数量的极其精巧的劳动，不是用来维持这种伟大而昂贵商业工具，社会上每个人通过它得到自己的生活资料、便利品和娱乐品。

第二，无论个人或社会，构成固定资本的机器和生产工具均不构成个人或社会总收入或纯收入的一部分；同样，虽然货币要通过使社会全部收入在社会成员间进行经常的分配，但货币本身并不是这种收入的一部分。货币只是货物流通的巨轮，而与通过它来流通的货物大不相同。构成社会收入的只是货物，而不是流通货物的巨轮。在计算社会总收入或纯收入时，我们永远必须从货币和货物的每年流通总量中扣除货币的全部价值，没有一个法新的货币是总收入或纯收入的组成部分。

这个命题之所以显得可疑和矛盾，是因为文字的暧昧不明。如果解释适当，理解无误，那几乎是不言自明的。

当我们谈及一定数额的货币时，有时指的仅是货币内含的金块，有时又暗指它能购买的货物或持有货币所赋予的购买力。譬如，当我们说英格兰的流通货币为一千八百万镑时，我们只不过想表示某些作者所计算或设想在英格兰流通的金块数量。但是，当我们说一个人的年收入为五十镑或一百镑时，我们通常所指的不仅是他每年可收入的金块量，而且是他每年可以购买或可以消费的货物价值。我们通常要表示的是他的生活方式应当是什么，或他所能正当享受的生活必需品和便利品的数量与质量。

当我们用一定数额的货币表示货币内含的金块数量和暗指这些货币能够购买的货物时，这一数额的货币所表示的财富或收入，绝不能同时等于这两种价值，却只能等于二者之一。即说等于货币的价值比说等于货币本身更恰当。

例如，如果某人每星期的养老金是一几尼，一星期内，他可用这一几尼购买一定数量的生活资料、便利品、娱乐品。其数量是多少，他每星期的真实财富以及他每星期的真实收入就是多少。他每星期的收入绝不能既与一几尼相等，又与这一几尼所能购买的货物相等。它只等于这两种相等价值之一。事实上，与其说等于前者，毋宁说等于后者；与其说等于这一几尼，毋宁说等于这一几尼所值。

如果付给这个人的养老金不是金币，而是一几尼的票据，那么，肯定不能说他的收入就是这样一张纸，而应当说是用这张纸所能换得的东西。这一几尼可以被看作这样一张票据：有了这张票据，他可以从邻近所有商人那里得到一定数量的必需品和便利品。接受一几尼的人的收入，不是由这块金子组成的，而是由这块金子所能得到或交换的东西组成的。如果这一几尼不能换得任何东西，那么，它的价值就像给破产者所开的票据一样，不比任何其他废纸更有价值。

尽管一个国家的全体居民每星期或每年的收入都可以，而且实际上通常也是用货币支付，但他们每星期或每年的真实收入加起来的大小，总是和他们用这种货币所能购买的消费品的数量成比例。他们的全部收入显然不是既等于货币又等于消费品，而只等于这两种价值之一，说等于后者比说等于前者更恰当。

于是，我们常用一个人每年领取到的金块数量来表示他的收入，这是因为这些金块的数量规定他的购买力的大小或他每年所能取得的消费品的价值。我们仍然把他的收入看作由这种购买力，而不是表达购买力的金块构成的。

如果这个道理对个人来说已足够明显的话，那么，对一个社会来说，就更加明显了。一个人每年领取到的金块数量往往恰好等于他的收入。他所领取到的金币数量，最能简单直白地表示他收入的价值。但在一个社会中流通金币数量，决不能等于社会全体成员的收入。同一几尼的金币作为支付每星期养老金的手段，今天可以付给一个人作为他的养老金，明天也可以付给另一个人作为他的养老金，后天又可以付给第三个人作为他的养老金。所以，在任何一个国家，每年流通的金币数量的价值必然小于每年支付给他们的所有货币养老金。这种陆续支付的全部货币养老金的购买力或用它能陆续购买的货物，必然恰好等于这些养老金的价值，也一定就是所有领取养老金的人的收入。因此，构成社会收入的不可能是金块，因为社会上所有的金块的数量比这种收入的价值要小得多。构成社会收入的只是购买力，只是那些辗转在各个人手中流通的金块所陆续购得的货物。

因此，货币是流通巨轮，是商业的伟大工具。像一切其他生产工具一样，尽管它是资本的一部分，是资本的一个极有价值的一部分，但不是它所属的社会收入的组成部分；虽然构成货币的金块在每年流通的过程中把应当属于每个人的收入分配给他们，但那些金块本身却不构成收入的一部分。

第三，构成固定资本的机器和工具，与由货币构成的那部分流动资本有些相似。建造和维持这些机器节省的费用，在不降低劳动生产力的情况下，都使社会纯收入增加；同样，节省收集和维持由货币构成的那部分流动资本的支出，也能使社会纯收入增加。

节省固定资本维持费，为什么能使社会纯收入增加？这个问题是能够明白的，而且我们曾做过部分解释。每项工程的经营者的全部资本，必然会分作固定资本和流动资本。在其资本总额保持不变的情况下，这一部分小些，那一部分就必然要大些。提供材料、付给工资以及推动产业的是流动资本。所以，节省固定资本维持费，在不降低劳动生产力的情况下就一定会增加推动的基金，从而增加土地和劳动的年产物，增加社会的真实收入。

以纸币代替金银货币，是用一种不那么昂贵但有时同样方便的商业工具去代替另一种极其昂贵的商业工具。有了纸币，流通似乎使用了一种新轮子，它的建造费和维持费却比旧轮子少。但这种作用是采用何种方式完成的，它又如何增加社会的总收入或纯收入，道理还不十分清楚，所以，需要进一步的解释。

纸币有好几种，而银行和银行家的流通券则是最著名的一种，也是最适于这种目的的一种。

当一个国家的人民对某个银行家的资产、正直和谨慎抱有信心，相信他会随时兑换自己可能接到的他所发行的本票，这些票据就会和金银币一样流通，因为人们深信用这些票据可以随时兑换金银币。

假设某个银行家把十万镑本票贷给他的顾客，由于这些票据的作用与货币相同，债务人付给银行家的利息就和银行家贷给他的一样也是货币。这种利息便是银行家得利的来源。由于发出去的票据有一部分会不断回来兑现，但总有一部分票据会连续几个月或几年在社会上流通。所以，他发出去的票据通常只有十万镑在流通，但只要有两万镑金银币，通常就足够应付兑现了。于是，这种票据的发行使两万镑金银币发挥了十万镑金银币才能完成的职能。同一数量消费品的交换、周转和分配，可通过这十万镑票据实现，和通过十万镑金银币相同。因此，国内流通用途，可省八万镑的金银币。假如在同一时间有许多银行和银行家都在办理相同的业务，那么整个流通就可以由五分之一本来需要的金银币来完成。

让我们假设，如果某个国家在某个时刻的全部流通货币为一百万镑，这个数目已够使其土地和劳动的全部年产物得以流通。再让我们假定，后来有许多银行和银行家发行凭票支付的本票一百万镑，而在金柜内仅保留二十万镑，以备不时之需。于是，在流通中会有八十万镑金银币和一百万镑的银行券，总共有一百八十万镑纸币和硬币。但国内土地和劳动的年产物以前仅需一百万镑来流通并分配到它的合适的消费者手中，而年产物是不能通过银行的运作来立即增加的。所以，一百万镑就足以使这些年产物流通，进行买卖的货物和从前完全一样，相同数量的货币足以进行这种买卖。流通的渠道，如果我们可以使用这个词的话，将仍然和以前完全相同。我们假定一百万镑足以充满渠道。因此，超过这个限度注入的货币不能在其中流通，而只能溢出。现在，我们灌注下了一百八十万镑。八十万镑一定会溢出来，这一数额超过了该国流通中所能使用的货币的数目。但是，尽管这一数目的货币不能在本国使用，它却是大有价值的，不能任其闲置。因此，一定会把它送到国外去寻找在本国寻找不到的有利可图的用途。不过，纸币不能运往国外，因为远离发行的银行，远离可使用法律强迫其兑现的国家，在普通支付中是不被接受的。所以，送到国外去的一定是八十万镑金银币，而国内流通的渠道由一百万镑纸币充满，而不是以前充满它的一百万镑金银币。

如此大量的金银送往国外绝不是毫无所得的，也绝不是送给外国国民作为礼物的。它们将用来换进各种外国货物，供本国人消费或转卖给别国人消费。

假如用它们在一个外国购买货物以供应另一个外国的消费，即从事所谓的转口贸易，他们所得到的利润将使他们自己国家纯收入的增加。这就像新创设的基金一样，可以被用来进行新的贸易；国内的业务现在由纸币来经营，金银变成了从事这种新贸易的基金。

如果他们用这些金银币购外国货物来供国内消费，第一，他们可以购买什么也不生产的懒惰人们所消费的东西，如外国葡萄酒、外国绸缎等；或者第二，他们可以购买额外的原料、工具和食物，以维持和雇用更多的勤劳人民，这些人民再生产出他们每年消费的价值，外加利润。

如果用于前一种途径，就无异鼓励奢侈，增加开支和消费，而不增加生产，或者说是设置一种永久的基金来支持这种开支，无论就哪个方面来说，对社会都是有害的。

如果是用于后一种途径，它可鼓励勤劳，虽然会增加社会消费，但也会提供维持这项消费的永久性基金。消费者会把每年消费的全部价值再生产出来，并提供利润。社会的总收入，即社会的土地和劳动的年产物的增加额，等于工人的劳动在其加工的原料上增加的全部价值；社会纯收入的增加额等于这一价值减去机器和生产工具的必要开支以后剩下的价值。

由于银行的运作而被迫送往国外的大部分金银比被用来购买外国货物供本国消费，事实上是而且一定是用来购买第二类货物。这似乎不仅是可能的，而且是不可避免的。虽然有的人的收入没有增加，但他的开支却大大增加。但我们可以肯定，绝对没有一个阶级的人全都这么办。因为谨慎从事的原则虽然不能支配每个人的行为，但至少会影响每个阶级的大多数人的行为。但是，把懒惰的人作为一个阶级来看，他们的收入不能因银行业的这种运作而有丝毫增加。因此，他们的一般支出也不会因这种运作而大大增加，尽管其中少数人的支出可能增加，而且实际上又确实增加了。因此，懒惰人对外国货的需求仍然和从前一样，或者差不多一样；在由于银行业的这种运作而被迫送往国外的货币中，有一小部分用来购买外国货物供本国消费，这一部分有可能是用来购买这些懒惰人需要的物品。其中大部分自然会用于雇用勤劳的人，而不是用来维持懒惰。

当我们在计算任何社会流动资本所能推动的劳动量时，我们只应该考虑由食物、原料、制成品造成的那一部分，而把货币构成的另一部分扣除，货币只能起到使三者流通作用。要推动劳动，三件东西是必不可少的：供制作的原料、用来进行制作的工具以及完成制作的工资或报酬。货币既不是制作的材料，也不是供制作的工具；工资虽普遍用货币支付，但工人的真实收入也像其他人的真实收入一样，不是货币，而是货币的价值；不是金块，而是金块所买到的货物。

任何资本所能推动的劳动量，显然等于该资本能供给以材料、工具以及适应于工作性质的维持费的工人的数量。货币之所以必要，是为了购买原料和生产工具，以及维持工人的生活。但全部资本所能推动的劳动量肯定不等于用以购买的货币和货币购买到的原料、工具和维持费，而只等于这两种价值之一，说等于后者不如说等于前者恰当。

纸币代替金银币之后，全部流通资本所能提供的原料、食物和维持费的数量的增加，与过去用来购买它们的金银币的全部价值相等。巨大流通和分配轮毂的全部价值，现在被加在本来靠它而流通的货物的价值上面。这种作业在某种程度上与某种巨大工程的经营者相似。由于机器的某种改进，他拆掉旧机器，把新旧机器的价格差额加在他的流动资本上，即加在用来购置原料和给工人提供工资的基金上。

一国流通的货币，对于用它来流通的年产物的全部价值究竟应该保持什么比例，也许是不可能确定的。不同的作者计算为全部价值的五分之一、十分之一、二十分之一乃至三十分之一。但是，无论流通货币与年产物全部价值之间的比例是多少，由于只有一部分，往往是很小一部分年产物预定用作劳动的维持费，货币对这一部分年产物的比例肯定是很大的。因此，用纸币代替后，流通所需的金银币就减少到以前的五分之一，如果其余五分之四的人部分价值被加在用来维持劳动的基金内，那当然会大大增加这种劳动的数量，进而大大增加土地和劳动的年产物的价值。

最近二十五至三十年间，在苏格兰几乎所有大城市甚至乡村都设立了银行公司，推行这种业务。其效果正如上面所描述的那样。国内的营业几乎完全用这些银行发行的纸币来进行，通常都用纸币来购买东西并进行支付。除兑换二十先令的银行券票，很少出现银币，金币尤其少见。尽管这些银行的行为并非全是无可非难的，于是要求议会立法进行管理，但国家显然从银行业得到巨大益处。我听说，格拉斯哥自银行创立以来，其贸易在十五年间增加了一倍；自两家公立银行在爱丁堡开设以来，苏格兰的贸易增加三倍以上，一家是1695年通过议会立法开设的“苏格兰报行”，另一家是1727年由皇家特许状设立的“皇家银行”。在如此短的时间内，苏格兰的一般贸易，尤其是格拉斯哥的贸易是否真的增加了这么多，我不敢确定。如果情况真是如此，那么其效果似乎太大，不能仅用银行业务去解释。不过，如果说苏格兰的贸易和劳动在这时已经大有增加，而且极大地促进了这种增加，这都是毫无疑问的。

在1707年英格兰和苏格兰联合之前在苏格兰境内流通银币，以及随后的一段时间内返回苏格兰重铸的银币的价值为四十一万一千一百一十七镑十先令九便士。尽管没有得到关于金币的记录，但从苏格兰造币厂的旧账簿来看，似乎每年铸造的金币的价值略超过银币。当时有许多人担心银币一旦进入苏格兰就收不回来，不曾将银币送往苏格兰银行重铸；此外，也有一些英格兰银币并不需要重铸。可见，联合之前在苏格兰流通的金银币的总价值估计不下于一百万镑。这一数额似乎构成苏格兰全部流通量，因为苏格兰银行的流通量虽没有其他银行与之匹敌的，但在全部流通量中仅占极小一部分。现在苏格兰的全部流通量估计不下两百万镑，其中金银币最多不超过五十万镑。但是，苏格兰的金银币流通量虽是大减，其真实财富和繁荣却丝毫未受到影响；反之，它的农业、制造业和贸易，它的土地和劳动的年产物均显著增加。

大多数银行和银行家发行的本票，主要是通过贴现汇票，即在汇票到期前垫付货币。在垫付的款项中扣除汇票到期前应付的决定利息。通过汇票到期后的支付，偿还银行垫付的数目以及作为利润的利息。银行家给贴现商人预支的不是金银币，而是他们自己的本票。他的好处是通过贴现可以增加自己的本票发行量，他凭自己的经验发现，这类本票都在流通。因此，他能从较大数量的发行额中获取利息纯收入。

苏格兰的商业规模现在还不是很大，在上述两家银行公司初次创立时就更小了。如果这两家公司将业务限制在票据贴现内，它们的营业就会更小。于是，它们发明了另一种方法来发行本票：凡是能找得到两个信用卓著且拥有良好地产的人做担保，开设他们所称的现今账户，给予他一定数额（如两三千镑）的信贷，并在此限额内预支给他的钱，他应在被请求时连同其法定利息偿还。我相信，世界各地的银行和银行家都会给予这种信贷的。但据我所知，苏格兰银行公司所接受的还款条件的宽松是他们特有的，这也许是他们营业兴盛，国家得益的主要原因。

在苏格兰，凡具有上述信用条件而按照此方法向银行借到一千镑的人，可以随时分期还款，有二三十镑就可还款一次。银行方面就从每次收款的日期起，至全数偿清的日期止，计算每次所收回的数额，并在全部金额的利息中，扣除相应数目的利息。各种商人和实业家都感到在银行设立现金账户的便利，因而乐于促进银行的这类业务，在一切支付中乐意接受它们的银行券，并鼓励自己所能影响到的人都那样做。在顾客申请贷款时，银行大都以自己的本票支付。银行用本票支付制造业者的贷款，制造业者用本票购买农场主的原料和食物，农场主用本票支付地主的地租，地主用本票支付商人提供的各种便利品和奢侈品，商人最后又把它送回银行去平衡自己的现金账户或偿还其他借款。于是，国家的全部货币业务均采用银行券进行。银行的业务自然也就兴旺了。

通过这种现金账户，商人们可以随意做比以前更大的生意。假设有两个商人，一个在伦敦，一个在爱丁堡，他们在相同的贸易中投入了相同的资本。爱丁堡商人因有现金账户，他的生意规模就会比伦敦商人的更大，能够雇用更多的人。伦敦商人因没有现金账户，需在自己金柜内或在他的银行家的金柜内保有巨额货币（银行家不支付利息），以应付不断提出的偿还赊购的要求。假定这一数目在通常情况下是五百镑，那么，他的货仓中的货物必然因此而减少五百镑。假设商人保有的存货普通每年脱售一次。由于他必须保持五百镑不用，所以每年售出的货物就少了五百镑，他每年的利润和他所能雇用来办理销售的工人人数均相应都减少了。反之，爱丁堡的商人无需保有货币来应付这种不时的需要。万一遇有急需，他可通过银行的现金账户去付款，逐渐用今后出售货物所得的货币或纸币去偿还这种借款。与伦敦商人比较，他可毫无顾虑地用同量资本去囤积更多的货物，从而为他自己赚取更大的利润，并经常雇用更多的勤劳人民准备货物上市。因此，国家也可以从中获得巨大好处。

诚然，英格兰银行通过贴现汇票所给予英格兰商人的便利，可等于现金账户给予苏格兰商人的便利。但要记住，苏格兰商人也可和英格兰商人一样容易地向银行贴现汇票。除了贴现票据，苏格兰银行还有现金账户提供的额外便利。

在任何国家，各种纸币能毫无阻碍地到处流通的全部金额绝不能超过其所代替的金银币的价值，或（在商业状况不变的条件下）在没有这些纸币的场合所必须具备的金银币的价值。例如，苏格兰流通的纸币，假设最低的是二十先令纸币，那么，能在全苏格兰流通的纸币其总额绝不可超过国内每年交易二十先令及二十先令以上的价值的交易通常所需的金银币的数额。如果超过了这个总额，其过剩的部分既不能在国内流通，也不能输往国外，只能马上回到银行去兑换金银币。得到钞票的人立即觉得他们所有的钞票超过国内交易的需要。既然他们不能把纸币送往国外，当然马上会转向银行，要求其兑现。因为过剩的钞票一旦换成金银币被输往国外，很容易就有用处；在钞票还是钞票的时候，却一点儿用处也没有。总之，过剩的数额将全数回到银行兑现，如果银行兑现困难或迟缓，回到银行去的钞票，还会更多。由此造成的恐慌，必然会加剧挤兑。

每种商业普通开支包括房租以及雇工、办事员、会计师等的工资。除了这些项目之外，银行还有两项特有的开支：第一，在自己的金柜内随时保持大量的货币，以应付自己发行的银行券持有人随时提出的兑现要求，它损失的是这笔钱的利息；第二，应付兑现要求的金柜一旦变空，要立即进行补充。

一家发行纸币超过国内流通所需的银行公司，由于超过部分将不断回到银行并请求兑现，所以必须增加自己金柜中经常保持的金银币数量，而且要按照彼此更大的比例，因为银行券的归来，其速度比超额部分的扩大要快得多。所以，银行不仅要按被迫增加的比例，而且还要按更大的比例增加第一项的开支。

这样一家公司的金柜，不但应更充实，而且肯定会空竭得更快。因此，为了补充金柜，不仅需要较大的开支，而且需要较常的和不间断的开支。但是，源源不断从金柜中流出来的铸币却不能在国内流通，它是用来代替国内流通中不能使用的纸币的，所以也不能在国内流通中使用。然而，铸币是不会被闲置的，它必须以某种形式流入国外，以寻求在国内找不到的其他有利用途；但金银币的不断输出，由于增加了寻找新的金银币去补充空竭得非常迅速的金柜的困难，定会进一步增加银行的开支。所以，像这样的银行，必须按强迫增加的业务比例，增加第二项的开支，其增加幅度比第一项更大。

假设某家银行发行的全部纸币为四万镑，而这恰是国内流通所能容易地吸收和使用的数目，为应付随时可能的兑现需要，银行金柜需随时保持一万镑金银币。假使该银行企图发行四万四千镑的纸币，增加的四千镑，即超过社会容易吸收和使用的数目，几乎一发行就会回到银行。为应付随时可能提出的兑现要求，银行金柜中应该随时保持的金银币数目是一万四千镑，而不是一万镑。于是，他不但不能从过剩的四千镑中获得利息，而且还要负担不断收集这四千镑金银币的所有损失。这些金银币一旦送收金柜，马上又会流出。

如果所有银行都懂得而且注意自身的特殊利益的话，流通过程中就不至于出现纸币过剩。但每家银行并不总是懂得或注意自己的特殊利益，因此，流通中经常出现纸币过剩的现象。

由于纸币的发行量过大，其超额部分被不断送回要求兑换金银。许多年来，英格兰银行被迫铸造的金币每年多达九十万镑至一百万镑不等，平均计算的话，每年大约要铸八十五万镑。由于大量铸造金币，该银行（由于在几年前金币已处于磨损变坏的状态）不得不以每盎司四镑的高价购入金块，随后以每盎司三镑十七先令十便士半的低价发行铸币，损失达百分之二点五至百分之三。虽然银行免付铸币税，一切铸币费用由政府承担，但政府的慷慨不能完全阻止银行支出的增加。

由于同样的超额发行，所有苏格兰银行不得不经常雇用代理人在伦敦收集金银币，其费用很少低于百分之一点五至百分之二。收集到的货币通常用马车运回，运送人以百分之零点七五或每百镑十五先令的额外开支作为保险费。但代理人所收集的货币，还往往不能及时补充银行迅速空竭的金柜。在这种情况下，各家银行的办法是向它们在伦敦的通信银行按照自己所需的数额开出汇票。当这些通信银行向它们开出汇票索取借款以及利息和佣钱时，那些由于发行过度而处于困境的银行常常因无法满足这些要求，不得不向原债权人或伦敦的其他通信银行再次开出汇票；同一金额，或者说同一金额的汇票，有时会在伦敦、爱丁堡间往返两三次以上。债务银行总要支付全部积累金额的利息和佣金。即使那些从不曾以不谨慎著称的银行，有时也不得不使用这种自取灭亡的方法。

英格兰银行和苏格兰银行为收回在国内流通中无法使用的纸币而付出的金币，同样无法在国内流通中使用。这种金币有时以铸币形式，有时熔成金块输往国外，熔成金块后有时以每盎司四镑的高价售给英格兰银行。输往国外或熔成金块的铸币是最新，最重的，最好的。因为留在国内保持铸币形态的重币和轻币的价值都是一样。但在国外以及在国内熔化时，重币的价值就更大。尽管英格兰银行每年都铸大批新币，却惊奇地发现，每年铸币的缺乏和去年没有什么不同。而且，尽管英格兰银行每年发行大量良好的新币，铸币的状况不见得一年比一年好，而是变得一年比一年更坏。他们发现每年不得不铸造与前一年相同数量的金币；由于金块价格的不断上涨以及铸币的不断磨损和剪铰，造币费用一年大过一年。必须指出，英格兰银行因给自己的金柜提供铸币，也不得不间接地为整个联合王国提供铸币。铸币常以各种方式从各个银行的金柜中流向全国各地。因此，为支持纸币过度发行的英格兰和苏格兰银行所需的铸币，所有因纸币造成的国内必需的铸币的缺乏，英格兰银行都得出来供应。苏格兰各银行因为自己的不谨慎和不小心付出了高昂的代价。不过英格兰银行不仅为自己的不谨慎，而且为几乎所有苏格兰银行的更大的不谨慎付出了高昂的代价。

联合王国两个地区的一些大胆设计家的过度贸易，是造成纸币超额流通的最初原因。

银行可以适当地给商人或任何经营者垫支的不是它从事贸易的全部资本，甚至也不是这种资本的大部分；而只是它不得不留着不用，作为应付不时之需的那部分现款。假如银行垫支的纸币从不超过这个价值，它就绝不可能超过在没有纸币时必然在国内流通的金银币的价值，它绝不可能超过国内流通所容易吸收和使用的数量。

当一家银行向一个商人贴现一张由真实债权人向真实债务人所开的真实汇票时，这张汇票一到期便会由债务人真实支付，银行垫付的只是它必须留着不用，作为不时之需的现款价值的那部分。汇票到期后的兑付，就向银行偿还了垫支的价值及其利息。要是银行只和这类顾客做生意，它的金柜就像一个水池，虽有水不断流出，也有水不断流入，出入数量相等，因此，无须特别关心或注意，水池总是一样充满或几乎一样充满。银行金柜的补充不需要多少费用，甚至完全不需要费用。

一个不从事过度贸易的商人，即使没有票据需要贴现，也往往需要保持一定数量的现金。如果银行方面除给他的汇票贴现外，还在这种场合给他开设现金账户，按苏格兰银行业的宽松条件接受他用随时出售的货物得到的货币分期陆续偿还，这就全部免除了他保留一部分现款以应付不时之需的必要性。当确有需要时，他就可凭自己的现金账户去应付。不过，银行在与这类客户往来时应该十分注意，看它在一个短时期中（比方说四个月、五个月、六个月或者八个月）内，从他那里通常收回的偿还款是否完全等于通常贷给他的款额。如果在这短时期内，偿还款大都等于银行的垫支额，就可以放心地同这种顾客往来。在这种情况下，虽然从银行金柜经常流出的流量很大，但经常流入的流量也至少同样大，所以，无须特别留心或注意，金柜总是同等或接近同等地充满，用不着额外的开支去补充。反之，如果顾客偿还的数额常常远远少于贷出的数额，银行就不能放心继续和他往来，至少不能继续按照这种方式和他往来。在这种情况下，金柜的流出量必远大于流入量。除非不断有大量的开支去补充，金柜很快就会枯竭。

因此，苏格兰各银行在一个长时期内非常谨慎地要求其所有顾客经常定期地归还贷款。如果顾客不能照办，那无论他的财产或信用如何，银行也不想同他们往来。由于这样的谨慎，银行方面不仅几乎完全节省了补充金柜的特别开支，而且还得到了其他两种很大的益处。

第一，由于这样的谨慎，银行能对自己的债务人的兴旺或衰落状况进行大致的判断，除自己的账簿所能提供的之外，不必另去搜集别的证据；债务人偿债情况是否正常大都取决于其业务的兴旺或衰落。一个向半打或一打债务人带出自己货币的私人，他自己或他的代理人可能要经常留意并观察他们每个人的行为和状况。但银行可能向五百个人贷款，而且除自己账簿所提供的资料外，时常还有非常不同的目标去留意，所以，不可能经常获得大多数债务人的信息。苏格兰各银行要求所有债务人必须常常还款，也许它们看到了这一点。

第二，通过这种留意，银行方面就能保证自己不发行超过国内流通所能吸收和使用的纸币。当银行在较短的时间内观察到某个客户在大多数情况下的还款完全等于银行向他垫支的款额，那就可证明银行贷给他的纸币额并没有超过他在无银行贷款时为应付不时之需所必须保留的金银币数量，从而可以证明银行发出去的纸币额，也未曾超过国内在无纸币的场合所应流通的金银币数量。债务人还款的经常性、正规性和数额足以表明银行方面垫支的数额并没有超过顾客在无借贷时所必须以现金形式保留以应付不时之需的那部分资本，也就是说，并没有超过顾客在无借贷时所必须以现金形式保留，使得他的其余资本可继续不断使用的那部分资本。在这种场合下，只有这一部分顾客的资本，在相当长时期内，继续不断以铸币或纸币时而收回、时而付出。如果银行垫支的数目普遍超过了他的这部分资本，在短期内，他的一般偿还数额就不可能等于他所垫支的数目。就银行的金柜说，这种来往的流入，不可能等于这种来往的流出。银行垫支的纸币，因为超过了在无纸币垫支时顾客会不得不以应付不时之需的金银币数量，很快就会超过在无纸币时国内流通的全部金银币数量（假定商业状况保持不变），因而超过了国内流通所能够容易吸收和使用的数量，这种过剩的纸币不久就会回到银行来兑换金银币。这第二种好处，与第一种好处相比较，同样是实在的，但不像第一种好处那样被苏格兰各银行完全了解。

当部分地通过贴现票据的便利，部分地通过现金账户的便利使任何一国的有信用的商人免除保持部分资金不用，作为应付不时之需的现款的必要时，他们从银行和银行家所能合理预期的帮助也就到头了。为银行和银行家自身利益与安全着想，它们也只能做到这个地步，不能再做什么了。为银行本身利益着想，商人的流动资本不能全部贷自银行，即使大部分也不行。因为商人的流动资本，虽继续以货币的形式时出时入，但全部收回的时候，距离全部付出的时候太远了，要在短时期内符合银行的利益，使偿还的数额等于垫支的数额，那是办不到的。至于固定资本，就更不应该大部分贷自银行了。比方说，制铁家建立铁厂、铁炉、工场、仓库、工人住宅等的资本，又比方说开矿家开坑掘井、排除积水、建筑道路车轨的资本，土地改良家开垦荒地、排除积水、修筑围墙、建农舍、厩舍、谷仓等必要建筑物的资本，都不宜大部分贷自银行。固定资本的收回，比流动资本的收回缓慢得多。固定资本一经投下，即使投下的方法非常适当，亦要经过许多年才能收回。这样长的时间，当然不利于银行。固然，企业家可以很适当地使用借入的资本进行他的大部分计划，但要使债权人不吃亏，债务人应持有充分资本，足够保证（如果我可以这样说）债权人资本的安全，足够使债务人的营业计划纵使失败，亦不致使债权人蒙受损失，这样对债权人才算公道。然而，即使如此，非数年不能偿清的借款，仍以不向银行借贷为上策。那最好提出抵押品，向那些专靠利息为生的私人借贷；因为他们不想投资营业，但愿把钱供给有信用的人，数年不还，亦未尝不可的。不取抵押品，无须印花费、律师费，就以货币贷人，而偿还条件又像苏格兰银行肯接受的那么简单的银行，对于这样的商人企业家来说，当然可说是最方便的债权人。不过，像这样的商人，对于这样的银行来说，却是最不方便的债务人。

二十五年来，苏格兰各银行所发行的纸币，至少也十足地等于国内流通界所易容纳的数额了。对于苏格兰各种事业，银行的帮助已经是尽了全力了，为银行本身利益计，它们只能办到这样。而且事实上，它们的营业，已有些微过度的地方。因为这种过度，银行方面已经吃亏了，至少，利润是减少了。在这一种营业上，经营规模只要略微过度，便不免有此结果。不幸，逐利常情，得陇望蜀，商人们、企业家们还以为未足，他们以为银行信用事业，可任意推广，推广银行信用事业，除了增添少数纸张费以外，用不着增添什么费用。他们埋怨银行理事先生们眼光狭窄、态度畏葸。他们说，银行信用事业还需扩充到和国内各种事业的扩充相称的程度。他们所谓的事业推广，是指把事业推广到超过他们自己的资本或能够凭借抵押品向私人借得的资本所能经营的范围。他们以为，他们短少的资本，银行有设法供给的义务。他们觉得，他们所希望得到的全部资本，银行是理当供给的。但银行方面的意见不同。于是，在银行拒绝推广信用的时候，有些企业家想出了一个法门。这个法门，在一段时期中，显得对他们很适用，虽所费大得多，但其有效性却和极度推广银行信用事业无异。这法门就是大家知道的循环划汇。不幸的商人，在濒于破产的时候，往往利用这种办法。由这办法取得资金，在英格兰是行之已久了。据说，上次战争期间，因营业利润极大，商人们往往不度量自己的资本，把事业过分推广起来，于是，这种循环划汇的办法大为流行。后来，这种办法又由英格兰传入苏格兰。在苏格兰，商业是有限多了，资本亦有限多了，所以这办法传入苏格兰后，比较起来，愈见流行。

这种循环划汇办法，在一般实业家心里，当然都很明白，似乎没有说明的必要。但本书读者未必都是实业家，而且，这种办法对于银行的影响，即使一般实业家也似乎不大了解，所以，我将设法来作尽可能明了的说明。

当欧洲野蛮法律还没有强迫商人履行契约的时候，商人间形成一种习惯，即赋予汇票以非常的权利，使得以汇票（尤其是定期很短不过两三个月的汇票）进行借款，比以任何其他种证据都容易成功。汇票到期，承兑人若不能立即照付，他马上就算破产。于是持票人可制作成拒付证书，持向出票人索款。如果出票人也不能立即照付，亦就算破产。又如果汇票在未到期以前，辗转流通，或以购货，或以借款，迭经数人之手，这些人各在票背签署名号，作为签保，这些人就也对这汇票负完全责任，如果汇票到了自己面前，自己不能立时照付，也马上被宣告破产。这种惯例，将近二百年来，已为欧洲各国法律所采纳。出票人、承兑人、背书人，即使信用有疑问，但因汇票期限如此短促，多少对持票人是一种保障；虽然他们都有破产的危险，但不见得在这短促期间内，他们都会破产。房子已经倾斜了，不能持久了，今晚就会倒塌吗，不见得吧，我姑且冒险住一晚——这是倦行者的心事，正好比喻汇票持有人的心理。

假设爱丁堡商人甲向伦敦商人乙开出汇票，限期两个月，要乙付银若干。事实上，伦敦商人乙并无所负于爱丁堡商人甲。他所以愿承兑甲的汇票，因为两方协商的条件，是在付款期限未到以前，乙亦可向甲出一张汇票，数额相等，外加利息佣钱，兑期亦为两个月。所以，在两个月的限期未满以前，乙向甲出一张汇票，甲又在这汇票期满以前，再向乙出第二张汇票。在这第二张汇票未满期以前，乙再照样向甲出汇票，都以两个月为期。这样循环下去，可连续至于数月，甚而至于数年，不过，乙向甲开出的一切汇票，积累下来的利息佣钱，都要算在里面。利息率为每年百分之五，佣钱每次至少百分之零点五。如果每年来往六次，佣钱就要加六倍，所以只靠这种办法筹款的甲，每年费用就至少也在百分之八以上。如果佣钱高涨，或如要对以前汇票的利息和佣钱付复利，那么，利上算利，费用就要更大。这就是所谓循环借款的办法。

据说，国内大部分商业上的投资，普通利润是在百分之六至百分之十之间。用这样的方法借得货币的营业，如果除了偿付借钱的巨大费用，还能提供很好的剩余利润，那非是一种非常幸运的投机不行。但是，近来有许多规模巨大的计划，在若干年中除靠这种方法从巨额费用借来的资金外别无其他资本。无疑的，这些计划家在他们的黄金梦中，看到了大利润的非常鲜明的幻象。但是，当他们醒了，或在他们营业结束时，或在他们无力再继续经营下去时，我相信，运气好的能够实现所做的梦的，没有几个。

爱丁堡的甲向伦敦的乙开出的汇票，经常由甲于到期前两个月持向爱丁堡银行贴现。伦敦的乙随后向甲开出的汇票，也照样地经常由乙持向英格兰银行或伦敦的其他银行贴现。银行贴现这些循环汇票所付出的大都是钞票。在爱丁堡，是付苏格兰银行的钞票；在伦敦，是付英格兰银行的钞票。固然贴现的汇票，到期都照兑，不过，为贴现第一张汇票而实际付出去的价值，却永远没有实际归还贴现它的银行。因为在第一张汇票将到期的时候，第二张汇票又开出了，数额还更大。没有这第二张汇票，第一张汇票根本就没有兑付的可能。所以第一张汇票的兑付全然是个名义。这种循环汇票的流转，使银行金柜在发生了出流之后，一直没有入流来补还这项出流。

银行因贴现这些循环汇票而发的纸币，往往达到进行大规模农业、工业或商业计划所要使用的全部资金的数目，而不仅限于在没有纸币的情况下，企业家必须以现金形式保持在手中，以备不时之需的那部分资金的数目。所以，银行发出的这种纸币，大部分是社会所不能容纳的，是超过国内在无纸币的情况下流通界应有的金银价值的。过剩的部分，马上会回到银行，要求兑换金银。银行必须尽其所能，设法寻求这项金银。这是这些计划家施巧用计向银行弄去的资本，不但没有经过银行知道或得过银行慎重考虑后的同意，甚至，银行在若干时间中，可能毫不觉得曾贷给了他们这些资本。

设甲乙二人，狼狈相倚，互出循环票据，向同一银行贴现。银行方面，当然不久就能发觉他们的行径，就能明白看出，他们营业但自己并没有资本，他们的资本全然是它借给他们的。但是，假如他们不常在一家贴现，时而这家，时而那家，而且两人并不一直互向彼此开出汇票，而兜个大圈子，经过许多其他计划家，这些计划家以利益所在，互相帮忙，最后由其中之一，向他们开出汇票，那么，哪一张是真实汇票，哪一张是虚伪汇票，就不易辨认了。是有真实债务人和真实债权人的汇票呢，或是除了贴现汇票的银行别无真实债权人，除了猎取货币的计划家别无真实债务人的循环汇票呢，那就难以知道了。即使银行最终察觉了这点，但可能已经太晚，这样的汇票已经贴现不少了。这时，拒绝他们，不再贴现，必然会使他们一齐破产，而他们破产，可能使银行随着破产。为顾及自身利益与安全计，在这危险境况中，银行方面也许只好再冒险继续贴现一些时候，企图慢慢把贷款收回，或者加重贴现条件，迫使他们逐渐转向其他方面或者别的银行设法，从而使自己尽快从这个圈套中摆脱出来。然而就在英格兰银行，伦敦各家主要银行，以及比较慎重的苏格兰各银行，陷入过深，开始对贴现提出较苛的条件时，这班计划家不仅惊慌起来，而且愤怒起来。他们自己的苦恼无疑是直接起因于银行方面这种慎重的必要的准备措施，但他们竟把自己的苦恼说成是全国的苦恼。他们说，这种全国的苦恼，完全是由于银行方面见识卑陋，举措失当；他们想努力使国家臻于繁荣富裕的境地，而银行却吝于帮助。他们似乎认为银行按照他们所希望的借款期限和借款利息借给他们资金，乃是银行的义务。然而就事实说，要挽救银行自身的信用，要挽救国家的信用，银行拒绝对借款已经过多的人继续按照这种方法贷给信用，是这时候唯一可实行的办法。

在这喧扰和窘困之中，苏格兰如果开设了一家新银行，声言以救国难为职责，它立意很慷慨，但措施失当了，而且似乎不甚明了它所企图救济的困难，其性质是怎样，其原因是什么。这银行的借贷，无论就现金结算法说，或就贴现汇票说，都比其他银行宽大。就后者说，它几乎不问汇票是真实汇票还是循环汇票，一律予以贴现。这银行曾明白宣布宗旨说，只要有相当的保证，甚至需要非常长的时期才能偿还（像改良土地用的）的资本，也全部可以向银行借取。甚至说，促进这样的土地改良，是银行所以设立的一个爱国目标。由于对现金结算，票据贴现采取这样宽大的政策，银行必然发行大量钞票，其过剩的部分，既然不易为社会所容纳，当然随发随回来兑换金银。银行金柜，本来就不大充实。它从两次招股募到的资本虽号称十六万镑，但实收不过百分之八十，而且是分期缴纳。大部分股东，在第一次缴入股款后，即向银行用现金结算法借贷。银行理事先生们，以为股东借款当受同样宽大的待遇。所以，有大部分股东缴了第一期股款以后，其余各期缴入的，几乎全是在现金结算法下借出的款项。这样，他们后来的交股，就不过是把先从银行某一金柜提去的款项，放入银行的另一金柜。所以，银行金柜，即使原本充满，供过度的发行，亦必使银行金柜很快耗竭，只好走上失败的途径，向伦敦银行开出汇票，期满时再开，加上利息佣钱的数目，从而兑付前一汇票，除这种办法外，没有其他能及时补充金柜的耗竭。这银行的金柜，原来就不很充实，据说，营业不过数月，就不得不乞助于这个办法。幸而，各股东的田产，不下数百万镑，他们认购股份时，实际上即等于把这田产保证银行的一切借条，有如此充实的保证作为银行信用的后盾，所以，借贷政策虽如此宽大，银行营业，仍能赓续两年有余。到非停业不可时，发出的纸币额，已近二十万镑了。这种纸币，随发随回，因要支持这些纸币的流通，它屡向伦敦各银行开出汇票。积累下去，到了银行不得不倒闭的时候止，汇票价值已在六十万镑以上。这样，在两年多的时间里，这银行借出去的，也达八十万镑以上，取息百分之五。对那二十万镑用纸币借出去的放款所收的百分之五的利息，也许可视为纯利，因为除了管理费外，没有其他扣除。但那六十多万镑向伦敦出汇票借来的，其利息佣钱等，却在百分之八以上。所以，两者对比，银行借出的金额，其中要吃亏百分之三以上的利息，不止四分之三。

银行经营的结果，正和它的创办人的本意相反。他们的目的，似乎在于对国内那些他们认为有勇敢进取精神的企业，给予支持，同时把苏格兰各银行，尤其是在贴现方面被指责为过于畏缩的设于爱丁堡的各银行排挤掉，从而把整个银行营业集于一身。无疑的，这银行曾给各计划家以暂时的救济，使他们在无可奈何的境地下，多拖延了两年左右。但事到尽头，仍不过使他们陷入债务愈深，因此到了失败的时候，他们的损失更重，他们债权人的损失也更重。所以，这些计划家所加于自己及国家的困难，这银行不但没有加以救济，事实上，反而使它加深了。为他们本身计，为他们债权人计，为国家计，他们大部分的营业，不如早两年停止的好。不过这银行所给予各计划家的暂时性的救济，结果成为对苏格兰其他银行永久性的救济。在苏格兰其他银行不肯贴现循环汇票的时候，这新银行对出循环汇票的人，却伸出双手欢迎。赖有它，其他各银行，很容易就脱离了厄境，不然它们就绝无法摆脱这厄境，一定要受巨大损失，甚或在一定程度上名誉还要遭受损失。所以这银行经营的结果，加剧了它所要减除的国家灾难，但却使它所要取而代之的各竞争银行免受大灾难。

这银行初成立的时候，有些人认为，银行金柜虽易枯竭，但来借贷纸币的都提出了担保品，拿这种担保品作担保，取得钱来补充金柜，绝不是难事。但我相信，不久，经验就告诉了他们，这个筹款方法，未免远水救不得近火。这样不充实而又易干竭的金柜，除了走上没落的途径，向伦敦各银行开出一次汇票，满期时再开出一次汇票，层叠下去，积累的利息佣钱愈来愈多外，简直没有第二种办法可用以补充。即使这种办法，足使它在需要款项的时候，能立刻借到，但结果不仅无利可图，且一定次次受损失，以致作为一个营利的公司，终必一败涂地，虽然灭亡的过程，没有像采取一再出要这种费用更大的筹款方法那么快。它仍不能从所发纸币的利息取得利润，因为纸币既是超过国内流通领域所能吸收和使用的，必然随发随回来换取金银，而为了兑换，银行方面须不断地借债，借债的全部费用以及探听谁有钱出借、和有钱的人磋商、写债券、立契约等所需费用，全须银行负担。出入对比，显然对银行有损而无益。用这方法补充金柜，好比叫人持水桶到远井汲水来补充只有出流而无入流的水池。也是一定要失败的。

这种办法，虽对这作为营利机构的银行，不但可适用，而且有利，但对于国家不仅无利且有大害。这种办法，丝毫不能增加国内出贷的货币量，只能使全国的借贷事项都集中在这家银行身上，而使它成为全国总贷借机关罢了。要借钱的，将不向有钱出借的私人借贷，而都来请求这个银行。私家借贷，一般不过数人或数十人，债务人的行为谨慎与否，诚实与否，都为债权人所熟悉，并有选择甄别的余地。和银行来往的，动辄数百家，其中大多数的情况，往往为理事先生所不深悉，选择甄别当然无所措手，因之，比较起来，银行在贷出上，当然不如私家谨慎。事实上，和这样一个银行来往的，本来大部分就是幻想的计划家，就是一再开出循环汇票的出票人。他们把资金投在奢侈浪费的事业上，这些事业，即使得到一切可能的帮助，亦必难于成功，即使能够成功，亦绝不能偿还所花费。他们也绝不能拿出足够的基金，维持等于其所雇用的那么多的劳动。反之，私家借贷，就没有这种现象。诚实俭朴的私家的债务人，大概总是用借入的资本，经营与他们自己的资本额相称的事业。这些事业，也许没有那么宏大，那么惊人，但更稳当，更有利，定能偿还投下的资本并给予大的利润，定能提供一笔基金，足以雇用比他们原先雇用的多得多的劳动。所以，即使新银行的计划成功，结果也丝毫不能增加国内的资本，徒使大部分资本，不投在谨慎有利的事业上去，而改投到不谨慎的无利益的事业上去。

有名的劳氏，以为苏格兰产业不振的原因，就是缺少货币来经营。他提议设立一个特别银行，使该银行所发纸币，等于全国土地的总价值。他觉得，这是救济货币缺少的好办法。在他最初提出这个计划的时候，苏格兰议会亦觉得不可采纳。后来奥林斯公爵摄法兰西政治，却就他的原议略加改正而采行了。可任意增加纸币数额的观念，即是所谓密西西比计划的实在根据。这个计划，就银行业说，就买卖股票生意说，其狂妄在世界上都是空前的。杜浮纳在其《对林托<关于商业与财政的政治观察>一书的评论》中，曾详细说明这个计划的内容，这里不再赘述。这计划所根据的原理，在劳氏所著关于货币与贸易的一篇论文（那在他最初提出这个计划时，就在苏格兰发表了）中，亦有说明。在这篇论文以及其他根据同一原理的著作中所提出的那些宏伟而空幻的理论，至今犹在许多人脑中留有很深刻的印象。最近受人攻击认为营业毫无节制的苏格兰及其他各处银行，恐怕亦多少受了这个理论的影响。

英格兰银行是欧洲最大的银行，它是1694年7月27日由国会议决以敕令设立的。当时它借给政府的数目，共计一百二十万镑，每年可向政府支取十万镑，其中，九万六千镑作为利息（年利百分之八），四千镑作为管理费。革命建立起来的新政府的信用一定还很差，否则不会有这样高的利息。

1697年，银行资本增加了一百万零一千一百七十一镑十先令。因此，这时其总资本达二百二十万零一千一百七十一镑十先令。这次增资，据说旨在维持国家信用。1696年，国库券要打四成、五成或六成折扣，银行纸币要打二成折扣。这时，正在大量改铸银币，银行认为宜暂时停止纸币兑现，而这必然会影响银行信用。

按照安妮女王第七年第七号法令，银行以四十万镑贷给国库。加上原来借给政府的一百二十万镑，贷给政府的钱总计达到了一百六十万镑。因此，1708年，政府信用已等于私人，因为政府能以百分之六的利息率借到款项，而这正是当时市场上普通的利息率。按照同一法令，银行又购买了利息六厘的财政部证券一百七十七万五千零二十七镑十七先令十便士半。银行资本准备再增加一倍。所以，在1708年，银行资本就等于四百四十万零二千三百四十三镑，贷给政府的总额就等于三百三十七万五千零二十七镑十七先令十便士半。

1709年，英格兰银行按照百分之十五的比例催收股款，收得了六十五万六千二百零四镑一先令九便士。1710年，又按照百分之十的比例催收股款，收得了五十万零一千四百四十八镑十二先令十一便士。两次催收的结果，银行资本达到五百五十五万九千九百九十五镑十四先令八便士。

按乔治一世第三年第八号法令，英格兰银行又吃进财政部证券二百万镑，因此，就这时计算，银行贷给政府的金额，已有五百三十七万五千零二十七镑十七先令十便士。按乔治一世第八年第二十一号法令，银行购买南海公司股票四百万镑。因要购买这项股票，银行不得不再增募资本三百四十万镑。这时总算下来，银行贷给政府的金额为九百三十七万五千零二十七镑十七先令十便士半。但其资本总额却不过八百九十五万九千九百九十五镑十四先令八便士。两方对比，银行贷给政府的有息贷款，已多于其母本，或者说，已多于其要对股东分派红利的资金了。换言之，银行已开始有不分红利的资本，而这种资本已多于分红的资本了。这种情况一直继续至现今。1746年，银行陆续贷给政府一千一百六十八万六千八百镑，银行陆续募集的分红利资本亦达一千零七十八万镑。自此到今日，这两个数目都没有改变。遵照乔治三世第四年第二十五号法令，为了延续银行营业执照，银行同意缴给政府十一万镑，不取息，亦不要偿还，所以，这不曾增加银行贷出额，亦不曾增加银行资本额。

银行红利，时有高低，视各时期银行对政府贷款的利息的高低以及其他情况为转移。这贷款利息率已由百分之八逐渐减至百分之三。过去几年间，银行红利常为百分之五点五。

英政府稳定，英格兰银行亦随之稳定。贷给政府的金额不损失，银行债权人亦不致有所损失。英格兰不能有第二个银行由国会议决设立，或有六人以上的股东。所以英格兰银行已非普通银行可比，它是一个国家大机关了。每年公债利息的大部分，是由它收付；财政部证券，是由它流通；土地税、麦芽税的征收额，往往是由它垫付。这些税的税款，纳税人往往逾期好几年不到国库缴纳。在这种情况下，即使主事者明察，但由于对国家的职责，亦不免发行逾量的纸币。它也贴现商人汇票。有时，不仅英格兰，就连汉堡、荷兰的巨商，亦求它借贷。据说，1763年，有一次，英格兰银行在一星期内贷出了将近一百六十万镑，大部分还是金块。数额是否如此巨大，期间是否如此短促，我不敢妄断。但英格兰银行，却真有时迫不得已，竟以六便士的银币来应付各种支出。

慎重的银行活动，可增进一国产业。但增进产业的方法，不在于增加一国资本，而在于使本无所用的资本大部分有用，本不生利的资本大部分生利。商人不得不储存只应急需的滞财，全然是死的资财，无所利于商人自己，亦无所利于他的国家。慎重的银行活动，可使这种死资财变成活资财，换言之，变成工作所需的材料、工具和食品，既有利于己，又有利于国。在国内流通即国内土地和劳动的生产物所赖以年年流通年年分配给真正消费者的金银币，像在商人手上的现钱一样，也是死的资财。这种死资财，在一国资本中，虽是极有价值的一部分，但不能为国家生产任何物品。慎重的银行活动，以纸币代替大部分的这项金银，使国家能把大部分这项死资财，变作活动的资财，变作有利于国家的资财。流通国内的金银币，可与通衢相比。通衢，能使稻麦流转运到国内各市场，但它本身却不产稻麦。慎重的银行活动，以纸币代金银，比喻得过火一点儿，简直有些像驾空为轨，使昔日的大多数通衢，化为良好的牧场和稻田，从而，大大增加土地和劳动的年产物。但是，我们又必须承认，有了这种设施，国内工商业固然略有增进，但用比喻来说，和足踏金银铺成的实地相比，这样由纸币的飞翼飘然吊在半空，是危险得多的。管理纸币，若不甚熟练，不用说了，即使熟练慎重，恐仍会发生无法制止的灾祸。

比方说，战争失败，敌军占领首都，维持纸币信用的库藏，亦陷敌手。在这种情况下，国内流通全靠纸币进行的国家，比起大部分靠金银来流通的国家，当然要困难得多。平常的通商手段既全无价值，除了物物交换，除了赊欠，就不能有所交换。一切赋税，既常以纸币缴纳，君主也就无法支付军饷，充实武库。在这种情况下，全用纸币的国家比之大部分用金银的国家更难恢复原状。因此，一国君主，要把他的领土随时都保持在易于防守的状态，就不仅要防止那种能使发行纸币银行破产的纸币发行过剩现象，还要设法使银行所发纸币不在国内流通界占较大的部分。

国内货物的流通，可分作两个用途：一、商人彼此间的流通；二、商人与消费者间的流通。同一货币，无论其为一张纸币或一枚现金，可能有时用于前一种流通，有时用于后一种流通，但由于这两种流通是同时不断进行的，所以，各需一定数量的货币来经营。商人彼此间流通的货物的价值，决不能超过商人和消费者间流通的货物的价值。商人所买的一切，终需卖给消费者。商人彼此间的交易，往往是批发，所以每次总须有大量货币。商人和消费者间的交易，往往是零售，所以每次有小量货币（如一先令或者半便士）就够了。但小量货币流通得比大量货币快得多。一先令比一几尼流转得快，半便士又比一先令流转得快。因此，以年计算，全部消费者所购买的价值，虽至少应等于全部商人所购买的价值，但消费者每年购买所需的货币量，却比较小得多。由于流通速度较快，同一枚货币，作为消费者购买手段的次数，比作为商人购买手段的次数多得多。

纸币可加统治，或使其单在商人之间流通，或推广其流通范围，使商人与消费者间的交易，亦有大部分使用纸币。如果钞票面额，没有在十镑以下的，像在伦敦情况那样。那么，纸币的流通，势必只限于商人彼此之间。消费者得到一张十镑的钞票，在第一次买东西的时候就需兑换这张钞票，哪怕所购仅值五先令。所以在消费者把这张钞票用去四十分之一以前，钞票早已回到商人手上了。苏格兰各银行所发的钞票，却有小至二十先令的，在这种情况下，纸币的流通范围就会自然推广。商人与消费者间的交易也有大部分使用纸币。在国会议决禁止通用十先令和五先令的钞票以前，消费者购物便常使用小额纸币。北美洲那里发出的纸币，竟有小至一先令的，结果，消费者购物几乎都用钞票。至于约克郡，有些纸币，仅值六便士，结果如何，更不用说了。

发行这样的小额纸币，如果得到准许而且普遍实施，即无异奖励许多普通人去开银行，并使他们有力量成为银行家。普通人所发出的五镑甚至一镑的票据，大家会拒绝不用；但他发出的六便士票据，大家却不会拒绝。这些乞丐般的银行家，当然很容易破产，结果，对于接受他们钞票的穷人，可能引起很大的困难，甚至极大的灾难。

把全国各地银行钞票的最低面额，限为五镑，也许是较好的办法。这样，各地银行所发的钞票，大抵就会只在商人彼此间流通，像在伦敦一样。在伦敦，发行的钞票的面值不得少于十镑。五镑所能购得的货物，虽仅等于十镑的一半，但在英国其他各地，人们对五镑，正像豪华伦敦人对十镑那样重视，而且一次花掉五镑，也像伦敦人一次花掉十镑那样稀罕。

如果纸币像在伦敦那样，主要在商人间流通，市面上的金银便不致贬乏。如果现在苏格兰尤其是像在北美洲那样，纸币的流通，推广到商人与消费者间交易的大部分，市面上的金银就会全被驱逐，国内商业会至用纸币进行。苏格兰禁发十先令和五先令的钞票，曾稍稍减轻市面上金银缺乏的困难；若再禁发二十先令的钞票，当有更大的功效。听说，美洲自从禁发若干种纸币以来，金银已更丰饶了。在纸币未曾发行以前，听说美洲的金银还更丰饶。

虽然纸币应当主要限于商人之间的流通，但银行在这种场合，仍能帮助国内工商业，几乎像在纸币差不多占全部通货的场合一样。因为商人为应付不时之需而需储存的滞财，本来就只在商人之间流通的。在商人与消费者的交易上，商人没有储存滞财的必要。在这种交易上，商人只有钱进，没有钱出。所以，虽然银行钞票的发行，只限于如此数额，使得只在商人之间流通，但银行通过贴现真实汇票及现金结算办法，依然能够使大部分商人不必储有那么多的现金，专门用来应付不时的需要。银行依然能够对各种商人提供它们所能提供的最大贡献。

也许有人说，银行钞票无论数额大小，只要私人愿意领受，就应在许可之列。政府禁止其领受，取缔其发行，实在是侵犯天然的自由，不是法律应有的。因为法律不应妨害天然的自由，而应予以扶持。从某观点来说，这限制诚然是侵犯天然的自由。非但会危害全社会安全的少数人的天然自由，却要受而且应受一切政府的法律制裁，无论政府是最民主的政府或是最专制的政府，法律强迫人民建筑隔墙，以预防火灾蔓延，其侵犯天然的自由，无异于我们这里主张以法律限制银行活动。

由银行钞票构成的纸币，若由信用良好的人发行，无条件的，只要拿来，随时都能兑现，那就无论从哪方面说，它的价值，都等于金银币，因为它随时可以换得金银。任何货物，用这种纸币买卖，其价格一定像用金银买卖一样便宜，不会稍贵。

有人说，由于纸币的增加，通货总量随之增加，从而导致全部通货价值降低，所以，必会提高商品的货币价格。这话，不见得可靠，因为有多少纸币加进来，就有多少金银会改作他用，所以，通货的总量，不一定会增加。一个世纪以来，苏格兰粮食价格，以1759年为最低廉。但那时因有十先令和五先令银行钞票的发行，纸币之多，实非今日可比。再者，现在苏格兰银行业的增加，总算可以了，但现在苏格兰粮食价格和英格兰粮食价格的比例，却和先前没有两样。英格兰的纸币可算多了，法兰西的纸币可算少了，但两国谷物价格的贵贱，却多是相等。

在休谟发表《政治论文集》的1751年和1752年间，以及在苏格兰增发纸币之后，粮食价格极明显地涨了起来，但其原因，与其说是纸币增加，倒不如说是天时不正。

如果构成纸币的钞券是否能够立即兑现，还需取决于发行人的有无诚意，或取决于持券人未必都有能力履行的一种条件，或者要在若干年后才能兑现，而且目前不计利息，那情形就不同了。这样的纸币，当然要按照立即兑现的困难或不可靠性的大小，或者按照兑现期间的远近，而多少跌在金银价值之下。

数年前，苏格兰各银行，常在所发行钞票上加印选择权条款。依此条款，凡持票求兑者，或见票即兑，或见票六个月后兑现，但添付六个月的法定利息，可由银行理事抉择。有些银行的理事先生，有时利用这个条款，有时威胁持大批钞票求兑者，要他们满足于一部分的兑现，否则就要利用这个条款。那时候，苏格兰的通货，大部分是这些银行的钞券。能否兑现，大是疑问，其价值当然会低落在金银之下。在这弊病未经消除的期间（尤其是1762年、1763年和1764年），卡莱尔对伦敦实行平价汇兑，达弗里斯距卡莱尔不及三十英里，但对伦敦的汇兑，却往往贴水百分之四。很明显，这是因为卡莱尔以金银兑付汇票，达弗里斯则以苏格兰银行钞票兑付汇票。这钞票要兑换现金，不一定有把握，只是和铸币比较，价值就跌了百分之四。后来，国会禁止发行五先令和十先令钞票的命令，又规定钞票不得附加选择权条款，英格兰对苏格兰的汇兑才恢复自然汇率，即顺应于贸易情况和汇兑情况的汇率。

约克郡纸币竟有小至六便士的，但持票人按规定要存票至一几尼才可要求兑现。这个条件，在持票人方面，往往难以办到。故其价值亦低在金银价值之下。后来，国会议决废止这种规定，认为它不合法，并且像苏格兰一样，禁止发行二十先令以下的钞券。

北美洲纸币，非由银行发行，亦不能随时兑现。它是由政府发行的，非经数年，不能兑现。殖民地政府虽不付持票人以任何利息，但曾宣告纸币为法币，需按面额价值接受支付债务。但是，即使殖民地政府非常稳固，在一般利息是六厘的地方，十五年后才能支付的一百镑钞票，其价值和四十镑现金差不了多少。所以，强迫债权人接受一百镑纸币作为清偿以现金借给的一百镑债务，未免太不公平，任何以自由标榜的政府大概都未曾试行过。这显然像诚实坦率的道格拉斯博士所说，是不诚实的债务人欺骗债权人的一种勾当。1772年，本雪文尼亚政府第一次发行纸币，佯言纸币价值与金银相等，严禁人们以纸币卖货时索取比以金银卖货较高的售价。这个法令，言专横，则与其本意所要支持的法令无异；言无效，则有过于其本意所要支持的法令。法律可以使一先令在法律上等于一几尼，因为它可以指导法庭解除这样拿出一先令的债务人的义务。但是，售货与否，卖者各有自由。强卖者视一先令为一几尼，却是法律所办不到的。所以，有的时候英国对一些殖民地的汇兑，一百镑可以等于一百三十镑，而对另一些殖民地，一百镑却简直可以等于一千一百镑，虽有这样的法令，亦无可奈何。试一研究其中原因，就知道价值悬殊，乃是因为各殖民地发出去的纸币额，极不相等。而且，纸币兑现期限长短不一，兑现可能性亦大小不同。

这样看来，国会议决殖民地以后发行的纸币，都不得定为法币，是最适当不过的。为什么各殖民地都不赞成这个议决案呢？

与我国其他殖民地比较，本雪文尼亚对发行纸币往往比较持重。那里的纸币，据说，从来没有低落到未发行纸币以前的金银价值以下。但在纸币第一次发行以前，本雪文尼亚已提高殖民地铸币的单位名称，且由议会议决，英国五先令的铸币，在殖民地境内流通，可以当作六先令三便士，后来又提高至六先令八便士。所以，殖民地货币一镑，即使在通货是金银币时，和一英镑比较，价值已低百分之三十以上，在通货是纸币时，其价值低于英镑一镑的价值，很少大大超过百分之三十。主其事者，以为这样提高铸币单位名称，使等量金银在殖民地比在母国当作更大的数目使用，即可防止金银输出，却不知道殖民地铸币的单位名称提高后，由母国运来的货物的价格，亦必按比例提高，金银输出，还是一样迅速。

殖民地纸币，允许人民按其面额用以缴纳本州各种赋税，不折不扣。所以，即使纸币真的或被认为要在很久以后才兑现，其价值亦定可多少增加一些。不过这种增加价值，要看本州发行的纸币额怎样超过本州缴纳赋税所能使用的纸币额，而有多少不等。据我们考察所得，各州纸币额都大大超过本州缴纳赋税所能使用的纸币额。

一国君主，如果规定赋税中有一定部分必须用纸币缴纳，那么，即使纸币什么时候兑现，全视国王的意志，亦定能多少提高纸币的价格。发行纸币的银行，若测度纳税所需，使所发行纸币额，常常不够应付纳税人的需求，那纸币价值，即将高于它的面值，或者说，纸币在市场上所能买得到的金银币，会多过它票面所标记的数量。但有些人就根据这点，来说明所谓阿姆斯特丹银行纸币的升水，即说明它的价值何以高于通用货币，虽然据他们说，这种纸币不能凭所有者的意志随便拿到银行外面去。他们说，大部分外国汇票，需以银行纸币兑付，换言之，需在银行账簿上转账；该银行理事先生，故意使银行纸币额常常不够应付这种用途的需要。他们说，这就是阿姆斯特丹银行纸币常比金银币价值高百分之四甚至百分之五的理由。但我们将在后面看到，这种说明是很不确切的。

纸币价值虽可落在金银价值之下，但金银价值不会因纸币价值下落而下落。金银所能换得的他种货物的量，不会因此减少。金银价值对其他货物价值的比例，无论在什么场合，都不取决于国内通用纸币的性质与数量，而取决于当时以金银供给商业世界大市场的金银矿藏的丰瘠，换言之，取决于一定数量金银上市所需要的劳动量对一定数量他种货物上市所需要的劳动量的比例。

银行发行钞票，若有限制而且可随时兑现，即可不致妨碍社会安全，而银行的其他营业，亦可任其自由。英格兰和苏格兰两地，近年来，银行林立，许多人引为隐忧。但其设立，不仅无害于社会；相反，社会安全反而增进了。银行林立，竞争者多，为提防同业进行恶意的挤兑，各行的营业自必格外慎重，所发行的纸币，亦必对现金数额保持适当的比例。这种竞争可使各银行的纸币，限制在较狭窄范围内流通；可使各银行在流通中的纸币因而减少。全部纸币既分别在更多的区域流通，那么，一个银行的失败（这是必有的事），对于公众，影响必定较小。同时，这种自由竞争，又使银行对于顾客的营业条件，必须更为宽大，否则将为同业所排挤。总之，一种事业对社会有益，就应当任其自由，广其竞争。竞争愈自由就愈普遍，那事业就愈有利于社会。

第三章　论资本积累并论生产性和非生产性劳动

有一种劳动加在物上能增加物的价值；另一种劳动，却不能够。前者因可生产价值，可称为生产性劳动，后者可称为非生产性劳动。制造业工人的劳动，通常会把维持自身生活所需的价值与提供雇主利润的价值，加在所加工的原材料的价值上；反之，家仆的劳动，却不能增加什么价值。制造业工人的工资，虽由雇主垫付，但事实上雇主毫无所费。制造业工人把劳动投在物上，物的价值便增加。这样增加的价值，通常可以补还工资的价值，并提供利润。家仆的维持费，却是不能收回的。雇用许多工人是致富的方法，维持许多家仆是致贫的途径。但家仆的劳动，亦有它本身的价值，像工人的劳动一样，应得到报酬。不过，制造业工人的劳动，可以固定并且实现在特殊商品或可卖商品上，可以经过一段时间，不会随生随灭。那似乎是把一部分劳动贮存起来，在必要时再提出来使用。那种物品，或者说那种物品的价格，日后在必要时还可用以雇用和原为生产这物品而投下的劳动量相等的劳动量；反之，家仆的劳动，却不固定亦不实现在特殊物品或可卖商品上。家仆的劳动，随生随灭，要把它的价值保存起来，供日后雇用等量劳动之用，是很困难的。

有些社会上等阶级人士的劳动，和家仆的劳动一样，不生产价值，既不固定或实现在耐久物品或可卖商品上，亦不能保存起来供日后雇用等量劳动之用。例如，君主以及他的官吏和海陆军，都是不生产的劳动者。他们是公仆，其生计由他人劳动年产物的一部分来维持。他们的职务，无论是怎样高贵，怎样有用，怎样必要，但终究是随生随灭的，不能保存起来供日后取得同量职务之用。他们治理国事，捍卫国家，功劳当然不小，但今年的政绩，买不到明年的政绩；今年的安全，买不到明年的安全。在这一类中，当然包含着各种职业，有些是很尊贵很重要的，有些却是最不重要的。前者如牧师、律师、医师、文人；后者如演员、歌手、舞蹈家。在这类劳动中，即使是最低级的，亦有若干价值支配这种劳动价值的原则，就是支配所有其他劳动价值的原则。但这类劳动中，就连最尊贵的，亦不能生产什么东西供日后购买等量劳动之用。像演员的对白，雄辩家的演说，音乐家的歌唱，他们这一班人的工作，都是随生随灭的。

生产性劳动者、非生产性劳动者以及不劳动者，同样仰食于土地和劳动的年产物。这生产物的数量无论怎么大，绝不是无穷的，而是有限的。因此，用以维持非生产性人手的部分愈大，用以维持生产性人手的部分必愈小，从而次年生产物亦必愈少；反之，用以维持非生产性人手的部分愈小，用以维持生产性人手的部分必愈大，从而次年生产物亦必愈多。除了土地上天然生产的物品，一切年产物都是生产性劳动的结果。

固然，无论在哪一国，土地和劳动的年产物，都是用来供给国内居民消费，给国内居民提供收入，但无论出自土地或出自生产性劳动者之手，它们都是一出来就自然分成两个部分。一部分（往往是最大的一部分）是用来补偿资本，补充从资本取出来的食料、材料和制成品；另一部分，则或以利润形式作为资本所有者的收入，或以地租形式作为地主的收入。就土地产品说，一部分是用来补偿农场主的资本，另一部分是用来支付利润作为资本所有者的收入，或支付地租作为地主的收入。就大工厂的生产物说，一部分（往往是最大的一部分）是用以补偿厂商的资本，另一部分则支付利润，作为资本所有者的收入。

用来补偿资本的那部分年产物，从来没有立即用以维持非生产性劳动者，而是用以维持生产性劳动者。至于一开始即指定作为利润或地租收入的部分，则可能用来维持生产性劳动者，也可能用来维持非生产性劳动者。

把资财一部分当作资本而投下的人，莫不希望收回资本并赚取利润。因此，他只用以雇用生产性劳动者。这项资财，首先对其所有者提供资本的作用，以后又构成生产性劳动者的收入。至于他用来维持非生产性劳动者的那一部分资财，从这样使用的时候起，即由他的资本中撤出来，放在他留供直接消费的资财中。

非生产性劳动者和不劳动者，都需仰给于收入。这里所谓的收入可分为两项：一是在年产物中有一部分，一开始即指定作为某些人的地租收入或利润收入；二是在年产物中又有一部分，原是用来补偿资本和雇用生产性劳动者的，但在归到获得它的人们手中后，除维持他们的衣食外，他们往往不分差别地用来维持生产性劳动者和非生产性劳动者。例如，不仅是大地主和富商，就连普通工人，在工资丰厚的场合，也常雇用个把家仆，看回木偶戏。这样，他就拿一部分收入来维持非生产性劳动者了。并且，他也许要缴纳一些税。这时，他所维持的那些人，虽然尊贵得多，但同样是不生产的。不过按照常情，原想用来补偿资本的那部分年产物，在还未用以雇用本要雇用的足够的生产性劳动者，推动他们工作以前，绝不至于用来维持非生产性劳动者。劳动者在获得工资以前，要想用一部分工资来维持非生产性劳动者，是绝不可能的。而且，那部分工资往往不多。这只是他节省下来的收入；就生产性劳动者的情况来说，无论怎样，也节省不了许多，不过，他们总有一些。就赋税来说，因为他们这一阶级的人数是很多很多的，所以，他们每个人所缴纳的税很有限，但他们这一阶级所缴纳的税却很可观。地租和利润，在任何地方，都是非生产性劳动者生活所依赖的主要资源，而且最容易节省。它们的所有者可以用来雇用生产者和非生产者。而他们似乎特别喜欢雇用非生产者。大领主的费用，通常情况下，多数费用是用于供养游惰人民，而用于供养勤劳人民的费用却很少。富商的资本虽只用来雇用勤劳人民，但像大领主一样，他的收入也大都用来豢养不生产的人。

我们说过，由土地和生产性劳动者生产出来的年产物，一旦生产出来，就有一部分被指定作为补偿资本的基金，还有一部分作为地租或利润的收入。我们都知道，在任何国家，生产者对非生产者的比例，在很大程度上取决于这两个部分的比例。而且，这一比例，在贫富国家间又极不相同。

现在，欧洲各富国，土地产品的极大部分都是用来补偿独立富农的资本，其余则用以支付他的利润与地主的地租。然而在过去封建社会之时，年产物的极小部分就足以补偿耕作的资本。那时耕作所需的资本就是牛马而已，而天然产物已经供给它们足够的食物，因此，它们也是天然产物的一部分。地主拥有这些牲畜，借以土地耕作者使用。地主不仅拥有牲畜，连土地的其余产物，也归地主所有，或作为土地的地租，或作为无甚价值的资本的利润。土地耕作者们或是他主的奴仆，或是他们的身家财产，都同样是地主的财产。那些不是奴仆的耕者，是可以随意退租的佃户。他们所缴纳的地租名义上和免役租一样，但实际上依然等于全部土地产品。而且，在和平的时候，地主可随时征用他们的劳役，在战争的时候，他们又需出去服兵役。他们虽然住得离地主的家远一些，但他们隶属于地主，无异于住在地主家里的家奴。他们的劳役既然都需听地主支配，土地产品当然也全部属于地主。现在欧洲情况却大不一般。在全部土地产品中，地租所占的比例几乎不超过三分之一，有时还不到四分之一。但在数量方面，改良土地的地租，大都是昔日的三倍或者四倍；现今在年产物中取出三分之一或四分之一，和往日年产物的全部比较，似乎就有三倍或四倍之多了。随着科技的发展，农业的日益进步，就数量来说，地租虽是日增，但对土地产品的比例，却是日减。

就欧洲各富国来说，大资本现今都投在商业和制造业上。古代贸易很少，制造业简陋，所需资本极少。可是它们所提供利润一定很大。古时利息率很少在百分之十以下。这可证明它们的利润必定足够提供这么大的利息。现在，欧洲各进步国家的利息率，很少在百分之六以上；最进步国家的利息率，且有时低至百分之四、百分之三甚或百分之二。因为富国的资本比贫国多得多，所以富国居民由资本利润而得到的收入也比贫国大得多。但就利润与资本的比例说，那就通常小得多。

与贫国比较，富国用来补偿资本的那部分土地和劳动的年产物，就相当大了。不仅如此，与直接归作地租和利润的部分比较，它在年产物中所占比例也大得多。此外，与贫国比较，富国雇用生产性劳动的基金，也要大得多。我们说过，一国的年产物，除了一部分定为雇用生产性劳动的基金外，其余部分是用来雇用生产性劳动，还是用来雇用非生产性劳动，并不一定，但往往都是用来雇用非生产性劳动。与贫国相比，富国用来雇用生产性劳动的基金份额，在年产物中所占比例，也大得多。在任何国家，这两种基金的比例，都直接决定一国人民的性格——是勤劳还是游惰。与过去时代相比，我们是更勤劳的，因为现在我们用在勤劳人民身上的基金份额要比游惰人民身上的份额大得多。我们祖先，因为没受到勤劳的充分奖励，所以游惰了。俗话说：劳而无功，不如戏而无益。像英国和荷兰这样的大城市，给予资本的运用的工业城市中，人民大都是勤劳的，认真的，兴旺的。在主要依靠君主经常或临时驻节来维持的都市，人民的生计主要仰给于收入的花费，这些人民大都是游惰的、堕落的、贫穷的，比如罗马、凡尔赛、贡比涅、枫丹白露。讲到法国，除了卢昂、波尔多两市，其他各议会城市的工商业毫不足道。一般下等人民，由于大都依靠法院人员以及前来打官司的人的费用来维持，所以，大都是游惰的，贫穷的。卢昂、波尔多两市，由于地势关系，商业颇为发达。卢昂必然是巴黎所需物品的集散地点，无论物品是由外国输入或由沿海各地运来。波尔多则为加龙流域所产葡萄酒的集散地点，这些地方产酒丰富，世界闻名，外国人都喜欢饮用，所以输出很多。这样好的地势，当然会吸引资本投到这方面来。因此这两个城市的工业才蒸蒸日上。为了维持本市的消费，人们投下资本，但投下的资本为数有限，绝不能超过本市所能使用的限度。巴黎、马德里、维也纳的情形，也都是如此。在这三个城市中，巴黎要算最勤劳的了，但巴黎是巴黎本市制造品的主要销售市场；巴黎本城的消费是一切营业的主要对象。既为王公驻节之所，又为工商辐辏之地，既为本市消费而营业，又为外地及外国消费而营业的城市，在欧洲只有伦敦、里斯本和哥本哈根。这三个城市所处的地位都很有利，适合于作为大部分远方消费物品的集散地点。但在花费大收入的城市，除把资本用于供应本地的消费外，想有利地使用资本，就不像在下等人民生计专靠资本的运用来维持的工商大城市那么容易。大部分的人靠花费收入来维持生活，都游惰惯了，逐步地同化了一些勤勉做事的人。所以，在这些地方使用资本自然比在其他地方不利。英格兰和苏格兰未合并前，爱丁堡的工商业很不发达。后来，苏格兰议会迁移了，王公贵族不一定要住在那里了，那里的工商业才慢慢振兴起来。但苏格兰的大理院、税务机关等未曾迁移，所以仍有不少收入是在那里花费。因此，就工商业来说，爱丁堡远不及格拉斯哥。格拉斯哥居民的生计，大都靠资本的运用。再者，我们有时看到，在制造业方面很有进展的大乡村的居民，往往由于公侯贵族卜居其间，而变得懒惰和贫困。

所以，无论在什么地方，资本与收入的比例，似乎都支配勤劳与游惰的比例。资本占优势的地方，多勤劳；收入占优势的地方，多游惰。资本的增减，自然会增减真实劳动量，增减生产性劳动者的人数，因而，增减一国土地和劳动的年产物的交换价值，增减一国人民的真实财富与收入。

由于节俭，资本增加；由于奢侈与妄为，资本减少。一个人节省了多少收入，就增加了多少资本。增多的资本，他可以用来雇用更多的生产性劳动者，亦可以有利息地借给别人，使其能雇用更多的生产性劳动者。个人的资本，既然只能由节省每年收入或每年得利而增加，由个人构成的社会的资本，亦只能由这个方法增加。

资本增加的直接原因，是节俭，不是勤劳。诚然，未有节俭以前，须先有勤劳，节俭所积蓄的物，都是由勤劳得来。但是若只有勤劳而无节俭，有所得而无所贮，资本绝不能加大。节俭可增加维持生产性劳动者的基金，从而增加生产性劳动者的人数。他们的劳动，既然可以增加工作对象的价值，所以，节俭又有增加一国土地和劳动的年产物的交换价值的趋势。节俭可推动更大的劳动量；更大的劳动量可增加年产物的价值。

每年节省的像每年花费的一样，经常被消费掉，而且，几乎是同时被消费掉。只是消费的人不同罢了。富人每年花费的收入部分，大都由游惰的客人和家用的婢仆消费掉，这些人消费后不会留下什么作为报酬。至于因要图利而直接转为资本的每年节省下来的部分，也同样并几乎同时被人消费掉，但消费的人是劳动者、制造者、技工。他们会再生产他们每年消费掉的价值，并提供利润。现在假定他的收入都是货币，如果他把它全部花掉，他用全部收入购得的食品、衣服和住所，就将分配给前一种人。如果节省的一部分，为图利而直接转作资本，亲自投用，或借给别人投用，那么，他由这节省部分购得的食品、衣服和住所，就将分配给后一种人。消费是一样的，但消费者不同。

节俭的人，每年所节省的收入，不但可在今年、明年供养若干更多的生产性劳动者，而且，他好像工厂的创办人一样，设置了一种永久性基金，将来随便什么时候，都可维持同样多的生产性劳动者。这种基金，将如何分派，将用到什么地方，固然没有法律予以保障，没有信托契约或永远营业证书加以规定，但有一个强有力的原理保护其安全，那就是所有者个人的利害关系。如果把这基金的任何部分，用于维持非生产性劳动者，这样不按照原指定用途滥用该基金的人，非吃亏不可。

奢侈者就是这样滥用资本：不量入为出，结果就蚕食了资本。正像把一种敬神之用的基金的收入移作渎神之用的人一样，他把父兄节省下来打算做点儿事业的钱，豢养着许多游手好闲的人。由于雇用生产性劳动的基金减少了，所能雇用增加物品价值的劳动量亦减少了，因而，全国的土地和劳动的年产物价值减少了，全国居民的真实财富和收入亦减少了。如果另一部分人的节俭，不足以抵偿这一部分人的奢侈，奢侈者所为，不但会陷他自身于贫穷，而且将陷全国于匮乏。

纵使奢侈者所花费全系国产商品，不用一点儿外国货，结果将同样会影响社会的生产基金。每年总有一定数量本来用于维持生产性劳动者的食品和衣服，被用来维持非生产性劳动者。因此，每年一国生产物的价值，总不免低于本来应有的价值。

有人认为，这种花费不是用来购买外国货物，不曾引起金银往外输出，国内货币是不会减少的。但是，假若这一定量的食品和衣服，不被非生产者消费，而是分配给生产者，他们就不仅可再生产他们消费的全部价值，而且可提供利润了。这同量的货币将依然留在国内，却又再生产了一个等价值的消费物品，所以结果将有两个价值，不仅有一个价值。

而且，年产物价值日趋减落的国家，绝不能保留这同量的货币。货币的唯一功用，是周转消费品。赖有货币，食品、材料与制成品才可实行买卖，而分配给正当的消费者。一国每年所能通用的货币量，取决于每年在国内流通的消费品的价值。每年在国内流通的消费品，不是本国土地和劳动的直接生产物，就是用本国生产物购买进来的物品。国内生产物的价值减少了，每年在国内流通的消费品的价值亦必减少，因而，国内每年所能通用的货币量，亦必减少。因生产物年年减少而被逐出国内流通领域以外的货币，绝不能弃无所用。由于利害关系货币所有者绝不愿自己的货币放着不用。国内没有用途，他就会不顾法律，不顾禁止，送往外国，用来购买国内有用的各种消费物品。货币每年的输出，将在一定时间内继续着，使国内人民每年的消费额，超过他们本国年产物的价值。繁荣时代从积下来年产物所购买的金银，在这逆境中可支持他们一段时间。但在这种场合，金银输出不是民生凋敝的原因，而是民生凋敝的结果。实际来说，这种输出甚至还可暂时减少民生凋敝的痛苦。

反过来说，一国年产物的价值增加了，货币量亦必自然增加。每年在国内流通的消费品价值增加了，当然需要更多的货币量来流通。因此，有一部分增加的生产物，必定会四散出去，在有金银的地方，购买必要增加的金银。但在这种场合，金银增加只是社会繁荣的结果，而不是社会繁荣的原因。购买金银的条件，到处都是一样的。从矿山掘出，再运到市场上来，总需要一定数量的劳动或资本。为这事业而劳动和投资的人，总需要衣食住的供给与收入。这一定数量的供给与收入，就是购买金银的价格。在英格兰购买金银是这样，在秘鲁购买金银也是这样。需要金银的国家，只要出得起这个价格，用不着担心所需的金银会长久缺乏。而不需要的金银，亦不会长久留在国内。

所以，无论我们根据明白合理的说法，说构成一国真实财富与收入的，是一国劳动和土地的年产物的价值，或是依通俗的偏见，说构成一国真实财富与收入的，是国内流通的贵金属量——总之，不管怎样，奢侈都是公众的敌人，节俭才是社会的恩人。

再讲妄为。妄为的结果，和奢侈相同。在农业、矿业、渔业、商业、工业上，如果所做计划不谨慎，不成功，那么雇用生产性劳动的基金都会减损。固然，投在这种计划上的资本，亦只由生产性劳动者消费，但由于使用不适当，所以，他们消费的价值，不能充分再生产出来，与使用适当的场合比较，总不免减少社会上的生产基金。

幸而就大国的情形说，个人的奢侈妄为，不会有多大影响。另一部分人的俭朴慎重，总够补偿这部分人的奢侈妄为而有余。

说到奢侈，一个人由于有享乐之欲望，所以才会浪费。说到节俭，一个人所以会节俭，当然因为他有改良自身状况的愿望。我们一生到死，对于自身地位，几乎没有一个人会有一刻觉得完全满意，不求进步，不想改良。但是怎样改良呢？一般人都觉得，增加财产是必要的手段，这手段最通俗最明显。增加财产的最适当的方法，就是在常年的收入或特殊的收入中，节省一部分，储蓄起来。所以，虽然每个人都不免有时有浪费的欲望，并且，有一种人，是无时不有这种欲望，但一般平均来说，在我们人类生命的过程中，节俭的心理不仅常占优势，而且大占优势。

再讲妄为，无论哪里，慎重和成功的事业总占极大多数。不慎重不成功的事业，总占极少数。我们虽然常常看见破产的失意者，但在无数的经营商业的人中，失败的总是全数中的极小部分。破产这种灾祸，对于一个清白的人，实在是极大的极难堪的灾祸。不留意避免它的人，实在不多。当然，不知道避免它的人，像不知道避绞台的人一样，也并非没有。

地大物博的国家，固然不会因私人奢侈妄为而贫穷，但政府的奢侈妄为，却有时可把它弄得穷困。在许多国家中，公众的收入，全部或几乎全部都是用来维持非生产者。比如：朝廷上的王公大臣，教会中的牧师神父。又如海陆军，他们在平时既不生产，在战时又不能有所获取，来补偿他们的维持费。甚至在战争继续进行的期间，也如此。这些人，因为他们不生产，不得不仰给于别人劳动的产物。如果他们人数增加到不应有的数额，他们可能在某一年消费掉这么多的上述产物，以致反无足够余量来维持能在次年有所再生产的生产性劳动者。于是下一年的再生产，一定不及上一年。如果这种混乱情形继续下去，第三年的再生产，又一定不及第二年。那些只应拿人民一部分剩余收入来维持的非生产者，他们可能消费了人民全收入的部分，使得这么多人不得不侵蚀他们的资本，侵蚀维持生产性劳动的基金，以致不论个人多么节俭多么慎重，都不能补偿这样大的浪费。

然而，就经验所得，在大多数场合，个人的节俭慎重，不仅可以补偿个人的奢侈妄为，而且可以补偿政府的浪费。每个人改善自身境况的一致的经常的，不断的努力是社会财富、国民财富以及私人财富所赖以产生的重大因素。这不断的努力足以挽救行政的大错误，使事情日趋改良。譬如，人间虽有疾病，有庸医，但人身上总似有一种莫名其妙的力量，可以突破一切难关，恢复原来的健康。

增加一国土地和劳动的年产物的价值，只有两个方法，一为增加生产性劳动者的数目；二为增进受雇劳动者的生产力。很明显，要增加生产性劳动者的数目，必先增加资本，增加维持生产性劳动者的基金。要增加同数受雇劳动者的生产力，只有增加那些便利劳动，缩减劳动的机械和工具，或者把它们改良。不然，就是使工作的分配更为适当。但无论怎样，都有增加资本的必要。要改良机器，少不了增加资本；要改良工作的分配，亦少不了增加资本。把工作分成许多部分，使每个工人一直专做一种工作，比由一个人兼任各种工作，定需增加不少资本。因此，我们如果比较同一国民的前代和后代，发觉那里的土地和劳动的年产物，如果后代比前代多了，其土地耕作状况进步了，工业扩大了，繁盛了，商业推广了，我们就可断言，在这两个时代间，该国的资本必定增加了不少。那里一部分人民的节俭慎重所增加于资本的数额，一定是多于另一部分人民的妄为和政府的浪费所侵蚀了的资本的数额。只要国泰民安，即使政府不是节俭慎重的，国家情况也可有这种进步。不过，我们要正确判定这种进步，不应比较两个距离太近的时代。进步是逐渐的，时代太近了，是很难看出它的改良的。有时，即使国家是一般的改良了，但我们往往因看到某种产业的凋零或某一地方的衰落，便怀疑全国的财富与产业都在退步。

与一百年前查理二世复辟时比较，现在英格兰土地和劳动的年产物，当然是多得多了。现在怀疑英国年产物增加的人，固然不多，但在这一百年时间内，几乎每隔五年，即有几本写得很好的动听的书或小册子，说英格兰的国富正在锐减，人口正在减少，并且说那里是农业退步，工业凋零，商业衰落。而且，这类书籍，不见得全是党派的宣传品，全是欺诈和见利忘义的产物。我晓得，它们里面有许多是极诚实极聪明的作家所写的。这些人所叙述的，没有不是他们自己相信的。

再者，和二百年前伊丽莎白即位时比较，查理二世复辟时代英格兰土地和劳动的年产物，必定多得多了。和三百年前约克与兰克斯特争胜时代末期比较，伊丽莎白时代英格兰的年产物，必又多得多了。再推上去，约克与兰克斯特时代，当然胜于诺尔曼征服的时代；诺尔曼征服的时代，当然又胜于撒克逊七人统治的时代。在撒克逊七人统治的时代，英国当然不能说是一个进步的国家，但与朱利阿·凯撒侵略时代（这时，英格兰居民的状况，和北美野蛮人相差不远）比较，又算大进步了。

然而，在这各个时期中，私人有很多浪费，政府也有很多浪费，而且发生了许多次费用浩大的不必要的战争，原本用来维持生产者的年产物，有许多被用来维持非生产者。有时，在混乱激烈的时候，浪费的浩大，资本的破坏，在任何人看来，都会感觉这不但会妨碍财富的自然积蓄（实际上确是如此），而且会使国家在这时期之末陷于更为贫困的地位。查理二世复辟以后，英国境况是最幸福最富裕的了，但那时又有多少紊乱与不幸事件发生呢？如果我们是生在那时，我们一定会担心英格兰的前途，说它不仅要陷于贫困，怕还会全然破灭吧。你想想看，伦敦大火以后，继以大疫，又加英荷两次战后的革命骚扰，对爱尔兰战争，1688年、1702年、1742年和 1756年四次对法耗费巨大的大战，再有1715年和1745年二次叛乱。不说别的，单就四次英法大战的结果来说，英国欠下来的债务，就在一亿四千五百万镑以上，加上战争所引起的各种特殊支出，恐怕总共不下两亿镑吧。自革命以来，我国年产物，就常有这样大的部分，用来维持非常多的非生产者。假使当时没有战争，那么当时当作那样费用的资本，其中定有一大部分会改变用途来雇用生产性劳动者。生产性劳动者既能再生产他们消费的全价值，并提供利润，那么，我国土地和劳动的年产物的价值每年的增加，就可想而知了，而且每一年的增加，又必能更增多下一年的增加。如果当时没有战争，建造起来的房屋一定更多；改良了的土地一定更广大；已改良土地的耕作一定更加完善；制造业一定增多了，已有的制造业又一定推广了；至于国民真实财富与收入将要怎样增加起来，我们也许难以想象。

政府的浪费，虽无疑曾阻碍英格兰在财富与改良方面的自然发展，但不能使它停止发展。与复辟时代比较，现在英格兰土地和劳动的年产物是多得多了；与革命时代比较，也是多得多了。英格兰每年用以耕作土地维持农业劳动的资本，也一定比过去多得多了。一方面虽有政府的诛求；但另一方面，却有无数个人在那里不断地努力改进自己的境况，他们不动声色地，一步一步地把资本积累起来。正是这种努力，受着法律保障，能在最有利情况下自由发展，使英格兰几乎在过去一切时代，都能日趋富裕，日趋改良。而且，将来永远照样进行下去，亦不是没有希望的事情。可是，英格兰从来没有过很节俭的政府，所以，居民亦没有节俭的特性。由此可见，英格兰王公大臣不自己反省，反而颁布节俭法令，甚至禁止外国奢侈品输入，倡言要监督私人经济，节制铺张浪费，实是最放肆，最专横的行为。他们不知道，他们自己始终无例外地是社会上最浪费的阶级。他们好好注意自己的费用就行了，人民的费用可以任凭人民自己去管。如果他们的浪费，不会使国家灭亡，人民的浪费，又哪里谈得上呢。

节俭可以增加社会资本，奢侈可以减少社会资本。所以，花费等于收入的人，不积蓄资本，亦不蚕食资本，不增加资本，亦不减少资本。不过，我们应该知道，在各种花费方法中，有些比其他更可促进国富的增长。

个人的收入，有的用来购买立时享用的物品，即享即用，无补于来日。有的用来购买比较耐久的可以积蓄起来的物品，今日购买了，就可以减少明日的费用，或增进明日费用的效果。例如，有些富翁简直是室满奴婢，厩满犬马，大吃大用地花。有些宁愿食事俭约，奴婢减少，却修饰庄园，整饬别墅，频兴建筑，广置有用的或专作为装饰的家具、书籍图画等。有些，却明珰璎珞，灼烁满前。还有些，则有如前数年逝世的某大王的宠臣，衣服满箱，锦绣满床。设有甲乙二富郎，财产相等，甲用其大部分收入，来购买比较耐久的商品，乙则用其大部分收入，来购买即享即用的物品。到后来，甲的境况，必能日渐改进，今日的费用，多少可以增进明日费用的效果。乙的境况，绝不会比原先更好。到底，甲必较富于乙。甲尚有若干货物，虽其价值不如当时所花费，但总有多少价值。乙的费用，就连痕迹也没留下来，十年或二十年浪费的结果，真是一无余物。

对个人财富较有益的消费方法，对国民财富亦较有益。富人的房屋、家具、衣服，转瞬就可变成对中、下等人民有用的东西。在上等阶级厌倦的时候，中、下阶级的人民就可以把它们买来使用。所以，在富人这样使用钱财的时候，全体人民的一般生活状况就逐渐改进了。在一个富裕已久的国家，下等人民虽不能自己出资建造大厦，但往往占有大厦；虽不能自己定制上等家具，但往往使用上等家具。往日西穆尔的邸宅，现今已经成为巴斯道上的客寓；詹姆士一世的婚床（那是皇后从丹麦带来的嫁妆，作为邻国通婚的礼物），几年前，已经陈列在敦弗林的酒店。在有些无进步也无退步或已稍稍没落的古城，我们有时可发现几乎没有一所房屋是眼前占有人所盖得起的。如果你进里面去，还可见到许多尚能适用的非常讲究但已是老式的家具。这些家具绝不可能是眼前使用者花钱定制的。王宫别墅，书籍图像，以及各种珍奇物品，常常又是装饰又是光荣，不但对其所在的本地方如此，对其所属国家亦如此。凡尔赛宫是法兰西的装饰和光荣，斯托威和威尔登是英格兰的装饰和光荣。意大利创造名胜古迹的财富，虽然是减落了，创造名胜古迹的大天才（也许因为没有用处）虽然似乎是湮没了，但那里的名胜古迹仍然博得世人的赞赏。

把收入花费在比较耐久的物品上，那不仅较有利于积蓄，而且又较易于养成俭朴的风尚。假使一个人在这方面花费得过多，他可翻然改计，而不致为社会人士所讥评。如果原来是婢仆成群，骤然撤减，如果原来是华筵广设，骤然减省，如果原来是陈设丰丽，骤然节用，就不免为邻人共见，而且好像是意味着自己承认往昔行为的错误。所以，像这样大花大用的人，不是迫于破产，很少有改变习惯的勇气。反之，如果他原来喜欢用钱添置房屋、家具、书籍或图画，以后如果自觉财力不济，他就可以翻然改习，人亦不疑。因为此类物品，前已购置，无须源源购置不绝。在别人看来，他改变习性的原因，似乎不是财力不济，而是意兴阑珊。

何况，费财于耐久物品，所养常多；费财于款待宾客，所养较少。一夕之宴，所费为二三百斤粮食，其中也许有一半倾于粪堆，所耗不可谓不大。设以宴会所费，用以雇用泥木工、技匠等，则所费粮食的价值虽相等，所养的人数必增多。工人们将一便士一便士地，一镑一镑地购买这些粮食，一镑也不会消耗毁弃。一则用以维持生产者，能增加一国土地和劳动的年产物的交换价值；二则用以维持非生产者，不能增加一国土地和劳动的年产物的交换价值。

读者不要以为，费财于耐久物品，即为善行，费财于款待宾客，全为恶行。一个富人把他收入主要用于款待宾客时，即以收入的大部分分济友伴。如果他用以购买耐久物品，利益则仅及于一身，非有代价，即不许他人分享。因此，后一种的花费，特别是花于购珠宝、衣饰等这些琐细东西，常常不仅表示一种轻浮性向，而且表示卑下的自私自利性向。综上所述，费财于耐久物品，由于助长有价商品的积蓄，所以可奖励私人的节俭习惯，是较有利于社会资本的增进；由于所维持的是生产者而不是非生产者，所以较有利于国富的增长。

第四章　论贷出取息的资财

贷出取息的资财，出借人总是看作资本。出借人总希望借贷期满，资财复归于己，而在借期中借用人因曾使用这资财，要付他年租若干。这种资财，在借用人手里，可用作资本，亦可用作留作目前消费的资财。如果用作资本，就是用来维持生产性劳动者，可再生产价值，并提供利润。在这种场合，他无须割让或侵蚀任何其他收入的资源便能偿还该资本及其利息。如果用作目前消费的资财，他就成为浪费者，他夺去了维持勤劳阶级的基金，来维持游惰阶级。

贷出取息的资财，无疑有时兼用在这两种用途上，但用在前一种用途的较多，用在后一种用途的较少。借钱挥霍的人，势难久立，借钱给他的人，常要后悔愚不可及。除了重利盘剥者，像这样的借贷，对双方都毫无利益。社会上固然难免有这样借贷的事件发生，但因人各自利，所以，可以相信，它不会像我们所想象的那样常有。任何比较谨慎的富人，如果问他愿以大部分资财贷给谋利的人呢，或是浪费的人，他听了，怕只会发笑，笑你会提出这样不成问题的问题。借用人虽然不是世上很有名的节俭家，但在他们之中，节俭的终必比奢侈的多得多，勤劳的终必比游惰的多得多。

借款徒供挥霍的，只有乡绅。乡绅借款，通常有财产为抵押，其所借款，常常不是用于有利的用途。但就连乡绅，借钱亦非全供浪费。所借的钱，常常早在未借之前就已用光。他们日常享用的东西，多向商店老板赊购，往往赊得很多，必须出息借款来还清账目，乡绅所借的资本实是补偿商店老板的资本，他们所收的地租，不够偿还，所以向别人借款来偿还。这时他借钱并不是为了花费，只是为了补偿先前已经花掉的资本。

取息的贷款，大都是从货币借出，或为钞票，或为金银。但借用人所需要，出借人所供给的实际上不是货币而是货币的价值，换言之，是货币所能购买的货物。如果他所要求的是即享即用的资财，那么，他所借贷的便是能够即享即用的货物。如果他所要求的是振兴产业的资本，那么，他所借贷的便是劳动者工作所必需的工具、材料与食品。借贷的事情，实际就是出借人把自己一部分土地和劳动的年产物的使用权让与借用人，任他随意使用。

货币总是国内各种借贷的手段，不论其为钞票或为铸币。一国能有多少资财在收取利息的方式下出借，或者像一般人所说，能有多少货币在收取利息的方式下出借，并不受货币价值的支配，而受特定部分年产物价值的支配。这特定部分年产物从土地生出或由生产的工人制出后，即被指定作为资本用，同时所有者又无意亲自使用，因而借给别人。因为这种资本的出借与偿还，都以货币来往，故被称为金钱上的利害关系。这不仅不同于农业上的利害关系，且不同于工商业上的利害关系，因为在工商业，资本所有者是自己使用自己的资本的。但我们应该知道，即使在金钱上的利害关系方面，货币也不过像一张让与的契约一样，甲把无意亲自使用的资本转让给乙。这样转让的资本量，和作为转让手段的货币的数量相比，不知要大多少倍。同一枚铸币或同一张纸币，可做许多次的购买，亦可连续做许多次的借贷。例如，甲把一千镑借给乙，乙立即用来向丙购一千镑货物。丙因为不需要货币，就把这一千镑借给丁，丁又立即用来向戊购一千镑货物。戊也因为不需要货币，同样地把这一千镑借给己，己再立即向庚购一千镑货物。所以货币还是原来那几枚铸币或几张纸币，但不消几天时间，借贷就已进行三次，购买亦已进行三次了。每一次，在价值上，都与这货币总额相等。甲、丙、戊是有钱出借的人，乙、丁、己是借钱的人。他们所借贷的，其实只是购买那些货物的能力。借贷的价值与效用，都在于这种购买力。这三个有钱人所贷出的资财，等于这笔货币所能购买的货物的价值，所以，这三次借贷所借出的资财，是三倍于购买所用的货币的价值。假使债务人所购的货物，应用适当，能在相当期间偿还原借的价值及其利息，这种借贷，就十分可靠。而且，这笔货币，既可用作借贷三倍其价值的手段，或基于同一理由，也可用作借贷三十倍其价值的手段，所以，也可连续用作偿还债务的手段。

照这样看来，以资本贷人取息，实无异于由出借人以一部分的年产物让与借用人。但为报答这种让与，借用人需在借用期内，每年从较小部分的年产物让与出借人，称作付息；在借用期满后，又以相等于原来由出借人让给他的那部分年产物让与出借人，称作还本。在转让这较小部分和较大部分的场合，货币虽然都作为让与证明，但和其所让与的东西，完全不同。

一从土地生出或由生产性劳动者制出，即被指定作补偿资本之用的那部分年产物，如果增加了，则所谓金钱上的利害关系亦自然随之增加。资本一般增加了，所有者无意亲自使用但希望从此获得收入的资本，亦必增加。换言之，资财增加了，贷出生息的资财亦必逐渐增加。

贷出生息的资财增加了，使用这种资财所必须支付的价格即利息必然低落。那些使物品市价随物品数量增加而减低的一般原因，固然是这时利息低落的一个原因，但除了这个原因，我们还可寻出几个特殊的原因。第一，一国的资本增加了，投资的利润必减少。要在国内为新资本找到有利的投资方法，将日渐困难。资本间的竞争于是发生，资本所有者常互相倾轧，努力把原投资人排挤出去。但要排挤原投资人，只有把自己的要求条件放宽一些。他不仅要贱卖，而且，有时因为要出卖，还不得不贵买。第二，维持生产性劳动的基金增加了，对生产性劳动的需求亦必日益增加。因此，劳动者不愁无人雇用，资本家反愁无人可雇。资本家间的竞争提高了劳动的工资，降低了资本的利润。因使用资本而造成的利润既然减低了，为使用资本而付给的代价，即利息率，非随之减低不可。

洛克、劳氏、孟德斯鸠，还有许多别的作家，都认为，因为西属西印度的发现，金银量增加了，这一增加就是大部分欧洲利息率低落的真实原因。他们说，这两种金属本身的价值减低了，所以，它们特定部分的使用，亦只有较小的价值，因而使用它们时出得起的价格亦较小。这个观念乍一看来似乎很有道理，但其实是错误的。这错误已为休谟充分揭露了，我们也许没有再讲的必要。但下面极简明的议论，或可进一步说明迷惑这几位先生的谬见。

在西属西印度尚未发现以前，大部分欧洲的普通利息率似为百分之十。从那时起，各国的普通利息率，已降为百分之六、百分之五、百分之四，甚至百分之三。姑且假设某国银价低落的比例，恰等于利息率低落的比例。比方说，在利息率由百分之十减至百分之五的地方，等量的银，现在所能购买的货物量，只等于从前的一半。这种假设，真与事实符合吗？我相信，事实绝不是如此，但这种假设，对于我现今要考察的那种学说却很有利。而且，就是根据这个假设，我们亦绝不能说，银的价值的低落，有一点点减低利息率的趋势。因为，假若现今一百镑的价值仅等于昔日五十镑的价值，那么现今十镑的价值亦只等于昔日五镑的价值。减低母本价值的原因，无论它是什么，这原因也必然会减低利息的价值，且按同一比例减低其价值。母本价值与利息价值的比例，必然依旧，虽然利息率并未改变。如果利息率真的改变了，这两个价值之间的比例，就非改变不可。如果现今一百镑的价值，只等于昔日五十镑的价值，那么，现今五镑的价值，也只等于昔日二镑半的价值。所以，在母本价值折半的时候，把利息率由百分之十减至百分之五，那对使用资本所付的利息的价值，就只等于昔时利息价值的四分之一了。

在靠白银流通的商品的数量未曾增加的时候，银量增加只会减低银的价值。这时，各种货物的名义价值都会增大，但它们的真实价值却依旧不变。它们可换得较多的银，但它们所能支配的劳动量，所能维持和雇用的劳动者人数，必依旧不变。移转等量资本由甲到乙所需要的银量，可能增加了，但资本却没有增加。像冗长的委托书一样，是累赘多了，但所让与的物品却仍旧一样，而只能产生同样的效果。维持生产性劳动的基金既然依旧，对生产性劳动的需求自然也依旧。所以，生产性劳动的价格或工资，名义上虽是增加了，实际上却是未变。以所付的银量计，工资虽是增加了，以所能购买的货物量计，工资却是依旧。资本利润，无论就名义说，就实际说，都无变动。劳动的工资，因为常以所付银量计算，所以在所付银量增加时，有时工资虽毫无增加，外表上却似乎已经增加。资本的利润，却不是这样。资本利润，不由所得银量的多寡计算。计算利润的时候，我们只计算所得银量与所投资本的比例。比如，我们说到工资，常常说这个国家的普通工资是每星期五先令；我们说到利润，常常说这个国家的普通利润是百分之十。但国内所有的资本，和从前一样，这全部资本的国内各个人的资本的竞争，亦必和从前一样。他们做交易时所享受的便利和从前一样，所遭遇的困难也和从前一样。因此，资本对利润的普通比例依旧不变，而货币的普通利息亦依旧不变。使用货币一般所能支付的利息，必须受使用货币一般所能取得的利润的支配。

在国内流通界货币量不变的场合，国内每年流通的商品量的增加，却除了发生货币价值提高的结果外，还会引起许多别的重要结果。这时，一国资本，名义上虽是依旧，实际上却已增加。它可能仍继续由同量货币表示，但却能支配较大的劳动量。它所能维持和雇用的生产性劳动量增加了，劳动的需求因此亦增加。工资自将随劳动需求的增加而提高，但从表面上看，却可能似乎在下跌。这时劳动者所领受作为工资的货币量，可能比以前少，但现今这较少的货币所能购买的物品量，却比从前较多货币所能购买的物品量还要多。但无论在实际上和名义上，资本的利润都会减少。国内所有的资本总量既已增加，资本间的竞争，当然会随之增加。资本家各自投资的结果，即使有所收获，在各自资本所雇的劳动的生产物中所占比例比以前小，亦只有自认晦气。货币的利息，既然与资本的利润共进退，所以，货币的价值虽然大增了，换言之，一定量货币所能购买的物品量虽然大增了，但货币的利息仍然可能大减。

有些国家的法律禁止货币的利息，但由于在任何地方使用资本都会取得利润，所以在任何地方使用资本都应有利息为酬。经验告诉我们，这种法律，不但防止不了重利盘剥的罪恶，反而会使它加重。因为，债务人不但要支付使用货币的报酬，而且要对出借人冒险接受这种报酬支付一笔费用。换言之，要给出借人保险，使他不会遭受对重利盘剥所处的刑罚。

在放债取利不被禁止的国家，为了禁止重利盘剥，法律往往规定合法的最高利息率。这个最高利息率，总应略高于最低市场利息率，即那些能够提供绝对可靠担保品的借款人借用货币时通常所付的价格。这个法定利息率若低于最低市场利息率，其结果将无异于全然禁止放债取利的结果。如果取得的报酬少于货币使用之所值，则债权人便不肯借钱出去，所以债务人得为债权人冒险接受货币使用之全值而支付一笔费用。如果法定利息率适当等于最低市场利息率，则一般没有稳当担保品的人便不能从遵守国法的诚实人那里借到钱，而只好任重利盘剥者盘剥。现在，英国的货币贷给政府，年息为百分之三，贷给私人，若有稳当担保品，则年息为百分之四或百分之四点五，所以，像英国这样的国家，规定百分之五为法定利息率，也许是再适当不过。

必须注意，法定利息率，虽应略高于最低市场利息率，但亦不应高得过多。比方说，如果英国法定利息率规定为百分之八或百分之十，那么，就有大部分待借的货币，会借到浪费者和投机家手里去，因为只有他们这类人，愿意出这样高的利息。诚实人只能以使用货币所获的利润的一部分，作为使用货币的报酬，所以，不敢和他们竞争。这样，一国资本将有大部分会离开诚实的人，而转到浪费者手里，不用在有利的用途上，却用在浪费资本和破坏资本的用途上。反之，在法定利息率仅略高于最低市场利息率的场合，有钱出借的都宁愿借给诚实人，不愿借给浪费者和投机家。因为借给诚实人所得的利息，和借给浪费者所收取的利息几乎相同，而钱在诚实人手上，稳当得多。这样，一国资本就大部分在诚实人手中，而在这些人手中的资本，大抵都用得有利。

没有任何法律能把利息减低到当时最低普通市场利息率之下。1766年，法国国王规定利息率需由百分之五减至百分之四，但结果，人民用种种方法逃避该法律，民间借贷利息率仍为百分之五。

应该指出，土地的普通市场价格，取决于普通市场利息率。有资本不愿亲自使用但愿从中得到一些收入的人，对于究竟把它用来购买土地好，还是把它借出取息好，通常总是再三盘算的。土地财产是极稳当可靠的，除此以外，大都还有其他几种利益。所以，比较起来，把钱贷给别人收取利息，所得虽更多，但他通常却宁愿购买土地而得较小收入。这些利益可以抵补收入上一定的差额，但亦只能抵补收入上一定的差额。如果土地地租远逊于货币利息，那就谁也不愿购买土地，土地的普通价格必因而下降。反之，如果这些利益抵补这差额后还有许多剩余，那就谁都宁愿购买土地，土地的普通价格就会提高。在利息率为百分之十时，土地售价常为年租的十倍或十二倍。利息率减至百分之六、百分之五、百分之四时，土地售价就上升到年租的二十倍、二十五倍，甚至三十倍。法国市场利息率高于英国；法国土地的普通价格低于英国。英国土地售价常为年租的三十倍；法国土地售价常为年租的二十倍。

第五章　论资本的各种用途

一切资本，虽都用以维持生产性劳动，但等量资本所能推动的生产性劳动量，随用途的不同而极不相同，从而对一国土地和劳动的年产物所能增加的价值，亦极不相同。

资本有四种不同用途。第一，用以获取社会上每年所需使用所需消费的天然产物；第二，用以制造天然产物，使适于眼前的使用和消费；第三，用以运输天然产物或制造品，从有剩余的地方运往缺乏的地方；第四，用以分散一部分的天然产物或制造品，使成为较小的部分，适于需要者的临时需要。第一种用法是农场主、矿业家、渔业家的用法；第二种用法是制造者的用法；第三种用法是批发商的用法；第四种用法是零售商的用法。我以为，这四种用法，已经包括了一切投资的方法。

这四种投资方法，有相互密切关系，少了一种，其他不能独存，即使独存，亦不能发展。为全社会的福利计，亦是缺一不可。

第一，假设没有资本用来提供相当丰饶的天然产物，制造业和商业恐怕都不能存在。第二，天然产物，有一部分往往要加工制造后才适于使用或消费。假设没有资本投在制造业中把它加工，则这种天然产物将永远不会被生产出来，因为没有对它的需求；或如果它是天然生长的，它就没有交换价值，不能增加社会财富。第三，天然产物及制造品富饶的地方，必从所剩余的地方运往缺乏的地方，假设没有资本投在运输业中，这种运输便不可能。于是它们的生产量便不能超过本地消费所需。批发商人的资本，可通有无，使这个地方的剩余生产物交换别的地方的剩余生产物，所以，既可以奖励产业，又可以增进这两个地方的享用。第四，假设没有资本投在零售商业中，把大批天然产物和制造品分成小的部分，来适应需要者的临时需要，那么，一切人对于所需的货物都得大批买进来，超过目前的必需。假设社会上没有屠户老板，我们大家都非一次购买一头牛或一头羊不可。这对富人也一定是不便的，对贫民将更为不便。贫穷劳动者如果要勉强一次购买一个月或半年的粮食，那他的资本一定有一大部分，不得不变作留供目前消费的资财，一定有一部分本来能提供收入的，不得不变作不能提供收入的。职业上的工具、店铺内的家具，都非减少不可。对这种人来说，最方便的办法，是在需要生活品的时候，能够逐日购买逐时购买。这样，他可以把几乎全部资财用作资本。于是他所能提供的工作的价值扩大了，而他以此所获的利润，将足以抵消零售商的利润对货物价格所增加的数目而有剩余。有些政论家对商店老板的成见是完全没有根据的。小商贾群立，虽然他们相互间也许有妨害，但对社会毫无妨害。所以，不需要对他们课税，或限制他们的人数。例如，某市及其邻近地带对于杂货的需求限制着该市所能售出的杂货量，因此可投在杂货商业上的资本，绝不可能超过足以购买这数量杂货所必需的数额。这种有限的资本，如果分归两个杂货商经营，这两人之间的竞争，会使双方都把售价减低得比一个人独营的场合便宜。如果分归二十个杂货商经营，他们间的竞争会更剧烈，而他们结合起来抬高价格的可能性会变得更小。他们之间的竞争，也许会使他们中一些人弄得破产，但这种事情我们不必过问，当事人应该自己小心。他们的竞争绝不会妨害消费者，亦不会妨害生产者。比之一两个人独占的时候，那只能使零售商贵买而贱卖。零售商多了，其中也许有坏分子，诱骗软弱顾客购买自己不需要的货物。不过，这种小弊害不值得国家去注意，更用不着国家去干涉。限制他们的人数不一定能杜绝这个弊害。举一个最显著的例子，不是因为市场上有许多酒店，我们社会上才有饮酒的风尚；而是社会上由于他种原因而产生了好饮酒的风尚，才使市场上有许多酒店。

把资本投在这四种用途上的人，都是生产性劳动者，他们的劳动，如果使用得当，就可固定而且实现在劳动对象或可卖物品上，至少，也可把维持他们自身和他们自身消费掉的价值，加在劳动对象或可卖物品的价格上。农场主、制造者、批发商、零售商的利润，都来自前两者所生产及后两者所售卖的货物的价格。但是，各自投在这四种用途的资本虽相等，但因用途不同，等量资本所直接推动的生产性劳动量却不相同，从而，对于所属社会土地和劳动的年产物所增加的价值的比例，亦不相同。

向批发商购买货物的零售商的资本，补偿并提供批发商的资本及其利润，使其营业得以继续。零售商的资本，只直接雇用了他自己，他自己就是受雇的唯一的生产性劳动者。这资本的使用，对社会的土地和劳动的年产物所增加的价值，只是他自己的利润。

向农场主购买天然产物，向制造者购买制造品的批发商的资本，补偿并提供农场主和制造者的资本及其利润，使其营业得以继续。这就是批发商间接维持社会上生产性劳动，增加社会年产物价值的主要方法。他的资本，也雇用了运输货物的水手搬运工。所以它对于这种货物的价格所增加的，不仅等于批发商自己利润的价值，而且还包括水手搬运工工资的价值。它所直接雇用的生产性劳动只如此；对于年产物它所直接增加的价值亦只如此。但批发商的资本在这两方面的作用要比零售商的资本大得多。

制造者的资本，有一部分用作固定资本，投在他的生意所用的工具上，补偿出卖这些工具的其他制造者的资本并给他们提供利润。其余就是流动资本。在流动资本中，有一部分是用来购买材料，这部分补偿供给这些材料的农场主和矿商的资本并给他们提供利润。但其他大部分，是一年一次或在比一年短得多的时间内分配给他所雇用的工人的。所以，他的资本对他所加工的材料所增加的价值，包括雇工的工资，和雇主投资支付工资和购买材料工具应得的利润。所以，与批发商的等量资本比较，他的资本所直接推动的生产性劳动量，大多了，对于社会的土地和劳动的年产物所增加的价值，亦大多了。

农场主资本所能推动的生产性劳动量最大。他的工人是生产性劳动者，他的牲畜也是生产性劳动者。在农业上，自然也和人一起劳动；自然的劳动虽无需代价，它的生产物却和最昂贵的工人生产物一样，有它的价值。农业的最重要的任务，与其说是增加自然的产出力，不如说是指引自然的产出力，使生产最有利于人类的植物，虽然它也增加自然的产出力。长满蓬蒿和荆棘的田地可能生产的植物，常常不比耕作最好的葡萄园或谷田所能生产得少。耕耘与其说是增益自然的产出力，不如说是支配自然的产出力。人工以外，尚有大部分工作，非依赖自然力不可。所以，农业上雇用的工人与牲畜，不仅像制造业工人一样，再生产他们消费掉的价值（或者说，再生产雇用他们的资本）及资本家的利润，而且生产更大的价值。他们除了再生产农场主的资本及利润外，通常还要再生产地主的地租。这种地租，只可说是地主借给农场主使用的自然力的产物。地租的大小取决于想象上的自然力的大小，换言之，取决于想象上的土地的自然产出力或土地的改进产出力的大小。减除了一切人的劳作之后，所剩余的便是自然的劳作。它在全部生产物中，很少占四分之一以下，常常占三分之一以上。用在制造业上的任何同量的生产性劳动，都不能引出这样大的再生产。在制造业上，自然没做什么，人做了一切；再生产的大小，总是和导致再生产的生产因素的力量的大小成比例。所以，和投在制造业上的等量资本比较，投在农业上的资本，不仅推动较大的生产性劳动量，而且，按照它所雇用的生产性劳动的量来说，它对一国土地和劳动的年产物所增加的价值，对国内居民的真实财富与收入所增加的价值，都大得多。在各种资本用途中，农业投资最有利于社会。

投在农业上和零售业上的资本，总是留在本社会内。它们的使用有一定地点，在农业，是农场；在零售业，是商店。而且，它们的所有者，大都是本社会内的居民。当然，有时也有例外。

批发商的资本，却似乎不固定或停留在什么地方，而且也没有必要固定或停留在什么地方。因为要贱买贵卖，他们的资本往往周游各地。

制造者的资本，当然要停留在制造的场所。但在什么地方制造，却似乎没有确定的必要。有时，制造的场所，不仅离材料出产地点很远，且离制成品销售地点也很远。里昂制造业的材料，从很远的地方运来，那里的出品也要运到远处才有人消费。西西里时髦人的衣料是别国制造的丝绸；丝绸的材料，却又是西西里的产物。西班牙的羊毛，有一部分在英国制造，但英国织成的毛织物，却有一部分后来又送还西班牙。

投资于国内剩余生产物输出事业的人，无论是我们本国人或是外国人，无关重要。如果是外国人，我国受雇的生产性劳动者人数，当然比较少，但至少一个；我国的年产物价值，也当然比较少，但也至少一个人的利润。至于所雇用的水手搬运工是不是本国人，那与他是否本国人无关，他是本国人，也可以雇用外国的水手搬运工。输出人虽有国籍上的差别，但以资本输出国内剩余生产物来交换国内需要的物品，那就无论是外国人或是本国人的资本，对这剩余生产物所给予的价值，总是一样的。批发商是本国人也好，不是本国人也好，他的资本，同样有效地使生产这剩余生产物的人的资本得以偿还，同样有效地使生产这剩余生产物的人的营业得以继续经营下去。这就是批发商人资本对维持本国生产性劳动和对增加本国年产物价值所提供的主要助力。

比较重要的是，制造者的资本应留在国内。因为有这种资本留在国内，本国所能推动的生产性劳动量比较大，本国土地和劳动的年产物所能增加的价值也比较大。但不在本国境内的制造者资本也对本国很有效用。譬如，英国亚麻制造者年年投资从波罗的海沿岸各地输入亚麻来加工。此等资本，虽非产麻国所有，但对产麻国有利，则很明了。这种亚麻，只是产麻国的一部分剩余生产物，假设不年年输出，以交换本地所需各物，即无价值可言，其生产将立即停止。输出亚麻的商人可偿还亚麻生产人的资本，从而鼓励他们继续生产；英国制造者，又可偿还这种商人的资本，使他们继续运输。

像个人一样，一个国家往往没有足够资本，既把一切土地改良和耕种起来，又把全部天然产物加工起来，使适于直接的消费及使用，又把剩余的天然产物及制造品运往远方的市场换取国内需要的物品。大不列颠许多地方的居民，没有足够资本来改良和耕种他们所有的全部土地。苏格兰南部的羊毛，就大部分因为当地缺乏资本，不得不经过极不平坦的道路，用车运到约克郡去加工。英国有许多小工业城市，其人民没有足够资本把产品运到需要它们的远方市场去销售。他们中，纵使有个把商人，亦只好说是大富商的经理人。这种大富商，往往住在比较大的商业城市里。

一国资本，要是不够同时兼营这三种事业，那么，我们就可以说，投在农业上的部分愈大，所推动的国内的生产性劳动量也愈大，同时，对社会土地和劳动的年产物所增加的价值也愈大。除了农业，当推制造业。投在出口贸易上的资本，在三者中，效果最小。

所有资本还不足兼营这三种事业的国家，就其富裕的程度说，实未达到自然所允许达到的最高点。无论就个人来说，就社会来说，企图以不充足的资本，在时机未成熟时兼营这三种事业，都不是取得充足资本的最便捷途径。正像一个人的资本有一定的限度一样，国内全体人民的资本亦有一定的限度，只够用于某些方面。要增加个人资本，需从收入内节省而不断积蓄；要增加国民资本，亦需从收入内节省而不断积蓄。因此，资本的用途，若能给国内全体居民提供最大的收入，从而使全体居民都能作最大的积蓄，则国民资本大概就会极迅速地增加起来。但国内全体居民收入的大小，必定以国民土地和劳动的年产物的大小为转移。

英属美洲殖民地，几乎把所有的资本都投在农业上。那里也就主要为了这个原因，才很迅速地日趋于富强。那里，除了家庭制造业和粗糙制造业（这种制造业，一定会随着农业的进步而产生，每个家庭的妇女儿童，都能经营这种工作），就没有制造业。至于输出业和航运业，则大部分由住在英国的商人投资经营。甚至有些省份，特别是弗吉尼亚和马里兰，经营零售生意的店铺和栈房多为居住在母国的商人所有。零售业不由本地商人资本经营的事例不多，这就是其中之一。假使美洲人联合起来，或用其他激烈手段，阻止欧洲制造品输入，使能够制造同种物品的本地人有独占的机会，因而使本地大部分资本，转投到制造业上来，结果将不但不能加速他们年产物价值的增进，恐怕还会加以阻碍，不但不能使其国家渐臻于富强，恐怕还会加以妨害。同样，如果他们要设法垄断全部输出业，结果也许更会如此。

人类繁荣的过程，似乎从来未曾延续这样的久，使得任何一个大的国家，可以获得足够的资本来兼营这三种事业，除非我们认为关于中国、古埃及、古印度的富裕和农业情况的那些奇异记载，是可以置信的。然而，就连一切记载所推为世界上最富的这三个国家，也只主要擅长农工业。它们的国外贸易，并不繁盛。古埃及人对于海洋，有一种迷信的畏惧心；印度人亦常有这种迷信；至于中国的对外通商，向来就不发达。这三个国家的剩余生产物，似乎大部分都是由外国人运到外国去，换回他们所需要的其他东西，那常常是金银。

这样，同一资本在国内所推动的劳动量有多有寡，所增加的土地和劳动的年产物价值有大有小，要看它投在农业、工业、批发商业上的比例的不同而不同。而且，同是批发商业，投资结果亦将因所营批发商业的种类不同而极不相同。

一切批发贸易，或一切大批买进来以便大批再卖出去的贸易，可分作三类，即国内贸易、消费品的国外贸易和运送贸易。国内贸易是从国内这个地方买国产货物进来，再在国内另一个地方把它卖出去，包括内陆贸易和沿海贸易。消费品的国外贸易是购买外国货物供本国消费。运送贸易，是从事各外国间的贸易，即把甲国的剩余产物运往乙国。

投资在国内贸易上，购买国内甲地产物运往乙地售卖，往返一次，一般可以偿还两个都是投在本国农业或工业上的资本，使本国的农业制造业不至于中断。运用资本，从商人店里，把一定价值的商品运出去，结果，大都至少可换一个等价值的别种商品。所以，假若交换的两方，全是本国产业的产物，结果当然可以偿还本国两个用来维持生产性劳动的资本，使其能继续用来维持生产性劳动。比如，把苏格兰制造品运到伦敦，再把英格兰谷物或制造品运到爱丁堡来的资本，往返一次，无疑可以偿还两个投在英国制造业或农业上的资本。

国内消费的外国货物如果是用本国产业的产物来购买，那么，每往返一次，投在这种贸易上的资本，也能偿还两个不同的资本，不过其中只有一个是用来维持本国产业的。例如，把英国货物运至葡萄牙，再把葡萄牙货物运至英国的资本，往返一次，只偿还一个英国资本。另一个却是葡萄牙的。所以，即使这种贸易能像国内贸易同样快地赚回本利，投在这种贸易上的资本，比较起来，亦只能鼓励半数的本国产业，鼓励半数的本国生产性劳动。

但是，这种贸易很少能像国内贸易那么快地赚回本利。国内贸易的本利，大都每年能赚回一次，甚至三四次。这种贸易的本利，每年赚回一次，已属难得，两三年赚回一次，亦非仅见。往往，投在国内贸易上的资本，已经运用了十二次，即付出而又收回了十二次，而投在这种贸易上的资本，仅运用一次。所以，两个资本要是相同，投在国内贸易上的资本，与投在对外贸易上的资本比较，前者对于本国产业，往往可提供二十四倍的鼓励与扶持。

国内消费的外国货物，有时是不用本国产物换购，而用第二个外国货物换购。但这第二个外国货物，非直接由本国产品换购，必间接由本国产品换购，即以本国产物购买第三个外国货物，再用以购买第二个外国货物，因为除了战争和征服的场合，外国货物，只有用本国产品直接换购而得，或用本国产品经过两三次不同交易间接换购而得，此外别无他法可以获得。所以，使用这样迂回的消费品国外贸易的资本，和使用最直接的消费品国外贸易的资本比较，除了它最后的收回，由于必须依靠两三次不同对外贸易的资本的收回，所需时间较长这一点外，无论就哪一点来说，都有相同的效果。假设商人以英国制造品换购弗吉尼亚的烟草，再用弗吉尼亚的烟草换购里加的麻枲，那么，非经过两次对外贸易，资本不能返到商人手上，再用来购买同量的英国制造品。再假设用以购买弗吉尼亚烟草的，不是英国制造品，却是牙买加的砂糖，牙买加的砂糖，才由英国制造品换购，那就得等候三次对外贸易资本的收回，该商人才能再使用同一资本购买同量的英国制造品。又假设经营这两次或三次对外贸易的，是两三个不同的商人。第一个输入的货物，归第二个买去输出，第二个输入的货物，又归第三个买去输出，那就各个商人来说，各自资本的收回，确是比较迅速；但投在贸易上全部资本的最后收回，却是一样迟缓。投在这种迂回贸易上的资本，究竟为一人所有，或为三人所有，对个别商人，虽有关系，但对国家，却毫无关系。无论为一人所有，或为三人所有，间接用一定价值的英国制造品来交换一定量的麻枲，与英国制造品和麻枲直接互相交换的场合比较，所需资本总必大三倍。所以，和比较直接的消费品国外贸易比较，投在迂回的消费品国外贸易上的资本，虽数量相等，但它对于本国生产性劳动所提供的鼓励与扶持却往往要少些。

用以购买国内消费的外国货物的，无论是什么外国商品，都不能改变贸易的性质，不能增减它对本国生产性劳动所能提供的鼓励与扶持。如果用的是巴西的金，秘鲁的银，这金银的购买，就像弗吉尼亚烟草的购买一样，当然少不了要用某种本国产业的产物，或由本国产物换购的某种物品。所以，就本国的生产性劳动来说，无论在有利的方面，在不利的方面，在偿还直接用来维持该生产性劳动的资本的速度方面，以金银为手段的消费品的国外贸易，都和任何其他同样迂回的消费品国外贸易一样，毫无区别。比较起来，以金银为手段的消费品的国外贸易，似乎还有一个好处。金银为物，可在小容积中包含大价值，故与等价值的其他货物比较，运输费是比较小的，保险费却未必较大。此外，金银在运输过程中，比较不容易遭受破损。所以，用金银作媒介，比较用别种外国货物作媒介，我们往往可用较小量本国货物购得等量的外国货物。所以，比较起来，用别种外国货物作媒介，不如用金银作媒介，因为国内的需求可以得到更充分的供给，而所花费又比较少。至于不断输出金银以购买本国需要的外国货物，能否陷国家于贫困，这个问题我们以后要从长讨论。

投在运送贸易上的资本，全是从本国抽调出来，不用来维持本国的生产性劳动，却转用来维持外国的生产性劳动，这种贸易经营一次，虽可偿还两个资本，但全非本国所有。从波兰运谷物到葡萄牙，再运葡萄牙水果、葡萄酒到波兰的荷兰商人的资本，确乎偿还了两个资本，但全非用来维持荷兰的生产性劳动。其中，一个是用来维持波兰的生产性劳动，另一个是用来维持葡萄牙的生产性劳动，归到荷兰去的，只是荷兰商人的利润。有了这种贸易，荷兰土地和劳动的年产物并不是没有增加，但所增加的只限于此。固然，如果运送贸易所用的船舶与水手是本国的船舶与水手，那么，为支付运费而使用的那部分资本，是用来推动本国的生产性劳动，用来雇用本国的生产性劳动者的。事实上，运送贸易旺盛的国家，几乎都是这样进行的。运送贸易的名词，也许就是由此而来，因为这种国家的人民，对外国人来说常常是运送者。但运输所需要的船舶与水手，不一定为本国所有。比方说，经营波兰、葡萄牙间运送贸易的荷兰商人，不一定要用荷兰船舶，用英国船舶也未尝不可。我们可以说，在某些时候，他的确是这样做。就是因为这个缘故，人们认为，运送贸易特别有利于像英国这种国家，它的国防与安全取决于船舶与水手的数目。但是，在消费品的国外贸易方面，甚至在国内贸易方面，同量的资本，可照样雇用那么多的船舶与水手，如果所必需的运输是用近海船舶来进行的话。一定数量的资本，究竟能雇用多少船舶与水手，不取决于贸易的性质，而是一部分取决于货物容积与货物价值的比例，一部分取决于运输海港间的距离。在这两个条件中，前者尤为重要。纽卡斯尔与伦敦间的煤炭贸易，虽两个海港相距甚近，但所雇用的船舶与水手，比英格兰全部运送贸易更多。所以，以异常的奖励强迫一国资本，使不按照自然趋势而以过大部分投在运送贸易上，是否能够增进一国的航业，大是疑问。

这样，与投在消费品国外贸易上的等量资本比较，投在国内贸易上的资本，所维持所鼓励的本国生产性劳动量，一般较大，所增加的本国年产物价值，一般也较大。但投在消费品国外贸易上的资本，与投在运送贸易上的等量资本比较，在这两个方面，却提供更大的利益。在有富即有势的今日，一国的富强，一定和其年产物价值，即和其一切赋税最终所出的基金相称。政治经济学的大目标，即是增进本国的富强，所以，为本国计，与其奖励消费品国外贸易，不如奖励国内贸易，与其奖励运送贸易，不如奖励消费品国外贸易或国内贸易。为本国计，不应强制亦不应诱使大部分资本违反自然趋势，流到消费品国外贸易或运送贸易方面去。

但是，如果这三种贸易，是顺应事物的趋势自然发展起来的，没有受到拘束，没有遭遇压力，那么，无论其中哪一种，就都不仅有利而且是必须的不可避免的。

在特定工业部门的产品超过本国需要的场合，其剩余部分就必然被送往国外以交换国内需要的物品。没有这种输出，国内生产性劳动一定会有一部分停顿，因而会减少国内年产物的价值。英国出产的谷物、呢绒、金属制品，常超过国内市场的需要。因此，剩余部分必须送往国外，以交换英国需要的物品。没有这种输出，这个剩余部分将不能获得充足的价格，来补偿生产它时所花费的劳动与费用。沿海沿江一带，所以宜于举办产业，就是因为剩余产物易于输出，易于换得本地需要的物品。

用本国剩余产物购得的外国货物，若多过国内市场所需要的，则其剩余部分必须运往国外，以交换国内需要的别种货物。英国输出本国剩余产物的一部分，每年在弗吉尼亚、马里兰两地购买烟草约九万六千桶。但英国每年所需，也许不过一万四千桶。所以，其余八万两千桶，若不能送往国外，以交换国内需要品，这八万两千桶的输入，就会立刻停顿。每年为购买这八万两千桶而制造的货物，原来不为本国所需要，现今输出的路又阻塞了，当然会停止生产，而为制造这种货物而被雇的那部分英国人，亦将无工作可做。所以，最迂回的消费品国外贸易，有时和最直接的消费品国外贸易一样，也是扶持本国生产劳动，维持本国年产物价值所必要的手段。

如果一国积累的资本，不能全数用来供给本国消费，全数用来维持本国的生产性劳动，则其剩余部分自然会流入运送贸易渠道，供给他国消费，维持他国的生产性劳动。运送贸易，是国民大财富的自然结果与征象，但不是国民大财富的自然原因。赞成这种贸易而特别给予奖励的政治家，似乎把结果与征象误认为原因。就土地面积和居民数目来衡量，荷兰是欧洲最富之国，所以，荷兰占有了欧洲运送贸易的最大部分。英格兰是仅次于荷兰的欧洲最富国家，亦有不少运送贸易。不过，在多数场合，英格兰的运送贸易，不如称为间接的消费品国外贸易。我们运送东方的、西印度的、亚美利加的货物到欧洲各市场去的贸易，大半就是这种性质。购买这种货物的手段，一般即使不是英国的产物，亦是用英国产物购来的物品，而且，这些贸易最后带回的物品，又大都在英国消费，或在英国使用。只有由英国轮船装运的地中海各港口间的贸易以及由英国商人经营的和印度沿海各港口间的贸易，才是英国的真正运送贸易。

国内各地因有相互交换剩余生产物的必要，故有国内贸易；所以，国内贸易的范围，只及投在国内贸易上的资本量，必受国内各地剩余生产物价值的限制。消费品的国外贸易范围，必受本国全部剩余生产物价值以及能由此购得的物品的价值的限制。运送贸易所交换的，是全世界各国的剩余生产物。所以，其范围必受全世界各国剩余生产物的价值的限制。与以上两种贸易比较，它可能有的范围，简直没有止境，它所能吸引的资本亦最大。

私人利润的打算，是决定资本用途的唯一动机。是投在农业、工业、批发商业上，还是投在零售商业上呢？那要看什么用途的利润最大。至于什么用途所能推动的生产性劳动量最大，什么用途所能增加的社会的土地和劳动的年产物的价值最多，他从来不会想到。所以，在农业最有利润、耕作最易致富的国家，个人的资本自然会投在对社会最有利的用途上。可是在欧洲，投资于农业所获利润并不见得比别种事业更为优越。的确，这几年来，欧洲各地有许多计划家盛赞农耕的利润，但不必仔细讨论他们的估算，只需略一观察，就知道他们的结论是完全错误的。我们常常看见一种白手起家的人，他们从小小的资本，甚至没有资本，只要经营数十年制造业或商业，便成为一个富翁。然而一个世纪来，用少量资本经营农业而发财的事例，在欧洲简直没有一个。欧洲各大国，仍有许多无人耕作的优良土地；已有人耕作的土地，亦尚未充分改良。所以，现今随便什么地方的农业，都还可以容纳许多资本。欧洲各国没有什么政策，使得在都市经营产业的利益，远过于在农村经营产业，从而，私人往往宁愿投资于远方（如亚洲、美洲）的运送贸易，而不愿投资去耕垦靠近自己的最丰沃土地，关于这一点，我在下一篇再详细讨论。

第三篇　论不同国家的财富的不同发展

第一章　论财富的自然发展

文明社会的重要商业，就是都市居民与农村居民通商。这种商业，有的是以天然产物与制造品直接交换，有的是以货币或纸币作媒介交换。农村把生活资料及制造材料供给都市，都市则把一部分制造品供给农村居民。不再生产亦不能再生产生活资料的都市，其全部财富和全部生活资料都可以说是得自农村。但我们不要根据这点，就说都市的利得即是农村的损失。他们有相互的利害关系。这里，分工的结果，像其他方面的分工一样，对双方从事各种职业的居民都有利。农村居民，与其亲自劳动来制造他们需要的制造品，不如做这种交换，因为由这种交换，他们可用较小量的自身劳动产品购得较大量的制造品。都市是农村剩余产物的市场，农民用不了的东西，就拿到都市去交换他们需要的物品。都市的居民愈多，其收入愈大，农村剩余产物的市场愈广阔。这种市场愈广阔，对广大农民愈有利。在离都市一英里生产的谷物，与在离都市二十英里生产的谷物，在市场上的售价都一样。但后者所得的售价，一般来说，不但要补偿其生产费用和上市费用，而且要对农场主提供农业的基本利润。所以，都市附近的农场主和耕作者，从谷物售价所得的，不仅是农业的基本利润，而且包括从远地运来出售的谷物运费的全部价值。此外，在购买的东西的买价上，他们还节省这些东西的远途运费的全部价值。试比较都市附近各农村和远离都市各农村的耕作，你就知道都市商业是怎样有利于农村的。就连所有宣传贸易差额的各种谬说，也没有一种敢妄说城乡通商对城市或对乡村有损的。

按照事物的本性，生活资料必先于便利品和奢侈品。所以，生产前者的产业，亦必先于生产后者的产业。提供生活资料的农村的耕种和改良，必先于只提供奢侈品和便利品的都市的增加。乡村居民须先维持自己，才有剩余产物维持都市的居民。所以，要先增加农村产物的剩余，才谈得上增设都市。但因都市生活资料，不一定要仰给于附近的农村，甚至不一定要仰给于国内的农村，而可以从远方运来，所以，这虽然不是一般原则的例外，却使各时代各国家进步繁荣的过程有所差异。

农村先于都市的事态，在大多数国家，是由需要造成的，但在所有国家，都有人类天性促其实现。只要人为制度不压抑人类天性，那么在境内土地尚未完全开垦改良以前，都市的增设，绝不能超过农村的耕作情况和改良情况所能支持的限度。如果利润相等或几乎相等，多数人都宁愿投资以改良和开垦土地，而不愿投资于工业及国外贸易。投在土地上的资本，可受到投资人自身更直接的监察；与商人资本比较，他的财产更不易遭遇意外。商人的财产，不但常常需要冒狂风巨浪的危险，而且由于商人经常要对风俗情况都不易熟悉的远郊的人贷给信用，还要冒人类的愚蠢与不正行为这些更不可靠因素的危险。反之，地主的资本，却可固定在土地改良物上，可以说是只要尽了人事所做就能得到安全。而且，乡村风景的美丽，乡村生活的愉快，乡村心情的恬静，以及乡村所提供的独立性（只要这独立性不受到人为的迫害的话），这些都具有吸引每一个人的巨大魅力。耕作土地既为人的原始目标，那么，在有人类存在的一切阶段，这个原始的职业将为人类所永远喜爱。

没有工匠的帮助，农耕必大感不便，也会时作时辍。农民常常需要锻工、木匠、轮匠、犁匠、泥水匠、砖匠、皮革匠、鞋匠和缝匠的服务。这些类别的工匠，因为一方面要互相帮助；另一方面又不必像农民那样有固定地址，所以，自然而然地聚居一地，结果，就形成了一些小市镇或小村落。后来，又有屠户、酒家、面包师，以及许多就供给临时需要那一点来说对他们是必要的或有用的其他工匠及零售商人加入，于是市镇日益扩大起来。乡民和市民是互相服务的。市镇是乡民不断前往用天然产物交换制造品的市集或市场。就是依着这种交换，都市居民才取得了工作材料和生活资料的供给。他们售给乡村居民的制成品的数量，支配他们所购的材料及食料的数量。所以，他们的材料及食料的增加，只能随着乡民对制成品需要增加的比例而增加，而这种需要，又只能按照耕作及改良事业发展的比例而发展。所以，假使人为制度不扰乱事物的自然倾向，那就无论在什么政治社会里，都市财富的增长与规模的扩大，都是乡村耕作及改良事业发展的结果，而且随着乡村耕作及改良事业发展的比例而增长扩大。

在未曾垦植，土地极易购得的北美殖民地，为销售到远方而兴办的制造业，在任何市镇都还不曾有过。在北美洲，当工匠获得的资本，超过他所经营的，以供给邻近乡村为职责的事业所需要的数额时，他不会想办一家工厂来做销售远方的生意。他一般宁愿用多余的资财，来购买或改良未开垦的土地，由技工一变而为农场主。当地付给技工的高昂工资，对技工所提供的舒畅生活，都不足以诱使他为他人工作，他总情愿为自己工作。他觉得，技工是顾客的仆役，仰给生活于顾客；至于耕作自己的土地，从自己家庭的劳力取得衣食之资的农场主，则是真正的主人翁，独立于世界。

反之，在土地全已开垦或不易购得的国家，技工所获资本，如果已经不能全数投在邻近地区随时需要的事业上，其有剩余部分，就会用来扩张营业，准备销售远方。锻工将建立铁厂，织工将建立麻织厂、毛织厂。随着时间的推进，各种制造业，将慢慢地进行精密的分工，用各种方法加以改进。这是大家容易想得到的，用不着细选。

在利润相等或几乎相等的条件下，人们选择投资途径时，在制造业与国外贸易两者中，宁愿选择制造业，其原因正如在农业与制造业中，宁愿选择农业一样。与制造商的资本比较，地主或农场主的资本更为稳当。同样，与国外贸易的资本比较，制造商的资本更为稳当，因为随时都在自己监察之下。诚然，随便什么时代，随便什么社会，剩余天然产物及制造品，或者说，国内无人需要的天然产物及制造品，都必须送往外国，以交换国内需要的其他物品。但运输剩余产物到外国去的资本为本国所有，或为外国所有，却是无关重要的。如果本国的资本，不够我们同时耕作一切土地，并完完全全地制造一切天然产物，那么由外国资本来运输本国剩余天然产物到外国去，亦对本国有很大的利益。因为，赖有这种资本，本国的资本便可全部投在更有利的用途上。中国、印度、古埃及的富裕，充分证明了一种事实，即纵使本国输出业有大部分为外国人经营，本国国民的富裕仍可达到极高的程度。北美殖民地、西印度殖民地，假若除了本地所有的资本，即没有外国资本替它们输出剩余产物，它们的进步会慢得多吧。

按照事物的自然趋势，进步社会的资本，首先是大部分投在农业上；其次投在工业上；最后投在国外贸易上。这种顺序是极自然的；我相信，在所有拥有多少领土的社会，资本总是在某种程度上按照这种顺序投用。总得先开垦了一些土地然后才能成立很多城市；总得在城市里先有了些粗糙的制造业，然后才会有人愿意投身于国外贸易。

这个自然的顺序，虽然在所有进步的社会里都已在某种程度上发生，但就今日欧洲各国的情状来说，这个顺序却在许多方面似乎完全相反。它们的精制造业或适于远地销售的制造业，多由国外贸易引出。农业大改良，也是制造业和国外贸易所产生的结果。这种反自然的退化的顺序，乃是风俗习惯造成的。他们原来的统治性质使他们的风俗习惯变成了这个模样。后来，这种统治大大改变了，他们的风俗习惯却仍没有多大改变。

第二章　论罗马帝国崩溃后农业在欧洲旧状态下所受到的阻抑

自日耳曼民族和塞西亚民族侵扰罗马帝国西部以来，欧洲起了一个大变革，随着这个大变革发生的是，欧洲扰攘了好几百年。野蛮民族对原居民的掠夺和迫害，中断了城乡间的贸易。城市都成了荒墟，乡村亦无人耕作。在罗马帝国统治时很富裕的西欧，一变而为极贫乏极野蛮。在接连不断的扰攘中，那些民族的头子，占有或篡夺了这些国家的大部分土地。有人耕作的土地虽然不多，但要找一块没有所有主的土地，却不可能。一切土地都被吞并了；其中大部分是被少数大地主所吞并。

最初吞并荒地的危害虽很大，但有可能只不过是暂时的危害。这些土地本可通过继承或分割，把它们拆小。但长男继承法，使大土地不能因继承而拆小；限嗣继承法又使大土地不能因分割而拆小。

如果我们把土地只是看作谋生求乐的手段，和动产一样，那么，按照自然继承法，当然会把土地像动产一样，分给所有的儿女。因为每一个儿女的生计，都为老父所同样关心。罗马人就是采行这种自然继承法。他们不分长幼，不分男女，只要是自己养的，就可以继承自己的土地。他们处分土地的方法，和我们现在处分动产的方法一样。不过，当土地不单被看作谋生的手段，而是权力强弱所系的时候，就被认为以不分割而专归于一人比较适当。在那些不安全的时候，大地主同时都是小贵族。他的佃户，便是他的隶属。他是他们的裁判官，是他们和平时代的立法者，亦是他们战争时代的领导人。他可任意进行战争，对邻国作战，有时对国王作战。在这种状态下，一个地产是否安全，其中居民有无保障，都取决于它的大小。把一个地产分拆，无异于把它破坏，换言之，无异于把它拆开来，使各部分都容易受强邻的侵蚀吞并。所以，适应着当时这种情况，在地产继承方面，长男继承法，慢慢（不是立即）盛行起来。为了同一理由，君主国通常亦由长男一人继承。虽然最初并不总是如此。为君主国的安全与权力考虑，国土宁可不加分裂，宁可在诸儿女中选择一个人来单独继承。但选择谁呢，那样重要的一件事，当然要郑重规定一个普通规例，使选择不按个人资质好坏这个不大可靠的区别，而按某种明白的无可争论的标准。在同一家庭的各儿女中，除了性别与年龄，再没有其他无可争论的区别了。根据一般经验，男性比女性好，而在其他一切条件相等的场合，年长的比年幼的好。长男继承法就这样成立了。而所谓的直系继承亦从此发生了。

一种法律在初成立时，都有环境上的需要，并且，使其合理的，亦只是这种环境。但事实上，往往产生这种法律的环境已发生变化，而这种法律却仍继续有效。今日欧洲，仅占领一亩地的小地主，其安全已无异于拥有千万亩地的大地主。产生长男继承法的环境大变了，长男继承法却依然存在。由于在各种制度中，这种法律是最宜于保持贵族尊严的，所以，今后会再行几百年也说不定。但事实上，除了这一点，长男继承法也就没有一点儿不违反大家庭的真实利益了。这个权利，因为要使一个儿子富裕，就会使其他儿子陷于穷困。

限嗣继承法是长男继承法施行的自然结果。它的采行，旨在维护由长男继承法导引出来的直系继承，以及防止由于子孙不肖或遭逢不幸，一部分遗产在赠与、遗让或割让名义下旁落的危险。这种法律，罗马人是全不知道的。法国有几个法律家，虽然喜欢以今制附会罗马古制，实际上，罗马人所谓预备继承人预定法和嘱托遗赠法，都与限嗣继承法迥然不同。

在大土地财产仍为诸侯领地时，限嗣继承法或许不是不合理的办法。像一些所谓君主国的根本法律一样，这种法律可以使许许多多人不致因一人轻举妄动而遭殃。但今日欧洲各国，大地产和小地产已同样受国法保护，所以，这种法律就变得再荒唐不过了。这种法律的制定，根据一种根本错误的假定：即对所有土地及其他一切所有物，人类的各代后裔，没有同等的权利，当代人的所有权，要被五百年前祖宗的心意所限制。在今日的欧洲，实行限嗣继承法的地方还很不少。在贵族血统仍是享受民事或军事荣誉的必要资格的地方，限嗣继承法尤其牢不可破。限嗣继承法被贵族认为是保持充任大官爵的排外特权所必要的手段。这一阶级既夺得了一种超乎其同胞之上的不正当的利益，却又担心自己的贫乏会受人讥笑，以为应当再享有另一种不正当的利益。据说，英国习惯法很厌恶世业世禄的制度，因而，和欧洲其他各君主国比较，世业世禄的制度在那里比较受限制。虽然在英格兰，世业世禄的制度也还未完全废除。据说，现在苏格兰，有五分之一以上（也许是三分之一以上）的土地，仍受着严格的限嗣继承法的支配。

在这种情况下，大面积的荒地不仅为少数豪族所兼并，而且永无再分散的可能。事实上，大地主又不常是大改良家。在产生这种制度的混乱时代，大地主的精力，几乎全部用来保护已有的领土，扩大自身对邻国的管辖权和支配权。他们实在没有余暇来开垦和改良土地。后来和平了，法制的确立，秩序的安定，虽然使他们有余暇，但他们一般没有心思耕垦土地，并且常常没有必要的财力。如果他一身一家的费用，超过了或恰好相等于他的收入（这是极常有的现象），他就没有资本可以投在这种用途上。如果他是一个经济家，那么，他又通常感觉，与其用一年的节省来改良旧的地产，不如用来购买新的地产比较划算。改良土地，像各种商业计划一样，要获得利润，不斤斤计较小节省小赢利是绝对不行的。但生在富豪人家的人，即使天生是好俭朴的，亦不大能够做到这一点。这种人的境遇，自然而然地使他更注意悦己的装饰，而不注意自己没有多大需要的利润。他自幼就养成了饰衣裳、盛车马、崇居室、丽陈设的嗜好。他已经养成了这种习惯。即在想改良土地时，这种习惯所涵养的心理仍会支配着他。他也许会把住宅附近的四五百亩土地大大装饰起来，花费比该地改良后所值大十倍的费用，终而发觉如果对他所有全部地产都照样改良下去，那就即使毫无其他嗜好，恐怕也会在没改良十分之一以前，就耗尽他所有的财产。现在，英格兰和苏格兰自封建的无政府状态以来，有些大地产继续在少数人手里至今没有改动。把这些大地产与邻近的小地产比较一下，你就不需其他论证而相信大地产是怎样不利于改良。

如果从这样的大地主身上还不能看到一些对土地的改良的希望，那么从那些占有的土地比他们少的人那里，就更无这种希望了。在欧洲旧状态下，耕者全是可任意退租的佃农。他们全是或几乎全是奴隶，不过他们的隶役，比古希腊、罗马，甚至西印度殖民地的隶役和缓一些。他们与其说隶属于主人，不如说是隶属于土地。因此，他们可以和土地一同出卖，但不能单独出卖。得到了主人的同意，他们还可以结婚。而且，主人没有权利把他们夫妇卖给不同的人，从而拆散他们的姻缘。主人残害或杀害了奴隶，还要受处分，不过一般是小惩罚罢了。但是，奴隶不得积蓄财产。他们所获得的一切都是主人的，主人可以随时取去。所以，奴隶所能进行的垦植和改良，实际上都是由主人进行，由主人负担费用的。种子、牲畜、农具，全是主人的。改良的利益，亦是主人的。这种奴隶，除了日常维持生活的东西，什么也不能获得。所以，在这种场合，正当地说，土地仍是由地主占有，由农奴耕作的。这种奴隶制度，在俄罗斯，在波兰，在匈牙利，在波希米亚，在摩拉维亚，在德意志其他部分，现在还存在。这种制度逐渐全然废除了的地方，不过只有欧洲西部及西南部而已。

如果希望大地主进行大改良，已是很难，那么，当他们使用奴隶耕作的时候，要他们进行大改良就更是无望了。我相信，一切时代和一切国民的经验，都证明了一件事，即奴隶劳动虽表面上看来只需维持他们生活的费用，但彻底通盘计算起来，其代价是任何劳动中最高的。一个不能获得一点儿财产的人，食必求其最多，做必望其最少，除此之外，什么也不关心。他的工作，够他维持生活就行了，你要从他身上多榨出一些来，那只有出于强迫，他自己决不会愿意的。普林尼和科拉麦拉的著作都说，古意大利的谷物耕种事业，在奴隶制度下非常衰微，对主人非常不利。耕种事业在亚里士多德时代的古希腊并没有多大进步。所以，当论及柏拉图理想国时他说：要有一片像巴比伦平原那样极大极丰沃的土地，才可以养活五千懒惰人（当时认为卫护那理想国所必要的战士）及其妻仆。

人类好胜的心理，多以统治下等人为荣，而以俯就下等人为耻。所以，如果法律允许，工作的性质也允许，那在奴隶与自由人之间，他一定愿意选用奴隶。蔗糖与烟草的栽种，能够提供使用奴隶耕作的费用；谷物的耕种，现在似乎还不能够办到这一点。主要产物为谷物的英国殖民地，大部分工作都由自由人来操作。本雪文尼亚人最近议决释放黑奴。那种事实，使我们相信他们所有的黑奴一定不多。如果奴隶是他们财产的大部分，他们决不会赞成释放。但以蔗糖为主要产物的英国殖民地，全部工作都由奴隶担任；以烟草为主要产物的英国殖民地，亦有大部分工作由奴隶担任。西印度殖民地栽种甘蔗的利润特别大，在欧美两洲，简直没有什么耕种事业比得上。栽种烟草的利润，虽比不上栽种甘蔗，但与栽种谷物比较，却仍然较大。这两种耕种事业都能提供奴隶耕作的费用，但栽种甘蔗，比栽种烟草更能提供这种费用。所以，与白种人数相比，黑奴的数目，在甘蔗区域，比在烟草区域大得多。

继古代奴隶耕作者之后，逐渐出现了法兰西今日对称作分佃农的一种农民。这种农民，在拉丁文中叫作Coloni Partarii（分益隶农），在英格兰，这制度早已废止，所以，在英文中，我现在不知道他们叫作什么。在这种制度下，种子、牲畜、农具，总之，耕作所需的全部资本，都由地主供给。农民离去或被逐去时，这种资本就须归还地主。生产物在留出被认为保持原资本所需要的部分之后，其余就由地主与农民均分。

在对分佃耕制下，耕作土地的费用，严格地说亦是出自地主，和在奴隶耕作制下没有差别。但其中，有一个根本不同之点，对分佃耕制下的佃农，是自由人，他们能够占得财产，可以享有土地产品的一定比例。生产总额愈大，他所占有的部分愈大。所以，他们的利益，显然在于能够生产多少，就生产多少。反之，一个没有占得财产希望只能维持自己生活的奴隶，就会图自己舒服，比量着自己的需要，不想使土地产品多于自身所需。也许就是部分因为对分佃耕制对地主有利，部分因为君主嫉恨大地主，鼓励农奴反抗他们的权力，终而使大家都觉得奴隶耕作制不利，于是大部分欧洲的奴隶耕作制逐渐消灭。这样一次大的变革，是什么时候发生的，是怎样发生的，在近代历史中，是最难稽考的事件之一。罗马教会，常自夸其废除奴隶的功绩。当然，我们也知道，早在十二世纪亚历山大三世时代，罗马教皇就发出了释放普通奴隶的训谕。但这个训谕，似乎不过是个谆谆的劝谕，不遵守训谕的人，并不受处罚。奴隶制度依然保持了数百年。最后，因为上述那两种利害关系（地主的利害与君主的利害）共同作用起来，才逐渐把它废除。一个已被释放，又许继续保用土地，但自己没有资本的贱奴，只有向地主借用资本，才有耕作土地的可能，所以，非成为法兰西今日所称的对分佃农不可。

不过，在对分佃耕制下，土地仍不能得到大的改良。地主既可不花费分文，而享受土地产品的一半，留归对分佃农享有的自属不多。在这不多的部分中，所能节省的更是有限。对分佃农决不愿用这有限的节余来改良土地。教会什一税，不过抽去生产物十分之一，已是土地改良极大的障碍。抽去生产物的半数，一定会切实阻止土地的改良。用地主供给的资本，从土地尽量取得最大量的生产物，固然是对分佃农所愿望，但若以自有资本与地主资本混合，却决非对分佃农所愿的。在法兰西，据说，有六分之五的土地仍由对分佃农耕作。地主常常指责农民，不用主人的牲畜耕田，而用来拖车。因为，拖车的利润，全部归于农民，耕田的利润，却须与地主平分。在苏格兰的某些地方也残留着这种佃农，叫作由地主借给种子农具的佃户。大贵族吉尔伯特和布勒克斯登博士曾说，英格兰古代的佃农，与其称为农户，不如称为地主的属役。这种佃农，大概与此属于同一种类。

慢慢地继对分佃农而起的农民，可以说是真正的农民。他们耕田的资本是自己的，但要对地主缴纳一定数额的地租。这种农民租田都有一定的租期。所以，他们有时觉得，投下一部分资本改良土地，对自己有利益。他们希望，在租期未满以前，投下的资本可以收回，并提供很大的利润。不过，就连这种农民的借地权，也有一个长时期是极不可靠的。今日欧洲有许多地方的情况也是如此。土地换了新主，即使租期未满，也可把农人逐去，不算非法。在英格兰，甚至得依虚构的普通退租法取回租地。如果地主使用违法的暴力手段驱逐农民，农民所能凭借以获取赔偿的诉讼章程，是极不完善的。农民并不一定能恢复占有原来的土地，他们通常只能获得损失的赔偿，而且所偿绝不能等于所损。在欧洲，英格兰也许是最尊重耕农的一个国家。但那里，也是直到亨利七世第十四年，才立改佃诉讼法。规定改佃时，佃农得要求赔偿损失，并得要求恢复借地权。这种要求，不必由一次审问而审结。这个诉讼法，施行极其有效，所以，近来，地主若要为占有土地而起诉，他常常不用地主名义，按权利令状起诉，而常常用他的佃农名义，按退佃合状起诉。以此之故，在英格兰，佃户的安全等于地主了。此外，英格兰又规定，每年纳租四十先令以上的终身租地权就是终身保有的不动产，有选举国会议员的权利，耕农大部分有这种终身不动产，所以政治上的势力也不小，地主因此更不敢轻视他们。我相信，欧洲除了英格兰，没有一个地方的佃农，未立租地权约，便出资财建筑仓廪，不怕为地主所夺的。这种十分有利于农民的法律风俗，所起的促进现代英格兰伟大光荣的作用，也许比为商业而定立的所有各种夸大条例所起的作用还要大得多。

保障最长租期使不为各种继承人所妨害的法律，据我所知，乃英国所特有。早在1449年，这种法律就由詹姆士二世传到苏格兰去。但当时，限嗣继承法的财产的继承人，往往不许以一年以上的租约出租田地，所以，这法律的泽润未能尽量广布。最近，国会虽立法补救，但这些束缚仍太严厉。此外，在苏格兰，租地人又因没有选举议员的权利，所以不像英格兰佃农那样，受到地主那么大的重视。

在欧洲的其他地方，虽亦保障佃农权利，使不受土地继承人和购买人的损害，但这种权利的保障期限仍甚短促。例如，法兰西初定租期为九年，近来才延长至二十七年。但二十七年为期仍嫌太短，不足以鼓励佃农进行各种最重要的改良。我们知道，欧洲各地的地主，在古代原都是立法家。土地法都是为他们所设想的地主利益打算的。他们认为，为地主利益打算，祖先不应将土地长期出租，使得他们长时间不能充分享受土地的价值。贪而不公，必定目光短浅。他们不会想到这种规定，一定会妨害改良，结果，一定会妨害他们自己的真实利益。

古代，农民对于地主，除了纳租，还须提供各种劳役。那种劳役，既不明定于租约内，又不受任何规定支配，只要庄主诸侯需要，就得随命随到。这种全无规定的劳役，使佃农不知受了多少痛苦。苏格兰最近把一切全无规定的劳役废止，不到几年，国内农民的境况就改善了许多。

农民的私役如此，公役又同样横暴。公路的建筑修补（这种劳役，我相信，各处尚未废除，但横暴的程度不等），不过是一个例子罢了。在王军或王官过境时，当地农民，又有提供车马和粮食的义务，那虽有代价，但代价定于食物征发官。我相信，在欧洲各君主国中，只英国一国，完全消除了食物征发的压迫。在法国和德国，都未曾消除。

农民所负担的劳役义务，既如上述。农民所负担的纳税义务，其不规则和横暴的程度也和劳役义务不相上下。古代贵族，虽不愿在金钱方面给君主以任何帮助，但毫不踌躇地听任君主对佃农征收贡税。他们没有看出，这种苛税终必严重地影响他们自身的收入。法国今天仍有贡税，那就是古代君王苛税的一例。贡税是加于假定的农民的利润的一种税，它是根据农民投在土地上的资本估定的。所以，农民为自身利益计，尽可能装穷，结果，他耕作所用的资本必减至尽可能少的程度。至于改良土地的资本，那就以减少到零为宜。即使法国农民手中积蓄了一点儿资本，亦将因有贡税，不愿投到土地上来。贡税事实上几乎等于禁止农民把积蓄投资于土地。此外，这种赋税被认为会抑低任何要完纳它的人的身份，使不仅不能与乡绅平行，且不能与市民并列。而谁租借别人的土地，谁就要完纳这种税。绅士，甚至有产的市民，都不愿受这种耻辱。所以，施行这种赋税的结果，不仅使从土地方面积蓄起来的资本不用来改良土地，而且使一切资本都不用来改良土地。英格兰以前曾有十分之一税和十五分之一税，就它们对土地的影响说，似乎是和贡税同一性质的税。

在这一切害农政策之下，要耕者来改良土地的可能性很小。这一阶级的人民，尽管受法律保障，有自由有安全，但在改良土地上，却处于大不利的地位。农民与地主比较，犹如借钱经商者与有资亲自经商者相比。固然，无论是借资经商，或是有资亲自经商，只要他们的行为一样慎重，他们的资财就都可以增进，但因借钱经商者的利润有一大部分归作借款的利息，所以借钱经商者的资财的增进，定要迟缓得多。同样，与地主比较，即使行为一样慎重，佃农耕地的改良，亦要迟缓得多；因为，在农民的场合，生产物的大部分须归作地租，而在地主的场合，这一部分却仍可用来作进一步的改良。此外，农民的地位，当然比地主低。不仅如此，欧洲有大部分地方，把农民看作下等人，甚至不如有些地位的小商人和技师。至于农民地位被看得低于大商人和大制造商，那是全欧洲各地普遍的情况了。世上有几个大财主愿舍弃高的地位而与下等阶级的人民为伍呢，所以，即在现今，欧洲人的资本，仍很少会由其他行业转到农业上来改良土地。也许与欧洲其他国家比较，英国资本转到农业方面来改良土地的，比较多些。但即使在英国，在若干地方用于农业上的大资本，大都是在农业上获得的。（和一切其他职业比较，农业上资财的积蓄，最为迟缓。）不过，我们应该知道，在所有国家里，除了小地主，最能改良土地的，要首推富农和大农。在欧洲君主国中，英格兰也许特别有这种情形。据说，在荷兰共和政府以及瑞士伯尔尼共和政府中，农民的地位，也不低于英格兰农民。

除上述外，欧洲古代的政策，尚有其他不利于土地的改良与垦作的地方，不论进行改良和垦作的人是地主还是农民。比如：一、到处都规定，未经特许，谷物输出一律禁止；二、限制谷物甚至各种农产物的内地贸易，实行禁垄断禁零售禁屯积种种谬法，确立集市市场的特权。我说过，古意大利土地非常肥沃，且又为世界最大帝国的中心地，然其农耕的进展，亦不免因禁止谷物输出和奖励外谷输入而受到许多阻碍。至于土地没有那样肥沃，位置没有那样有利的国家，其耕作会因限制谷物的内地贸易和禁止谷物输出而受到何种程度的阻碍，就难于想象了。

第三章　论罗马帝国崩溃后都市的勃兴与进步

罗马帝国崩溃后，都市居民的境况，并不比农村居民好。不过，那时候都市中的居民，和古代希腊共和国、意大利共和国内的居民大不相同。在这些古代共和国内，地主占居民中的多数，他们分占公地，都觉得房屋毗连，环以围墙，便于共同防御。但在罗马帝国崩溃后，地主大都散居于各自领地的城寨内，住在各自的佃农及属民中间。市镇上的居民，大都是商人和技工。他们的处境无异于隶役，或近似于隶役。古时各宪章所赋予欧洲各重要都市居民的权利，充分证明了他们在未取得这些权利以前的生活情况。这些宪章，准许都市人民，第一，可以自由嫁女，不必领主许可；第二，在他死后，他的财物可由儿孙继承，不由领主领取；第三，自身遗产可由遗嘱处分。这种权利的颁给，充分证明了在未颁给前，他们是和农村耕作者几乎一样，或竟全然一样，处于贱奴状态。

这些人，无疑是很贫困很下贱的，他们肩挑着货物，过市赴墟，从这里跑到那里，与今日拉车荷担的小贩相类似。那时欧洲各国，像现在亚洲的鞑靼政府一样，经常在这些旅行者经过某些采邑，经过某些桥梁，过市赴墟，设摊售货的时候，把赋税加在他们的人身与货物上。在英格兰，这些税叫作过界税、过桥税、落地税、摊税。有的时候，国王以及在某些场合拥有这项权力的大领主，特许某些商人，特别是住在他们领地内的商人，免纳各税。因此，这些商人的地位，虽在其他各点与隶役无异或极相类似，但仍被称为自由商人。不过，他们为报答保护者的保护，通常每年需纳人头税若干。当时非付厚酬，保护不易获得。所以，这类人头税可看作他们对保护者舍弃其他税收所提供的补偿。这种交换条件的实行，当初只限于个人，其期限或限于其人之身，或凭保护者的好恶。英国土地清账册关于几个都市的很不完全的记载，常常提及某某市民为这种保护各纳人头税若干给国王或大领主。有时，它又只记录这些人所纳的税的总和。

都市居民的情况，无论当初是怎样卑贱，但与乡村耕作者比较，他们取得自由与独立，在时间上总要早得多。都市居民的人头税，是国王收入的一部分，这一部分收入，多由国王制定比额，在一定年限内包给该市长官或其他人征收。但市民自己亦往往可以取得这样的信用，来经收他们本市的这种税收，于是就对这全部税额联合负责。这种包税办法，对于欧洲各国国王的一般经济，应当是十分适宜的，因为他们本来习惯于把庄园全部的税收，交由庄园全体佃农包办，使其对这全部税收负连带责任。但这种办法，对佃农亦有利。他们可照自己喜欢的方法从事稽征，并通过自己聘员之手将税款纳于国库，不必再受国王派出的吏役的横暴了。这在当时被视为极重大的一件事。

当初，市民包办市的租税，和农民包办庄园的税一样，是有年限的。

后来，随着时代的推进，变成永久的。税额一定，以后永远不能再加。税额既成为永久的，以纳此税为条件的其他各种赋税的豁免，便亦成了永久的。因此，其他各税的豁免，便不限于一人之身，不再属于作为个人的个别的人，而属于特殊城市内的一切市民了。这个城市，因此成为所谓自由市；由于同一理由，市民成为所谓自由市民或自由商人。

前面说过的那种重要特权即嫁女自由权、儿女继承权与遗嘱权，一般常常是随着这种权利一同赐给特殊市的一般市民的。那种种特权，是否常伴随着贸易自由权的赐与，赐给作为个人的个别市民，我不知道。也许真是如此，但我提不出什么直接的证据。不过，无论如何，贱奴制度及奴隶制度的主要属性，就这样从他们身上解除了，至少，从这个时候起，他们在我们现在所说的自由这个字的意义上，是自由了。

不仅如此，他们通常设立一种自治机关，有权推举市长，设立市议会，设立市政府，颁布市法规，建筑城堡以自卫，使居民习战事，任守备。遇有敌攻或意外事情，凡属居民，不分昼夜，都需尽防卫责任。在英格兰，他们一般可免受郡裁判所州裁判所的管辖；所有诉讼，除公诉外，都可由市长判决。在其他各国，市长所得的裁判权尤其大。

市税由市民包办的都市，不能不给它们以某种裁判权，借以强迫市民纳税。此时，国家纷乱，如果要它们到别的法庭请求这种判决，势必极其困难。但很奇怪，欧洲各国君主，为什么这样地用这部分税收来交换这种固定的不得增加的租税。我们知道，这种税收在一切税收中，是最不必劳神费财，自然会增加起来的。此外，还有一点，也是很为奇怪的，那就是，君主们竟然自动地在他们领土的中心，建立一种独立的民主国。

要理解此中理由，必须记得，在当时纷乱情形下，欧洲各国君主，也许没有一个能保护国内弱小人民，使其不受大领主的压迫。这一部分弱小人民，既不能受国法保护，又无力自卫，所以只有两条路走，就是说，若不投身某大领主之下，为其奴隶，乞求保护，就只有联合起来，共同守卫，彼此相互保护。城市居民单个地说，没有自卫能力，但一旦有了攻守同盟，抵抗力就不可轻视。领主常鄙视市民，不仅认为市民的身份与己不同，而且认为市民是被释放的奴隶，其族类亦与己不同。因此，市民的富裕，常常使领主嫉妒愤怒，有机会即加以压迫侵凌，不稍宽恕。市民当然嫉恨领主，畏惧领主。恰好，国王亦畏惧领主，嫉恨领主。另一方面，国王虽亦鄙视市民，但他没有嫉恨他们畏惧他们的理由。所以，相互的利害关系，使国王和市民互结同盟，以抗领主。市民是国王敌人的敌人，所以，国王为了他自己的利益，尽其所能，使市民的地位变得稳固。给予市民权力，使其能推举市长，制定市法规，建筑城堡自卫，进行军事训练，国王就这样尽他权力之所及，把一切独立安全的手段给予市民，使他们不依靠领主。但要使他们的自由同盟能对他们提供永久的安定，能对国王提供相当大的援助，则又非有正常的政府组织不可，非有强制居民服从的权威不可。至于把市税永久包给他们，则是为了表明心迹，使愿结为朋友结为同盟的人，不惧他将来会再压迫他们，会把税额提高或把税包给别人。

对领主感情最坏的国王，对于市民，敕赐往往最为宽大。例如英格兰国王约翰，对市民最为宽容。法兰西菲利浦一世，全然失去统率领主的权力。至其末年，据神父丹尼尔说，其子路易，即后来称为肥路易的，与国内各主教，筹商最适当的方法，以取缔领主暴行。主教们的意见，可归纳为两种提议：第一，在国王领土内，各大城市都设市长和市议会，以创设新的管辖体系；第二，使城市居民，组织新的民军，听市长调遣，在必要时，出发援助国王。据法兰西各考古学家说，法兰西市长制度和市议会制度，就是这时创立的；德意志大部分自由市也是在式微的苏阿比亚王统治下，才得到这种种特权；有名的汉萨同盟，也是在这时才开始崭露头角。

都市民军的力量，此时既不下于乡村民军，一旦有事，又容易集合，所以与当地领主争议时，他们常占优势。意大利、瑞士等地，各个都市或由于离首府所在地很远，或由于本身的天然力量，或由于其他缘故，君主对它们已全无权力，它们大都逐渐成为独立的民主社会，并征服当地贵族，迫令其拆毁乡间城堡，而以和平居民资格居住在都市内。伯尔尼民主国及瑞士其他若干都市的简史，类皆如此。除威尼斯外，十二世纪末至十六世纪初，意大利屡起屡灭的无数大民主国的历史亦如此。

英、法两国王权虽有时甚为式微，但从未全部消灭。都市因此没有完全独立的机会。但因市民势力日涨，除上游的市税以外，国王一切赋税，须得市民同意，才征收得到。国王有急需，就通诏全国各市，使派遣代表，出席国会。这些代表可与牧师和贵族一起议决，给予国王特别经济援助。由于市民代表，大都袒护国王，国王有时利用他们抵抗议会内大领主的权力。这就是市民代表出席欧洲各大君主国的国会的由来。

秩序、好政府以及个人的自由安全，就在这种状态下在各个都市确立了。但此时，乡村耕作者，依然受到贵族的各种迫害。处于无力自卫状态的人，自然满足于仅够过活的生活资料；因为，拥有更多财富，只会招惹压迫者更苛虐的诛求。反之，当人们勤劳的结果确有亲自享受的把握时，他们就自然会努力来改善他们自身的境遇，不仅要取得生活必需品，而且要取得生活上的便利品和娱乐品。所以，以生产生活必需品以外的东西为目的的产业，在都市建立的时期，比在农村早得多。在贱奴状态下受领主钳制的贫穷农民，稍有储蓄，必掩藏唯谨，免得领主看见，据为己有，而且一有机会，即逃往都市。加之，当时法律对市民既如此宽纵，同时又如此热望削减领主对农民的权力，所以，农民只要逃往都市，一年不为领主所获，即可永享自由。因此，乡村勤劳居民，一有积蓄，自然会逃到都市来，把都市看作他们唯一安全的避难所。

城市居民的食品、材料和产业手段，归根结底，都出自农村。但近海岸沿河边的城市居民，却不一定只从邻近农村得到这些物品。他们有大得多的范围。他们或用自身工业的制造品作交换，或经营遥远国家间的运送业，以甲国产物交换乙国产物，而从远地取得他们所需要的种种物品。

一个城市不但在其邻近各农村都很贫乏都很衰落，而且在它所与通商的各个农村也都很贫乏很衰落的情况下，仍可发达起来，日臻于富强。因为单个地说，每个农村对它所能提供的食料与雇用机会也许有限，但综合起来说，它们所能提供的却极可观。不过，在商业范围还极狭隘时，有些国家就很富裕，产业就很发达了。例如，未曾灭亡时的希腊帝国，亚巴西德统治下的撒克逊人的帝国，未被土耳其人征服的埃及，巴伯里海岸某地，以及摩尔人统治下的西班牙各省。

在欧洲，最早由商业致富的，似为意大利的城市。意大利当时居于世界的文明部分和进步部分的中心。十字军虽然破坏了许多资财，伤害了许多居民，妨碍了欧洲大部分地方的进步，但却非常利于意大利若干城市的发展。为争夺圣地从各地出发的大军，对威尼斯、热那亚和比萨各市的航海业，给予了极大的鼓励。十字军有时由这些地方的船只运送，粮食常由它们供给。它们简直可以说是大军的辎重队。使欧洲其他各国遭受极大破坏的十字军，却成为这些民主国富裕的源泉。

商业城市的居民往往以制造品和奢侈品运往富国，只满足大富翁的虚荣心，大富翁也很愿意用大量本国生产物来交换。因此，当时大部分欧洲商业，主要是以本国生产物交换较文明国的制造品。英格兰的羊毛常与法兰西的葡萄酒及弗兰德的精制呢绒交换；波兰的谷物亦常与法兰西的葡萄酒、白兰地酒及法兰西和意大利的丝绒交换。

这样，对精良制造品的嗜好，就通过国外贸易逐渐普及到没有精制造业的国家。但这种嗜好，一经普及于国内，便引起很大的需要，商人为免去运输费起见，自然会想到在本国建立同种制造业。这就是罗马帝国崩溃后西欧各地为远地销售而建立的制造业的由来。

但我们必须注意，世界上从未存在过而且也绝不可能存在完全没有制造业的大国，我所说的大国没有制造业，所指的只是精良进步的制造业，或适于远地销售的制造业。各大国大部分居民所穿的衣服所用的家具，都是本国产业的产物。这种情形，在普通所谓无制造业的贫国，尤为常见，而在普通所谓制造业发达的富国，反而不常见。与贫国比较，富国下等阶级人民日用的衣服、家具，反有大得多的部分，是外国的产物。

各国适于远地销售的制造业，其发生的情况有两种。

第一种是国内商人和企业家像上面所说，有时因要仿效外国某种制造业，而勇往直前地（如果可这样说），把资本投下来经营。像这样发生的制造业乃是国外通商的结果。十三世纪盛行于路卡地方的绸制造业、绒制造业、缎制造业，即如此发生。此等制造业，后为马基雅弗利的英雄之一卡斯特拉卡尼的暴令所驱逐。1310年，有九百家族，被逐出路卡；其中，有三十一家，退往威尼斯，建议在那里开办绸业。当地官吏准许，并给以多种特权。因此，他们就在那里创设绸业。开始的时候，即雇有工人三百名。伊丽莎白时代才传入英格兰而在古代即已盛行于弗兰德之呢绒业，现在里昂及斯皮塔菲尔的绸业，似乎也是这样发生的。这样发生的制造业，因为是仿效外国，所以，大部分使用外国材料。当威尼斯初有制造业时，一切材料都从西西里及利文运来。更久以前的路卡制造业，其所用的材料亦产在外国。桑树的培植，蚕虫的饲养，在十六世纪以前，意大利北部人似乎还不大知道。种桑养蚕的技术，在查理九世才传入法国。弗兰德制造业所用的羊毛，主要来自西班牙和英格兰。西班牙羊毛，虽然不是英格兰毛织物最初采用的材料，却是适于远地销售的毛织业最初所采用的材料。现时里昂制造业所用的丝，亦大半是外国出产；而且，在它初建时，就全部或几乎全部是外国出产。斯皮塔菲尔制造业所用的材料，大概一向都不是英国产物。像这样的制造业，大部分是因少数人的计谋而创办的，所以设立的地址，有时是滨海的都市，有时是内陆的都市，视这少数人的利害关系和主意而定。

有时，适于远地销售的制造业，是自然而然地由家用品制造业和粗物制造业逐渐改良而成的。我们说过，即便最贫陋的国家，亦常有家用品制造业和粗物制造业。由这种制造业逐渐改良而生的制造业，大都使用本国出产的材料；这些材料最初往往是在离海岸很远有时甚至离可通航运的水路亦很远的内地加工的。土壤肥沃的内地，耕作容易，所产物品，除了维持耕者生活所需外，还有很多剩余。这种剩余，因陆运费太贵，航运不便，不易运往外地。因此，丰饶的出产，使粮食便宜，从而鼓励工人住在那里。他们觉得，在那里劳动比在其他地方可获得更多的生活必需品和便利品。他们所用的材料是本地出产的，他们把材料加工后，即以制成品，或者说，以制成品的价格，换得更多的材料和粮食。他们节省了由内地到沿河沿海各地或遥远市场的运输费，从而给剩余部分天然产物增加了一个新的价值。这样，耕者可以用比从前更为简易的条件，从这班工人手里取得对他们有用或者使他们满意的物品。对于剩余部分农产物，耕者可取得更高的价格；他们所需要的其他便利品，又可以较低价格买得。这种鼓励农民并使农民有能力进一步改良和耕作土地，因而增加剩余的产量。土地肥沃，使制造业诞生，而制造业的发展，又反过来增进土地的出产力。制造业最初仅供应本地；后来，作品改良精致了，便能供应远地的市场。因为，天然产物甚至粗制造品很难担负由陆运运往远地的费用，而精制造品却不会遇到这种困难。精制造品，在小容积中，常包含大量天然产物的价格。例如，一匹精制呢绒，虽仅重八十磅，但所含价格，却不仅是八十磅羊毛的价格，而且，有时，还包含着几千磅谷物，即各种工人及其直接雇主的生活资料的价格。这种谷物，如果以谷物的原形运往海外，定然是极困难的。但若以精制品的形态运往，则虽运往最远的角落亦很容易。利斯、赫利法克、设菲尔德、伯明翰、沃弗汉普顿等地的制造业，就是按照这个方式，自然而然地发展起来的。这种制造业是农业的结果。其推广与改进，在欧洲现代史上，一般迟于那些由对外贸易促成的制造业。在现在上述各地很繁荣的那些制造业适于外销以前一百多年，英格兰就以其用西班牙羊毛为原料的精制呢绒业著名于世了。前一类制造业是随着农业的发展而推广和改进的，而农业的推广与改进，又是国外贸易和直接由此而产生的制造业的最后和最大的结果。关于这一点，我将在下面说明。

第四章　都市商业对农村改良的贡献

工商业都市的增加与富裕，对所属农村的改良与开发，有所贡献，其贡献的途径有三。

一、为农村的天然产物提供一个巨大而便宜的市场，从而鼓励了农村的开发与进一步的改进。受到这利益的，不仅仅是都市所在的农村。凡与都市通商的农村，都多少受其实惠。它们为此等农村的天然产物或制造品，提供了市场，结果就鼓励了其产业和产业的改进。当然，靠近都市的农村，所得实惠自必最大。其天然产物的运输，所费也较省，所以，与较远农村的产物比较，商人们即使付给生产者较高的买价，但对于消费者，取价却仍可一样便宜。

二、都市居民所获的财富，常用以购买待售的土地，其中很大一部分往往是未开垦的土地。商人们都渴望变成乡绅。而且，在他们变成了乡绅的时候，他们往往最能改良土地。商人与乡绅不同。乡绅是一向奢侈惯了的，他只会花钱，从来不会想到赚钱。商人却常用钱来经营有利事业，他用一个钱，就希望在这一个钱回来的时候，带回一些利润。他们这种不同的习惯，必然会影响他们在一切事业上的性情和脾气。商人往往是勇敢的事业家，乡绅往往是胆怯的事业家。就商人说，如果他觉得投下大资本来改良土地，有希望按照费用的比例增大它的价值，他就毫不迟疑地马上去做。但乡绅很少有资本，即使有些资本，也很少敢如此来使用。如果他真的着手进行改良，所用以改良的，亦往往不是资本，而是每年收入的剩余。假设你幸而住在四周农村多未开垦的商业都市中，你当能看到商人在这方面的活动，比乡绅是活跃得多啊。此外，商人由经商而养成的爱秩序、节省、谨慎等各种习惯，也使他更适合于进行土地上的任何改良，不愁不成功，不愁不获利。

三、农村居民一向处在与其邻人的战争和对其上司的依附状态中。但工商业的发达，却逐渐使他们有秩序，有好政府，有个人的安全和自由。这种效果，是最重要的，但却不为世人所注意。据我所知，曾注意此点的作家，迄今只有休谟先生。

在既无国外贸易又无精制造业的农村，一个大地主，对维持耕作者所剩余的大部分土地产品，既无物可以交换，也就无所谓地把它花费于乡村式的款客。这剩余部分，如足够养活一百人，他即用以养活一百人，如足够养活一千人，他即用以养活一千人。舍此以外，实无其他用途。所以，他的周围常有成群的婢仆和门客。他们依赖他的给养，既无任何等价物品为报酬，就服从他，像士兵服从国王一样。在欧洲工商业尚未扩张以前，大人物和大富翁，上自王公，下至小领主，其待客的阔绰，都超过我们今日所能想象的。例如，威斯敏斯特大厅，为威廉·鲁弗斯的饭厅，然而常有人满之患。托马斯·伯克特常以清洁的草秣铺于厅的地上，使坐不到座位的坐地就食的武士文人，不致污染他们崭新的衣裳。据说，瓦维克大公每日在各庄园所款待的宾客，达三万人；此或言过其实，但数目必很大，否则不会被夸大到如此程度。我们知道，不多几年前，苏格兰高地一带，仍盛行近似这种规模的款客，而在工商业很不发达的民族，这种风气似乎也很普遍。波科克博士说："我曾见一阿拉伯酋长，在他售卖牲畜的集市上，当街宴请一切行人，即使普通乞丐亦在被邀之列。"

佃耕者依赖大领主，无异于他的婢仆。他们即使不是贱奴，也是可随意退租的佃农。他们所缴纳的地租，无论任何方面都不能与土地所提供的生活资料等价。数年前在苏格兰高地一带，足维持一家生活的土地，通常所纳的地租仅为一克朗、半克朗、一羊、一小羊而已。有些地方现在依然如此；而且现在该处的货币，与他处比较，也并不能购买更多的商品。其实，在一个大庄园所产的剩余产物必须在本庄园内消费的农村，为地主便利打算，与其在家中消费这全部剩余，不如在离家不远的地方消费其一部分，前提是消费它的人们像门客家仆一样听从自己的号令。这样，他可省去许多麻烦，伴侣不至过多，家庭不至过大。仅付比免役租多一点儿的地租，而占有能维持一家生活的土地的可随意退租的佃农，其从属于领主，无异于婢仆、家奴。他们须绝对服从领主的命令。这种领主，在佃农家里养佃农，与在自己家里养婢仆和家奴没有什么区别。婢仆和佃农的食粮都来自领主的恩惠。恩惠是否继续则取决于领主是否高兴。

在这种情况下，大领主对于其佃农和家奴，必然有一种驾驭的权威。这种权威，便是一切古代贵族权力的基础。他们在平时，是境内居民的裁判者，在战时，是境内居民的统领者。他们有统率境内居民以抗不法者的权利，所以在境内成了治安的维持人、法律的执行者。其他没有任何人拥有这样的权力，国王也没有这样的权利。国王在古代，不过是领土内最大的领主，其他领主只为防御共同敌人，才给他一定程度的尊敬。如果国王要依靠自己的权力，强制某大领主领地内人民偿还小小的债务，那里居民都守望相助，恐怕国王所要花的力量，几乎将等于消灭一个内战所花的力量。因此，他不得不将大部分农村的司法权，交给能执行法律的人，不得不把统辖民军的权力，交给能统辖民军的人。

说这种地方性裁判权起源于封建法律，实是一个错误。不仅最高的民事刑事裁判权，在欧洲尚不知有所谓封建法律以前数百年，即已掌握在大土地占有者手中。而且一切募兵权、铸币权、制定地方行政法规权，也已在这时候掌握在大领主手中了。英格兰被征服前的撒克逊各领主所掌握的统治权与裁判权，并不亚于被征服后诺尔曼各领主所掌握的统治权与裁判权。但我们不可设想，直到被征服以后，封建法律才成为英格兰习惯法。在法兰西，领主统治权、裁判权的发生先于封建法律的发生，尤为不容置疑的事实。这种种权力，无疑会随着上述各种财产制度与风习而产生。

且不讲古代英、法两王国，我们就在晚得多的时代也可找到充分的证据，证明这种种结果必随这种种原因而发生。不到三十年前，在苏格兰洛赫巴的地方，有个叫作克默伦的绅士，不是贵族领主，甚至不是一个大佃农，不过是亚盖尔公爵的一个家臣罢了。他既没有获得正式的委任状，又不是治安推事，却对其民众执行最高的刑事裁判权。据说，他的审判裁判，虽无司法仪式，却很公正。也许在当时当地的情形下，他为维持公共治安考虑，不得不出面承揽这权力。这位绅士，每年得租不过五百镑，1745年率领八百人参加了斯托亚的起义。

封建法律的推行其目的绝不是想扩大封建领主的权力，倒可只看作想把他们的权力缩小。自国王以下，直到最下级的领主，都由封建法律妥为制定等级，各有各的职守和义务。在领主未成年时，该领主所有的土地的地租归其直接上司领受，土地管理权亦归其直接上司掌握。结果，各大领主未成年时，他们土地的地租和对土地的管理权也都归于国王。国王对于这种未成年的领主尽保护教育的责任，并以监护人的资格，为之婚娶，不过选择的对象，要身份相称。但是，这种法律，虽本意要加强国王的权力，削弱大领主的权力，但仍不能使乡村居民得有安宁的秩序和良好的政府，因为它不能彻底改变纷乱状态所引起的财产制度与风习。政府的权力仍过小，贵族的权力仍过大，而贵族权力过大，正是政府权力过小的原因。封建等级制度虽然确立了，国王仍不能制伏大领主，大领主依然横暴如故。他们相互间依然不断地任意作战，甚至常常对国王作战。广大的乡野仍呈一片强取豪夺和骚乱的景象。

然而，封建法制凭一切强制力量所办不到的事，却由国外商业和制造业潜移默化，逐渐实现。国外商业与制造业的兴起，渐使大领主得以以其土地的全部剩余产物与他物交换。由此而得的物品，于是无需与佃农和家奴共享，而完全由自己消费。完全为自己不为他人，这似乎是一切时代为主子者所遵守的可鄙格言。所以他们一发现了由自己来消费所收地租的全部价值的方法之后，他们就不愿再和别人共同享受这价值。他们就宁愿把足以维持一千人一年生活的粮食或其价格，用来换取一对金钢石纽扣或其他同样无用而无意义的东西，随之也把这粮食所能给他们带来的权威一并舍弃了。但金钢石纽扣是由他自己独享，无人与他共享的。至于以前的花费方法，他至少要与一千人共享。这区别是非常明显的，要作出取舍的决定，有赖于明智的判断。于是，为了满足最幼稚最可鄙的虚荣心，他们终于完全舍弃了上述权威。

在无国外贸易又无精制造业的国家，每年有一万镑收入的人，除了以这一万镑养活一千家人家使其俯首听命以外，也许就没有其他的消费方法。但在现在的欧洲，每年有一万镑收入的人，不必直接养活二十人，不必直接使唤无使唤价值的仆役十多人，却可消费其全部收入。事实上，他通常也是这样做。他间接维持的人，也许和往昔消费方法所雇用的一样多或是更多。他以全部收入所换得的宝物量，也许很少，但为采集制造这宝物而被雇用的工人，却必然很多。这种宝物的昂贵价格，大都由于这些工人的工资及其直接雇主的利润所造成。他直接支付宝物的价格，即间接支付这一切工资与利润，从而间接维持了这些工人及其雇主的生活。不过，他对于他们各人的贡献，却只是他们全年生活费的极小部分。他们各人每年的生活费，来自他一个人的，少数占全部的十分之一，许多占全部的百分之一，有些则尚不及千分之一万分之一。他虽然对维持他们全体的生活有所贡献，但他们全体的生活，都不一定要他维持，所以，对于他，他们就多少是独立自主的了。

在大地主以地租维持佃农和门客的生活时，他们是各自维持各自的佃农和门客的生活。但在他们以地租维持商人工匠时，他们全体所能养活的人数也许和往昔一样多，而且由于乡村式的款客方法难免浪费，现在所能养的，也许比往昔还多。但是，分开计算，他们每个人对这较多人数中每个人的生活费所贡献的往往极微。每个商人或工匠的生活费，都不是得自一个顾客，而是得自千百个不同的顾客。他在某种程度上，虽要仰给于他们中每一个人，但不绝对仰赖他们中任何一个人。

大地主的个人消费，就在这情况下逐渐增大起来。因此，他所养活的门客，就非逐渐减少以致全部打发掉不可。由于同一理由，不必要的佃农，亦非逐渐打发不可。农田加大了，而地主不顾被裁减佃农的怨言，却仍把佃农人数减少到按照当时不甚完善的耕作和改良情况耕作所需要的最少人数。由于尽数打发了不必要的寄食者，由于逼着佃农缴出农田所能提供的全部价值，地主所得的剩余，或者说剩余的价格逐渐增大了。这个较大的剩余，商人和制造业者又给他提供方法，使其能自己来消费，像此前消费其余部分一样。个人消费增大这一因素，又驱使地主们渴望所得地租，能超过现在改良状态下土地所能提供的数额。但这样土地就要进一步改良，佃农就要增加费用，如果租佃期限不够长，不足以使他收回增加的费用及其利润，他决不会同意地主加租的要求。他定要延长租期。地主们爱好浮华，要扩大用度，终于承认佃农的条件。这就是长期租地权的起因。

可随意退租的佃农，耕作土地，给付十足的代价，他并非完全隶属于地主。他们彼此所得的金钱上的利益，是相互的平等的。可随意退租的佃农，不会牺牲生命与财产来为地主服务，而在租期延长后，他就简直是独立自主的了。除了按照租约或习惯法，地主别想让他做一点儿其他事情。

佃农既已独立，门客又已打发掉，大领主就不能再干涉法律的正常的执行，不能再扰乱地方的治安了。他们那与生俱存的权力已经卖掉，然而，出卖的目的，不是像伊骚那样为了饥饿，为了必需，却仅仅为了耳目玩好，仅仅为了为儿童所玩乐而非成人所应追求的宝石钻戒。因此，他们就像城市中的殷实市民或商人一样平庸了。于是，在城市，在乡村，都设立了正常的政府。没有谁能扰乱都市的政治，也没有谁能扰乱乡村的政治了。

下述一事，或与本题无关，但不妨在此一提。即以大宗地产，由父传子，子传孙，传至许多世代的世家，在商业国，是极罕见的。反之，在商业不盛的国家，如威尔斯，如苏格兰高地，则极普通。阿拉伯历史，充满着贵族的世系；有一位鞑靼可汗著了一部历史，曾经译成几种欧洲文字，其中，就全是关于贵族的世系。这可证明，古世家在这些国家是极普通的。在富人收入只能用于养活尽量多的人的国家里，富人的用度很少过分，他的仁爱心似乎难以热烈得使他企图养活超过他所能养活的人数。但在收入的最大部分归个人消费时，他的用度就往往极无限制；因为他的个人虚荣心，是无限制的永远满足不了的。所以，在商业国，即使有极严厉的法规取缔挥霍浪费，长期富裕的家庭仍属罕见。但在商业不盛的国家，即使没有法规取缔，亦多长富之家。像鞑靼和阿拉伯那样的游牧民族，财产不易消费，取缔浪费的法规，亦无设立的可能。

对于公众幸福，这真是一种极重要的革命，但完成这种革命的，却是两个全然不顾公众幸福的阶级。满足最幼稚的虚荣心，是大领主的唯一动机。至于商人工匠，虽不像那样可笑，但他们也只为一己的利益行事。他们所求的，只是到一个可赚钱的地方去赚一个钱。大领主的痴愚，商人工匠的勤劳，终于把这次革命逐渐完成了，但他们对于这次革命，却既不了解，亦未预见。

因此，在欧洲大部分地方，城市工商业是农村改良与开发的原因，而不是它的结果。但是，这种发展，既与自然趋势相反，当然是迟缓和不确定的。试比较以工商业为国富基础的欧洲各国的缓慢进步，与以农业为国富基础的我国北美殖民地的急速进步吧。欧洲大部分地方的居民数目，在将近五百年中，未增加一倍。我国北美殖民地有些地方，却是二十年或二十五年就增加了一倍。在欧洲，长男继承法和各种永久所有权，使大地产不能分割，也就使小地主不能增加。我们知道，小地主对其有限土地十分熟悉，爱护备至。他不但喜欢开发它，而且喜欢改良它。他在各种耕作者中算是最勤勉，最聪明，最成功的了。加之，长男继承法和永久所有权，又使许多土地不能出卖，常使购买土地的资本多于待售的土地，从而使土地常以独占价格出售。土地所得的地租，常不足以支付买价的利息，至于修补费，及其他各种意外费用，更不用说。所以，购买土地，在欧洲，是小资本利润最少的用途。固然有些不再经营工商业的人，为安全起见，亦有时愿把小资本用来购买土地。还有些从别的来源取得收入的专门职业家，亦常因要保储蓄的安全，喜投资购买土地。但是，一个青年，如果不愿从事工商业，而用两三千镑资本购买一小块土地来开发，固然也可以生活愉快，不依靠人，但要希望成为大富翁大名人，就绝不可能了。如果他把资本用于别的用途，他就可望发大财或享大名，和别人一样。而且，这样的青年人，虽不希望成为地主，但大都不愿成为农民。这样，任人购买的土地既少，土地的卖价又高，结果，使许多原来可能用于改良和开发土地的资本都不投到这方面来。反之，在北美洲，则有五六十镑的资本，便足够用来开办一个农场。那里，未开垦土地的购买与开发，既为最大资本最有利的用途，亦为最小资本最有利的用途。在那样的地方，这既是最直接的致富方法，也是最直接的成名方法。那里的土地，几乎全无代价取得，即使付出代价，亦比其自然生产物的价值少得多。这种事在欧洲是绝不可能的；在土地早已成为私有财产的任何国家都是不会有的。可是，当一个大家庭的家主死时，所遗土地财产若能平均分配于各个儿女，则所遗地产，大都有出售的日子。待售的土地就会增加，土地就不能再以独占价格出售。土地的自由地租，这样将渐足抵付买地地价的利息；以小额资本购买土地，亦将和其他用途同样有利。

英格兰，因土壤天然肥沃，海岸线与全国面积相比甚长，又因有许多可以通航的河流流贯其间，使内陆各地能有水运之便，所以，与欧洲任何大国比较，都一样宜于国外通商，一样宜于经营远地销售的制造业，一样宜于上述情况所能引起的种种改良。此外，自伊丽莎白即位以来，英国立法都特别注意工商业的利益；事实上，欧洲没有一个国家，即荷兰亦不例外，其法律一般地说，能这样有利于这种产业。所以，英国工商业就在这整个时期内不断地向前发展起来。无疑，农村的开发与改良，亦不断地在进步；但其进步，似较迟缓，不如工商业的迅速。大部分土地，也许在伊丽莎白时代以前就耕种了，可是还有一小部分仍全未耕种，至于已耕种的土地，其耕作状况大部分亦未尽如人意。不过，英格兰的法律，不仅由保护商业而间接鼓励农业，且有若干对农业直接加以奖励。除歉收年度外，谷物输出，不仅自由，且有奖金。在收获一般的年度，外谷输入，又有等于禁止输入的关税。除了来自爱尔兰的以外，活牲畜的输入一向是禁止的，而且准许从爱尔兰输入亦是不久以前的事。所以，在两种最重要的土地产品即面包与家畜肉上，土地耕作者实享有一种独占，他人无从染指。这种奖励，虽像我后面指出的那样到底全是幻想，但由此至少可以推知英国立法当局，实有赞助农业的美意。而最重要的是英格兰法律对于国内农民曾竭尽所能使其安定独立而受人尊敬。所以，在长男继承法尚未消灭，什一税继续征收，与法律精神相反的永久所有权有时仍然有效的国家中，英格兰总算是最鼓励农业的国家了。但英格兰农业的情况，仍是如此。假使农业除了由于商业进步而间接得到鼓励以外，没得到法律的直接鼓励，政府袖手旁观，听任农民的处境停留于与欧洲其他各国相同的状态，那么，农业将呈现何种情况呢。伊丽莎白即位迄今已二百余年了。这悠长的时间，是人类繁荣阶段通常所能持续的最久时间。

在英格兰成为大商业国以前大约一百年，法兰西的对外贸易很可观。按照当时人的设想，似乎在查理八世远征那不勒斯以前，法国的航海业就已很可观。但就全体说，法兰西土地的耕作与改良，逊于英格兰。法国法律从未给予农业以直接的奖励。

西班牙与葡萄牙对欧洲其他各国的国外贸易，虽多由外国船舶装运，但很可观。西班牙与葡萄牙对他们殖民地的国外贸易，由本国船舶装运，这贸易因殖民地富饶广大，尤为巨大。然而，如此巨大的国外贸易，并不曾在这两国内引起任何重大的适于远地销售的制造业，甚至，这两国的土地亦尚有大部分未曾开垦。就国外贸易说，在欧洲各大国中，除意大利外，葡萄牙历史最久。

由于国外贸易及适于远地销售的制造业而使全国土地全部得到开发与改良的国家，在欧洲，似乎只有一个意大利。据古西亚迪尼说，在查理八世侵入以前，意大利不但最平坦最肥沃的农村已经耕种，而且最多山最荒芜的地区也同样已经耕种。这个国家所处的相当有利的地位，以及在这个国家里存在的大量独立小邦，对于上述土地的全面开垦或不无贡献。然而，这位贤明的近代历史家虽这样说，但那时意大利的土地垦作，不及今日的英格兰也不是不可能的。

可是，无论哪个国家，通过工商业而获得的资本，除非其某一部分已在土地耕作与改良事业上得到保障和实现，总是极不确定的财产。说商人不一定是某一特定国家的公民，这句话真是不错。究竟在何处营业的问题，在他似乎没有多大意义；如果他们对甲国感到一种厌恶，哪怕极微小，亦可使他把资本从甲国迁到乙国。随着资本的迁移，资本所维持的产业亦必移动。在资本尚未散在地面上，成为建筑物，成为土地永久改良物以前，那资本绝不能说属于某一国。据说汗萨同盟大部分都市都拥有大财富，这财富如今到哪里去了呀，除了在十三世纪和十四世纪模糊的历史外，像是一点儿痕迹也没有留下。甚至它们中某些城市究竟坐落在什么地方，其中有些的拉丁文名称究竟属于欧洲的哪些都市，也不易确定。但是，十五世纪末和十六世纪初意大利所遭的灾祸，虽然使伦巴迪亚和托斯卡纳所属各城市的工商业大为衰落，但这些地方，至今仍为欧洲人口密度最大土地耕作最优良的地方。弗兰德在内战后又受西班牙的统治，这些虽然逐去了安特卫普·根特、布鲁哲斯的大商业，但弗兰德至今仍为欧洲财富最多，人口最稠密，耕作最进步的地方。战争与政治上的一般变革，可以容易地使以商业为唯一来源的富源趋于耗竭。通过比较可靠的农业改良而产生的富源就比较持久得多，除了由于敌对蛮族的侵凌而引起的持续一两百年之久的比较激烈的大变动，如罗马帝国崩溃前后西欧的大变动外，其他事件都破坏不了。

第四篇　政治经济学体系

导　言

政治经济学被看作政治家和立法者的一门科学，它提出了两个明确的目标：第一，给人们提供充足的收入和生活资料，更确切地说应该是使人们能为自己提供充足的收入和生活资料；第二，为国家或联邦政府供应充足的收入，以维持公共服务。总之就是要使国与民共富。

不同时代和不同国家的不同富裕程度，就使人民富裕而言，产生了两种不同的政治经济学体系。一种可称为重商主义，另一种可称为重农主义。我将尽我所能充分且详尽地阐述这两种主义。我先从重商主义开始介绍，因为它是一种现代的经济体系，这是我国现在最为人所熟知的一种体系。

第一章　商业主义和重商主义原理

财富是由货币或金银构成的，人们之所以会有这种通俗的观念，是自然而然地产生于货币所拥有的两种职能，即交易媒介和价值尺度。因为它是交易的媒介，所以我们用货币就能比用其他商品，更容易地得到我们想要的东西。我们总是发现，头等大事就是得到货币。只要有了钱，以后随便买什么都没有问题了。因为它是价值尺度，我们就可以用货币的兑换量来衡量其他商品的价值。所以我们说有很多钱的就是富人，钱少的就是穷人。俭朴的人或是想发财的人，我们说他爱钱；不在乎钱，慷慨大方或是生活奢侈的人，我们说他不关心钱。

想富就要多挣钱。总之，普遍来看，货币和财富在每一方面都被认为是等同的。

从某些方面来看，一个富裕的国家，就像是一个富人，拥有很多钱。在任何国家看来，积攒金银都是一条致富的捷径。在美洲被发现以后的一段时期，当西班牙人来到一个陌生的海岸，首先要打听的通常就是附近能否找到金银。根据他们所获得的信息来判定这个地方是否有建立殖民地的价值，或者是否有征服的价值。法兰西国王曾派遣僧人普拉诺·卡尔比诺作为大使去拜见赫赫有名的成吉思汗的一个儿子，据这位大使说，鞑靼人经常问他法国是否有很多的牛羊。他们的问题和西班牙人的问题都是同一个目的，他们想知道这个国家是否足够的富有，值得他们去征服。鞑靼人和其他游牧民族一样，通常都不知道货币的用途，牲畜在他们眼里才是交易媒介和价值尺度。财富对他们而言就是成群的牛羊，就如同西班牙人认为财富就是成堆的金银一样。在这两者之中，也许鞑靼人的看法更接近真相。

洛克先生曾对货币和其他动产作了区分。他说，其他动产都是很容易消耗的，由这种动产所构成的财富是很靠不住的，而这种动产很多的国家即使这一年没有任何输出，也可能仅仅是由于自身的消耗和过度的浪费，来年就变得极度需要这种动产。反之，货币就很靠得住，虽然它可能辗转入手，但只要能使之不流出国内，它就不容易被浪费和消耗。因此，根据他的理论，金银是一国动产中最坚实最可靠的部分，所以他认为，增加金银的积累应该是一国政治经济学的重大目标。

其他一些人认为，一个国家如果能脱离于整个世界，那么国内流通货币的多少就显得无所谓了。靠这种货币来流通的可消费物，只能换取或多或少的这种货币；但他们也承认，国家真正的穷与富也完全依赖这些可消费物的多寡。但是，他们认为对于那些与其他国家有联系，有时因对外宣战而不得不在遥远地区维持海陆军的国家来说，情况就不同了。他们说，要维持远方海陆军的给养，就要派出货币，但除非国内本身就有足够的货币，否则也无钱可派。所以，这类国家都需要在和平时期大量积攒金银，以便有足够的财力在必要的时候进行对外战争。

基于这些普遍认可的观念，欧洲各国都在想尽办法增加各自的金银储备，尽管收效甚微。西班牙和葡萄牙两国是向供应欧洲这种金属的主要矿山的占有者，但他们都以严刑峻法和课以重税来禁止金银外流。同样的禁令政策在以前欧洲大多数的国家都采用过。我们甚至会出乎意料地发现，在一些旧时期的苏格兰议会法律里也曾重刑禁止将金银携带出国，类似的政策在旧时的法兰西和英格兰都有。

当这些国家变成商业国后，商人们发现这些禁令在很多场合中使他们极为不便。他们用金银向国外购买他们所需的物品，这些物品无论是输入自己国家或是运往其他国家，都比用其他商品更加便利。因此他们抵抗这种禁令，认为它有损于贸易。

他们提出，第一，为购买国外货物而造成的金银流出，未必就会减少国家的金银数量，反之还常常会增加国家的金银数量。因为，如果外国货物在国内的消费没有增加，那么这些货物就可以再以高额利润输出到其他国家，这样就有可能赚回比原来买它们的时候多得多的金银。孟先生将这种对外贸易运作比作农业上的播种期和收获期。他说："如果我们只看见农夫在播种期把很多优良谷物播撒到地里去的行为，我们一定会把他看作是一个疯子而不是农夫。但当我们再考虑到他在收获期间的收益——这都是他播种时努力的结果，我们就会发现，他的行为是既有价值又有很大的收获。”

第二，他们提出，即使有禁令也不能阻止金银的外流，因为金银体积小而价值大，极易走私外流。只有适当地注意这种所谓的贸易差额，才能防止这种情况的金银外流。当一国的输出值大于进口值时，外国就欠它一个差额，这个差额必然要以金银补齐，这样增加了本国的金银量。但当一国输入值大于输出值时，它就相反地欠外国一个差额，这必然也需要以金银来补齐，这样就减少了本国的金银量。那么，在这种情况下禁令不但不能阻止金银外流，反而使金银输出多加了一层危险，多加了一层费用。相比贸易顺差国家来说，汇兑将更不利于有逆差的国家；购买外国汇票的人，要对出售汇票的银行付出代价，不仅是对运送货币的自然灾害、付出的周折和承担的费用付出代价，而且要对由于禁止金银输出而产生的意外风险付出代价。汇兑愈是不利于一个国家，贸易差额也必然对这个国家不利。与贸易顺差国家相比，贸易逆差国家的货币必定贬值。拿英格兰和荷兰举个例子，如果两国之间的汇兑有百分之五不利于英格兰，那么在汇兑时便需以英银一百零五盎司购买荷银一百盎司的汇票。即英银一百零五盎司等于荷银一百盎司，也就只能购得相应数量的荷兰货物。相反，荷银一百盎司却与英银一百零五盎司相等，也就可以购得相应数量的英国货物。因此，卖给荷兰的英国货物将以低那么多的价格出售，而卖给英国的荷兰货物又将以高那么多的价格出售，这就是由于汇兑造成的差额。这种情况下的贸易使流入英格兰的荷银少，而流入荷兰的英银多，其量的多少也是由汇兑差额决定的。所以，贸易差额就必然在相同程度上更不利于英格兰，也就必然要将更多的金银输往荷兰。

以上的言论有一部分是有理由的，有一部分却是强词夺理的。他们认为贸易上的金银输出往往有利于国家，这是正确的。认为当私人觉得金银输出有利时，禁令并不能防止金银的输出，这也是正确的。但他们如下的议论却是强词夺理，即：为了保持或增加本国的金银量，比要保持或增加本国其他有用商品的数量，更需要政府的关心；自由贸易能确保这些商品的适量供应，无需政府给予那样的关心。他们又说，高汇价必然加剧他们所谓的贸易差额的不利程度，或导致更多的金银输出，这样的说法也是强词夺理。诚然，这种高汇价极不利于向国外支付货币的商人。在购买外国汇票时，他们要以高得那么多的价格付给银行。但是，虽然由禁令而产生的风险可能使银行负担一些额外的费用，却未必会因此而导致更多的货币外流。这种费用，一般是在走私时在国内支付的，它不会使人在所需汇出的数目以外，多输出一文钱。高汇价也自然会使商人努力平衡他们的出口和进口，以便使他们支付的高汇价尽可能的小。此外，汇兑的高价必定会产生类似税收的作用，抬高外国货物的价格，从而减少对它们的消费。所以，高汇价不至于增加而只会减少他们所谓的贸易逆差额，因而也不会增加而只会减少金银的输出。

但是，尽管如此，那些议论却使听取它们的人深信不疑。商人们向国会、王公会议、贵族和乡绅们申诉，是由那些被认为了解贸易的人向那些自认为对这种问题一无所知的人陈述的。贵族及乡绅和商人一样，都从经验中知道，对外贸易可以富国，但对外贸易是通过何种方式富国的问题，他们却没有一个懂得清楚。商人们完全知道，对外贸易是如何使他们发财。理解这个问题，是他们的分内之事。但了解国外贸易如何富国的问题，却不是他们的分内之事了。除了在他们向国家请求改订国外贸易法案的时候，他们从来不考虑到这个问题。只有在请求改订法律的时候，他们才有必要陈述对外贸易的有利结果，以及现行法律对这种有利结果的阻挠。他们向那些要对这种事情作出决定的裁判官说，对外贸易可以为国家带来货币，但相关的法令却使对外贸易所带回来的货币不及本来应有的多，裁判官听了这个说法，也觉得十分满意。于是，这种议论产生了预期的效果。法兰西和英格兰的金银输出禁令，仅限于本国的铸币。外国铸币和金银仍可自由输出。在荷兰和其他一些地方，甚至本国铸币也可自由出口。政府的注意力，从对金银输出的监视，转到对贸易差额的监视，并把贸易差额看作能够引起国内金银量增减的唯一原因。他们从一种毫无结果的监督，转向另一个更为复杂更为困难但却是同样毫无结果的监督。托马斯·孟的《英国得自对外贸易的财富》一书，不仅成为英格兰而且成为其他一切商业国家政治经济的基本准则。尤其重要的是，内地或国内贸易，即那种以同量资本可提供最大收入而又能使本国人民获得最大就业机会的贸易，却被视为只是对外贸易的附属物。据说，国内贸易既不能从外国带货币回来，也不能把货币带出国外。所以，除非国内贸易的盛衰可以间接影响对外贸易的状况，否则它就决不能使国家变得更加富裕或更加贫困。

没有金银矿的国家无疑必须从外国取得金银，就如同没有葡萄园的国家，须从外国进口葡萄酒一样。然而，政府似乎不必更多注意某一物品而更少注意另一物品。一个有财力购买葡萄酒的国家，总会获得它所需要的葡萄酒；一个有财力购买金银的国家，也绝不会缺少金银。金银像一切其他商品一样，必须以一定的价格购买；而且，正因为金银是其他一切商品的价格，所以其他一切商品也都是金银的价格。我们完全有把握地相信，无需政府的注意，自由贸易也总会给我们提供我们所需要的葡萄酒；我们可以同样有把握地相信，自由贸易总会按照我们所能购入或所能使用的程度，给我们提供用以流通商品或用于其他用途的全部金银。

在各个国家，人类勤劳所能购入或生产的每一种商品量，自然会按照有效需求，即按照愿意支付为生产这种商品并使它进入市场所需支付的全部地租、劳动与利润的那些人的需求，自行调节。但金银比其他商品更容易或更准确地按照有效需求来进行调节，这是因为金银体积小而价值大，能比其他商品更容易地从一处地方运到另一处地方，从价廉的地方运到价昂的地方，从供大于求的地方运到供不应求的地方。譬如，如果英格兰有额外数量黄金的有效需求，那么一艘邮船就可从里斯本或从其他可以购买黄金的地方运来黄金五十吨，用以铸成五百多万几尼。但如果有效需求是同等价值的谷物，那么以五几尼换一吨谷物计算，输入这批谷物便需载重一百万吨的船只，或一千艘载重一千吨的船只。就算英国的整个海军舰队也不够用。

当输入一国的金银量超过有效需求时，无论政府怎样保持警惕也不能阻止其输出。西班牙和葡萄牙的严刑峻法，并没能使金银留在国内。从秘鲁和巴西源源不断的金银输入，超过了这两个国家的有效需求，使金银在这两个国家的价格降低到邻国之下。反之，如果某国的金银量少于其有效需求，那就会使金银的价格高于邻国之上，也用不着政府操心去进口金银。即使政府想尽力禁止进口金银，也不能做到。莱克加斯制定法律设置障碍来阻止金银输入斯巴达，但斯巴达人的充沛的购买力却冲破了这一障碍。所有严峻的关税法都不能阻止荷兰和戈登堡东印度公司把茶叶输入英国的，因为它们比英国东印度公司运来的茶叶便宜一些。一磅茶叶的价格通常以银计算，最高是十六先令，而一磅茶叶的体积约是十六先令体积的一百倍；如以金币计算，则在两千倍以上。因此走私茶叶的困难也就比走私金银大这么多倍。

金银很容易由丰足的地方运到缺乏的地方，而其他许多货物，因为体积关系，不能随意由存货充足的市场转移到存货不足的市场，正是部分地由于这个缘故，金银的价格才不像其他大部分货物的价格那样不断波动。固然，金银的价格也不是完全不变动的，但其变动大都是缓慢的渐进的和统一的。例如，有人认为——也许没有多大根据——在本世纪和前一世纪的欧洲，金银因不断由西属西印度输入，其价值已经不断地但逐渐地下落。但要使金银的价格突然改变，从而使其他一切货物的货币价格立刻发生显著的涨落，那就非要有像发现美洲所造成的那种商业上的大变革不可。

尽管如此，如果一个有财力购买金银的国家，在任何时候缺乏金银，要想法补足，那就比补足其他任何缺乏的商品都更方便。如果原料不足，制造业必陷于停顿。如果食粮不足，人民必然挨饿。但如果货币不足，则既可代之以物物交换，又可凭信用赊账买卖，每月或每年清算一次，更可用调节得当的纸币来加以弥补。第一种方法很不方便，第二种方法就比较方便了，至于第三种方法，则不但方便，而且有时还会带来一些利益。所以，无论就哪一点说，任何一个国家的政府对于保持或增加国内货币量的关心，都是不必要的。

可是，人们对于货币稀少的抱怨是再普遍不过了。货币像葡萄酒一样，对于那些既没有购买它的资力，又没有借贷信用的人，一定会经常感到缺乏。而有财力又有信用的人，在需要货币或葡萄酒时很少会感到缺乏。然而抱怨货币稀少的人，未必都是些毫无远虑的败家子儿。有时，整个商业城市及其邻近乡村也都会普遍感到货币稀少。贸易过度是造成这一现象的普遍原因。一个稳重的人，如果其制订的经营计划与其资本不相称，结果也会像没有量入为出的浪费者一样，既没有购买货币的资力，又没有借贷货币的信用。在计划实现以前，他们的资财就已耗尽，接着他们的信用也完了。他们到处去向人借贷，但人家都说无款可贷。即使这种对货币稀少的普遍抱怨，也并不能证明国内流通的金银已失常量，而仅能证明有许多人想要金银但没有可以用来交换的东西。当贸易的利润偶然比平时大时，无论大小商人都容易犯贸易过度的错误。他们输出的货币并不总比平常多，而只是在国内和国外赊购比平常更多的货物，将其运往远方的市场，希望在付款期前收回货款。如果付款期前不能收回货款，他们就两手空空，既没有购买货币的资力，也没有贷款的抵押品。对货币稀少的普遍抱怨，不是起因于金银的稀少，而是起因于那些求借者难以借贷，以及债权人害怕债款难以收回，不肯出借。

如果力求认真地证明，财富不由货币或金银构成，而由货币所购买的各种东西构成，并且只在购买货物时货币才有价值，那就未免过于滑稽。无疑，货币总是构成国民资本的一部分，但它通常只是一小部分，并总是最无利可图的一部分。

商人之所以普遍感觉以货币购买货物较易，以货物购买货币较难，并不是因为构成财富的更主要的成分是货币而不是货物，而是因为货币是公认的已确立了的交易媒介，所以货币容易和一切物品交换，但一切货物却不能同样容易地和货币交换。此外，大部分货物比货币更易于磨损，直接保存货物可能往往要蒙受更大的损失。商人有现货在手，同有等值的货币存在金库相比，更容易发生为他所不能应付的支付需求。而且，他的利润更直接出自卖货而不是买货，因此他一般更急于以货换钱，而不是以钱换货。不过，丰富的货物堆在货栈不能及时售出，这有时可能成为个别商人破产的原因，但绝不能使一国或一个地方遭受同样的灾难。商人的全部资本，往往由容易损坏的必定用来交换货币的货物构成。但一个国家的土地和劳动的年产物，却只有极小一部分可以预定用来交换邻国的金银。极大部分是在国内流通和消费的，即使是运往外国的剩余物品，也常有大部分用来购买其他外国货物。所以，预定用以购买金银的那部分货物，即使不能卖出以换取金银，也不至于使一个国家破产。当然，它可能遭受某些损失和不便，不得不采用某种替补货币所必需的办法。但是，它的土地和劳动的年产物却照常一样或几乎照常一样，因为它有同样多的或几乎同样多的可消费资本来维持自己。以货物交换货币，未必总像以货币交换货物那么容易，但从长远来看，以货物交换货币却比以货币交换货物更有必要。除了购买货币，货物还有其他许多用处，但除了购买货物，货币就一无所用了。所以，货币必然追求货物，而货物却并不总是或无需追求货币。购买货物的人并不总想再把货物出售，而往往打算自己消费或使用，但售卖货物的人却总想再购买。前者购买货物，往往完成了他的全部任务，而后者售卖货物，顶多只能算是完成了任务的一半。人们所以需求货币，不是为了货币本身，而是为了货币所能购买的物品。

据说，可消费的物品不久就会损坏，而金银则具有较大的耐久性，只要不继续输出，就可在长时期内积累起来，使国家的财富增加到使人难以置信的程度。所以，对任何国家来说，最不利的事情莫过于以这种耐久的商品交换那些容易损坏的商品。可是，我们并不认为用英格兰的铁器去交换法国的葡萄酒是不利的贸易。铁器也是极耐久的商品，如果不继续输出，也可能在长时期内积累起来，使国内锅釜的数量增加到令人难以置信的程度。很容易看出，随便在哪个国家，这类用具的数目必然要受其实际用途的限制；锅釜的数量超过用于烹调食物的锅釜数，那是很荒谬的；如果食物的数量增加了，锅釜的数目很容易随之而增加，即用一部分增加的食物量来购买锅釜，或用来维持额外的制锅业工人。同样容易看出，任何一个国家的金银量也都受这类金属的实际用途的限制，或是作为货币来流通商品，或是制成器皿当家具使用。任何一个国家的铸币量都受国内流通的商品的价值的支配；商品的价值量增加了，立刻就会有一部分商品被运到有金银铸币的外国，去购买为流通商品所必须增加的铸币量。金银器皿的数量是受喜欢这些东西的家族的数目与财富来调节的，这类家族的数目与财富增加了，就很可能会有一部分增加的财富被送到有金银器皿的地方去购买所需要的额外的金银器皿。一个国家企图通过引进或保留多于它所需要的金银，以此增加财富，就如同要那些家族购置多于他们所需要的厨房用具，以增加其快乐一样，都是荒谬的；出资购买那些不必要的用具，不仅不能增进而且会减损家庭食品的数量和质量；同样，出资购买那些不必要的金银，也必然会减少用于衣、食、住和用于维持人民生计以及提供就业机会的财富。必须记住，金银无论铸成硬币或制成器皿，同厨房用具一样，都是器具。如果增加金银的用途，增加用金银来流通、支配和制造的可消费的物品，就一定会增加金银的数量；但是，如果你想用非常规的手段来增加金银的数量，那就一定会减少它们的用途，甚至会减少它们的数量，这些金银的数量绝不会大于用途所需求的。如果金银积累得超过所需求的数量，那么，由于金银的运输是那么容易，而闲置不用的损失又是那么大，任何法律也不能防止它们被立即输出国外。

一国要对外进行战争，要在海外维持军队，并不一定非要积累金银。军队的维持所依赖的不是金银，而是可消费的物品。一国国内的年产物，即本国土地、劳动和可消费资本的年收入，就可在海外购买可消费的物品，从而维持对外战争。

一个国家有三种不同的途径为海外军队购买粮饷。第一，把一部分积累的金银运往海外；第二，把制造业的年产物的一部分运往海外；第三，把每年国内原生产物的一部分运往海外。

一个国家金银的累计和储存也可分为三个部分：第一，流通的货币；第二，私人家庭的金银器皿；第三，由于多年节俭而存于国库的货币。

从一国的流通货币中很少能节省下金银，因为在这一方面不可能有多大的剩余。无论在哪个国家，每年买卖的货物的价值，要求有一定数量的货币来使之流通和分配给适当的消费者，但不能超过必要的数量。流通的渠道必然吸引充足的货币量，但一到饱和就不能再加容纳。但在对外战争的情况下，通常要从这个渠道里抽取若干。由于有大量的人遣往海外，国内所要维持生活的人数便大为减少了。国内流通的货物既已减少，为流通货物所必需的货币也必减少。在这种情况下，通常发行大批纸币，如英格兰的财政部证券、海军部证券和银行证券。用这些纸币来代替金银的空缺，国家才有机会把更多的金银运往外国。不过，所有这些对耗费巨大并延续几年的对外战争来说只是杯水车薪而已。

熔解私人家庭的金银器皿，更无济于事。上次战争开始时，法兰西曾使用这种办法，但从这方面所得的利益还不足以补偿铸造的损失。

以前，君主积累的财富曾提供了更大更持久的资源。但在今日，除了普鲁士国王，似乎欧洲王室再没有以积累财宝为政策的了。

本世纪的历次对外战争，也许是历史上花费最大的战争了，维持这种战争的费用似乎很少依靠流通的货币、私人家庭的金银器皿或国库财宝的输出。上次对法战争使英国花费了九千万镑以上，其中不但有七千五百万镑新募的国债，而且还有每镑二先令的土地附加税，以及每年从还债基金中借用的款项。这种支出有三分之二以上用在海外，即德意志、葡萄牙、美利坚，地中海各港口以及东西印度群岛。英国王室没有财富积蓄。我们从来没有听说有大量的金银器皿被熔解。那时人们都认为国内流通的金银不超过一千八百万镑。但自从最近金币改铸以来，大家相信这个数字是被低估了。因此，我们不妨按照我记得曾经看到或听到过的最夸大的统计，假定我国金银合计达三千万镑。如果战争是用我国的货币来进行的，那么根据这个统计数字，在六七年里，这些货币一定被运出运回过至少两次。如果可以作这样的假设，那就提供了最有决定性的论点，说明政府没有必要注意货币的保存，因为根据这一假定，国内的全部货币曾在这么短的时期内被运出又被收回，而且根本没有人注意到这回事。可是，在这期间流通渠道并不显得比平常更空虚，有资力换取货币的人，很少感到货币缺乏。在整个战争时期，尤其是在战争将要结束的时候，对外贸易的利润确实比平时大。这就总是造成英国港口普遍贸易过度的现象。随之而来又引起了对货币缺乏的不满，而这种不满常常是跟着营业过度现象出现的。许多人缺少货币，因为他们既无资力可以换取，又无信用可以借贷，而且因为债务人觉得难以借贷，债权人也就觉得难以收回。不过，拥有可以换取金银的价值的人，一般都能以他们的价值换取金银。

可见，上次战争的巨大费用，主要不是依靠金银的输出，而是依靠英国某种商品的输出。在政府或政府工作人员同一个商人订约汇款至外国时，这商人就向国外来往通汇处出一期票，他为了支付这张期票，自然会尽力把商品而不是金银运出国外。如果那个国家不需要英国的商品，他就会设法把商品运往别国，购买一张期票，来付清所欠那个国家的款项。当输出的商品适应市场的需求时，就可取得相当的利润，但输出金银，却很难得到任何利润。当这些金属被运往外国以购买外国商品时，商人所获得的利润不是来自商品的购买，而是来自所购商品的售卖。但如果只是为了还债而运出金银，那就不能换回商品，因而也不能得到利润。所以，商人自然会想尽办法来偿还外债，那就是输出商品而不是输出金银。《英国现状》的作者指出，在上次战争期间，英国输出了大量货物，却没有带回来任何东西。

除上述三种金银外，在一切商业大国中，还有大量金银块交替地输入和输出，以经营国外贸易。这种金银块像国内流通的货币一样，在各商业国之间流通，可以被看作大商业共和国的货币。国家铸币的流动及其方向，受国内流通商品的支配；大商业共和国的货币的流动及其方向，则受流通于各国间的商品的支配。两者都是用来便利交易的，前者用于同一国家的不同个人之间，后者用于不同国家的不同个人之间。这种大商业共和国货币的一部分可以用来，或已经用来进行上一次战争。在一场全面战争的时候，人们自然要认为，这种货币的流动与方向和平时不同，它应当在战场周围流通得更多，因为交战国军队所需的粮饷都要在交战地点周围及邻近国家购买。但无论每年使用的这种大商业共和国的货币有多少，英国都要年年购买，而用以购买这种货币的，或是英国商品，或是以英国商品换取的其他物品。所以归根结底，仍是商品，仍是一国土地和劳动的年产物，才是使我们能够进行战争的最终资源。所以可以很自然地认为，每年这样大的费用一定从巨额的年产物中支付。例如，1761年的费用便在一千九百万镑以上。任何金银的积累都不够维持如此巨大的年度开支。即使是每年的金银产量也无法维持这样大的开支。根据最可靠的统计，每年输入西班牙和葡萄牙的金银一般不会超过六百万镑；就某些年份来说，还不够支付上次战争四个月的费用。

军队派往遥远的国家，其饷给和食粮要在远地购买。购买这些东西或买进大商业共和国的货币以购买这些东西，要输出若干商品。最宜于为这一目的而输出的商品，似乎是制造得比较精巧的工业品，即体积小价值大，因而能以不大的费用运到遥远地方的制造品。一个国家，如果它的产业每年生产这种大量剩余的制造品输往外国，那么，即使它不输出大量金银，甚至没有如此大量的金银可供输出，也能进行一场费用浩大的对外战争好多年。诚然，每年剩余制造品的很大部分必须在这种情况下输出，而它虽给商人带回利润，却不给国家带回任何利润，因为政府向商人购买外国期票，以便在外国购买军队的饷给和食粮。不过，总有一部分剩余制造品的输出，仍可带回利润。在战争期间，政府将对制造业提出加倍的要求。第一，由于购买军队的饷给和食粮，政府向外国出了期票，为了付清期票，政府就要求制造业制造商品，以便运往外国；第二，国内通常已经消费掉的外国货物，仍须向外国购买，为了换回这种货物，政府又要求制造业制造商品运往外国。在破坏性最大的对外战争中，大部分的制造业往往会极度繁荣；反之，在恢复和平的时候却往往会衰落下去。它们可能在国家衰落时繁荣，而在国家恢复繁荣时衰落。英国制造业的许多不同部门在上次战争期间和在战后一段时期的不同状况，可作我上面所说的例证。

借土地原生产物的输出而进行费用浩大或旷日持久的对外战争是不相宜的。把大量原生产物运往外国以购买军队的饷给和食粮，费用太大。而且没有几个国家所生产的原生产物，除了足够维持本国居民生活所需外，还能有大量剩余。因此，以大量原生产物输往外国，无异于夺去人民一部分的必要生活资料。至于制造品的输出，情形就有所不同。制造业工人的生活资料仍保存在国内，所输出的仅是他们产品的剩余部分。休谟屡次注意到往昔英国国王不能不断地进行长期对外战争的事实。那时英国除了土地原生产物和若干最粗陋的制造品，就没有其他东西可以用来购买远地军队的饷给和食粮。但原生产物不能从国内消费中大量节省下来，粗制造品和原生产物的运输费用又过于巨大。所以，他们不能长期对外作战，并不是因为缺少货币，而是因为缺少比较精巧的工业品。英格兰的买卖在那时和现在都是以货币为媒介的。那时货币流通量对通常买卖次数和价值的比例，必定和现在相同，更确切地说，必定比现在大，因为那时没有纸币，现在纸币却已代替了大部分金银。在商业和制造业不甚发达的国家，遇有非常事件发生，臣民对君主很难有多大援助，其理由我将在下面说明。所以，在这样的国家里，君主都努力积累财宝，作为预防不测事件的唯一手段。即使没有这种必要，君王在这样的情况下也自然会倾向于为积累所必需的节俭。在那样简朴的状态下，甚至君主的消费也不受爱好宫廷豪华的虚荣心的支配，而用于赏赐佃户、款待家臣。虚荣心几乎总是导致浪费，但赏赐和款待却很少引起这种结果。因此，每一个鞑靼酋长都有财宝。查理十二世有名的同盟者乌克兰哥萨克酋长马捷帕的财宝据说很多。梅罗文加王朝的法兰西国王都有财宝。在他们分封儿子时，也把财宝分给他们。撒克逊君王以及征服后最初几个国王，也似乎曾经积累过财宝。每一个新朝代所做的第一件事通常就是夺取前王的财宝，作为获得继承权的最重要的手段。先进的商业国家的君王，却没有积累财宝的同样的必要，因为他们在非常事故发生时，通常都能得到臣民的特别援助。他们积累的倾向也没有那样厉害。他们自然地，也许必然仿效那个时代流行的办法，他们的消费和领土内各大业主的消费一样，会受豪华的虚荣心的支配。宫廷中毫无意义的装饰一天比一天华丽，其用费之大，不仅阻止积累，而且往往侵及预定供给更必要的用途的基金。德西利达斯关于波斯宫廷所说的话，可适用于欧洲一些君主的宫廷。他说：他在那里只看到许多富丽的东西，看不到什么力量；看到许多奴婢，看不到几个军人。

金银的输入，不是一国得自对外贸易的主要利益，更不是唯一利益。经营对外贸易的任何地方之间，都可从中得到两种不同的利益。那就是，将本国所不需要的土地和劳动年产物的剩余部分输出以换回他们所需要的其他物品。通过以剩余物品换取其他物品的方式使剩余物品有了价值，满足了国内的部分需要，并增加他们的享受。利用这个办法，国内市场的狭小并不妨碍任何工艺或制造业部门的分工发展到十分完善的程度。通过给国内消费不了的那部分劳动成果开拓一个比较广阔的市场，就可以鼓励他们去改进劳动生产力，将年产物增至最大限度，从而增加社会的实际财富与收入。对于彼此进行对外贸易的所有不同的国家，对外贸易都不断地从事完成这些伟大而重要的工作。大家都能从对外贸易得到好处，当然，经营对外贸易的商人一般总是较多地注意供应本国人民的需要和输出本国的剩余物品，较少地注意供应别国人民的需要和输出别国的剩余物品，所以收益最多的，往往是这些商人所在的国家。向没有金银矿山但又需要金银的国家输入金银，无疑是对外贸易的一部分，但这是最不重要的一部分。单为了这种打算而经营对外贸易的国家，恐怕在一个世纪内都没有机会能装满一船金银。

美洲的发现之所以使欧洲变得富裕，并非由于输入金银的缘故。因为美洲金银矿山丰饶，这些金属的价格降低了。与十五世纪相比，现今购买金银器皿所需付给的谷物或劳动，约为当时的三分之一。欧洲每年花费同量的劳动和商品，就能买到大约三倍于当时的金银器皿。但是，当一种商品跌到从前售价的三分之一时，不仅原来有资力购买这商品的人可购买三倍于此的数量，而且许许多多原来没有资力购买这商品的人也能购买；现在有资力购买金银器皿的人数，也许比从前增加到十倍以上，也许增加到二十倍以上。因此，欧洲现有的金银器皿，不仅可能比设若美洲金银矿尚未发现而甚至在其目前进步状态下所会有的金银器皿多三倍以上，而且可能多二十倍乃至三十倍以上。直到现在为止，欧洲无疑地已经获得了一种实在的便利，不过那确是一种微不足道的便利。金银价格的低廉使这些金属不像以前那样宜于充作货币。为了购买同一东西，我们必须携带较多的金银，并在口袋里带一个先令而不像从前那样只带四便士的一个银币。很难说上述的便利和不便利，哪一种较不重要，这两者本来都不会使欧洲的情况发生任何根本的变化。然而美洲的发现确曾使欧洲的情况发生了非常大的变化。美洲的发现给欧洲各种商品开辟了一个无穷的新市场，因而就有机会实行新的分工和提供新的技术，而在以前通商范围狭隘，大部分产品缺少市场的时候，这是决不会有的现象。劳动生产力改进了，欧洲各国的产品增加了，居民的实际收入和财富也跟着增加了。欧洲的商品对美洲来说几乎都是新奇的，美洲的许多商品对欧洲来说也是新奇的。于是发生了一系列以前从未想到过的新的交易，它当然对旧大陆有利，但自然对新大陆也同样有利。由于欧洲人野蛮不公正的行为，使得这样一件对所有国家本来都是有利的事情，却成为若干不幸的国家遭到摧残和破坏的根源。

几乎同时发生的经由好望角至东印度的航道的发现，也许开辟了一个比美洲更大的对外贸易市场，虽然距离更远。美洲当时只有两个民族在各方面优于野蛮人，它们在被发现后不久就被消灭了。其余的都不过是野蛮人。但是，中国、印度、日本等帝国以及东印度的几个帝国，虽然没有比较丰富的金银矿山，但在其他各方面却比墨西哥或秘鲁更为富裕，土地耕种得更好，所有工艺和制造业更为先进；即使我们相信西班牙各作家关于那些帝国往昔情况的夸大记载，也仍得承认这一点，其实这些作家的话显然是不足置信的。文明富国间交易的价值，总会比文明富国与野蛮民族交易的价值大得多。但欧洲从美洲贸易所得的利益，却一向比它从东印度通商所得的利益大得多。葡萄牙人独占东印度贸易几乎达一百年之久，其他欧洲国家要把任何货物运到东印度去或从东印度购入任何货物，都须间接经过葡萄牙人之手。上世纪初荷兰人开始侵入东印度时，他们把全部东印度的商业交由一家公司独家经营。英国人、法国人、瑞典人和丹麦人随后都仿效他们的先例，所以，欧洲任何大国都没有享受到对东印度自由贸易的利益。这种贸易之所以不及美洲贸易有利的唯一原因是，美洲贸易，即欧洲几乎每一国家对其所属殖民地的贸易是其一切臣民可以自由经营的。那些东印度公司的专营的特权，雄厚的财富，以及这些财富为它们从本国政府获得的惠益和保护，已经引起不少嫉妒。这种嫉妒心理使人往往把它们的贸易看作是完全有害的，因为经营这种贸易的国家每年都输出大量的白银。有关方面回应说，由于这种不断地输出白银，他们的贸易一般来说可能使欧洲陷于贫困，但对于从事贸易的具体国家来说，却并非如此。因为，通过输出一部分回程货到欧洲其他国家，这种贸易每年给本国带回的白银数量远远超过输出的白银数量。反对者和答辩者都以我刚才一直在考证的流行的说法为根据。所以，无需就两者再做过多的论述。由于每年有白银输往东印度，欧洲的银器也许会比以前贵一些，银币所能购买的劳动和商品大概也多一些。在这两个结果中，前者所受的损失很小，后者所得的利益很小，两者都微不足道，不值得公众注意。东印度的贸易由于为欧洲商品开辟了一个市场，或者用近似的说法，为那些商品所购买的金银开辟了一个市场，就一定会增加欧洲商品的年产量，因而也增加欧洲的实际财富和收入。它们至今增加得很少，也许是因为那种贸易处处受到限制的缘故。

虽然不免让人感到冗长乏味，但我认为仍有必要对财富是由货币和金银构成的这一流行的说法作详尽的考察。我已经说过，按照普通的说法，货币往往表示财富；这种词义的含糊使这一流行的见解在我们听来非常熟悉，甚至那些确信这种说法是谬论的人也往往会忘记自己的原则，在推理的过程中把它当作确定不移的不可否认的真理。英国有几个研究商业的优秀作家在开头就指出，一个国家的财富不仅在于金银，而且在于它的土地、房屋和各种各样可消费的物品。但在他们推理的过程中，他们却似乎把土地、房屋和可消费的物品统统忘记了；他们的论证往往认为：一切财富在于金银，增加金银就是国家工商业的巨大目标。

但是，这样两个原则已然确立：财富由金银构成，无金银矿山的国家只有通过贸易差额，即出口价值大于进口价值，才能输入金银。那么，政治经济学的巨大目的就必然变成尽量减少供国内消费的外国商品的输入，尽量增加国内产业产品的输出了。因此，使国家致富的两大引擎就是限制输入和奖励输出。

输入的限制有两种。

第一，凡能由本国生产的供国内消费的外国商品，无论从什么国家输入，都一律加以限制。

第二，凡是从贸易差额不利于本国的那些国家进口的几乎一切货物，一律加以限制。

这些不同的限制有时采用高关税的方法，有时采用绝对禁止的方法。

奖励输出的方法，有时是退税，有时是发给奖励金，有时是同外国订立有利的通商条约，有时是在遥远的国家建立殖民地。

在下面两种不同的情况下允许退税。已纳关税或国产税的国内制造品，在输出时往往将所收税额的全部或部分发还；输入时已经交税的外国商品，如再输出，则有时将所交税的全部或部分发还。

奖励金的颁发，用以奖励某些新兴的制造业，或用以奖励被认为应受特殊照顾的其他一些工业。

通过有利的通商条约，本国的货物或商人在外国获得了其他国家的货物和商人所不能享受的特权。

在遥远的国家建立殖民地，不仅使殖民地建立国的货物和商人享有某些特权，而且往往享有垄断权。

上述两种限制输入的方法和四种奖励输出的方法，乃是使贸易差额有利，以增加国内金银量的六种主要的手段，为重商主义所倡导。我将在以下各章分别加以讨论。对于这些手段有没有所说的把货币输入到国内来的倾向，我将不再多加注意，而主要考察这些手段的每一种对于国家产业的年产物可能有什么影响。这些手段既然会增加或减少国家年产物的价值，显然也一定会增加或减少国家的实际财富和收入。

第二章　论限制能在本国生产的外国货物的进口

以高关税或绝对禁止的办法限制从外国输入国内能够生产的货物，国内从事生产这些货物的产业便多少可以确保国内市场的独占。例如，禁止从外国输入活牲畜和腌制食品，英国牧畜业者就确保了国内肉类市场的垄断。在一般的丰收年对谷物输入收取高额关税，就给予谷物生产者以同样的利益。禁止外国毛织品的输入，同样有利于毛织品制造业。丝绸制造业所用的材料虽全系产自国外，但近来也已取得了同样的利益。麻布制造业尚未取得这样的利益，但正在大踏步向这一目标迈进。还有其他许多种类的制造业同样地在英国完全取得了或几乎取得了不利于同胞的垄断权。英国所绝对禁止输入或在某些条件下禁止输入的货物，其种类之繁多，大大超出了不熟悉关税法的人的想象。

这种国内市场的独占，对享有独占权的各种产业往往给予很大的鼓励，毫无疑问，在此情况下，往往使社会劳动和资本的大部分转用到这方面来。但这办法会不会增进社会的全部产业，会不会引导全部产业走上最有利的方向，也许并不是十分明显。

社会全部的产业决不会超过社会资本所能维持的限度。任何个人所能雇用的工人人数必定和他的资本成某种比例，同样，一个大社会的一切成员所能继续雇用的工人人数，也一定同那个社会的全部资本成某种比例，决不会超过这个比例。任何商业条例都不能使任何社会的产业量的增加超过其资本所能维持的限度。它只能使本来不纳入某一方向的一部分资本转到这个方向来。至于这个人为的方向是否比自然的方向更有利于社会，却不能确定。

每个人都不断地竭力为他自己所能支配的资本找到最有利的用途。固然，他所考虑的不是社会的利益，而是他自身的利益，但他对自身利益的研究自然会或者毋宁说必然会引导他选定最有利于社会的用途。

第一，每个人都想把他的资本投在尽可能接近他家乡的地方，因从而所支持的国内产业也就会尽可能的多，如果这样做能使他取得普通的资本利润，或者不太少于这种利润。

所以，如果利润均等或几乎均等，每一个批发商自然宁愿经营国内贸易而不愿从事对外消费贸易，宁愿从事对外消费贸易而不愿经营运送贸易。投资对外消费贸易，资本往往不在自己的监视之下，但投在国内贸易上的资本却常在自己的监视之下。他能够更好地了解所信托的人的品性和地位，即使偶然受骗，也更清楚地了解寻求赔偿的本国法律。至于运送贸易，商人的资本可以说分散在两个外国，没有任何部分有携回本国的必要，亦没有任何部分受他亲身的监视和支配。譬如，一个阿姆斯特丹商人从康尼斯堡运送谷物至里斯本，从里斯本运送水果和葡萄酒至康尼斯堡，他通常必须将资本的一半投康克尼斯堡，另一半投在里斯本。没有任何部分有流入阿姆斯特丹的必要。这样的商人自然应当住在康尼斯堡或里斯本，只有某种非常特殊的情况才会住在阿姆斯特丹。然而，由于远离资本而感到的不放心，往往促使他把本来要运往里斯本的康尼斯堡货物和要运往康尼斯堡的里斯本货物的一部分，运往阿姆斯特丹，虽然这样做要支付双倍装卸费用，以及一些关税和税捐。但为了亲自监视和支配一部分资本，他自愿担负这种特别的费用。也正由于这样的情况，运送贸易占相当份额的国家才通常成为通商各国货物的中心市场或总市场。为了免除二次装卸费用，商人总是尽量设法在本国市场售卖各国的货物，从而尽可能使运送贸易变为对外消费贸易。同样，经营对外消费贸易的商人，当收集货物准备运往外国市场时，总会愿意以均等或几乎均等的利润尽可能在国内售卖货物的一大部分。当他这样尽可能地使对外消费贸易变为国内贸易时，他就可以避免承担输出的风险和麻烦。这样一来，要是我可以这样说的话，本国就是每一国家居民的资本不断绕之流通的中心，虽然由于特殊原因，这些资本有时从那中心被赶出来，在更遥远地方使用。可是，我已经指出，投在国内贸易上的资本，同投在对外消费贸易上的等量资本相比，必能推动更大量的国内产业，使国内有更多的居民能够由此取得收入和就业机会。投在对外消费贸易上的资本，同投在运送贸易上的等量资本相比，也有同样的优点。所以，在利润均等或几乎均等的情况下，每个个人自然会运用他的资本来给国内产业提供最大的援助，使本国尽量多的居民获得收入和就业机会。

第二，每个人把资本用以支持国内产业，必然会努力引导那种产业，使其生产物尽可能有最大的价值。

劳动的结果是劳动对其对象或对施以劳动的原材料所增加的东西。劳动者利润的大小，同这生产物价值的大小成比例。但是，把资本用来支持产业的人，既以谋取利润为唯一目的，他自然总会努力使他用其资本所支持的产业的生产物能具有最大价值，换言之，能交换最大数量的货币或其他货物。

但每个社会的年收入，总是与其产业的全部年产物的交换价值恰好相等，或者说，和那种交换价值恰好是同一样东西。所以，由于每个人都努力把他的资本尽可能用来支持国内产业，都努力管理国内产业，使其生产物的价值能达到最高程度，他就必然竭力使社会的年收入尽量增大起来。诚然，一般来说，他既不打算促进公共的利益，也不知道他自己是在什么程度上促进那种利益。由于宁愿投资支持国内产业而不支持国外产业，只是为了他自己的安全；以此方式使其生产物的价值能达到最大程度，也只是盘算自己利益。在这种场合，也像在其他许多场合一样，他受着一只看不见的手的指导，去尽力达到一个并非他本意想要达到的目的。虽并非出于本意，可对社会来说并非如此。他追求自己的利益，往往使他能比在真正出于本意的情况下更有效地促进社会的利益。我从来没有听说过，那些假装为公众幸福而经营贸易的人做了多少好事。事实上，这种装模作样的商人并不普遍，用不着多费唇舌去劝阻他们。

很显然，把资本用在什么种类的国内产业上面，何种生产物能有最大价值这一问题，每一个人根据当地的情况，都能比政治家或立法者作出更好的判断。如果政治家企图指导私人应如何运用他们的资本，那不仅枉费力气，而且是僭取了这样一种权力：这种权力不但不能放心地委托给任何个人，也不能放心地委之于任何委员会或参议院，把这种权力交给一个大言不惭的，荒唐地自认为有资格行使这种权力的人手中，是最危险不过的了。

使国内产业中任何特定的工艺或制造业的产品垄断国内市场，在某种程度上就是指导私人应如何运用他们的资本，而这种管制几乎毫无例外地必定是无用的或有害的。如果本国产业的产品在国内市场上的价格同国外产业的产品一样低廉，这种管制显然无用。如果价格不能一样低廉，那么一般地说，这种管制必定是有害的。每一个精明的户主都知道，凡是制作起来比购买更费钱的东西，就绝不要自己制作。裁缝不自己制鞋，而向鞋匠购买。鞋匠不自己制衣，而雇裁缝制作。农民不缝衣，也不制鞋，而是雇用这两种工匠去做。他们都发现，应当把自己的全部精力集中使用到比邻人处于某种有利地位的方面，而以劳动生产物的一部分或同样的东西，即其一部分的价格，购买他们所需要的其他任何物品，这样做才是有利的。

对每一个私人家庭来说是精明的行为，对一个大国而言就不可能是荒唐的行为。如果外国能以比我们自己制造还便宜的商品供应我们，我们最好就用一部分我们有利产业的产品向他们购买。国家的总劳动既然总是同维持它的产业的资本成比例，就决不会因此减少，正如上述工匠的劳动并不减少一样，只不过听其随意寻找最有利的用途罢了。要是把劳动用来生产那些购买起来比自己制造还便宜的商品，那显然不是最有利的使用方式。劳动如果不去用于显然比这更有价值的商品的生产，那一定或多或少会减损其年产物的价值。按照假设，向外国购买这种商品，所费比国内制造更为便宜。所以，如果听其自然，仅以等量资本雇佣劳动，在国内所生产商品的一部分或其价格的一部分，就可把这商品购买进来。所以，上述管制的结果，国家的劳动由较有利的用途改到较不利的用途。其年产物的交换价值，不但没有像立法者所想的那样增加起来，而且必然减少下去。

诚然，由于有了这种管制，特定制造业有时能比没有这种管制时更迅速地确立起来，而且过了一些时候，能在国内以同样低廉或更低廉的费用制造这特定商品。不过，社会的劳动，由于有了这种管制，虽可更迅速地流入有利的特定用途，但劳动和收入总额，却都不能因此而增加。社会的劳动，只能随社会资本的增加而增加；社会资本增加多少，又取决于在社会收入中逐渐节省的多少。而上述那种管制的直接结果，是减少社会的收入，而凡是减少社会收入的措施，　定不会比听任资本和劳动寻找自然的用途，而使社会资本增加得更快。没有那种管制，那特定制造业虽不能在这社会上确立起来，但社会在其发展的任何时期内，并不因此而更贫乏。在这社会发展的一切时期内，其全部资本与劳动，虽使用的对象不相同，但仍会按照当时最有利的方式使用。在每一个时期，其收入可能是资本所能提供的最大的收入，而资本与收入均可能按最大的速度增加。

在某些特定商品的生产上，某一国占有巨大的自然优势，以至全世界都认为，跟这种优势作斗争是枉然的。通过嵌玻璃、设温床、建温壁，苏格兰也能栽种极好的葡萄，并酿造极好的葡萄酒，其费用大约三十倍于能由外国购买的至少是同样好品质的葡萄酒。单单为了要奖励苏格兰酿造波尔多和布冈迪葡萄酒，便以法律禁止一切外国葡萄酒输入，这难道是合理的吗？但是，如果苏格兰不向外国购买它所需要的等量的葡萄酒，而竟使用比购买所需的多三十倍的资本和劳动来自己制造，显然是不合理的，那么所使用的资本与劳动，仅多三十分之一，甚或仅多三百分之一，也是不合理的，不合理的程度虽没有那么惊人，但却完全是同样不合理。至于一国比另一国享有的这种优势，是与生俱来的，或是后天争取的，在这方面，无关紧要。只要一国有此优势，而另一国无此优势，后者向前者购买，总是比自己制造有利。一种技艺的工匠比另一种技艺的工匠具有这种优势，这是后来获得的，但他们都认为，互相交换彼此产品比自己制造更有利。

从国内垄断市场取得最大好处的，乃是商人与制造业者。禁止外国牲畜及腌制食品的输入，以及对外国谷物收取高关税——这在一般丰年等于禁止——虽有利于英国牧畜者与农民，但其有利程度，比不上商人和制造业者从同类限制所得的利益。制造品，尤其是精制造品，比谷物和牲畜，更易于由一国运至另一国。所以，国外贸易，通常以贩卖制造品为主要业务。在制造品方面，只要能占一点点利益，甚至在国内市场上，也能使外国人以低于我国工人的产品的价格出售。但在土地原生产物方面，非有极大的好处不能做到这个地步。如果在这情况下准许外国制造品自由输入，也许有几种国内制造业会受其损害，有的甚至会完全破产，结果大部分资本与劳动，将离开现在用途，被迫寻找其他用途。但土地原生产物最自由的输入，不能对本国农业发生这样的影响。

例如，如果牲畜的输入变得十分自由，以至很少有牲畜再能进口，那么对英国牧畜业就没有多大影响。活牲畜，恐怕是海运费用高于陆运的唯一商品了。陆运时牲畜能自己行走。但如果使用海运，则不仅是牲畜，而且还有牲畜所需的食料和饮水，都要费许多钱，而且很不方便。爱尔兰和大不列颠间的海程，距离很短，爱尔兰牲畜的输入因此较易。最近只允许爱尔兰牲畜在有限时期内输入，但如果允许其永久自由输入，对大不列颠牧畜者的利益也不会有很大影响。大不列颠靠近爱尔兰海的地方，都是牧畜地。输入的爱尔兰牲畜，必须经过这些广大的地区，才能到达适当的市场，所费不小，而且麻烦很多。肥的牲畜，不能行走那么远，所以，只有瘦牲畜可以输入，这种输入不会损害饲养或催肥牲畜的地方的利益，因为减低了瘦牲畜的价值，所以对这些地方是有利的，这种输入只会损害繁殖牲畜的地方的利益。自从爱尔兰牲畜准许输入以来，爱尔兰牲畜运入不多，而瘦牲畜售价依然高昂。这一事实足以证明，就连大不列颠的繁畜地方，也不见得受爱尔兰牲畜自由输入的影响。据说，爱尔兰的普通人民暴力反对牲畜的出口。但是，输出者如果觉得继续输出牲畜有很大利益，而法律又站在他们这边，他们是很容易克服这种群众反对的。

此外，饲养和催肥牲畜的地方，必定都是已大加改良的地方，而繁畜的地方，却通常是未开垦的地方。增加荒地的价值，提高瘦牲畜的价格，无异是反对改良的奖励金。对于全境都已大加改良的地方，输入瘦牲畜比繁殖瘦牲畜更为有利。因此，现在的荷兰，据说信奉此原理。苏格兰、威尔士及诺森伯兰的山地，都是不能有多大改良的地方，似乎看来先天注定要作为大不列颠的繁畜场的。准许外国牲畜自由输入，其唯一结果不过是使这些地方不能利用其他地方日益增加的人口与改良，就是说，不能把牲畜价格抬高到非常的高度，不能对国内改良和开垦过的地方收取一种真实的税。

如同活牲畜一样，腌制食品最自由的输入，也不能对大不列颠牧畜者的利益有多大影响。腌制食品，不仅是笨重的商品，而且与鲜肉比较，其品质较劣，其价格又因所需劳动和费用较多而比较贵。所以，这种腌制食品，虽能与本国的腌制食品竞争，但决不能与本国的鲜肉竞争。它虽可用作远洋航轮上的食料，以及诸如此类的用途，但绝不可能成为老百姓食物的重要部分。自从准许腌制食品自由输入以来，从爱尔兰输入的腌制食品数量很少，这一实证说明我国牧畜业者完全不必担忧。家畜的价格，似乎不曾显著地受其的影响。

即使是外国谷物的输入，也不能对大不列颠农场主的利益有多大影响。谷物是比家畜肉笨重得多的商品。四便士一磅的家畜肉和一便士一磅的小麦一样昂贵。甚至在大荒年，输入的外国谷物为数也不多，可消除我国农民对外国谷物自由输入的恐惧。根据见闻广博的谷物贸易研究者的论文，平均每年输入的各种谷物量，总共不过23728夸特，只达本国消费额五百七十一分之一。但由于谷物奖励金在丰收年导致了超过实际耕作状态所容许的输出，所以在歉收年，必然导致超过实际耕作状态所容许的输入。这样一来，丰收年的多余不能弥补歉收年的不足。由于平均输出量，必因这种奖励金而增大，所以平均输入量，也必因这种奖励金而增大，超过实际耕作状态所需要输入的程度。要是没有奖励金，那么输出的谷物将比现在少，因此逐年平均计算，输入量也许亦比现在少。谷物商人，即在英国及他国间贩运谷物的人，将因此而失去许多生意，遭受很大损失，但就乡绅和农场主来说却不会遭受什么损失。所以我曾说，最希望奖励金制度继续实行下去的人，不是乡绅与农场主，而是谷物商人。

在所有人中，乡绅与农业家算是最少有恶劣的垄断思想的人，这是他们的光荣。大制造厂企业家，如果发觉附近二十英里内新建了一个同种类工厂时，便会惊慌起来。在阿比维尔经营毛织品制造业的荷兰人，规定在那城市周围三十里格（长度单位）内，不许建设同类工厂。相反，农场主与乡绅，却通常愿意促进邻近各田庄的开垦与改良，而不是加以阻止。大部分制造业，都有要保守商业秘密，而他们却没有什么秘密，如果他们发现了有利的新方法，他们一般都欢喜把这方法告诉他们邻人，而且尽可能地来推广。老伽图曾说：Pius Questus，stabilissimusque，minimeque invidiosus；minimeque malecogitantes sunt，qui in eo studio occupati sunt.（这是最受人尊敬的职业，从事于这种职业的人，生活最为稳定，最不为人忌恨，他们也最没有不满之念）设法取乡绅与农场主，散居国内各地，不易于结合，商人与制造业者，却集居于城内，易于结合。他们都沾染城市所盛行的专营同业组合的习气，他们一般取得了对各城市居民的那种排他性的专营特权，自然竭力没法取得违反所有同国人的专营的特权。保障国内市场独占、限制外国货物输入的方法，似乎就是他们的发明。乡绅和农场主，忘却他们所应有的慷慨大方，也许是模仿商人和制造业者，又发现他们常常压迫自己，因此也要求谷物及家畜肉供给的独占权。至于自由贸易对他们利益的影响比对商人和制造业者利益的影响少得多这一问题，他们也许没花工夫去考虑。

以永久性的法律禁止谷物及牲畜的输入，实际上等于规定，一国的人口与产业，永远不得超过本国土地原生产物所能维持的限度。

但是，给外国产业加上若干负担，以奖励国内产业，似乎一般只在下述两种场合是有利的。

第一，为国防所必需的特定产业。例如，英国的国防，在很大程度上，决定于它有多少海员与船只。所以，英国的航海法，当然力图通过绝对禁止或对外国航船收取重税来使本国海员和船舶独占本国航运业了。航海法的规例，大体如下：

（一）凡与英国居留地和殖民地通商或在英国沿岸经商的船舶，其船主、船长及四分之三船员，必须为英国籍臣民，违者没收船舶及其所载的货物。

（二）有许多体积极大的输入品，只能由上述那种船舶或商品出产国的船舶（其船主、船长及四分之三船员为该国人民）输入英国，但由后一类船舶输入，必须收取双倍的外国人税。若由其他船舶输入，则处以没收船舶及其所载货物的惩罚。此法令颁布时，荷兰人是欧洲最大的运输商（现在仍是）。但这法令公布后，他们被排挤出英国之外，再不能把欧洲其他各国的货物输入我国了。

（三）有许多体积极大的输入品，只许由出产国船舶输入，连使用英国船舶运送也在禁止之列，违者没收船舶与其所载货物。这项规定，可能也是专为荷兰人而设。荷兰那时，像现在一样，是欧洲各种货物的中心市场，有了这个规定，英国船舶就不能在荷兰起运欧洲其他各国的货物了。

（四）各种腌鱼、鲸须、鲸鳍、鲸油、鲸脂，非由英国船捕获及调制，在输入英国时，需收取双倍的外国人税。那时欧洲以捕鱼为业供给他国的，只有荷兰人，现在仍主要是荷兰人。有了这个条例，他们向英国供货时，就需缴纳极重的税了。

这项航海法制定时，英、荷两国虽实际上没有战争，然而两国间的仇恨已达顶点。这仇恨在制定这法律的长期议会统治时期已经开始，不久在护国公统治时期及查理二世王朝的荷兰战争中爆发了出来。所以，这个著名法令的某些条目很可能是从民族仇恨出发的。但这些条目却明智得如同深思熟虑过一样。当时的民族仇恨，以削弱唯一可能危害英国安全的荷兰海军力量为其目的，这和经过最冷静的深思熟虑所想出来的正相同。

航海法对对外贸易不利，或者说对可能因对外贸易而产生的财富增长不利。一国对外国的通商关系，像一个商人与其他人进行贸易往来时的关系一样，以贱买贵卖为有利。但是，在贸易完全自由的情况下，一个国家最可能有贱买的机会，因为贸易完全自由，鼓励一切国家，把它所需的物品，运到它那边来。基于同一原因，它也最可能贵卖，因为买者都集中于它的市场，货物售价可尽量提高。诚然，航海法并未对出口英国货物的船只造成负担。甚至是以往的外国人税法，对所有的进出口货物都要收税。但以后的几项法令使大部分出口商品无需再纳税了。但外国人如果因为受我们禁止，或被我们收取高关税，而不能来此售卖，也就不会来此购买。因为空船来我国装货的外国人，势必损失从他们国家到英国的运费。所以减少卖主，即是减少买主。这样，与贸易完全自由的时候相比，我们不仅在购买外国货物时，要买得更贵，而且在售卖本国货物时，要卖得更贱。但是，由于国防比国富重要得多，所以，在英国各种通商条例中，航海法也许是最明智的一种。

第二，给外国产业加上若干负担，以奖励国内产业，一般是在国内对本国产品收税的时候。在这种场合，对外国同样的产品收取同样的税，似乎也是合理的。这办法不会给国内产业以国内市场的独占权，亦不会使流入某特殊用途的资财与劳动，比自然会流入的多。收税的结果，仅使本来要流入这用途的任何一部分资财与劳动，不流入较不自然的用途，而本国产业与外国产业，在收税后，仍能在和收税前大致相同的条件下互相竞争。在英国，当国内的产品有此等税的时候，通常就对同种类进口的外国商品收取高得多的税，免得国内商人和制造业者吵吵嚷嚷地埋怨说，此等商品要在国内贱卖了。

有人认为，这第二种对贸易自由的限制，不应局限于输入本国而与本国收税品相竞争的那些外国商品，应该扩大到许许多多外国商品。他们说，生活必需品，要是在国内收税，那么不仅要对外国输入的同种生活必需品收税，而且要对从外国进口的，能与本国任何产品竞争的一切货物收税。他们说，这种收税的结果，必然抬高生活品价格，而劳动者生活品价格抬高必然导致劳动价格跟着抬高。所以，国内生产的各种商品，虽没直接收税，但其价格都将因这种税收而上升，因为生产各种商品的劳动的价格上升了。所以，他们说，这种税收，虽只以生活必需品为对象，但实际上等于对国内一切商品收税。他们认为，为了使国内产业与国外产业处于同等地位，对输入本国而与本国任何商品产生竞争的任何外国商品，需一律收取与本国商品价格增高额相等的税。

生活必需品税，如英国的肥皂税、盐税、皮革税、烛税等，是否必然提高劳动价格，从而提高一切其他商品的价格，我将在后面考察赋税时，加以考察。但是，假定这种税有这种后果（它无疑有这种后果），一切商品价格像这样由于劳动价格的上涨而普遍上涨的情况，在以下两方面和特定商品由于直接收取特种赋税而涨价的情况有所不同。

第一，特种赋税能使特定商品的价格提高到什么程度，是可以明确的。但劳动价格的普遍提高，能在什么程度上影响各种不同产品的价格，却不能相当准确地判定。所以，要按各种国内商品价格上涨的比例，对各种外国商品收取相应的赋税，不可能做得相当准确。

第二，生活必需品税对人民境况的影响，和贫瘠土壤与不良气候所产生的影响大致相同。食粮价格因此变得比从前昂贵，正如同在土壤贫瘠气候不良的情况下生产食粮，需要特别的劳动和支出。在土壤和气候引起食物自然短缺时，指导人民如何去使用其资本与劳动，是不合理的；在对生活必需品收税引起人为的缺乏时，指导人民应如何去使用其资本与劳动，也是不合理的。很明显，在这两个场合，对人民最有利的是，让他们尽可能地使自己的劳动去适应自己的环境，使他们在不利的情况下，能在国内或国外市场占有优势地位。由于他们已经处于税收的高压之下，他们对生活必需品已经给付了过高的价格，再对他们征收新税，要他们对其他大部分物品也付出过高的价格，这无疑是一种最荒谬的补救办法。

这类赋税，在达到一定高度时所造成的祸害，等于土壤贫瘠和天时恶劣所造成的祸害。但最普遍征收这类赋税的地方，却是最富裕和最勤勉的国家。其他国家，都经不起这么大的乱政。就如同只有最强健的身体，才能在不卫生的饮食下生存并保持健康，所以，只有各种产业都具有最大天然优势和后来取得优势的国家，才能在这类赋税下生存和繁荣。在欧洲，这类赋税最多的国家，要算荷兰，而荷兰之所以继续繁荣，并不是像那些荒谬的说法一样，是由于有了这类赋税，而是由于荷兰有特殊的环境，使得这种赋税不能阻止其继续繁荣。

给外国产业加上若干负担，以奖励本国产业，在上述两种场合，一般是有利的，而在下述两种场合，则有待考察。一是在多大程度上继续准许一定外国货物的自由输入是适当的；二是在自由输入业已中断若干时候之后，在多大程度上或使用什么方式恢复自由输入是适当的。

在多大程度上继续准许一定外国商品的自由输入是适当的，有时要考虑到的情况是，当某一国以高关税或禁止进口的方法，限制我国某些商品输入时，在这种情况下，复仇心自然要驱使我们报复，我们对他们的某些或一切商品，征收同样的关税或禁止其输入我国。各国通常都是如此进行报复的。法国人为了庇护本国的制造业，对于一切能和他们竞争的外国商品，特别喜欢用限制输入的方法。科尔伯特政策有很大部分就是这样。科尔伯特才能虽不小，但在这里，却似乎被商人和制造业者的诡辩所欺蒙了，这些商人和制造业者，总是要求一种针对他们同胞的垄断权。现在，法国最明智的人都认为，他的这种行为对法国无利。这位大臣1667年公布关税法，对大多数外国商品征收极高的关税。荷兰人请求降低关税不得，便于1671年禁止法国葡萄酒、白兰地及其他一些商品的输入。1672年的战争可部分归因于这次商业上的争端。1678年的《尼麦格和约》结束了这场战争，法国降低了对荷兰商品的种种关税，荷兰人于是也撤回了输入禁令。英、法两国人约是在同一个时候开始互相采用同样的高关税与禁止政策来压迫对方的产业，这似乎是法国人开的头。从那时开始的两国之间的敌对情绪，使得它们都不肯降低关税。1697年，英国禁止弗兰德制造的麻花边输入。弗兰德那时为西班牙领地，其政府以禁止英国毛织品输入作为报复。1700年，英国撤回了禁止弗兰德麻花边输入的禁令，以此为条件，弗兰德撤回禁止英国毛织品输入的禁令。

为了要废除大家所斥责的高关税或禁令而采用的报复政策，如果能达到此目的，就可说是良好的政策。一般地说，大的外国市场的恢复，可以大大抵消由于某些物品价格短期昂贵而蒙受的暂时困难。要判断这种报复能否产生那种效果，与其说需要有立法家的知识，不如说需要有所谓政治家或政客的技巧，因为立法家的考虑，是受持久不变的一般性原理的指导，而世俗所谓政治家或政客就如同狡猾的动物，他们的考虑，则受事物的瞬息万变所指导。在没有撤销这种禁令的可能时，为了赔偿我国某些阶层人民所受的损害，而损害几乎一切其他阶层的利益，似乎不是一个好办法。在我们邻国禁止我国某种商品时，我们通常不但禁止他们的同种商品，而且禁止他们其他几种商品，因为单禁止前者，很少能给他们以重大的影响。这无疑可给我国某些部门的工人以鼓励，替他们排除了一些竞争者，使他们能在国内市场上抬高他们的价格。不过，因邻国禁令而蒙受损害的那些我国工人，决不会从我国的禁令得到利益。反之，他们以及我国几乎所有其他阶层的人民，在购买某些货物时，都不得不支付比从前更为昂贵的价格。所以，这类法律是对全国征收了一种真实的税，受益的不是受邻国禁令之害的那类工人，而是其他类别的工人。

另一种情况是，在外国货物的自由输入已经中断若干时候以后，在多大程度上或使用什么方式来恢复自由输入才恰当，此时本国的某些制造业，由于一切能和它们竞争的外国货物都被征收高关税或被禁止输入，而扩大起来，他们能雇用许许多多工人。在这种时候，人道主义也许要求，只能用缓慢的渐进的办法恢复自由贸易。如果骤然废除高关税和禁止令，价格低廉的同种类外国货物将迅速流入国内市场，成千上万的本国人民将立即失去日常工作与生活资料。由此而起的混乱无疑是十分巨大的。但依据下述两个理由，这混乱也许比一般所想象的小得多。

第一，通常无奖励金亦可输出到欧洲其他各国的制造品，都不会受到外国商品自由输入的大影响。这种制造品，输往外国，其售价必与同品质和同种类的其他外国商品一样低廉。因此，在国内，其售价应当更为低廉，因而仍能控制国内市场。即使有一些爱时髦的人，有时只因为是外国货，便爱好起来，本国制造的同种类货物，虽价廉物美，亦为他们所不取，但从事物的本性来说，这种愚蠢的行为总不会那么普及，所以对就业问题没有显著的影响。我国毛织品制造业、制革业、铁器业中，即有很大一部分制造品，每年不依赖奖励金而输往欧洲其他各国，而雇用工人最多的也正是这几种制造业。在自由贸易受到最大损害的也许是丝制业，其次是麻织业，但后者所受损失比前者少得多。

第二，虽然大量的人会因为这样恢复贸易自由而失去他们通常的职业和普遍的谋生方法，但他们不会因此而失业或失去生计。上次战争结束时，海陆军裁军十万以上，人数等于最大的制造业所雇用的人数，他们顿时失去了他们平素的职业，无疑会感到困难，但他们并不因此便被剥夺了一切职业与生计。大部分水兵也许逐渐转移到商船上去工作，在这当中，被遣散的海陆军兵士，都被吸收在广大的人民群众中，受雇于各种职业。十万多惯于使用武器，而且其中有许多惯于劫掠的人，他们的位置起了那么大的变化，却不曾引起大的动乱，甚至不曾引起显著的混乱。任何地方，流氓的数目并未因此而显著增加，而且，据我所知，除了商船海员外，无论何种职业的劳动工资也未曾减少。要是我们比较兵士和任何种类制造业工人的习惯，我们就可发现，后者改行的可能性比前者大，因为制造业工人专赖自身劳动为生，而兵士一向依赖粮饷为生。前者习惯于勤奋和辛劳，而后者习惯于懒散和闲荡。由一种辛勤劳动改为另一种辛勤劳动，当然比由懒散闲荡改为勤劳容易得多。此外，我曾说过，大部分制造业其他附带的制造业，所以，工人很容易从这些制造业的一种转到另一种。而且这类工人的大部分，有时还被雇用从事农业劳动。以前在特定制造业上雇用他们的资财，仍将留在国内，可以用其他方式雇用同等数量的人。国家的资本和从前相同，劳动的需要也和从前相同，或大致相同，只不过是用在不同地方和不同职业上。诚然，海陆军士兵如被遣散，他们有在英国或爱尔兰任何城市或任何地方从事任何职业的自由。让我们恢复国王陛下的一切臣民有选择任何职业的自由，就像海陆军士兵所享受的那样，换言之，打破行业协会的专营的特权，废除学徒法令，这二者都是对天赋自由的真实侵害，再废除居住法，使一个行业或一个地方失业的贫穷工人可以在另一个行业或另一个地方找工作，而无需担心被人检举，亦无需担心被迫迁移，那么，公众与个人，由于某种特定制造业工人的偶然遣散而蒙受的损害，就不会大于他们从士兵的遣散所遭受的损害。我国的制造业工人无疑对国家有很大的功绩，但和以血肉保卫国家的那些人相比，他们的功绩就显得小，对于他们，用不着给予更大的优待。

诚然，期望自由贸易在英国完全恢复，正如期望理想岛或乌托邦在英国建立一样，都是荒谬的。不仅公众的偏见，还有更难克服的许多个人的私利，都是完全恢复自由贸易的不可抗拒的阻力。如果军队的将校都像制造业者反对在国内市场增加竞争者人数的法律那样激烈地一致地反对缩小兵力，都像制造业者煽动他们工人那样激烈地一致地去鼓动他们的士兵，以暴力攻击缩减兵力的提议者，那么要想缩编军队，正如现在想在任何方面减缩我国制造业者的既得垄断权那样危险。这种垄断已经在极大的程度上增加了某些制造业的人数，他们像一支庞大的常备军一样，不但可以胁迫政府，而且往往可以胁迫立法机关。议会议员如果支持加强这种垄断，不仅可获得理解贸易的好名声，而且可在那个以人数众多和财富庞大而占重要地位的阶级中受到欢迎与拥护。反之，要是他反对这类提案，尤其是如果他有阻止这类提案通过的权力，那么，即使他被公认是最正直的人，有最高的地位，有最大的社会功绩，仍免不了受最恶劣的侮辱与诽谤，不免受人身的攻击，而且有时还有实际的危险，这些都是愤怒和失望的垄断者的无理暴行。

大制造业经营者，如果由于在国内市场上突然遇到了外国人竞争，不得不放弃原产业，其损失当然不小。通常用来购买材料支付工资的那部分资本，要另觅用途，也许不会十分困难。但固定在工厂及职业用具上的那部分资本，却不免遭受相当大的损失。因此，为了公平对待他的利益，就要求这种变革不要操之过急，而要缓慢地，逐渐地，在发出警告很久以后实行。要是立法机关的考虑，不为片面利益的要求所左右，而为普遍福利观点所指导，那么，由于上述原因，它要特别小心，不建立任何新的这类的垄断，也不扩大已经建立的垄断。这样的法规，在一定程度上给国家带来紊乱，而后来的救济，也难免引起另一种紊乱。

至于在多大程度上，可对外国进口商品收税，不是为着防止进口，而是为了筹集政府收入，那是我以后考察赋税时所要考虑的问题。但为阻止或减少进口而设的税，显然是既破坏贸易自由，也破坏关税收入的。

第三章　论对其贸易差额被认为于我不利的那些国家的几乎所有货物进口施加的特别限制

第一节　从重商主义的原则看这些限制的不合理

重商主义所提倡的增加金银量的第二个方法，是对其贸易差额被认为于我国不利的那些国家的几乎所有货物的进口加以特别限制。例如，西利西亚的细麻布，只要缴纳了一定的税，即可输入英国，供英国国内消费；但对法国的细葛布及细麻布则禁止进口，只能在伦敦港存入客栈以待出口。法国葡萄酒输入所须负担的税，也比葡萄牙或任何其他国家的葡萄酒重。依照1692年所谓的进口法，一切法国商品，都需缴纳其价值的百分之二十五的税；但其他各国的货物所纳的税，却大部分要轻得多，很少超过百分之五。诚然，法国葡萄酒、白兰地、食盐、醋，不在此限，但此等商品，却依照别项法令或同一法令的特殊条款，缴纳别种重税。1696年，又认为此百分之二十五的税，还不够阻止法国商品输入，于是又对白兰地以外的法国货物再征收百分之二十五的税，同时对法国葡萄酒每桶征收新税二十五镑，对法国的醋每桶征收新税十五镑。法国货物从未免税，上面列举的各种货物或大部分货物必须缴纳那些一般补助税或百分之五税。要是把三分之一补助税和三分之二补助税也计算在内，那就一共有五种补助税。因此，在这次战争开始以前，法国大部分农产品和制造品，至少也需负担百分之七十五的税。对大部分货物来说，这样重的税无异于禁止进口。我相信，法国也针锋相对地以同样重的税，加在我们的货物及制造品上，虽然我不知道它所征收的税具体重到什么地步。这种相互的限制，几乎断绝了两国间的一切公平贸易，现在法国货物运至英国，和英国货物运至法国，主要都靠走私。我在前章所考察的那些原则，起源于私人利益和垄断精神；在这章所要考察的各项原则，则起源于民族偏见和敌对精神。

因此，可以预料，我在这章所要考察的原则更不合理。甚至根据重商主义的原则来说，也是不合理的。

第一，即使英法间自由通商的结果，贸易差额确对法国有利，我们亦不能因此便断言，那样一种贸易将对英国不利，亦不能因此便断言，英国全部贸易总差额，将因这种贸易而更加不利于英国。如果法国的葡萄酒比葡萄牙的葡萄酒更加价廉物美，法国的麻布则比德国的麻布更加价廉物美，那么英国向法国购买所需的葡萄酒和麻布，当然比向葡萄牙和德国购买更加有利。从法国每年进口的货物的价值，固将大增，但因同品质的法国货物比葡萄牙、德意志的便宜，故全部的进口花费却会减少。即使进口的法国货物完全在英国消费，情况也是如此。

第二，所输入的全部法国货物，有大部分可以再向其他国家出口。这种再输出，也许会带回与法国全部进口货物原始成本价值相等的收益。人们常说的东印度贸易，对法国贸易也可适用。就是说，东印度货物虽然大部分是用金银购买，但将其中一部分货物再出口，所带回来的金银，比全部货物的原始成本还多。现在，荷兰最重要贸易部门之一，就是将法国货物贩运到欧洲其他各国。英国人喝的法国葡萄酒，也有一部分是由荷兰及西兰岛秘密输入的。如果英法间贸易自由，或法国货物在输入时缴纳与欧洲其他各国同样的税，并在输出时退税，那么英国可能就会分享到对荷兰来说十分有利的贸易的好处。

第三，也是最后，我们没有一个明确的标准，可以判定两国间的贸易差额究竟对何国有利，或者说哪国的出口价值最大。关于这类问题，我们的判断往往根据由个别商人的私利所左右的民族偏见和敌对情绪。在这种场合，人们往往使用两个标准，即关税账簿与汇兑情况。由于关税账簿对各种商品评价的，有大部分不准确，所以现在大家都认为那是很靠不住的标准。至于汇兑情形，恐怕也是同样不可靠。

当伦敦与巴黎两地以平价汇兑时，据说那就显示伦敦欠巴黎的债务，恰被巴黎欠伦敦的债务所抵消了；反之，若巴黎汇票需在伦敦贴水时，据说那就显示伦敦欠巴黎的债务，没被巴黎欠伦敦的债务所抵消。因此，伦敦必需以一定的货币送往巴黎补足差额。因为输出货币既招危险，又很麻烦，并需支付费用，所以代汇者要求贴水，汇兑人亦需支付贴水。据说，这两个都市间，债权与债务的普通状态，必然受彼此间商务来往普通情况的支配。由甲方从乙方的进口数额若不大于向乙方的出口数额时，则彼此间债务与债权可以抵消。但若甲方从乙方进口的价值大于向乙方出口的价值，则甲方负乙方的数额必大于乙方负甲方的数额，债权债务不能互相抵消，于是债务大于债权的方面，必须输出货币。汇兑的普通情况，既标示两地间债务与债权的普通状态，亦必然标示两地间出口与进口的普通情况，因为两地间债权债务的普通状态，必然受两地间普通进出口情况的支配。

可是，即使汇兑的一般情况可充分表示两地间债务与债权的普通状态，但亦不能因此便断言，债务债权的普通状态若有利于一个地方，贸易差额亦对它有利。两地间债务与债权的普通状态，未必完全取决于两地间普通交易情况，而常受两地间任何一地对其他各地交易情况的支配。譬如，英国常以荷兰的汇票购买汉堡、但泽、里加等处的货物，那么英荷间债务与债权的普通状态，即不完全受这两国间普通交易情况的支配，而却受英国对那些其他地方普通交易的影响。在这种情况下，即使英国每年向荷兰的出口，远远超过英国每年从荷兰进口，即使所谓贸易差额大大有利于英国，英国每年仍需输出货币到荷兰。

此外，按照一贯计算汇兑平价的方法，汇兑的一般情况，亦不能充分表示，汇兑的一般情况如果被认为有利于一个国家，那么债务与债权的一般情况亦对它有利。换言之，真实的汇兑情况，与估计的汇兑情况，可能极不相同，而且事实也的确如此。所以，在许多场合，关于债务债权的一般情况，我们决不能根据汇兑的一般情况得到确实的结论。

假设你在英国支付的一笔货币，按照英国造币厂标准，它包含若干纯银，而你所得的汇票，在法国兑付的货币额，按照法国造币厂标准，其中所含的纯银量恰好相等，人们就说英法两国以平价汇兑。如果你所支付的多于兑付所得，人们就认为你贴水了，并说汇兑对英国不利，对法国有利。如果你支付的少于兑付所得，人们就认为你得了贴水，并说汇兑对法国不利，对英国有利。

但是，第一，我们不能常常按照各国造币厂的标准，来判断各国通用货币的价值。各国通用货币由于磨损和削剪，或多或少会低于造币标准。一国通用货币与他国通用货币的相对价值，并不看各自应含的纯银量，而却看各自实含的纯银量来定。在威廉时代银币改铸以前，英荷间的汇兑，依照普通计算法，按照各自造币厂的标准，要英国贴水百分之二十五。但英国当时通用货币的价值，据朗兹先生调查研究所得，却低于其标准价值百分之二十五。所以，当时两国间的汇兑，照通常计算法，虽是那么大不利于英国，实则有利于英国。实际上在英国支付较小量纯银，所购得的汇票，却可在荷兰兑得较大量纯银。被认为付了贴水的人，实际上却得了贴水。在英国金币改铸以前，法国铸币比英国铸币的磨损程度小得多，而法国铸币接近其标准的程度也许比英国铸币大百分之二或百分之三。如果英法间的汇兑，据计算，其不利于英国的程度，若未超过百分之二或百分之三，则真实的汇兑便可对英国有利。而自金币改铸以来，汇兑总是有利于英国而不利于法国。

第二，有些国家的造币费用，由政府支付；有些国家，则由私人支付，而且持银块往造币厂铸造的，不仅要支付铸币的费用，有时还要给政府提供若干收入。在英国，造币费用由国家支付，如果你持一磅重的标准银至造币厂，你可取回六十二先令，内合同样的标准银一磅。在法国，铸币须扣除百分之八的税，这不仅足够支付造币费用，而且可给政府提供小额收入。在英国，因铸币不收费，故通用货币的价值，绝不可能大大超过铸币内含的银块量的价值。在法国，工价增加铸币的价值，就像工价增加金银器皿的价值一样。所以，包含一定重量纯银的若干法国货币，比包含等量纯银的若干英国货币有更大的价值，必须支付更多的银块或商品来购买它。所以，这两国的铸币，虽同样接近各自造币厂的标准，但包含等量纯银的一定数额的英国货币，未必就能购买包含等量纯银的一定数额法国货币，因而未必就能购买在法国兑付这货币额的汇票。如果为购买一张汇票，英国所支付的额外货币，恰好补偿法国铸币费用，那么两国间的汇兑，实际上就是平价汇兑，债务与债权自可互相抵消，虽然按照计算，这两国间的汇兑有利于法国。如果为购买这张期票，英国所支付的额外货币，少于上述数额，那么两国间的汇兑，实际上是有利于英国的，虽然按计算仍是对法国有利。

第三，也是最后，有些地方，如阿姆斯特丹、汉堡、威尼斯等地，都以他们所谓银行货币兑付外国汇票；但有些地方，如伦敦、里斯本、安特卫普、莱格恩等地，则以当地通用货币兑付。所谓银行货币，总是比同一名义金额的通用货币有更大价值，例如，阿姆斯特丹银行货币一千盾，就比阿姆斯特丹地方通用货币一千盾有更大的价值。二者间的差额，被称为银行的扣头，这在阿姆斯特丹，一般大约是百分之五。假设两国通用的货币，同样接近各自造币厂的标准，但一国以通用货币兑付外国汇票，另一国则以银行货币兑付外国汇票，这两国间的汇兑，事实上有利于以通用货币兑付的国家，但按照计算，却有利于以银行货币兑付的国家。基于同样的原因，虽然事实上是有利于以较劣货币兑付外国汇票的国家，但按照计算，却仍有利于以较良货币兑付的国家。在最近金币改铸以前，对阿姆斯特丹，对汉堡，对威尼斯，我相信，对一切其他以所谓银行货币兑付的地方，伦敦的汇兑，按照计算，都是不利于伦敦的。但我们不能因此便断言，实际汇兑就是对伦敦不利。从金币改铸以来，即使是与这些地方通汇，实际汇兑也是对伦敦有利的。对里斯本，对安特卫普，对莱格恩，我相信除了对法国，伦敦对欧洲大多数以通用货币兑付汇票的地方，按照计算，其汇兑大都对伦敦有利；真实汇兑也很可能是这样的。

第二节　根据其他原则这种特别限制也不合理

在本章的上一节，我力图说明，即使根据重商主义的原理，对于贸易差额被认为不利于我国的那些国家的货物进口，也不必加以特别限制。

然而，这种限制以及许多其他商业条例所根据的整个贸易差额学说，是再荒谬不过的了。这种学说认为，当两地通商时，如果贸易额平衡，则两地各无得失；如果贸易额略有偏倚，就必一方损失另一方得利，得失程度和偏倚程度相当。但这两种设想都是错误的，奖励金与垄断权，虽为本国利益而设立，但由奖励金及垄断权所促成的贸易，却可能对本国不利，而且事实上也常是这样，这一点我将力图在下面说明。但是，两地间正常进行的没有限制和强迫的贸易，必对双方有利，不过双方得利不完全一样。

所谓好处或得利，以我的理解，不是金银量的增加，而是一国土地和劳动年产物交换价值的增加，或是一国居民年收入的增加。

如果两地贸易额平衡，如果两地间贸易所交换的全是两地的当地产品，那么在大多数情况下，它们不仅都会得利，而且所得利益必定或几乎相等。这样，各为对方剩余生产物提供了一个市场，双方为生产及制造这一部分剩余生产物而投下的资本，即在一定数目居民间分配并给他们提供收入或生计的资本，将由对方偿还。所以，两国的居民，都有一部分将间接从另一国取得他们的收入与生计。两国间所交换的商品，由于假设其价值相等，则在大多数情况下，两国投在这种贸易上的资本，亦必相等或几乎相等；而且，因为都是用来生产两国的国产商品，所以，两国居民由这种分配而得的收入与生计，亦必相等或几乎相等。彼此互相提供的这种收入与生计，按照贸易来往大小的比例，有多有少。若彼此贸易往来数额每年都是十万镑或一百万镑，则彼此给对方居民所提供的年收入亦为十万镑或一百万镑。

如果双方的贸易是一方向另一方输出的全是本国商品，而另一方的回程货全是外国商品，那么，两国的贸易额，仍被认为是平衡的，彼此都以商品偿付。两国仍然利得，但利得的程度不同；从这种贸易取得最大收入的，是只输出国产商品的那国居民。比方说，英国从法国进口的全是法国的国产商品，但英国却没有法国所需要的商品，每年不得不以大量的外国货物如烟草和东印度货物来偿付。这种贸易虽可给两国居民带来一定的收入，但给法国居民所带来的收入，必多于给英国居民所带来的。法国每年投在这种贸易上的全部资本，是在法国人民间分配的。但英国资本，只有一部分，即用英国货物与外国货物交换的那部分资本，才是每年在英国人民间分配的。其资本有较大部分是用来补还弗吉尼亚、印度和中国的资本，并对这些遥远国家居民提供一种收入与生计。即使两国所投资本相等或几乎相等，但法国资本的使用给法国人民所增加的收入，要比英国资本的使用所增于英国人民收入的大得多。因为，在这种情况下，法国所经营的，是对英国的直接消费品贸易；英国所经营的，是对法国的迂回的消费品贸易。这两种贸易所生的不同结果，已经在前面充分说明过了。

不过，两国间的贸易，也许既不能双方全为国产商品，也不能一方全为国产商品，一方全为外国货物。几乎一切国家，彼此间所交换的，都一部分是国产商品，一部分是外国货物。但是，国产商品占交换品最大部分而外国货物占交换品最小部分的国家，总是主要的利得者。

假若英国对每年从法国进口的商品不是用烟草和东印度货物，而是用金银支付，那贸易额便是不平衡的，因为不是以商品偿付商品，而是以金银支付。其实，这种情况，也像上一种情况一样，能给两国人民提供若干收入，英国人民，必从此取得收入，不过给法国人民提供的，比给英国人民提供得多。为生产英国商品以购买金银而投下的资本，即在英国一定人民间分配，并给他们提供收入的资本，必可因此而补还，使其用途得以继续。输出一定价值的金银，不减少英国资本总量，正如输出等价值任何其他货物，不减少英国资本总量一样；反之，在大多数场合，还会增加英国资本总量。凡是出口的货物都是国外需求比本国需求更大，因此，预期它所带回的货物会比出口货物的价值更大。如果烟草在英国仅值十万镑，但输往法国而购回的葡萄酒在英国却可值十一万镑，那么这种交换，就可使英国资本增加一万镑。如果英国以十万镑黄金购回价值十一万镑的法国葡萄酒，则这种交换也就同样可使英国资本增加一万镑。在酒库中有值十一万镑葡萄酒的商人，比在货仓中有值十万镑烟草的商人更富裕，同样也比在金库中有值十万镑黄金的商人更富裕。他和其他二人比较，可推动更大的劳动量，并给更多人民提供收入、生计与职业。但国家的资本与其全体人民的资本相等，而一国每年所能维持的劳动量，又等于这一切资本所能维持的劳动量。所以，一国资本及其每年所能维持的劳动量，就大都会因这种交易而增加。当然，如果用自己的铁器及宽幅厚呢来购买法国葡萄酒，会比用弗吉尼亚烟草或用巴西、秘鲁金银，更加有利于英国。直接的对外消费贸易，总比迂回的更有利。但以金银进行的迂回的对外消费贸易，并不比以其他货物进行的同类贸易更不利。无矿产国每年输出金银，不会使金银更容易干竭。正如无烟草国每年输出烟草，也不会使烟草更容易干竭。有资力购买烟草的国家，决不会长久缺乏烟草；同样，有资力购买金银的国家，也决不会长期缺乏金银。

有人说，工人和酒店的交易，是一种亏本的交易，而制造业国和葡萄酒生产国间的贸易，也可以说有同样的性质。我却以为，工人和酒店的交易，并不一定是亏本的交易。就这种贸易本身的性质说，其利益和任何其他贸易相同，不过，也许比较容易被滥用。酿酒家的职业，甚至小酒贩的职业，与其他职业一样，是必要的劳动。工人所需的酒，与其亲自酿造，不如向酿酒家购买；而且，他若是一个贫穷工人，那么他买酒，一般是向酿酒家做大量的购买，而不是向小酒贩一点点地买。倘若他是个贪食者，他可能购买过多的酒，正如他可能购买过多的肉，或是他想扮作一个翩翩公子，他可能购买过多呢绒布匹一样。贸易自由，虽然可能被滥用，而且，有几种贸易自由，特别容易发生这种结果，但无论如何，对于工人大众，这一切贸易自由总是有利的。此外，尽管个别人可能由于嗜酒过度而倾家荡产，但一个国家几乎没有这种危险。虽然在每个国家，都有许多人，在酒这方面所花费的超过他们资力所允许的程度，但有更多人在这方面花费较少。应该指出，根据经验，葡萄酒的低廉，似乎不是烂醉的原因，而是节酒的原因。葡萄酒生产国的人民，一般是欧洲最节酒的人民，例如西班牙人、葡萄牙人、法国南部各省人民。对于普通日常饮食，人民很少过度使用。没人想在像淡啤酒那样廉价的酒类上多花钱来表现自己的慷慨和好客。反之，只在过热或过寒不能栽种葡萄树，因而葡萄酒异常稀少的国家，如北方民族和热带民族（如几内亚海岸的黑人），烂醉才成为普遍的恶习。当法国军队从法国北部各省开拔至南部各省，即从葡萄酒昂贵区域开拔至葡萄酒低廉区域时，据说，起初往往因见良好葡萄酒如此价廉新鲜而沉溺于酒，但驻留数月之后，其中大部分便像当地居民一样节酒了。同样，如果把外国葡萄酒税、麦芽税、麦酒税、啤酒税一律取消，或可在英国中下等层级人民间暂时兴起烂醉的风气，但不久也许就会养成一种持久的普遍的节酒习俗。现今，在上流社会，或有钱买得起最贵酒类的人中，醉酒已经不是他们的恶习了。很少见到一位绅士喝得酩酊大醉。此外，葡萄酒贸易在英国的限制，与其说为了要防止人民走入（如果可以这样说）酒店，不如说为了使其不能购买价廉物美的酒类。那种限制，有利于葡萄牙的葡萄酒贸易，不利于法国的葡萄酒贸易。据说，对于我国的商品，葡萄牙人确实是比法国人更好的顾客，所以，我们应当优待葡萄牙人，加以奖励。据说，他们照顾了我们，我们也应当照顾他们。小商人的卑鄙策略居然成为一个大帝国的政治行为原则。其实，只有小商人，才会把这种策略看作是对待顾客的规则。至于大商人，不问这些小节，总是在价最廉物最美的地方购买货物。

依据这样的原则，各国都认为他们的利益在于使一切邻国变得穷困。各国都嫉妒与他们通商的国家的繁荣，并把这些国家的利得，看作是他们的损失。国家间通商像个人通商一样，原来应该是团结与友谊的纽带，现在却成为不和与仇恨的最大源泉。在本世纪及前世纪，王公大臣们反复无常的野心，对欧洲和平所造成的危害，也不及商人和制造业者们狂妄的嫉妒心所造成的危害。统治者的暴力与不公，自古以来即是一种祸害。我认为，按照人类处事的本性，这种祸害是无法除去的。但是商人和制造业者们不是也不应该是统治者，其卑鄙的贪欲，其独占的精神，或许无法改正，但要不让他们扰乱别人的安宁，却是极其容易的。

最初发明这种原则传布这种原则的，无疑是垄断精神；最先倡导这种原则的人并不像后来信奉这种原则的人那么傻。在任何国家，人民大众的利益必然合乎于向售价最低的人购买他们所需要的各种物品。这个命题是非常明白的；费心思去证明它，倒是一种滑稽的事情。如果没有这班商人和制造业者自私自利的诡辩混淆了人们的常识，这亦不会成为什么问题。在这一点上，这班商人和制造业者的利益与人民大众的利益正相反。像行业协会内自由人的利益在于阻止国内居民雇用其他人而只雇用他们自己一样，这班商人和制造业者的利益，在于自己保有国内市场的垄断权。因此，在英国，以及在欧洲大多数其他国家，对于几乎一切由外国商人输入的商品，都征收特别的重税。因此，凡能输入本国，与本国制造品竞争的一切外国制造品，都征收高额关税，或禁止输入。因此，对于贸易差额被认为不利于我国的那些国家，换言之，对民族仇恨异常激烈的国家，几乎一切货物的进口都加以特别的限制。

在战争或政治上，邻国的财富，虽对我国有危险，但在贸易上，则确对我国有利。在敌对状态中，财富能使敌国维持比我国强大的海陆军。但在和平的通商状态下，邻国的财富，必使他们能够和我们交换更大的价值，必对我国产业的直接生产物或用这种生产物购进来的物品，提供更好的市场。正如一个富人，和穷人比较，是邻近劳动人民更好的顾客；邻近的富国，也是这样。经营同种制造业的富人，固然是邻近各同业者的危险邻人，但他的花费，可给邻近的其余一切人提供好的市场，所以，对绝大多数邻人是有利的。不仅如此，较穷的经营同行业的工人，又将因此而减低其售价，因而，对其余一切人有利。同样，富国的制造业者，无疑会成为邻国同种制造业者极危险的竞争者，但这种竞争，却有利于人民大众。此外，这样一个富国的巨大开支，必能在其他方面给人民大众提供良好的市场，使他们得利。想发财的个人，决不会退居穷乡僻壤，一定会住在首都或商业大都市。他们知道，财富流通极少的地方，可取得的财富也极少；财富流通极多的地方，他们或许可能分得一份。指导着一个人、十个人、二十个人的常识性原则，也应该支配一百万人、一千万人、两千万人的判断，应该使全国国民都认为，邻国的富乃是本国可能获得财富的原因和机会。想通过对外贸易致富的国家，当他的邻国都是富裕勤勉的商业国时，最可能达到致富的目的。一国四周，如果都是未开化的游牧民族和贫穷的野蛮人，那么，耕作本国土地，经营国内商业，无疑可使国家致富，但要通过对外贸易致富，就绝不可能了。古代的埃及人和近代的中国人似乎就是靠耕作本国土地和经营国内商业而致富的。据说，古代埃及人，极不注意对外贸易；大家知道，近代中国人极轻视对外贸易，不给予对外贸易以正当的法律保护。以一切邻国陷于贫困境况为目标的近代对外通商原则，如果能够产出它所期望的结果，那就一定会使这种对外贸易陷于微不足道和被人鄙视的境地。

正是由于这种原则，法国和英国间的贸易受到那么多的阻碍与限制。如果这两国能抛弃商业的嫉妒和国民的仇恨，来考察其真实利害关系，那么对英国来说，与法国的贸易将比欧洲任何其他国家的贸易更有利；基于同一理由，对法国亦如此。法国为英国最近的邻国。英国南部沿海各地与法国北部及西北部沿海各地间的贸易，也像国内贸易一样，可以每年往返四次、五次乃至六次。这两国投在这种贸易上的资本，比起投在对外贸易大多数其他部门上的等量资本，能够推动四倍、五倍乃至六倍的劳动量，能够为四倍、五倍乃至六倍的人提供收入和生计。在两国彼此相隔最远的各地间进行贸易，也至少可以每年往返一次。所以，就连这种贸易也至少与我国对欧洲其他大部分地方的对外贸易同样有利。若与我国引以为豪的北美殖民地进行贸易相比较，那至少也有利三倍，那种贸易来回一般要三年，乃至四年、五年以上。此外，法国据说有居民两千四百万，我国北美殖民地居民却据说不过三百万。法国又比北美洲富饶得多，虽然由于法国财富分配不平均，法国的贫民乞丐，比北美多得多。所以，与我国北美殖民地比较，法国所能提供的市场，至少大八倍；加以往返更为频繁，利益要大二十四倍之多。英国的贸易，亦同样有利于法国。英国贸易对于法国的利益，按照两国财富、人口与邻近程度的比例，要大于法国殖民地贸易对于法国的利益。这就是两国智者所认为宜加以阻止的贸易和应加以特别照顾的贸易之间重大的差别。

然而，能使两国间进行开放的自由的贸易的这种有利环境，却成为产生这种贸易的主要障碍。因为是邻国，它们必然是敌国；于是，一方的富强，增加另一方的恐惧，而本来可增进国民友谊的有利因素，却成为助长激烈民族仇恨的原因，它们同是富裕勤勉的国家。每一国商人和制造者，都担心会在技术与贸易上遇到另一国商人和制造业者的竞争。商业上的嫉妒由激烈的民族仇恨所激起，而激烈的民族仇恨也助长了商业上的嫉妒，两者相互助长。两国的贸易者都极其确信他们自私自利的谬说，宣称不受限制的对外贸易，必然会生出不利的贸易差额，而不利的贸易差额，又一定会导致国家的灭亡。

在欧洲各商业国内，自命这种学说的学者常常预言，不利的贸易差额，将使国家频于灭亡。这激起了各商业国不少的忧虑，几乎各商业国都试图改变贸易差额，使对本国有利而对邻国不利。但在这一切忧虑以后，在这一切无效的尝试以后，似乎没有一个欧洲国家曾因上述原因而变得贫困。和重商主义者的预料相反，实行开放门户并允许自由贸易的都市与国家，不但不曾因这种自由贸易而灭亡，而且因此致富。欧洲今日虽然有几个城市在某些方面称得上是自由城市，但却没有一个国家是这样。最接近于此的国家，也许要算荷兰了，虽然仍离此很远。大家承认，不仅荷兰国民财富全部得自对外贸易，而且大部分必要生活资料也得自对外贸易。

的确，我在前面已经说过，有另一种差额，和贸易差额极不相同。一国的盛衰就要看这差额是有利或是不利。这就是年生产与年消费的差额。前面说过，年生产的交换价值如果超过了年消费的交换价值，社会的资本每年就必然会按照这一超过额的比例而增加起来。在这种情况下，社会在其收入限度内维持生存，每年从其收入中节省下来的部分，自然会加到社会资本上去，并用以进一步增加年生产物。反之，如果年生产的交换价值小于年消费的交换价值，社会的资本就必然会按照这个差额而减少下去。在这种情况下，社会的支出超过了社会的收入，那必然会侵蚀社会的资本。资本必然会减退，随着资本的减退，其年生产物的交换价值亦减退。

生产与消费的差额，和所谓贸易差额完全不同。在没有对外贸易，不与世界往来的国家内，可以产生这种差额。在财富、人口与改良都在逐渐增进或在逐渐减退的全世界，也可以产生这种差额。

即使在所谓的贸易差额一般不利于一个国家时，生产与消费的差额仍可不断地有利于这个国家。即使半个世纪以来，一个国家进口的价值都大于出口的价值；在这期间，流入的金银全部立即输出；流通货币逐渐减少而以各种纸币代之，甚至它对各主要通商国家所负的债务亦在逐渐增加；但它的实际财富，它的土地和劳动年产物的交换价值，仍可在这期间按照比以前大得多的比例增加起来。在这次动乱以前，我国北美殖民地的状态，以及它们和英国的贸易状态，都可证明这并不是一个不接近于事实的假设。

第四章　论退税

商人和制造业者，不满足于垄断国内市场，他们要谋求更广大的国外销售市场。但他们的国家在外国没有管辖权，他们要独占外国的市场，简直是不可能的。所以，一般地说，他们只好请求对出口的某种奖励。

在各种奖励中，所谓退税，似乎是最合理的了。在商品出口时，退还给商人产业税或国内税的全部或一部分，并不会造成比不上税时更大的商品出口量。这种奖励不会驱使大部分的资本违反自然趋势转向某一特定用途，只会使税收不至于驱使这部分资本中的任何部分转到其他用途去。退税不会破坏社会上各种用途间的自然平衡，却会使税收不产生破坏这种自然平衡的作用。退税也不会破坏社会劳动的自然分配，而会保存这种分配。在大多数情况下，保存这种分配是有利的。

进口的货物再出口时亦可退税。在英国，所退的税，大都达到进口税的最大部分。

退税制度设立的初衷，也许是为了鼓励运送贸易。其运费常由外国人以货币支付，因此运送贸易被认为特别适合给国家带回金银。运送贸易，虽不应受特殊的奖励，而设立退税制度的动机，虽然非常可笑，但这种制度本身却似乎很合理。这样的退税，决不会使流入运送贸易的资本比没有进口税时自行流入这种贸易的资本多。退税只是防止由于进口税的存在而完全排斥这种运送贸易。我们虽不应特别奖励运送贸易，却也不应加以排斥，我们应该像对待其他各种行业一样，对其放任自流。这种运送贸易，对于那些既不能投在本国农业亦不能投在本国制造业，既不能投在国内贸易亦不能投在对外消费贸易上的资本，提供了一条必不可少的出路。

关税的收入，不但不会因这种退税而受损，而且将因这种退税而得利，因为在退税时得保留一部分关税。如果保留全部税款不退，那么已经纳税的外国商品，由于缺少市场就不能出口，因而亦不能进口。这样，本可以保留一部分的关税，便无从收了。

这些理由似乎足以证明，本国产品或外国产品所交的税，即使在出口时全部退还，也是合理的。诚然，在这种情况下，商品税收会稍受损失，而关税的收入则损失更大，但产业的自然平衡、劳动的自然分工和分配，多少要受这种税收的影响，通过退税就可以大体恢复这种平衡。

但上述理由仅证明，在出口货物到完全独立的外国时，退税是合理的，并不能证明在出口货物到我国商人、制造业者享有垄断权的地方时退税是合理的。例如，当欧洲货物出口到我国美洲殖民地时，退税并不能使出口额比无退税制度时有所增加。因为我国商人、制造业者在那里享有垄断权，所以，即使保留全税额，也未必会增加运到那里去的出口额。所以，在这种情况下，退税就是国产税及关税收入的纯损失，决不能改变贸易状态，决不能扩大贸易。至于在多大程度上，退税可认为是对我国殖民地产业的适当奖励，或者说，在多大程度上，允许他们免去本国其他人民所不能免去的赋税，才有利于母国，我打算在考察殖民地时，加以论述。

必须指出，只在商品真正出口到外国去，而不再秘密进口到我国的时候，退税制度才会带来益处。大家都知道，有些退税，尤其是烟草的退税，就往往被人滥用，弄虚作假，这对税收和诚实的商人都有害。

第五章　论奖励金

在英国，常常有人请求对某些产业的产品给予出口奖励金，政府有时也发给出口奖励金。据说，我国商人和制造业者有了这种奖励金，才能在外国市场上，以与竞争者同样低廉或更为低廉的价格出售他们的货物。据说，出口量因此增大，从而贸易差额亦变得更有利于我国。在外国市场上，我们不能像在国内市场那样给我们工人以垄断权。我们也不能像对待本国人那样，强迫外国人购买我国工人生产的货物。于是，他们认为次好的办法就是付钱给外国人，让外国人购买我们的产品。这正是重商主义体系所提倡的以贸易差额来富国，用这种方法将钱放入我们的口袋中。

有人认为，奖励金只应该发给那些无奖励金即不能经营的贸易部门。但无论什么贸易部门，如果商人售货所得价格可以补偿商品制造乃至上市所投下的资本，并带来普通利润，那么即使没有奖励金，这个贸易部门也能继续经营。这样的贸易部门明显与无奖励金也在经营的其他贸易部门处在同等地位，因此不能要求比其他贸易部门多出一个奖励金。只以有商人售货价格不足偿还其资本，且无法提供普通利润的商业，或售货价格不足抵偿货物上市实际费用的商业，才需要奖励金。奖励金发给的目的，就在于补偿此损失，奖励它继续经营或开创这种开支大于收益的商业，就是说，每经营一次，投下的资本即亏蚀一部分，如果一切其他商业都具有这样的性质，那么全国资本不久就会荡然无存了。

应该指出，靠奖励金经营的商业，是在两国间长期经营下去而一国老是亏本或货物售价低于上市成本的商业。但是，如果没有奖励金来补还商人货物售价上的损失，自身的利害关系也会使他改变资本用途，或寻找其他能以货物售价偿还货物上市资本并带来利润的行业。奖励金的效果，就像重商主义所提倡的其他办法一样，只不过迫使一国商业向一种不如自然发展有利的方向去发展。

有一个聪明而见闻广博的作者，在他的谷物贸易论文里，很明白地说，自从谷物出口奖励金首次设置以来，依一般价格计算，谷物的出口价格，超过了进口价格，若依非常高的价格估算，则其超过额大大超过这期间付出的奖励金的总额。他认为，按照重商主义的正确原理，这就清楚地证明，这种强制的谷物贸易有利于国家。因为出口价值超过了进口价值，超出的部分除了补偿出口奖励金外，还大有剩余。但他没有考虑到，这种特别费用或是这种奖励金，仅是社会为出口谷物实际开支中的极小部分。农场主用来栽种谷物的资本也应考虑在内。除非谷物在外国市场上所售的价格，能够补偿这种奖励金补偿农场主所投放的资本以及普通利润，否则便是社会的损失，就是说，国民资财减少了那么多。但是，被认为必须发给奖励金的理由，正是谷物在外国市场上的售价不够作上述那样的补还。

据说，自从奖励金设置以来，谷物的平均价格已显著下落。我曾竭力说明，在上世纪末，谷物平均价格稍稍跌落，本世纪头六十四年仍继续跌落。如果这种事实真如我所确信的那样，那么即使没有奖励金也必然会发生这种结果，而其发生也不可能是因为有奖励金。法国不仅无奖励金，而且在1764年以前，一般禁止谷物输出，但法国谷物的平均价格和英国一样都降低了。所以，谷物平均价格的这种逐渐的降低，不能归因于某种规定，而归根结底应归因于白银的价值逐渐地不知不觉地上升，我曾在本书第一篇竭力说明，在本世纪中，欧洲一般市场上，都发生了银的价值逐渐上升这个现象。看来奖励金不可能是谷物价格降低的原因。

已经说过，由于奖励金在丰年引起异常的出口，必定会使国内市场上的谷物价格提高到自然跌落的水平以上。这就是奖励金制度公然标榜的目标。在歉收年，奖励金虽大都停止，但它在丰年所引起的大出口，必定会或多或少地使一年的丰收不能弥补另一年的不足。所以，无论是丰收年还是歉收年，奖励金必然有助于提高谷物的价格，使其略高于无奖励金时国内市场上的谷物价格。

在现有耕作状态下，奖励金必然有这种趋势，我想有理性的人，对此是不会有异议的。但许多人却认为，奖励金在两方面有助于鼓励耕作。第一，奖励金给农场主的谷物开辟了一个更广大的外国市场，这有助于增加谷物的需求，从而增加谷物的生产；第二，奖励金能保证农场主获得比在实际耕作状态下所预期的更好的价格，所以有助于鼓励耕作。他们以为，这种双重的奖励，在一个长时期内必定会大大促进谷物的生产，以至在这时期末尾的实际耕作状态下，国内市场上谷价可能降落的程度远远大于奖励金所能提高的程度。

我的回答是，不管奖励金能使外国市场多么扩大，在每一个具体的年份，必定是牺牲了国内市场来达成的，因为靠奖励输出，没有奖励金就不会输出的谷物，在无奖励金的情况下，每一蒲式耳谷物定可留在国内市场上以增加消费，从而减低谷物的价格。应该指出，谷物奖励金及其他一切出口奖励金，会对人民征收两种税。第一，为支付奖励金，人民必须纳税；第二，国内市场上由于价格提高而产生的税，必须由人民大众缴纳，因为人民大众都是谷物购买者。所以，在这种商品上，第二种税比第一种税重得多。让我们假定，逐年平均计算，每出口一夸特小麦给奖励金五先令，这使国内市场上谷物的价格，比在无奖励金时应有的价格每蒲式耳高六便士，即每夸特高四先令。即使按照这个很适中的假设，人民大众除了需担负每夸特小麦五先令的出口奖励金以外，他们每消费一夸特小麦，还需多支付四先令的税收。但根据上述那位见闻广博的谷物贸易论文作者所述，出口的谷物与国内消费谷物的比例平均不超过一比三十一。所以，如果第一种税为五先令，那么第二种税就是六镑四先令。把这样沉重的赋税加在第一生活必需品上，必然会减少劳苦贫民的生活资料，或必然会导致货币工资按照生活品价格的提高而提高。就前一种情况而言，必然会降低劳苦贫民抚养和教育子女的能力，从而抑制国内人口的增长。就后一种情况而言，必然会使雇主雇用工人的人数比应有的少，从而限制国内产业的发展。这样，奖励金所引起的谷物的异常出口，不仅会按照扩大国外市场与国外消费的比例减少国内市场与国内消费，而且由于压制了国内人口与产业，最后必倾向于阻抑国内市场使其不能逐渐扩大，所以，归根结底，在长期内不是扩大而是缩小整个谷物市场和消费。又有人说，谷物货币价格的这种提高，使这种商品更有利于农业家，所以必然会鼓励这种商品的生产。

我的回答是，如果发给奖励金的结果是使谷物的真实价格提高，换言之，使农场主能以同量谷物，按照当地劳动者维持生活的方式，不论是大方地、适中地，或是省俭地维持更多的劳动者，情形可能真是如此。但显然奖励金和任何人为制度都不会有这种效果。受奖励金影响的只是谷物的名义价格而非实际价格。奖励金制度所征收的税，对纳税人是沉重的负担，对接收奖励金的人也没有多大好处。

奖励金的真实效果，与其说是提高谷物的真实价值，不如说是压低白银的真实价值，换句话说，使等量的银交换到的谷物数量以及其他国内商品的数量都比较少，因为谷物的货币价格支配着其他一切商品的货币价格。

谷物的货币价格支配着劳动的货币价格。劳动的货币价格，必须使劳动者能够购买一定数量的谷物，够他大方地适中地或省俭地维持他们自己及其家庭的生活。而社会的进步、停滞或退步等情况，使雇主不得不按照大方的适中的或省俭的生活方式来维持劳动者的生活。

谷物的货币价格，支配一切其他土地原生产物的货币价格。在改良的任何阶段中，这一切土地原生产物的货币价格一定会和谷物的货币价格保持一定的比例，虽然这种比例，在不同的时期有所不同。例如牧草、干草、家畜肉、马、马粮，内陆运输以及大部分国内贸易的货币价格，都受谷物货币价格的支配。

由于支配了一切其他土地原生产物的货币价格，于是谷物的货币价格就支配了几乎一切制造业原料的货币价格。谷物的货币价格，由于支配了劳动的货币价格，它也就支配了制造工艺和制造业的货币价格。由于它支配着这二者，所以它也支配了整个制造品的货币价格。劳动的货币价格，以及一切土地生产物或劳动生产物的货币价格，都必然按照谷物货币价格的升降比例而升降。

所以，发给奖励金的结果，虽可使农场主售卖谷物的价格，由每蒲式耳三先令六便士升至四先令，所付地租和其生产物的货币价格也相应上涨，但现在四先令所购得的商品，并不比以前多，农场主与地主的境遇，都不能由于这种价格变更而有多大改善。农场主不能耕种得更好一些，地主也不能生活得更好一些。在购买外国商品时，这种抬高的谷物价格可以给他们带来一点儿好处，但在购买国产商品时，便一点儿利益也没有了。而农场主的所有开支几乎全部用于购买国产商品上，甚至地主的大部分开支也是用于购买国产商品。

矿山丰饶导致银价下跌，对商业世界的大部分地区产生相同或几乎相同的影响，对任何特定国家产生不了多大的影响。由此而产生的一切货币价格的上升，实际上既不能使受者更富，也不能使受者更穷。一套白银器皿的价格变得比以前便宜，但其他一切物品的真实价值却和从前完全一样。

但假若银价下跌是个别国家的特殊情况或政治制度的结果，这虽仅在一国发生，却是一件关系重大的事情。这种事决不会使任何人实际上更富，却会使一切人实际上更穷。一切商品货币价格的上升是这个国家特有的现象，就会多少阻抑国内各种产业，因而使外国国民在出售几乎一切种类货物所索取的银量，小于该国工人所能出售的银量，不仅在国外市场上，而且在国内市场上，都比该国售价低。

西班牙和葡萄牙金银矿产丰富，所以能够以金银分配给欧洲其他国家。因此，这两种金属的价格在西班牙和葡萄牙就应该比欧洲其他各国要低。但其差额不应大于运输费和保险费。由于金银体积小价值大，运费不多，至于保险费，也和其他同等价值的货物一样。所以，这两国如果不通过政治制度加剧这种特殊情况的不利，那么他们由这种特殊处境而遭受的损失是很小的。

对于金银输出，西班牙课以赋税，而葡萄牙则加以禁止，以致出口金银需负担走私的费用，就使这两种金属在他国的价值高于西、葡两国的部分，等于走私的全部费用。譬如以堤坝堵住河流，坝内一旦充满了水，水必越过坝头向外流，就好像没有堤坝一样。禁止金银输出，也会产生同样的结果，不能使两国保留更多的金银，能保存的只以它们能使用的为限。即它们的土地和劳动年产物，限制了所可使用的金银量，或用在金银器皿、镀金上或是金银装饰品上。当达到了这个数量，就如堤坝注满了水，以后再注入的都必定外流。这样，西、葡两国，虽限制金银输出，但每年从西、葡两国输出的金银，几乎等于其每年进口的金银。但是，正如坝内的水必比坝外的深，由于这种限制而保留在西、葡两国内的金银量，和它们的土地与劳动的年产物相比，必大于其他各国的金银量。堤坝越高越强，则坝内坝外水的深度差就越大。所以，征税越高，禁令越重，执行越严，则西、葡二国金银对土地和劳动的年产物所持的比例，与其他各国相比，差额就越大。因此，据说这种差额极大，在西、葡两国，家家常可看到许许多多金银器皿，而看不到按他国标准和这种奢华相配称的其他东西。金银这样过剩，必然使金银低廉，或者说，必然使一切商品昂贵，这就阻碍了西、葡两国的农业与制造业，使外国能以比它们国内生产或制造所费的更小的金银量，供给它们以许多种类原生产物，和几乎一切种类制造品。征税和禁令，在两个不同方面起作用。不仅大大减低西、葡两国贵金属的价值，而且由于保留了不应保留的一定数量金银，致使其他各国贵金属的价值略高于原来的价值，从而，使其他各国与西、葡两国通商得以享受双重利益。要是开闸放水，那么坝内的水立刻减少，坝外的水立刻增加，坝内外不久就会持平。同样，要是取消征税和禁令，那么西、葡两国的金银量就会大减，其他各国的金银量就会稍增，金银对土地劳动年产物的比例不久就会在一切国家间相等或几乎相等。西、葡两国由于金银这样的输出而可能遭受的损失全是名义上的虚构的。它们的货物，它们的土地和劳动年产物的名义价值将下跌，将以比从前小的金银量去代表，但其真实价值将和从前相同，所能维持、所能支配和所能雇佣的劳动量亦将和从前相同。由于它们货物的名义价值下跌，剩余金银的真实价值将上涨，较小的金银量会达到以前使用较大金银量才能达到的同一商业和流通目的。

流往外国的金银决非白费，那必然会带回等价值的各种物品。这些货物又决不会全是专供懒人使用的奢侈品和消耗品。由于懒惰者的真实财富与收入不能由于这种异常的金银输出而增加，所以其消费亦不能由此而大增。所以，由此带回来的货物，也许有大部分，至少也有一部分是材料、工具、食料，可用以雇佣勤劳人民，他们必能再生产出自己所消费的全部价值并带来利润。这样，一部分社会死资财就变为活资财，因此能推动比从前更大量的产业。它们土地和劳动的年产物，马上就会稍有增加，再过几年，便会大大增加，这样它们产业就能从现在沉重的负担中解脱出来。

谷物出口奖励金也必然和西、葡两国的荒谬政策一样起作用。不论耕作的实际状态是怎样，谷物出口奖励金总会使国内市场上的谷物价格略高于无奖励金时的价格，并使外国市场上的谷物价格略低于无奖励金时的价格。因为谷物的平均货币价格，多少支配一切其他商品的平均货币价格，所以，此等奖励金又会大大降低国内白银的价值，稍稍提高外国白银的价值。这种奖励金使外国人，尤其是荷兰人，不但能以比无奖励金时他们所出的更低的价格，而且能以比有奖励金时我们自己所出的更低的价格，就吃到我国的谷物；一位卓越的权威作者马修·德克尔先生，曾明确指出这一点。这种奖励金使我们的工人不能像在无奖励金时那样，以少量的白银而提供他们的货物，却使荷兰人能以较少量的白银而提供他们的货物。这样，就使我国制造品，无论在何处，都比无奖励金时稍稍昂贵，并使他们的制造品，无论在何处，都比无奖金时稍稍低廉，因而，使他们的产业能享受双倍于我们产业的好处。

这种奖励金在国内市场上所提高的是我国谷物的名义价格，而不是真实价格。所增加的，不是一定量谷物所能维持和所雇佣的劳动量，而是这一定量谷物所能交换的白银量，所以，必然阻碍我国制造业，而又不能给我国农场主或乡绅带来重大的好处。诚然，这两者都会因此而有较多的货币收入，要使他们大部分人相信那对他们并无很大利益，也许有点儿困难。但是，如果这种货币的价值下跌，所能购买的劳动量、食物量和各种国产商品的数量都减少了。那么，这种利益也就不过是名义上的和虚构的。

或许在整个国家中只有一种人，受这种奖励金的实际利益的，即谷物商人——谷物输出者和输入者。奖励金必然使丰年谷物输出量比没奖励金的时候大，而且，由于它使今年的丰收不能弥补明年的不足，它必然使歉收年谷物输入量大于必要的数量。在这两种年份，它都增加谷物商人的业务。但在歉收年，这种奖励金，就不但使他能输入比无奖励金时（即在今年丰收可多少救济明年不足时）所能输入的更多谷物，而且能以较好的价格出售谷物，因而能获得较大的利润。所以，我说，最热烈赞成继续发给这种奖励金的，就是这种人。

我们的乡绅，在对进口外国谷物征收重税（那在普通丰收年份便等于禁止）和对本国谷物的出口给予奖励金时，似乎是在仿效我们制造业者的行为。使用前一种方法，他们取得了国内市场垄断权；使用后一种方法，他们力图防止国内市场存货过多。总之，他们力图使用这两种方法提高他们商品的真实价值。在这一点上，他们和制造业者所采取的方法是一样的。制造业者亦曾同样采取这两种方法来提高许多种制造品的真实价值。但他们也许没注意到，谷物和其他各种货物间有着巨大的根本的差别。以垄断国内市场的方法，或以奖励出口的方法，使毛织物以比无垄断权和无奖励金时更好的价格出售，不但提高了此等货物的名义价格，而且提高了此等货物的真实价格。使此等货物等于较大的劳动量与生活品量，就不仅增加了此等制造业者的名义利润、名义财富与名义收入，而且增加了他们的真实利润、真实财富与真实收入，这样他们就能够过较优裕的生活，或在此等制造业上，雇佣更多的劳动力。这实际上就是奖励此等制造业者，使他们制造业所雇佣的国内劳动者比无此制度时所能雇佣的多。但这种制度如果应用到谷物，那所提高的就只是谷物的名义价值，不是谷物的真实价值。这样做不能增加农场主和乡绅的真实财富或真实收入，也不能奖励谷物的耕种，因为不能使他们维持和雇佣更多的劳动者种植谷物。按照事物的本质，谷物有一定的真实价值，不随货币价格改变而改变。出口奖励金和国内市场的垄断，都不能提高谷物的真实价值，最自由的竞争，也不能使它减低。就全世界说，谷物的真实价值，等于它所能维持的劳动量；就个别地方说，谷物的真实价值，等于谷物按照当地维持劳动者生活的一般方式，即大方地，节省地或适中地维持其生活的方式，所能维持的劳动量。毛织物和麻织物不是支配性的商品，一切其他商品的真实价值，并非最后要由毛织物和麻织物的价值来衡量。谷物则不然，一切其他商品的真实价值，最后都要由各自平均货币价格对谷物平均货币价格所持的比例来衡量。谷物的平均货币价格有时会在一个世纪和另一个世纪不同，但其真实价值却不随这种变动而变动。而白银的真实价值会随这种变动而变动。

任何国产商品的出口奖励金，第一，都可以用对重商主义体系所不同的一切办法去加以反对，因为这些办法违反自然趋势，迫使国内一部分产业，流入较少利益的用途。第二，国产商品出口奖励金办法，特别要惹人反对，因为它不仅迫使国内一部分产业流入较少利益的用途，而且迫使其流入实际不利的用途。无奖励金即不能经营的生意必然是一种亏损生意。谷物出口奖励金还可以用以下理由去反对：它无论从哪一点说，都不能促进谷物的生产，而奖励金的用意却是在鼓励这种生产。在乡绅们要求设置这种奖励金时，虽然是模仿商人和制造业者，但商人和制造业者完全理解他们的利害关系，其行动通常受这种理解的指导，乡绅们却没有这种理解。他们给国家收入负担了一笔极大的开支，给人民大众加上了极重的赋税，但他们自己商品的真实价值却没因此而显著地增加。而且由于略微降低了银的真实价值，他们在一定程度上阻碍了国家的一般产业，因为土地改良程度必然取决于国家的一般产业；所以他们没有促进他们土地的改良，反而或多或少地妨碍土地的改良。

人们可以设想，为奖励一种商品的生产，生产奖励金的作用，比出口奖励金更为直接。此外只需对人民征收一种赋税，即为支付奖励金所必须缴纳的税收。生产奖励金，不但不会提高商品在国内市场上的价格，而且有降低的倾向。所以，他们不会因此而缴纳第二种税，而他们所缴纳的第一种税，亦将因此可得一部分的补还。可是，生产奖励金很少发放。重商主义所确立的偏见，使我们相信，国民财富直接得自生产的少，直接得自出口的多。出口被看作更直接的带回货币的方法，因此更受重视。还听说，依照经验，生产奖励金比出口奖励金更容易弄虚作假。我不知道这种说法在多大程度上是可信的。但出口奖励金，往往被滥用来搞许多欺诈行为，却是众所周知的。商人与制造业者是这一切办法的伟大发明者，生产奖励金不符合他们的利益，因为这有时会使他们在国内市场上的存货过多。而出口奖励金却使过剩部分送往外国，这样国内残留的那部分货物的售价得以提高，能切实防止这种情况发生。因此，在重商主义各种方策中，出口奖励金便成为他们最喜好的一种。我知道，某些行业的经营者，都私下同意从自己的荷包里掏出钱来奖励他们一定部分货物的出口。这种办法施行得很顺利，虽然大大增加了国产商品，却仍能在国内市场上使他们货物的价格提高一倍以上。但是，谷物奖励金要是真的降低了谷物的货币价格，其作用必大不相同。

可是在某些特定场合，亦曾发给了类似生产奖励金的东西。白鲱鱼业及鲸鱼业所得的按渔船吨数计算的奖励金，或可视为具有这种性质的奖励金。据说，这种奖励金使此商品在国内市场上的价格比无此等奖励金时低廉。从其他方面看，我们又必须承认，这种奖励金的效果与出口奖励金相同。有了这种奖励金，国内一部分资本就被用来使这种货物上市，但其价格却不能补偿其成本，也带不来利润。

如果某一种制造业确是国防所必需，那么靠邻国供给这种制造品可能是不明智的。如果这种制造业非奖励即不能在国内维持，那么对其他一切产业部门征税来维持这种制造业，也未必就是不合理的。对于英国制造的帆布及火药的出口奖励金，也许都可以根据这个原理来加以辩护。

但是，对人民大众的产业征税以支持个别制造业者的产业，很难说是合理的，但在人民大众都有很大收入，不知怎样使用其全部收入的大繁荣时期，对于所爱好的制造业颁给这样奖励金，也就像做别种无谓的花费一样，不足为奇。在公共支出中，也像私人支出一样，大财富也许常常可作为大蠢事的辩解。但在普遍困难与贫穷时期，还继续这种浪费，那就是异乎寻常的荒谬了。

所谓奖励金有时只不过退税，因此不能像反对真正的奖励金那样去加以反对。例如，出口精砂糖的奖励金，可说是对作为原料进口的赤砂糖、黑砂糖退税；出口精丝制品的奖励金，可说是对生丝、捻丝进口税的退还；出口火药的奖励金，可说是对硫磺硝石进口税的退还。按照关税用语，只有那些出口时其货物形态和进口时相同的出口货物所得的津贴，才叫作退税。如果出口以后，其形态曾由某种制造业加以改变以至名称随着改变，归入新的项目，则所发给的津贴叫作奖励金。

社会给予业务有专长的技术人员与制造业者的奖金，不会遭遇对奖励金同样的反对，奖金虽可奖励异常的技巧与技能，从而提高各行业中现有工人的竞争心，但不能使一国资本违反自然趋势，以过大的比例流入任何一个行业。这种奖金不能破坏各行业间的均衡，却使各行业的产品尽可能达于完善。此外，这类奖金花费很少，而奖励金所费极大。单就谷物奖励金说，社会每年所费的有时达三十万镑以上。

奖励金有时被称为补贴金，正如退税有时被称为奖励金一样。但我们应时常注意事物的本质，不必重视名称。

第六章　论通商条约

要是某一国家，受条约束缚，只许某一外国输入某种商品，而禁止他国输入这种商品，或对其他外国某种商品征税，而对某一外国的这种商品免税，那么商业上受惠的国家，至少，它的商人和制造业者，必然会从这种条约取得很大利益。这些商人和制造业者，在如此优待他们的国家内享受一种垄断权。这个国家就成为他们商品的一个更广阔更有利的市场。更广阔，因为其他各国的货物，要么被排斥在外，要么就缴纳重税，因此这个国家的市场容纳了比没有条约时更多的他们的货物；更有利，因为受惠国商人在那里享受了一种垄断权，因此往往能以比自由竞争场合更好的价格去出售他们的货物。

这样的条约，虽然有利于受惠国的商人及制造业者，但必不利于施惠国的商人及制造业者。这样就赋予了某一外国于己不利的垄断权，就须常以比自由竞争贸易更昂贵的价格，购买他们所需的外国商品。这个国家用以购买外国商品的那部分本国产物，必须以更低廉的价格出售，因为在两个物品互相交换时，一个物品的低廉乃是另一个物品昂贵的必然结果；反之亦然。所以，一国年产物的交换价值，就会因这种条约而减少。但这种减少不可以说是绝对的损失，只是应得利益的减少。它出售货物的价格虽低于无通商条约时所可售得的价格，但售价总不会不及成本，而且，也不会像在没有奖励金的情况下那样，售价不足以补偿货物上市所投的资本及赚取的普通利润。否则，这种贸易就不能长久持续。所以，即使是施惠国，经营这种贸易亦是有利，只不过有利程度不像自由竞争那么大。

有些通商条约，根据与此很不相同的原理，却被认为是有利的。有时，商业国给某一外国某种商品以不利本国的垄断权，只因为希望在两国间的全部贸易上，本国每年所售能多于每年所购，以至金银的差额每年都对自己有利。由梅修因签订的1703年《英葡通商条约》，就根据这个原理而博得非常多的赞赏。以下便是这条约的直译文，仅有三条：

第一条——葡萄牙国王陛下，以他自己及其继承人名义，约定从今以后永远准许英国呢绒及其他毛制品照常输入葡萄牙，直至被法律禁止，但有以下条件。

第二条——英国国王陛下，以他自己及其继承人名义，必须从今以后永远准许葡萄牙产的葡萄酒输入英国，无论何时，亦无论英法两国是和是战，并无论这种葡萄酒的桶是一百零五加仑桶、五十二点五加仑桶或其他，都不得在关税这名义下，亦不得在任何其他名义下，对于这种葡萄酒，直接或间接要求比同量法国葡萄酒所纳更多的关税，并需减除三分之一。如果将来任何时候，上述关税的减除在任何形式上被侵害，则葡萄牙国王陛下再禁止英国呢绒及其他毛制品输入就是正当而合法的。

第三条——两国全权大使相约负责取得各自国王批准条约，并约定在两个月内交换批准文件。

根据这项条约，葡萄牙国王有义务要按和英国毛织物禁止输入以前相同的条件，准许英国毛织物输入，即不得把禁止以前的税额提高。但他没有义务，要以比任何其他国家如法国或荷兰毛织物输入条件更好的条件，准许英国毛织物输入。而英国国王，却有义务要以比法国葡萄酒，即最能与葡萄牙竞争的葡萄酒，更好的条件准许葡萄牙的葡萄酒输入，就是只缴纳法国葡萄酒三分之二的税。可见这条约显然对葡萄牙有利，而对英国不利了。

然而，这项条约却被称为英国商业政策上一种杰作。葡萄牙每年从巴西所得的黄金，比其以铸币及器皿形式用于国内贸易的数量还多。剩余的黄金太有价值了，把它锁在金柜中放着不用，未免损失太大了，但在葡萄牙国内又不能找到有利的市场，所以，尽管禁止输出，亦必运出以交换在国内有更有利市场的物品。其中，有大部分每年输往英国以交换英国货物，或间接从英国交换其他欧洲各国货物。巴勒特说，据说从里斯本到达的周期邮船，每周给英国带来的黄金，平均在五万镑以上。这也许言过其实。果真如此的话，则一年总计将在二百六十万镑以上，比人们认为巴西每年所能提供的数额还要大。

几年以前，我国商人曾失去对葡萄牙国王的好感。有些非经条约规定而由葡王特赐的特权（也许是请求得来的，但结果葡萄牙人却取得了英王重大的恩惠、防卫与保护）或被侵犯，或被撤回了。于是，通常最赞扬葡萄牙贸易的人亦认为，这种贸易的有利程度并不像通常所想象的那么大。他们认为，每年输入的黄金的大部分，甚至几乎全部，不是为着英国利益，而是为着欧洲其他各国利益；每年从葡萄牙输入英国的水果与葡萄酒，几乎抵消了输往葡萄牙的英国货物的价值。

然而，让我们假设，全部黄金都是为着英国利益，而其总额又比巴勒特所想象的大，仍不能因此便说，这种贸易比输出品价值等于输入品价值的其他贸易更有利。

可以假定，在这全部输入额中，只有极小一部分是每年用来增加国内器皿或铸币的。其余必送往外国，以交换各种消费品，但若这种可消费物品，是直接由英国生产物购买，那就一定比先以英国生产物购买葡萄牙黄金，再以黄金购买这种可消费物品，更有利于英国了。直接的对外消费贸易，总比迂回的对外消费贸易有利。而且，要从外国运一定价值的外国货物到本国市场，前一种贸易所需资本，必比后一种贸易少得多。如果国内产业，仅以较小部分生产适合葡萄牙市场需要的货物，并以较大部分生产适合其他市场需要的货物，而英国从此得到它所需要的可消费物品，那就对英国更有利。这样，英国要获得它需用的黄金及可消费物品，所使用的资本就比现今少得多。于是，英国便有一笔节省下来的资本可作其他用途，即用来推动更多产业和生产更多年产物。

即使英国完全不与葡萄牙通商，英国在器皿、铸币或对外贸易上，每年所需的全部黄金，仍不难获得。像一切其他商品一样，凡能对黄金有支付能力人，总可在一些地方取得所需要的黄金。而且，葡萄牙每年剩余的黄金，仍需输出，虽不由英国买去，但必由某一其他国家买去，而这一国家又必像今日英国那样，愿以相当价格把这部分黄金再卖出去。诚然，在购买葡萄牙黄金时，我们是直接购买，而在购买其他各国（除了西班牙）黄金时，我们是间接购买，出价可能略高，但这差额过于微小，不值得政府注意。

据说，我国的黄金几乎全部来自葡萄牙。至于我国对其他各国的贸易差额，或是对我国不利，或是对我国无大利。但我们应当记着，我国从某一国输入了越多的黄金，则从其他各国输入的黄金越少。对黄金的有效需求，正像对其他各种商品一样，在任何一国都是有限的。如果我国从某一国输入这有限量的十分之九，则从其他各国输入的就不过是十分之一了。而且，每年从某些国家输入的黄金，越是超过我国在器皿和铸币上所需要的量，则向其他各国输出的黄金也就越多。现代政策最无意义的目标——贸易差额，就某些国家来说越是对我国有利，则对其他许多国家来说，就越是对我们不利。

认为英国无葡萄牙贸易即不能存在的这个可笑的想法，竟使法国和西班牙在上次战争快要完结的时候，并没有借口受到侮辱或挑衅而要求葡萄牙国王驱逐一切英船离开葡萄牙各港，并为防御英国起见，迎接法国或西班牙守备队入港。要是葡萄牙国王接纳其姻兄西班牙国王所提出的屈辱条件，英国就摆脱除比丧失葡萄牙贸易更大的困难，即支持一个在国防上毫无准备的极弱的盟国，以致在另一次战争中，英国即使倾全力恐怕也不能对其作有效的保卫。

丧失葡萄牙贸易无疑会给当时经营这种贸易的商人带来很大的困难，使他们在一两年内，不能找到任何其他同样有利的投资方法，这也许就是英国从这项著名的商业政策中所可能遭受的困难。

金银每年大量地输入，其目的既不是为着制器皿，也不是为着铸币，而是为着进行对外贸易。迂回地对外消费贸易，以这两种金属作媒介，比以任何其他货物作媒介更有利。金银是普遍的商业工具，所以，比任何其他商品更容易为人接受而换得商品；因为它们体积小价值大，所以，在各地间的运费又比几乎任何其他商品都少，而且，运送途中遭受的损失也比较小。在一切商品中，没有一种像金银那样便于在某一外国购买而再在其他外国出售以交换其他商品了。葡萄牙贸易的主要利益，在于使英国进行各种迂回的对外消费贸易更为便宜。这虽不能说是最大的利益，但无疑是一个相当大的利益。

第七章　论殖民地

第一节　论建立新殖民地的动机

欧洲人最初在美洲及西印度建立殖民地的动机，并没古希腊和罗马建立殖民地的动机那么明显那么容易看得出来。

古希腊各邦都只占有极小的领土，当一邦的人口增加到本邦领土不易维持的时候，一部分人便被送出去，在其他遥远的地方寻找新的住处。他们周围都是好战的邻邦，使得任何一邦都很难在国内扩大领地。多里安人的殖民地主要在意大利及西西里。这两地在罗马建立以前，是野蛮人所占据的蛮荒之地。希腊另外两大部落，伊沃尼亚人及伊沃利亚人的殖民地则在小亚细亚及爱琴海各岛。这两地居民，在当时似与意大利及西西里当时的情况大致相同。母城虽视殖民地为儿子，常常给予恩惠和援助，也得到殖民地的感激和尊敬，但却是把殖民地看作一个独立的孩子，不直接行使管辖权进行统治。殖民地自决政体、自定法律、自选官吏，而且以独立国状态向邻国宣战与媾和，无需母城的批准或同意。没有什么能比建立这种殖民的动机更明显更容易看出来的了。

古罗马也像其他大部分古代共和国一样，最初是建立在一种土地分配法上，即按一定比例将所有的公有领地，分配给构成国家的各个公民。但人事的变迁，诸如结婚、继承、转让，都会把原来的分配搞乱，常使原来分配供多家生活的土地落到了一个人的手中。为纠正这种弊病——当时认为这是一种弊病，他们颁布了新的法律，限制各公民所占有的土地量不得超过五百朱格拉，约合英亩三百五十亩。但据我所知，这法律虽施行过一两次，但大都被人所忽视或回避，而财产越来越不平均。大部分公民是没有土地的，但按当时风俗人情，无土地即难以维持自由人的独立。现在，无土地贫民，如果稍有资财，就可租种他人的土地或经营某种零售业；如果没有任何资本，也可充当农村劳动者或工匠。但在古罗马，豪富人家的土地都由奴隶耕种，奴隶在监工的监督下工作，监工本身也是奴隶；所以，一个贫穷的自由人，很少有机会成为农民或劳工。所有商业、制造业，甚至零售业，也都是为主人的利益而由奴隶经营。主人们的财富、权威与防卫，使一个贫穷的自由人很难和他们竞争。所以，无土地公民，除了在每年选举时得到候选人的赠金以外，几乎别无生计了。当护民官想鼓励人民反抗豪富时，就叫人民回想古代的土地分配，并把限制私产的法律说成是共和国的基本法律。人民吵吵闹闹地要求得到土地，但我们可以相信，富豪们是坚决不肯把任何土地分给他们的。但为了在某种程度上满足人民的要求，富豪们往往提议建立新殖民地。但即使作为征服者的罗马，也没有必要在不知道自己的人民将会定居在何处的情况下就将他们送到世界各地去寻找出路。它一般把意大利征服的各省的土地指定给予他们。他们在那里，亦像在共和国领土上一样，不能建立任何独立的共和国，至多只能形成一种自治团体。这种自治团体，虽有制定地方法律的权力，但随时处于母城的修正、管辖和立法统治之下。这种殖民地的建立，不仅满足了人民一部分的要求，而且可以在新征服的地方设置一种守备队，否则当地人民是否服从就有疑问了。所以，罗马殖民地无论就其性质或建立的动机来说，都与希腊殖民地完全不相同。因此，最初用以表示这种建制的字眼儿亦有极不相同的意义。拉丁语colonia只意味着大规模的耕种之地；反之，希腊语则表示离家、离乡、出门。罗马殖民地虽在许多方面与希腊殖民地不同，但建立的动机却是同样显而易见的。这两种制度都源于不可抗拒的必要性或明白显著的功利性。

欧洲人在美洲及西印度建立殖民地不是出于什么必要性，殖民地建立的结果虽得到很大的利益，但其利益也并不那么明白显著。在殖民地刚刚建立的时候，谁都不曾预见这种利益，其建立及其发现的动机也不是为了这种利益。直到今日，这种利益的性质、范围及界限也还不大为人所理解。

十四世纪到十五世纪间，威尼斯人经营一种极有利的贸易，即贩运香料及其他东印度货物，出售给欧洲其他各国。他们主要是从埃及购买，埃及当时处于马米鲁克军人的统治下，他们是土耳其的敌人，而威尼斯人也是土耳其人的敌人。这种利害关系的一致，加上威尼斯货币的援助，使得他们结合起来，这样就使威尼斯人几乎垄断了这种贸易。

威尼斯人所得的巨大利润诱发了葡萄牙人的贪欲。在十五世纪中期，他们发现了一条海道，到达了摩尔人跨过沙漠给他们带来象牙和金砂的那些地方。他们发现了马德拉群岛、卡内里群岛、亚速尔群岛、佛德角群岛、几内亚海岸、卢安果、刚果、安哥拉、本格拉各海岸，最后发现了好望角。他们早就希望分占威尼斯人有利的贸易，最后那次发现为他们开辟了这样的机会。1497年，达·伽马带着由四艘船组成的舰队从里斯本港出发，经过十一个月的航行到达了印度斯坦海岸。一个世纪以来，以非常的坚毅和不断的努力所进行的那种发现工作就这样完成了。

在若干年之前，当欧洲人对葡萄牙人的计划能否成功还持疑惑态度的时候，有个热那亚舵工提出了更大胆的计划——向西航行到东印度。当时的欧洲还不大清楚东印度各国的情况。少数欧洲旅行家曾夸大这些地方的距离，这也许出自淳朴和无知——在那些不能计量距离的人看来，很远就相当于无限远；也许是借此夸示他们冒险的新奇度，竟然到过离欧洲如此之远的地方。哥伦布说得很有道理，向东走越远，向西走便越近。他建议向西走，因为这条路最近又最稳当。幸而他说服了克斯蒂的伊莎贝拉，使之相信他的计划是可能实现的。于是，1492年8月，即比达·伽马大约早五年的时候，他从帕罗斯港出航，经过两三个月的航程，先发现了小巴哈马群岛，即卢卡杨群岛中若干小岛，随后又发现了圣多明各大岛。

但哥伦布这次航海以及以后各次航海所发现的地方，和他原要寻找的国家并无相似之处。他没有发现中国和印度的财富、农耕与人口，却在圣多明各以及他曾经到过的新世界以外发现了一个丛林茂密且尚未开垦的地方，这个地方被一些赤身裸体的野蛮部落所占据。他不愿意相信自己所发现的地方和马可·波罗所描写的不一样。马可·波罗是第一个到过中国和东印度的欧洲人，至少，他是第一个留下关于中国和印度记录的欧洲人。于是，哥伦布在发现圣多明各一座西巴奥山的名字与马可·波罗所提到的西潘各的名字有些相像之后，便以为那是他早就放在心里的地方了。尽管有明显的证据表明，那并不是同一个地方。他在给裴迪南及伊莎贝拉的信中，把他所发现的那些地方叫作印度。他相信那是马可·波罗所描述的国家的一些极端地区，离恒河，也就是亚力山大所征服的地方相距不远。即使在后来表明那是两个不同地方以后，他仍认为那些富庶国家已离此不远了。所以，他在后来的一次航行中还沿着大陆海岸，向达里安地峡航行，来探寻那些国家。

由于哥伦布这一错误，这些不幸的国家从那时以来就一直被叫作印度。最后发现了新印度与老印度完全不相同，才把前者叫作西印度，后者叫作东印度，以示区别。

然而，在哥伦布看来，重要的是不论所发现的是什么样的地方，都得对西班牙宫廷说是极为重要的地方。在各国，构成真实财富的都是土地上生产的动植物，而那里当时没有什么可证明他说的是真的。科里是一种介于鼠与兔之间的动物，布丰认为，它和巴西的阿帕里亚是同类的动物。它在当时是圣多明各最大的胎生四足兽，这动物似乎从来就不很多，据说西班牙人的犬与猫，老早几乎吃掉了这种动物以及躯体比这还要小的其他动物。然而，这些动物，以及所谓伊文诺或伊关诺的那类大蜥蜴，便是当地所能提供的最主要的动物性食物了。

虽然由于农业不发达，当地居民的植物性食物并不丰饶，但也不像动物性食物那么稀少。其中，主要为玉米、芋、薯、香蕉等，这些食物都是当时的欧洲所不知道的，以后也不为欧洲人所重视，他们并不认为这些和欧洲原来生产的一般谷豆有同等的营养价值。

诚然，棉花是一种极重要的制造业原料，而在当时的欧洲人看来，这无疑就是岛上最有价值的植物性产物了。虽然在十五世纪末，欧洲各地都极重视东印度的软棉布及其他棉织品，但欧洲各地都没有发展起棉纺织业，所以，即使是棉花，在当时的欧洲人看来也不是很重要。

哥伦布看到新发现的各种动植物都不足以证明这些地方有利可图，就将眼光转移到矿产上来。他妄称，这第三王国的丰富矿产足以弥补其他两个王国物产的不足。他发现那里的居民服装上挂着小片的黄金装饰，并听他们说那金片常可从山上流下的溪流或急流中发现，于是他便十分相信，那儿的山里必蕴藏着最丰饶的金矿。这样，圣多明各就被说成是金矿丰饶的国家，并因此（不仅根据现今的偏见也根据当时的偏见）被说成是西班牙国王及国家取之不尽的真实财富的源泉。哥伦布第一次航海回国时，被引见给克斯蒂和亚拉冈国王们，他所发现的各国主要生产物都以隆重的仪仗队带了去。但有价值的东西只是黄金小发带、腕环及其他各种黄金饰品，还有几捆棉花。其余都是一些让俗人惊异的珍奇物品，譬如，几株极大的芦苇，几只羽毛极美的鸟，几只大鳄鱼和大海牛剥下的皮。而在这之前，有六七个肤色各异相貌奇怪的土人大大增加了这次展览的新奇。

由于哥伦布的陈述，克斯蒂的枢密院决定占领这些国家。它们的人民显然没有抵抗能力。传布基督教这个敬神的目的将这种非正义的计划神圣化了。但这个计划的唯一动机就是希望发现这些地方的黄金宝藏。而为了突出这个动机，哥伦布提议那里所发现黄金的半数应归国王。这个提议也被枢密院采纳了。

只要第一批冒险家带回欧洲的全部或极大部分黄金是极容易地向无抵抗能力的土人劫掠而得来的，即使要纳重税也在所不惜。但当地土人所有的黄金一旦被剥夺尽了——事实上，在圣多明各及哥伦布所发现的一切其他地方，不到六至八年，就完全被剥夺尽了——要找到更多的黄金，就必须从矿山中掘出，那就不可能再缴税了。据说，这种严格的征税曾使圣多明各的矿山完全停止开采。所以不久税收就减至金矿总生产额的三分之一，之后减至五分之一，再减至十分之一，最后减至二十分之一。银税在长时间内达到总生产额的五分之一，直到本世纪才减至十分之一。但最初的冒险家对银似乎不大关心，只有贵如黄金的东西才值得他们注意。

继哥伦布而起的探索新世界的西班牙冒险家们似乎都具有同一动机。正是由于对黄金的强烈渴望，将奥伊达、尼克萨、瓦斯科·努格尼斯·德·巴尔博带到了达里安地峡，将科特兹带到了墨西哥，将亚尔马格罗和皮查罗带到智利和秘鲁。当这班冒险家到达一个未曾被发现的海岸时，首先调查的就是那里有没有金矿，并由此决定他们的去留。

在这一切费用浩大并且前景不明的探险中，大部分探险者都破产了，也许再没有比探索新金银矿山更容易使人破产的了。这也许是世界上利益最少的彩票，中奖者的利得和落奖者的损失最不成比例。因为，有奖的票很少，无奖的票很多，而且每一张奖票的普通价格就是一个有钱的人的全部财产。开矿的计划，不仅不能补偿开矿的资本并赚取利润，而且还可能把资本和利润吞掉。因此，所有有远见的立法者，是希望增加本国的资本，都不愿意对这种计划给予特别的鼓励，或以人为的方法使大部分资本违反自然趋势，流入那种计划之中。其实，这就是人们对于自身的幸运所抱有的那种荒谬的信念，所以只要有丝毫成功的可能，就会有很大一部分资本自行流入这种用途。

凭冷静理智与经验都可以判定此等计划是绝对不利的，但人类贪欲作出的判断，却截然相反。同样的激情，使许多人有了点石成金和拥有无限金山银山的那种荒唐欲望。他们没考虑到，这些金属在所有时代和所有国家之所以值钱，正是由于它们稀少，而之所以稀少又是由于自然界储藏量很少，并被坚硬和难以处理的物质所包裹着，以至挖掘并获取此等金属都必须花大力气和大价钱。他们妄自以为，此等金属的矿脉，在许多地方简直像铅、铜、锡、铁的矿脉那样，大而且多。华尔特·罗利夫爵士有关厄瓜多尔的黄金城和黄金国的美梦充分证明了，即使有智之士亦不免有这种奇异的幻想。而在这位伟人死了之后一百余年，还有耶稣教会会员加米拉相信这个黄金国的存在，而且用极大的热情，我敢说，还是极其真挚地说，如果他能对那些能够以优厚报酬酬答传道工作的人宣传福音，真是不胜荣幸。

现在看来，在西班牙人最初发现的那些国家里，没有一个值得开采的金银矿山。据说首批冒险家所找到的金银量，以及随后所开采出的各矿山的金银量，都被过分夸大了。可是有关冒险家说找到东西的报道，足够唤起全国人民的贪欲。每一个驶向美洲的西班牙人，都希望找到一个黄金国。命运的女神在这场合所做的也像在其他极少数场合所做的一样。命运女神在一定程度上实现了她忠诚信徒的奢望，在墨西哥和秘鲁被发现与被征服的时候（一是在哥伦布第一次航行大约三十年之后，一是在大约四十年之后），他们可以说从命运女神手上得到了与丰饶的贵金属不相上下的东西。

一个与东印度通商的计划造成了西印度的首次发现，一个征服的计划又引起了西班牙人在这些新发现的国家里建立殖民地。然而促使他们去征服的动机，却又是为了要发掘金银矿。又由于一系列意料不到的事故，居然使这计划大获成功。

欧洲其他各国在美洲殖民的初次冒险，也是受到同样的妄想驱使，但并非都同样成功。在巴西首先建立殖民地百余年以后，才在那里发现了金矿、银矿和金刚石矿。在英国、法国、荷兰、丹麦等国的殖民地中，至今还没有发现此类矿藏，至少还没有发现在今日看来有开采价值的矿山。英国首批在北美的殖民者提出要将所发现的五分之一献给国王，以此作为获得开采特许状的动力。华尔特·罗利夫爵士的特许状、伦敦公司及普里木斯公司的特许状以及普里木斯参议会的特许状等，都按规定把所得金银的五分之一献给国王。这些首批殖民者既希望发现金银矿山，又希望发现到东印度去的西北通道，但他们在这两方面都失望了。

第八章　关于重商主义的结论

重商主义提出的富国两大手段，虽是奖励出口和阻抑进口，但对于某些特定商品，所奉行的政策又似与此相反，即奖励进口和阻抑出口。但据称，其最后目标总是相同，即通过有利的贸易差额，使国家致富。它阻抑工业原料和职业用具的输出，使我国商人处于有利地位，并使他们在外国市场上能以比其他各国货物价格低的价格出售他们的货物。它提出限制几种价值不大的商品的输出，使其他商品在数量和价值上都有大得多的输出。它又提出奖励工业原料的输入，使我国人民能以较低廉的价格把这些原料制成成品，从而防止制造品在数量和价值上较大的输入。至少，在我国的法律全书中，我不曾看到奖励职业用具输入的法令。制造业发展到相当高的程度的时候，职业用具的制作，就成为许多极重要制造业的目标。对这种工具的输入给予任何奖励，当然大大妨碍这些制造业者的利益。所以，这样的输入，不但不被奖励，而且往往被禁止。例如，羊毛梳具，除了从爱尔兰输入，或作为破船货物或捕获货物输入，就依据爱德华四世第三年的法令而禁止了。伊丽莎白女王第三十九年，重申了这种禁令；此后的法令，继续禁止，使这种禁止成为永久的禁止。

工业原料的输入，有时得到免税的奖励，有时得到奖励金。

羊毛从若干国家输入，棉花从一切国家输入，生麻、大部分染料和大部分生皮从爱尔兰或英属殖民地输入，海豹皮从英属格林兰渔场输入，生铁和铁条从英属殖民地输入，以及其他几种工业原料输入，若按正当手续呈报海关，即可得到免除一切课税的奖励。这种免税条例，以及许多其他商业条例，也许都是我国商人和制造业者，出于私人利害关系，硬要立法当局制定的。但这些规定，是完全正当的合理的；要是符合国家的需要，可把这种规定推广到一切其他工业原料，那是一定有利于人民大众的。

可是，由于大制造业者的贪欲，这种免税，有时竟大大超过可正当地看作加工原料的范围。乔治二世第二十四年第四十六号法令规定，外国黄麻织纱每输入一磅，仅纳少量的税一便士。先前，帆布麻织纱输入一磅需纳六便士，法国和荷兰麻织纱输入一磅需纳一先令，一切普鲁士产的麻织纱输入一百磅需纳两镑十三先令四便士。但我国制造业者，仍不长久满足于这样的减税。于是，乔治二世第二十九年第十五号法令，即规定输出每码价格不超过一先令六便士的大不列颠和爱尔兰麻布得领奖励金的法令，免除了对黄麻织纱输入所课轻微的税。其实，由亚麻制成麻织纱的各种操作，比由麻织纱制成麻布的操作，需要使用大得多的劳动量。且不说亚麻栽种者和亚麻梳理者的劳动，要使一个织工有不断的工作，至少需有三个或四个纺工；制造麻布所需要的全部劳动，有五分之四以上，是用在麻织纱制造上面。而我国的纺工，都是可怜人，通常是妇女，散居国内各地，无依无靠。但我国大制造业者获取利润的方法，不是售卖纺工的制品，而是售卖织工的完全制品。他们的利益，在于以尽可能高的价格售卖完全制品，所以他们的利益，也在于以尽可能低的价格购买原材料。为使自己的货物能以尽可能高的价格出售，他们硬要立法当局对他们自己的麻布的输出发给奖励金，对一切外国麻布的输入课以高的关税，对法国输入的供国内消费的某几种麻布一律禁止。为要以尽可能低的价格购入贫纺工的制品，他们奖励外国麻织纱输入，使之与本国出品竞争。他们一心一意要压低自己所雇织工的工资，正如他们要压低贫纺工所得一样。所以，他们企图提高完全制造品价格或降低原料价格，都不是为劳动者的利益着想。重商主义所要奖励的产业，都是有钱有势的人所经营的产业。至于为贫苦人民的利益而经营的产业，却往往被忽视被压抑。

麻布输出奖励金及外国麻织纱输入免税条例，颁布时原以十五年为期，以后经过两次延长，延续到今日，但将于1786年6月24日国会议期终结时满期失效。

工业原料由于享受到奖励金而输入的，主要是从我国美洲殖民地输入的原料。

最初，这类奖励金是在本世纪初对美洲输入的造船用品所发的。所谓造船用品，包括适于建造船桅、帆桁、牙樯的木材，大麻，柏油，松脂和松香油。但船桅木材输入每吨二十先令的奖励金，大麻输入每吨六镑的奖励金，也推广到苏格兰输入英格兰的船桅木材。这两种奖励金，按原有金额无变更地继续发给，一直到满期之时为止。即大麻输入奖励金，于1741年1月1日国会议期终结时满期失效，船桅木材输入奖励金，于1781年6月24日国会议期终结时满期失效。

柏油、松脂、松香油输入奖励金，在其继续有效期间，经过了若干变更。原来，柏油和松脂每吨输入得奖励金四镑；松香油每吨输入得奖励金三镑。后来，柏油每吨输入奖励金四镑，仅限于按特殊方法制造的柏油，其他的良好纯洁的商用柏油，减为每吨四十四先令。松脂奖励金减为每吨二十先令；松香油奖励金减为每吨一镑十先令。

按照时间的先后，第二次发给的工业原料输入奖励金，便是乔治二世第二十一年第三十号法令对英国殖民地蓝靛输入所发给的奖励金了。在殖民地的蓝靛仅值上等法国蓝靛价格的四分之三时，按这法令，领得了每磅六便士的奖励金。这个奖励金的发给，亦是有限期的，但曾经数次延期，并减至每磅四便士，将于1781年3月25日国会议期终结时满期失效。

第三次发给的这类奖励金，乃是乔治三世第四年第二十六号法令对英国殖民地大麻或生亚麻输入所发给的奖励金了。（在这期间，我国有时讨好北美殖民地，有时和它争执。）这个奖励金，以二十一年为期，从1764年6月24日~1785年6月24日。每七年分为一期。第一期每吨奖励金八镑，第二期六镑，第三期四镑。苏格兰气候不宜于种麻，虽亦种麻，但产量不多，品质较劣，故不得享受这种奖励金。如果苏格兰亚麻输入英格兰，亦可得奖励金，那对联合王国南部本地的生产，就未免是太大的妨害了。

第四次发给的这类奖励金，乃是乔治三世第五年第四十五号法令对美洲木材输入的奖励金了。期限为九年，从1766年1月1日~1775年1月1日。每三年分为一期。第一期，每输入好松板一百二十条，得奖励金二十先令；其他方板每五十立方英尺，得奖励金十二先令。第二期，每输入好松板一百二十条，得奖励金十五先令；其他方板每五十立方英尺，得奖励金八先令。第三期，每输入好松板一百二十条，得奖励金十先令；其他方板每五十立方英尺，得奖励金五先令。

第五次发给的这类奖励金，乃是乔治三世第九年第三十八号法令，对英国殖民地生丝输入的奖励金了。期限为二十一年，从1770年1月1日~1791年1月1日。每七年分为一期。第一期，每输入生丝价值一百镑，得奖励金二十五镑；第二期，得奖励金二十镑；第三期，得奖励金十五镑。但养蚕造丝，需要很多的手工，而在北美，工价又很高，所以虽然奖励金金额很高，却难以产生太大的效果。

第六次发给的这类奖励金，乃是乔治三世第十一年第五十号法令，对英国殖民地酒桶、大桶、桶板、桶头板输入的奖励金。期限为九年，从1772年1月1日~1781年1月1日。三年一期，第一期，输入各物一定量，得奖励金六镑；第二期，得四镑；第三期，得两镑。

第七次，即最后一次发给的这类奖励金，乃是乔治三世十九年第三十七号法令，对爱尔兰大麻输入的奖励金。限期为二十一年，即从1779年6月24日~1800年6月24日，每七年分为一期。这和美洲大麻及生亚麻输入的奖励金，全是一样，而每一期的奖励金标准，亦是一样，但不像对美洲那样，奖励金不推广到生亚麻。爱尔兰生亚麻输入的奖励金，对大不列颠这种物品的栽种，是太大的妨害了。在对爱尔兰大麻输入发给奖励金时，大不列颠议会和爱尔兰议会之间的感情，并不比以前大不列颠和美洲的感情好，但我们总希望，前者是在比后者更顺适的情况下发给的。

同时，这几种商品，若从美洲输入，我们就给予奖励金，若从任何其他国家输入，我们即课以很高的关税。我国美洲殖民地的利害关系，与祖国的利害关系，被认为是一致的。他们的财富，被认为是我们的财富。据说输到他们那里去的货币，会由于贸易差额，全部回到我们这里来，我们无论怎样在他们身上用钱，亦不致使我们减少一个铜板。无论就哪一点说，他们的都是我们所有，用钱在他们身上，等于用钱来增进我们自己的财产，对本国人民有利。这样一个主义的愚妄，已为经验所充分暴露，我们无需多说一句话来暴露它的愚妄。如果我国美洲殖民地，真是大不列颠的一部分，这种奖励金便可认为是对生产的奖励金，但依然要受这类奖励金所要受的一切非难，但不受其他的非难。

工业原料的输出，有时由于绝对禁止而受到妨碍，有时由于高的关税而受到妨碍。

我国呢绒制造者说服国会，使国会相信，国家的繁荣，依存于他们这种业务的成功与推广，他们在这一点上，比任何其他种类制造业者都更成功。他们不仅从绝对禁止外国呢绒输入上取得了一种妨害消费者的独占，而且从禁止活羊及羊毛输出上取得了一种妨害牧羊者及羊毛生产者的独占。我国保证岁入的法律，有许多被人适当地指斥说，对那些在法律未颁布前被认为无罪的行为科以严厉处罚，实过于苛酷。但我敢说，连最苛酷的岁入法律，与我国商人和制造业者吵吵闹闹地硬要国会颁布，以支持他们那种荒谬的不正当的独占权的某种法律比较，亦会使人觉得平和宽大。像德拉科的法律一样，支持那种独占权的法律，可以说是用血写成的。

伊丽莎白第八年第三号法令规定，输出绵羊、小羊、公羊，初犯没收其全部货物，监禁一年，在某一市日，截断其左手，钉在市镇上示众；再犯，即宣告为重罪犯人，判处死刑。此法律的目的，在于防止我国的羊种在外国繁殖。查理二世第十三年及第十四年第十八号法令，又宣布输出羊毛亦犯重罪，输出者需受重犯罪人那样的刑罚，货物亦被没收。

为着国家的人道名誉，我们希望这两种法律都不实施。第一种，据我所知，虽至今尚未明令撤除，法学家霍金斯认为至今还是有效，但那项法律，也许在查理二世第十二年第三十二号法令第三节中，实际被取消了。查理二世的法令，虽没有明白取消前法令所规定的刑罚，却规定了一种新刑罚，即凡输出或企图输出羊一头，科罚金二十先令，并没收这头羊及其所有者对船只的部分所有权。第二种法律，则由威廉三世第七年、第八年第二十八号法令第四节明白撤废了。这法令宣称："查理二世第十三年及第十四年颁布的禁止羊毛输出法令，把羊毛输出看作重罪。因为刑罚过于苛重，犯罪者的控诉，未能按法办理。该法令关于该犯罪行为定为重罪一节，着即明令撤销，宣告无效。"

但是，这个较和缓法令所制定的刑罚，以及先前法令所制定而未经这项法令撤除的刑罚，都还是十分严酷的。除了没收货物，输出者每输出或企图输出羊毛一磅，需缴罚金三先令；这大抵比其原价高四倍乃至五倍。而且，犯此罪的商人或任何人，不得向任何代理人或其他人索取债务或要求清还账目。不问其财产如何，不问其能否缴付这样重的罚款，法律总想使他完全破产。但人民大众的道德，还没败坏到法律制定人那样，所以我未曾听到过有人利用这个条款。倘若犯此罪的人，不能在判决后三个月内缴付罚款，即处以七年的流刑，未满期逃归，作为重犯处罚，不得享受僧侣的特典。船主知罪不告，船只及其设备没收。船长水手知罪不告，所有动产和货物没收，并处三个月的徒刑，后又改定为六个月的徒刑。

为了防止输出，境内羊毛贸易全部受到极苛刻极烦琐的限制。羊毛不得装在箱内、桶内、匣内，只可用布或皮革包装，外面写着三英寸长的大字“羊毛”或“毛线”，否则没收货物及其盛器，每磅罚三先令，由所有者或包装者交纳。除了在日出及日落之间的时候，羊毛又不可由马或马车搬运，也不可在离海达五英里以内由陆路搬运，否则没收货物及车马。邻近海岸的小邑，得于一年内，对由小邑或经过小邑而运出或输出羊毛的人，提出控诉，如羊毛价不及十镑，则科以罚金二十镑，如在十镑以上，则科以三倍原价及三倍诉讼费的罚金。对居民中任何二人执行裁判，裁判所得向其他居民课税来偿还，像在盗窃的场合一样。倘有人私通小邑官吏，以求减免罚金，则处以徒刑五年；任何人都可告发。这种法规，全国通行。

肯特及萨塞克斯两郡，限制尤为烦琐。距海岸十英里以内的羊毛所有者，必须在剪下羊毛后三天内，以所剪的数量及藏所，书面报告最近的海关。在其中任何部分迁移以前，又需以羊毛的捆数、重量，买者姓名住址，及移运地址，作同样的报告。在这两郡内，凡居在距海十五英里内的人，在未向国王保证，不以这样购得的羊毛的任何部分再售给距海十五英里内任何他人以前，不得购买任何羊毛。倘若未作这样的报告和保证，即以羊毛向这两郡的海边输运，一经发觉，就没收其羊毛，犯者科罚金每磅三先令。倘若未作这样的报告，即以羊毛存放于距海十五英里内者，查封没收其羊毛；倘在查封后，有人要求领还，必须对国库提出保证，在败诉时，除了其他一切处罚，还需交付三倍的诉讼费。

在境内贸易受这样的限制时，我相信，沿海贸易决不会很自由。羊毛所有者，要输运或企图输运羊毛到海岸任何港埠，从那边由海道运至海岸上其他港埠，那么在他输运羊毛路出口港五英里以内的地方以前，需先到出口港报告羊毛包数、重量及记号，否则没收羊毛，并没收马、马车或其他车辆；其他各种禁止羊毛输出迄今还有效的法律，当然也定有各种罚则。但威廉三世第一年第三十二号法令，却又是那么宽大，它宣称：“若于剪毛十日后，将羊毛真实捆数及存地，亲自向最近的海关提出证明，并在羊毛迁运前三日，亲自向最近的海关说明其意图，就可把羊毛从剪毛地点运回家来，尽管剪毛地点，是在距海五英里以内的地方。”向沿海输运的羊毛，必须保证在登记的某港口起运上陆，倘若没有官吏在前，即自行上货，则没收其羊毛，并科以每磅三先令的通常罚金。

我国呢绒制造者，为要证明他们对国会要求施行这样异常的限制，是完全正当，竟然说英国羊毛具有特殊品质，比任何其他国家的羊毛都好；说他国的羊毛，不掺入若干英国羊毛，就不能造出有相当质量的制造品；说精良呢绒，非由英国羊毛，不能织成；说英国若能完全防止本国羊毛输出，就能独占几乎全世界呢绒业，没有谁能和他竞争，他就可随意抬高价格，售卖呢绒，并在短时间内，依最有利的贸易差额，取得非常大的财富。这种学说，像大多数其他为许多人民所确信的学说一样，过去为多数人民所盲目信从，而且至今仍为他们所信从。至于一般不懂得呢绒业或未曾研究呢绒业的人，却是几乎全体相信。其实，英国羊毛，不但不是制造精良呢绒所必需，而且全不适合于制造精良呢绒。精良呢绒，全由西班牙羊毛织成，并且，把英国羊毛掺到西班牙羊毛中去织造，还会在一定程度上，减低呢绒的质量。

此等法规，不仅使羊毛价格降低到现时应有价格以下，而且使其大大低于爱德华三世时代的实际价格。英格兰与苏格兰合并，此法规即通行于苏格兰。据说，苏格兰羊毛价格因此跌了一半。《羊毛研究报告》的作者约翰·斯密，是一位极精明极聪明的作者。他说，最好的英国羊毛在英国的价格，一般比阿姆斯特丹市上极劣羊毛通常售卖的价格低。这些法规公开提出的目的，是把这商品的价格，减至自然应有的价格之下；毫无疑问，它们曾产生预期的效果。

也许有人认为，价格降低，势必阻碍羊毛的生产，势必大大降低这一商品的年产额，虽不比从前低，但比现今状态下市场公开自由任其价格上升到自然应有水平时所会有的产额低。但我总相信，其年产额虽多少会受这种法规的影响，但不可能大受影响。羊毛的生产，不是牧羊者使用其劳动及资本的主要目标。说他从羊毛希图利润，不如说他从羊肉希图利润。在多数场合，羊肉的平均或普通价格，可以补偿羊毛平均或普通价格的不足。本书曾经在第一篇第十一章说过："不论何种规定，如果能降低羊毛及羊皮价格，使其低于自然应有的程度，那么在进步和耕作发达的国家，就必然稍能提高羊肉的价格。无论是大牲畜或小牲畜，只要是在改良的耕地上饲养，其价格必须足够支付地主的合理地租和农民的合理利润。所谓合理的利润，即有理由可希望从改良的耕地上取得的利润。如果不够，其饲养不久就会停止。羊毛、羊皮如不够支付这种价格，那就必须由羊肉支付。前者所付愈少，后者所付必愈多。这种价格，究竟是怎样由羊的各部分分担，地主与农民是不关心的。他们所关心的，只是付足了价格没有。所以，在进步及耕作发达的国家，他们作为消费者，虽因这种规定可提高食品价格，不免受若干影响，但作为地主与农民，他们的利益，却不大受这种规定的影响。"所以，照这样推论下去，在进步及耕作发达的国家，羊毛价格这样的降低，不致引起这一商品年产额的减少。不过，由于它使羊肉价格上涨，所以可能稍稍降低这种家畜肉的需要，从而稍稍降低这种家畜肉的生产。但即便是这样，其影响似乎亦不很大。

不过，对于年产量，其影响虽不很大，但对于品质，其影响却也许有人认为是非常的大。英国羊毛的品质，虽不比从前低，但比现今农耕状态下所应有的程度低，也许有人认为，品质的低，几乎与价格的低成比例。羊毛的品质，既取决于羊种、牧草及羊毛生产全过程中羊的管理与清洁，和牧羊者对于此等事件的注意，又一定要看羊毛价格对所需要的劳动和费用能提供怎样的赔偿，这是大家可以想象得到的。但羊毛的优劣，在很大程度上，取决于羊的健康、发育与身躯；改良羊肉所必要的注意，就某几点说，亦就很够改良羊毛了。所以，英国羊毛价格虽低，但其品质，据说，即在本世纪中，亦有相当的改良。价格要是好些，改良也许会大些；价格的低贱，虽然阻碍了这种改良，但却没有完全阻止这种改良。

所以，此等规定对羊毛年产量及其品质的影响，似没达到人们所预期的那么大（但我认为它对质的影响可能大于对量的影响）；羊毛生产者的利益，虽在一定程度上受伤害，但总的来说，其伤害并不像一般所想象的那么大。

但是，这种考究决不能证明，绝对禁止羊毛输出是正当的，只不过充分证明了对羊毛输出课以重税，不会是不正当的。

一国君主，对其所属各阶级人民，应给予公正平等的待遇；仅仅为了促进一个阶级的利益，而伤害另一阶级的利益，显然是违反这个原则的。这种禁令，正是仅仅为了促进制造业者的利益而伤害了羊毛生产者的利益。

各阶级人民，都有纳税以支持君主或国家的义务。每输出羊毛一托德即三十八磅，课税五先令甚或十先令，就给君主提供很大的收入。这种课税，也许像禁止输出有那么大的降低羊毛价格的作用，所以对羊毛生产者利益的损害程度，会少一些。对于制造业者，它提供了足够大的利益，因为他虽然必须以比禁止输出的场合高的价格购买羊毛，但与外国制造业者比较，他至少能够少付五先令或十先令的价格，而且还可省免外国制造业者所必须支付的运费及保险费。要想出对君主能提供很大收入，同时又对任何人都不会引起困难的赋税，那几乎是不可能的。

这种禁令虽附有防止输出的各种罚则，并没有防止羊毛的输出。大家都知道，每年输出仍是很大的。外国市场与本国市场羊毛价格上很大的差额，对于秘密输出是那么大的引诱，以至严酷的法律也不能加以防止。这种不合法的秘密输出，除了秘密输出者外，对任何人都无利。但是，课有赋税的合法的输出，既给君主提供收入，又可省免其他更苛重更难堪的赋说的征收，对国内各阶级人民都可有利。

漂白土，由于被认为是呢绒制造及漂白所必需，故其输出所受的处罚，几乎和羊毛的输出相同。烟管土，虽公认和漂白土不相同，但由于很类似，而且因为漂白土有时可作为烟管土输出，亦受同样的禁止与处罚。

查理二世第十三年和十四年第七号法令规定，除靴、鞋或拖鞋外，禁止一切生皮、鞣皮输出。此后，法律又规定，鞣皮业对每重一百一十二磅鞣皮纳轻微的税一先令，即可摆脱独占。他们以不加制造的鞣皮输出，亦可于输出时，收回所纳国产税的三分之二。一切皮革制造品都得免税输出；输出者还可收回所纳国产税全部。我国牧畜者，却仍继续受旧时独占权的害。牧畜者散居国内各地，彼此隔离，要团结起来，强迫他们同胞接受他们的独占，或摆脱他人可能强加在他们身上的独占，在他们都是极其困难的。各种制造业者，都住在大都市，所以能够很容易团结起来。连牛骨亦禁止输出；在这点上，制角器和制梳那两种不重要的行业，亦得享受一种妨害牧畜业者的独占。

以禁止或课税方法，限制半制成品的输出，并不是皮革制造业所特有的。在一件物品还要加工才可以直接使用与消费时，我们的制造业者便以为那应当由他们来完成。羊毛线与绒线和羊毛一样，禁止输出，受同样的处罚，甚至白呢绒输出，亦需纳税；我国染业在这点上，取得了一种妨害呢绒业的独占。我国的呢绒制造者，虽有力防御他们自身，但大部分大的呢绒制造者，兼营染业。所以，用不着防御了。表壳、钟壳、表针盘、钟针盘，都禁止输出。我国制表者和制钟者，似乎都不愿这类制作品的价格因外国人的竞购而抬高。

爱德华三世、亨利八世和爱德华六世的一些法令，规定一切金属都禁止输出。铅、锡列为例外，或许因为这两种金属极为丰饶。而其输出，又是当时王国贸易相当大的部分。威廉和玛丽第五年第十七号法令，为了奖励开矿，允许由大不列颠矿物制造的铁、铜和黄铜的输出不受禁止。铜块无论产自本国或产自外国，后来威廉三世第九年和第十年第二十六号法令都允许输出。未加工黄铜，即所谓枪炮金属、钟铃金属或货币鉴定人金属

（shroff-metal），却仍继续禁止输出。各种黄铜制造品都可免税输出。

不完全禁止输出的工业原料，往往就会在输出时课以重税。

乔治一世第八年第十五号法令规定，英国一切货物，无论是英国生产或制造的，按以前法令，在输出时需纳税的，都可免税输出。但下述各货物，却作为例外，即明矾、铅、铅矿、锡、鞣皮、绿矾、煤炭、梳毛机、白呢绒、菱锌矿、各种兽皮、胶、兔毛、野兔毛、各种毛、马匹、黄色氧化铅矿。这些物品，除了马匹，都是工业原料、半制成品（可视为要进一步加工的材料），或职业用具。这项法令，依然要这些货物缴纳以前所需缴纳的税，即旧补助税及百分之一出口税。

这项法令又规定，有许多染色用的外国染料，可于输入时免纳一切税。但后来输出时，需纳一定的税，但不能算重。似乎我国染业者一面认为奖励此等染料输入于己有利，一面又认为稍稍阻害其输出于己亦有利。但是，商人为了贪欲而想出的这种引人注目的巧妙手法，却似乎在这里失其所望了。因为它必然使输入者注意，不超过国内市场需要而输入。结果，国内市场上，这类商品的供给，总是不足，这类商品的价格，总是比输入自由输出亦自由的场合高些。

依照上述法令，西尼加胶或阿拉伯胶，列在染料之内，亦免税输入。在再输出时，要纳轻微的税，一百一十二磅不过三便士。当时，法国独占西尼加附近生产这种染料的国家的贸易；英国市场不容易从生产地点直接输入来供应。于是，乔治二世第二十五年规定，西尼加胶可从欧洲各地输入（那与航海条例的本旨大相违背）。但此法令的目的，不在于奖励这种贸易，所以违反英国重商政策的普通原理，于其输入时，每一百一十二磅课税十先令，而在输出时，又不许退还任何部分。1755年开始的战争的胜利，使英国像从前的法国一样，对那些国家也享受专营贸易的特权，和议一成立，我们的制造者即要乘此良机，建立一种有利于他们自己但有害于这种商品生产者及输入者的独占。所以，乔治三世第五年第三十七号法令规定，从英王陛下非洲领土输出西尼加胶，只许输往大不列颠；像对我国美洲殖民地和西印度殖民地各列举商品一样，加上了同样的限制、规律、没收及处罚。诚然，其输入，一百一十二磅只纳轻税六便士，但其再输出，一百一十二磅需纳重税三十先令。我国制造业者的意旨，是要把这全部产量运到英国来，而且，为要使自己能以自定的价格购买这商品，又规定其中任何部分，除非负担大的费用，不能再输出。事实上，这样的费用，就够阻害它的输出了。他们在这里，像在其他许多场合一样，都是受着贪欲的驱使，但结果同样大失所望。这种重税，是秘密输出的引诱。这种商品，有许多是由英国和非洲秘密输往欧洲各制造国，尤其是荷兰。因此，乔治三世第十四年第十号法令，把此输出税减为每一百一十二磅纳五先令。

按旧补助税所依据的地方税则，海狸皮一件估定为六先令八便士；1722年以前，海狸皮每件输入所纳的各种补助税和关税，约等于这地方税的五分之一，即一先令四便士。在输出时，除了旧补助税的一半即仅仅两便士外，都可退还。一种这样重要的工业原料，在输入时，需课这样的关税，被认为太高；于是，在1722年，地方税减为两先令六便士，输入税亦减为六便士。但输出时，亦仅能退还此额的一半。那次胜利的战争，使英国占领了产海狸最多的地方，而海狸皮又为列举商品之一，所以，其输出就限于从美洲运至英国市场了。我国制造业者不久就想利用这机会。1764年，海狸皮一件输入税减为一便士，输出税则提高至每件七便士，并不得退还任何输入税。同时法令又规定，海狸毛或海狸腹部输出，每磅需纳税一先令六便士，但对海狸皮输入税则无所变改，由英国人用英国船输入的，所纳的税仍在四先令与五先令之间。

煤炭，可视为工业原料，亦可视为职业用具，故其输出课有重税，现在（1783年）是每吨纳税五先令以上，或每纽卡斯尔煤衡量纳税十五先令以上。这在许多场合，简直高于炭坑所在地的商品原价，甚或高于输出港的商品原价。

但真正职业用具的输出，一般不是通过高关税，而是通过绝对禁止来限制。于是，威廉三世第七年和第八年第二十号法令第八条规定，织手套和长袜的织机或机械禁止输出，违则不仅把输出乃至企图输出的织机或机械没收，而且需科罚金四十镑，一半归于国王，一半归于告发人。同样，乔治三世第十四年第七十一号法令规定，棉制造业、麻制造业、羊毛制造业和丝制造业使用的一切用具禁止输出，违则货物没收，犯者课罚金二百镑，知情不报又以船供其运输的船长，亦需课罚金二百镑。

当死的职业用具的输出受到这么重的处罚时，活的职业用具即技工自不能听其来去自如。所以，乔治一世第五年法令第二十七号规定，凡引诱英国技工或制造业工人到外国去执行职业或传授职业者，初犯科罚一百镑以下的罚金，处三个月徒刑，并继续拘禁，到罚金付清之时为止；再犯即随法庭意旨，科以罚金，处十二个月徒刑，并继续拘禁，到罚金付清之时为止。乔治二世第二十三年第十三号法令，加重了这种处罚，即初犯科罚金五百镑，处十二个月徒刑，并继续拘禁，到罚金付清之时为止；再犯科罚金一千镑，处两年徒刑，并继续拘禁，到罚金付清之时为止。

按照上述两项法令中前一个法令，某一个人如被证明曾勾引某一技工，或某一技工如被证明受人引诱或答应或订约为上述目的前往外国，那么这样的技工，必须向法庭提出不出国的合适的保证，而在未向法庭提出这种保证以前，得由法庭拘禁。

若有某一技工，竟自行出国了，并在外国执行其职业或传授其职业，则在英王陛下的驻外公使或领事的警告下，或在当时阁员的警告下，必须在接到警告后六个月内回国，并继续住在本国，否则即从那时候起，被剥夺一切国内财产的继承权，亦不得做国内任何人的遗嘱执行人或财产管理人，更不得继承、承受或购买国内任何土地。他自己所有的动产及不动产，也被国王没收，作为外国人看待，不受国王保护。

我国自夸爱护自由。无须说明，此等规定和此等夸大的自由精神是多么矛盾。十分明显，这种自由，在这场合，为了商人和制造业者琐细的利益而被牺牲了。

这一切规定可称颂的动机，是推广我国制造业。但推广的方法，不是改良自己的制造业，而是阻抑我们邻国的制造业，并尽可能消灭一切可恶竞争者的捣乱性竞争。我国制造业者认为，他们应当独占本国同胞的技能才干。通过限制某些职业在一个时期内所雇佣的人数，并规定一切职业需有长时间的学徒时期，他们企图局限各职业的知识，使其仅为少数人所掌握，而且愈少愈好，他们又不愿这少数人中有一些人到外国去传授技能给外国人。

消费是一切生产的唯一目的，而生产者的利益，只在能促进消费者的利益时，才应当加以注意。这原则是完全自明的，简直用不着证明。但在重商主义下，消费者的利益，几乎都是为着生产者的利益而被牺牲了，这种主义似乎不把消费看作一切工商业的终极目的，而把生产看作工商业的终极目的。

对于凡能与本国产物和制造品竞争的一切外国商品，在输入时加以限制，就显然是为着生产者的利益而牺牲国内消费者的利益了。为了前者的利益，后者不得不支付这种独占所增加的价格。

对于本国某些生产物，在输出时发给奖励金，亦全是为了生产者的利益。国内消费者，第一不得不缴纳为支付奖励金所必要征收的赋税；第二不得不缴纳商品在国内市场上价格抬高所必然产生的更大的赋税。

有名的与葡萄牙签订的通商条约，通过高的关税，使我国消费者不能向邻国购买我们本国气候所不宜生产的商品，但必须向一个遥远的国家购买这种商品，虽明知该国这种商品的品质较差。国内消费者为了使本国生产者能在比较有利的条件下输出某几种产物到这一个遥远国家去，不得不忍受这种困难。这几种产物的强迫输出在国内市场上引起的增高价格，亦得由消费者支付。

但为管理我国美洲殖民地和西印度殖民地而订立的许多法律，比我国所有其他通商条例，都更严重地牺牲国内消费者的利益，以顾全生产者的利益。一个大的帝国建立起来了，而其建立的唯一目的，便是造成一个顾客之国，使他们只能向我国各生产者的店铺购买我国所能供给的各种物品。我国生产者由这种独占取得的仅是价格稍稍地提高，而我国消费者要负担全部费用，以维持这个帝国，护卫这个帝国。为了这个目的，仅仅为了这个目的，我国在最近两次战争中，用去了两亿镑以上，借债一亿七千万镑以上，至于此前各次战争用费，还不算在里面。单单这一项借款的利息，不仅大于由殖民地贸易独占据说所能得到的异常的利润的全部，而且大于这贸易的价值的全部，换言之，大于每年平均输出到殖民地的货物价值的全部。

谁是这重商学说体系的设计者，不难以确定。我相信，那决不是消费者，因为消费者的利益全被忽视了。那一定是生产者，因为生产者的利益受到那么周到的注意。但在生产者中，我们的商人与制造业者，又要算是主要的设计者。在这一章所讨论的商业条例中，我们制造者的利益，受到了最特别的注意。消费者或不如说其他生产者的利益，就为着制造业者的利益而被牺牲了。

第九章　论重农主义即政治经济学中把土地生产物看作各国收入及财富的唯一

关于重商主义，我觉得有详细说明的必要。但政治经济学中的重农主义，却不需要这么长的说明。

据我所知，把土地生产物看作各国收入及财富的唯一来源或主要来源的学说，从来未被任何国家所采用；现在它只在法国少数博学多能的学者的理论中存在着。对于一种未曾，也许永远不会危害世界上任何地方的学说的谬误，当然不值得长篇大论去讨论。不过，对于这个极微妙的学说，我将尽我所能，明确说出它的轮廓。

路易十四有名的大臣科尔伯特，为人正直，而且勤勉异常，有渊博的知识，对于公共账目的检查，又富有经验，极其精明。总之，在各个方面，他的能力能让他把公共收入的征收与支出搞得井井有条。但不幸的是，这位大臣抱有重商主义的一切偏见。这种学说，就其性质与实质来说，就是一种限制与管理的学说，所以，对于一个惯于管理各部公务，并设置必要的制裁与监督，使各部事务不逾越其适当范围，而又勤苦工作的事务家，是很合脾胃的。他对于一个大国的工业及商业所采用的管理方式，与管理各部公务的方式一样；他不让每个人在平等自由与正义的公平计划下，按照各自的路线，追求各自的利益，却给某些产业部门以异常的特权，而给其他产业部门以异常的限制。他不仅像欧洲其他大臣一样，更多地鼓励城市产业，很少鼓励农村产业；而且他还愿意压抑农村产业，以支持城市产业。为了使城市居民得以廉价购买食物，从而鼓励制造业与国外贸易，他完全禁止谷物输出；这样就使农村居民不能把其产业产品的最重要部分，运到外国市场上去。这种禁令，加上旧日限制各省间谷物运输的各省法规，再加上各省对耕作者的横征暴敛，就把这个国家的农业，压抑得不能依照自然趋势，按其肥沃土壤和极好气候所应有的发展程度而发展了。这种消沉沮丧的状态，在全国各地都多少感觉到了；关于发生这种状态的原因，有许多方面业已开始探讨。科尔伯特鼓励城市产业过于鼓励农村产业的办法，似乎是此中原因之一。

谚语说，用多大力气拗弯一根杆子，就用多大力气把它拗直。主张把农业视为各国收入与财富的唯一来源的这些法国学者们，似乎采用了这个格言。由于在科尔伯特的制度中，和农村产业比较，城市产业确实过于受到重视，所以在这些重农主义学者的学说中，城市产业就必定受到轻视。

他们把一般认为在任何方面对一国土地和劳动的年产物有所贡献的各阶级人民，分为三种。第一种，土地所有者阶级；第二种，耕作者、农业家和农村劳动者阶级，对于这一阶级，他们给以生产阶级这一光荣称号；第三种，工匠、制造者和商人阶级，对于这一阶级，他们给以不生产阶级这一不名誉的称号。

所有者阶级所以对年产物有贡献，是因为他们把金钱花在土地改良上，花在建筑物、排水沟、围墙及其他改良或保养上，有了这些，耕作者就能以同一的资本，生产更多的生产物，因而能支付更大的地租。这种增高的地租，可视为地主出费用或投资改良其土地所应得的利息或利润。这种费用，在这个学说中，称为土地费用。

耕作者或农业家所以对年产物有贡献，是因为他们出费用耕作土地。在重农主义体系中，这种费用称为原始费用和每年费用。原始费用包括：农具、耕畜、种子以及农业家的家属、雇工和牲畜。在第一年度耕作期间（至少在其大部分时间内）或在土地有若干收获以前所需的维持费。每年费用包括：种子、农具的磨损以及农业家的雇工、耕畜和家属（只要家属中某些成员可视为农业雇工）每年的维持费。支付地租后留给他的那部分土地生产物，首先应该足以在相当时间内，至少在他耕种期间，补偿他的全部原始费用并提供资本的普通利润；其次应该足以补偿他全部的每年费用，并提供资本的普通利润。这两种费用，是农业家用于耕作的两种资本；倘若这两种资本不经常地回到他手中，并给他提供合理的利润，他就不能与其他职业者处在同等地位经营他的业务；他为了自身的利益，必然会尽快地放弃这种职业，而寻求其他职业。为使农业家能继续工作所必需的那部分土地生产物，应视为农业的神圣基金，倘若地主加以侵害，就必然会减少他自己土地的产物，不要多少年，就会使农业家不但不能支付这种苛酷的地租，而且不能支付应当支付的合理地租。地主应得的地租，只是把先前用于生产总产物或全部产物所必需的一切费用完全付清之后留下来的纯产物。因为耕作者的劳动，在付清这一切必要费用之后，还能提供这种纯产物，所以在这种学说中，这个阶级才被尊称为生产阶级。而且由于同一理由，他们的原始费用和每年费用，在这种学说中，亦被称为生产性费用，因为这种费用，除了补偿自身的价值外，还能使这个纯产物每年再生产出来。

所谓土地费用，即地主用来改良土地的费用，在这种学说中，亦被尊称为生产性费用。此等费用的全部及资本的普通利润，在还未通过增高的地租完完全全还给地主以前，这增高的地租，应视为神圣不可侵犯的，教会不应课以什一税，国王亦不应课以赋税。不然，就会妨害土地的改良，从而妨害教会自身的什一税的未来增加，也妨害国王自身的赋税的未来增加。因为在良好状态下，此等土地费用，除了再生产它自身全部价值以外，还能在若干时间以后，使纯产物再生产出来，所以在这种学说中，它亦被称为生产性费用。

在这种学说中，被称为生产性费用的，就只有这三种，即地主的土地费用、农业家的原始费用及每年费用。其他一切费用，其他一切阶级人民，即使一般认为最生产的那些人，亦因为这个缘故，被视为是完全不生产的。

按人们一般的见解，工匠与制造者的劳动，是极能增加土地原生产物的价值的，但在这种学说中，工匠和制造者却特别被视为完全不生产的阶级。据说，他们的劳动，只偿还雇佣他们的资本并提供其普通利润。这种资本乃是雇主垫付给他们的原材料、工具与工资，是被指定用来雇佣他们，维持他们的基金。其利润乃是被指定用来维持他们的雇主的基金。他们的雇主，垫付他们工作所需的原材料、工具及工资，也同样垫付他自己以维持用所需的费用。他所垫付的这种维持费，通常和他在产品价格上所希冀的利润成比例。倘若产品价格不够偿还他为自己而垫付的维持费，以及为劳动者而垫付的原材料、工具与工资，那他就显然没有偿还他所投下的全部费用。所以制造业资本的利润，并不像土地的地租一样，是还清全部费用以后留下的纯产物。农业家的资本，像制造者的资本一样，给资本所有者提供利润，但农业家能给他人提供地租，制造者却不能够。所以用来雇佣并维持工匠和制造业工人的费用，只延续——如果可以这样说——它自身价值的存在，并不能生产任何新的价值。这样，它是全无生产或不生产的费用。反之，用来雇佣农民或农村劳动者的费用，却除了延续它本身价值的存在，还生产一个新的价值，即地主的地租。因此，它是生产性费用。

商业资本和制造业资本，同样是不生产的。它只能延续它自身价值的存在，不能生产任何新价值。其利润，不过是投资人在投资期间或收得报酬前为自身而垫付的维持费的补偿，换言之，不过是投资所需费用的一部分的偿还而已。

工匠和制造业工人的劳动，对于土地原生产物全年产额的价值，不能有什么增加。诚然，他们的劳动，对于土地原生产物某特定部分的价值，确有很大的增加，但他们在劳动时要消费原生产物其他部分。他们对这部分的消费，恰好等于他们对那部分的增加。所以，无论在哪个时间，他们的劳动，对全部的价值，也没有一点儿的增加。例如，制造一对花边的人，有时会把仅值一便士的亚麻的价值，提高到三十镑。乍看起来，他似乎把一部分原生产物的价值增加了约七千二百倍，但其实，他对原生产物全年产额的价值毫无所增。这种花边的制造，也许要费他两年劳动。花边制成后，他所得的那三十镑，只不过补还这两年他给自己垫付的生活资料罢了。他每日、每月或每年的劳动，对于亚麻所增加的价值，只不过补偿这一日、一月或一年他自身消费掉的价值。所以，无论在什么时候，他对土地原生产物全年产额的价值，都没有一点儿的增加。他继续消费的那部分原生产物，总是等于他继续生产的价值。被雇在这种费用多而又不重要的制造业上的人，大部分都是非常贫穷的。这种现象，可使我们相信，他们制造品的价格，在普通场合，并没有超过他们生活资料的价值。但就农业家及农村劳动者的工作来说，情形就不相同了。在一般情况下，他们的劳动，除了补还他们的全部消费，和雇佣并维持工人及其雇主的全部费用外，还继续生产一个价值，作为地主的地租。

工匠、制造业工人、商人，只能由节俭来增加社会的收入与财富，或按这种学说的说法，只能由克己，即自行剥夺自己生活资料基金的一部分，来增加社会的收入或财富。他们每年所再生产的，只是这种基金。所以，倘若他们每年不能节省若干部分，倘若不能每年自行剥夺若干部分的享受，则社会的收入与财富，就丝毫不能因他们的劳动而有所增加。反之，农业家及农村劳动者却可享受其自己生活资料基金全部，同时仍可增加社会的收入与财富。他们的劳动，除了给自己提供生活资料以外，还能每年提供一种纯产物；增加这种纯产物，必然会增加社会的收入与财富。所以，像法国、英国那样以地主和耕作者占人民中大部分的国家，就能由勤劳及享乐而致富。反之，像荷兰、汉堡那样以商人、工匠和制造业工人占人民中大部分的国家，却只能由节俭与克己而致富。境况如此不同的国家，利害关系也极不相同，所以普通国民性也极不相同。在前一类国家中，宽大、坦白和友爱，自成为普通国民性的一部分。在后一类国家中，自会养成狭隘、卑鄙和自私心，厌恶一切社会性娱乐与享受。

不生产阶级，即商人、工匠、制造业工人的阶级，是由其他两个阶级——土地所有者阶级及耕作者阶级——维持与雇佣的。这一阶级工作的材料，由他们供给；这一阶级的生活资料基金，由他们供给；这一阶级在工作时所消费的谷物和牲畜，亦由他们供给。不生产阶级一切工人的工资以及他们一切雇主的利润，最终都需由地主及耕作者支付。这些工人和这些雇主，严格地说，是地主和耕作者的用人。他们与家仆的区别，仅为一在户外工作、一在户内工作。这两种人依赖同一主人出资来养活。他们的劳动，都是不生产的，都不能增加土地原生产物总额的价值。它不但不能增加这总额的价值，还是一种必须从这总额中支付的支出。

不过，对于其他的阶级，这个不生产阶级，不仅有用，而且是大大有用。有了商人、工匠和制造业工人的劳动，地主与耕作者才能以少得多的自己劳动的产物，购得他们所需的外国货物及本国制造品。要是他们企图笨拙地不灵巧地亲自输入或亲自制造这些东西，那就要花大得多的劳动量。借着不生产阶级的帮助，耕作者能专心耕作土地，不致为其他事务分心。而专心的结果是，耕作者所能生产的产品便更多了。这样就能够充分补偿他们自己和地主雇佣并维持这一不生产阶级所费的全部费用。商人、工匠和制造业工人的劳动，就其本身性质说，虽是完全不生产的，但间接有助于土地生产物的增加。他们的劳动，使生产性劳动者专心于原有职业，即耕作土地，因而增进生产性劳动者的生产力。耕耘这一业务，往往由于不以耕耘为业的人的劳动，变得更简易，变得更好。

就任何一点说，限制或阻害商人、工匠及制造业工人的产业，都不是地主及耕作者的利益。这一不生产阶级越自由，他们之间各种职业的竞争越激烈，其他两个阶级所需的外国商品及本国制造品，就将以越低廉的价格得到供给。

压迫其他两个阶级，也不可能是不生产阶级的利益。维持并雇佣不生产阶级的，乃是先维持耕作者再维持地主以后留下来的剩余土地生产物。这剩余额越大，这一阶级的生计与享乐，必越得到改进。完全正义、完全自由、完全平等的确立，是这三个阶级同臻于最高度繁荣的最简单而又最有效的秘诀。

在荷兰和汉堡那样主要由商人、工匠和制造业工人这一不生产阶级构成的商业国家中，这类人也是由地主及土地耕作者来维持和雇佣的。但其中只有一个区别，即这些地主与耕作者大部分都离这些商人、工匠和制造业工人非常远，换言之，提供后者以工作材料和生活资料基金的，乃是其他国家的居民和其他政府的人民。

但这样的商业国，不仅对其他各国居民有用，而且大大有用。其他各国居民，本应在国内找到商人、工匠和制造业工人，但由于国家政策的某种缺点，不能在国内找到他们。有了商业国，这种极其重要的缺陷，就在一定程度上得到填补。

对此等商业国的贸易或其所供给的商品征课高关税，以妨害或抑制此等商业国的产业，决不是有田地的国家——如果我可以这样说的——利益。这种关税，提高这些商品的价格，势必减低用以购买商业国商品的它们自己土地的剩余生产物或其价格的真实价值。

这种关税的唯一作用是，妨害此等剩余生产物的增加，从而妨害它们自己土地的改良与耕作。反之，准许一切此等商业国享有贸易上最完全的自由，乃是提高这种剩余生产物价值，鼓励这种剩余生产物增加，从而鼓励国内土地改良及耕作的最有效方策。

这种完全的贸易自由，就以下一点说，也是最有效的方策。它在适当的时间，供他们以国内所缺少的工匠、制造业工人及商人，使得他们在国内感到的那种最重要缺陷，在最适当最有利的情况下得到填补。

土地剩余生产物不断增加，到了相当时期，所创造的资本，必有一部分不能按普通利润率投在改良土地或耕作土地上。这一剩余部分，自会改用于在国内雇佣工匠与制造业工人。国内的工匠与制造业工人，能在国内找到他们工作的材料和生活资料基金，所以，即使技术与熟练程度远不如人，亦能立即与商业国同类工匠及制造业工人，以同样低廉的价格，做成他们的产品，因为此等商业国同类工匠与制造业工人，必须从很远很远的地方运来所需的材料与生活资料。而且，在他们的技术与熟练程度改进了的时候，他们很快就能以更低廉的价格出售他们的产品。于是，此等商业国的工匠与制造业工人，将在那些农业国的市场上遇到竞争者，不久以后，就不得不贱卖，被赶出市场。随着技术与熟练程度的逐渐改进，此等农业国制造品的低廉，将使其制造品在适当时期，推广到国内市场之外，即推销于许多国外市场，并在那里，按同样的方式，逐渐把此等商业国的许多制造品排挤出去。

农业国原生产物及制造品不断增加，到了相当时期，所创造的资本，必有一部分不能按普通利润率，投在农业或制造业上。这部分资本，自会转投在国外贸易上，把国内市场上不需要的过剩的原生产物及制造品，运到外国去。在输出本国生产物时，农业国商人亦将比商业国商人处于更有利地位，像农业国工匠及制造业工人比商业国工匠及制造业工人处于更有利地位一样。后者必须在远地寻求货物、原料与食品，前者能在国内找到这些东西。所以，即使他们航海技术较为低劣，他们亦能和商业国商人以同样低廉的价格，在外国市场上出售他们的货物。如果有同等的航海技术，就能以更低廉的价格出售了。因此，在国外贸易这一部门，他们不久就能和商业国商人竞争，并在相当时期内，把此等商人全部排挤出去。

所以，按照这个宽宏制度，农业国要培育本国的工匠、制造业工人与商人，最有利的方法，就是对一切其他国家的工匠、制造业工人与商人给予最完全的贸易自由。这样就能提高国内剩余土地生产物的价值，而这种价值的不断增加，就将逐渐建立起来一笔基金，它在相当时期内，必然把所需的各种工匠、制造业工人及商人培育起来。

反之，倘若农业国以高关税或禁令压抑外国人民的贸易，就必然在两个方面妨害它本身的利益。首先，提高一切外国商品及各种制造品的价格，必然降低用以购买外国商品及各种制造品的本国剩余土地生产物的真实价值；其次，给予本国商人、工匠与制造业工人以国内市场的独占，就提高工商业利润率，使其高于农业利润率，这样就把原来投在农业上的资本的一部分吸引到工商业去，或使原要投在农业上的那部分资本，不投到农业上。所以，这个政策在两个方面妨害农业。第一，减低农产物的真实价值，因而减低农业利润率；第二，提高其他一切资本用途的利润率。农业因此成为利益较少的行业，而商业与制造业却因此变得更有利可图。个人为了自身的利益，都企图尽可能把资本及劳动从前一类用途改投到后一类用途。

农业国通过这种压制政策，虽能以比在贸易自由情况下稍大的速度（这大有疑问）培育本国的工匠、制造业工人及商人，但这是在其尚未十分成熟以前，过早地把他们培育起来（如果可这样说）。过速地培育一种产业，结果就会压抑另一种更有价值的产业。对于仅能补偿所投资本并提供其普通利润的产业，如以过于急速的方法加以培育，结果就会压抑另一种产业，即除了补偿资本并提供其利润以外，还能提供一种纯产物作为地主地租的产业。过于急速地鼓励全不生产的劳动，必然压抑生产性劳动。

至于按照这个学说，土地年产物全部是怎样在上述那三个阶级之间进行分配，不生产阶级的劳动为什么只补还它所消费的价值，而不增加那全额的价值，则由这一学说的最聪明、最渊博的创始者魁奈，用一些数学公式表明出来了。在这些公式中，他对第一个公式特别重视，标名为《经济表》。他想象在最完全的自由状态下，因而是在最繁荣的状态下，在年产物能提供最大量纯产物，而各阶级能在全部年产物中享有其应得部分的情况下，他用第一个公式把想象的这种分配的进行方式表述出来。接着，有几个公式，又把在有各种限制及规章条例的状态下、在地主阶级和不生产阶级受惠多于耕作者阶级的状态下、在这两个阶级侵蚀生产阶级应得部分的状态下，他所想象的这种分配的进行方式，表述出来。按照这个学说，最完全自由状态所确立的自然分配，每一次受侵蚀，每一次受侵害，都必然会不断地多少减损年产物的价值与总和，因而使社会收入与财富逐渐减少。减少的程度，必按照侵蚀程度，必按照自然分配所受的侵害程度，以较速或较缓的程度日益加剧。这些公式，把这一学说认为必和这自然分配所受不同侵害程度相适应的不同减少程度表述出来。

有些有思想的医生，以为人体的健康只能靠食物及运动的正确养生方法来保持，稍有违犯，即将按违犯程度的比例而引起相等程度的疾病。但经验似乎告诉我们，在各种不同的养生方法下，人类身体常能保持最良好的状态，至少从表面上看是这样，甚至在一般认为很不卫生的情况下，也能保持健康。其实，人体的健康状态，本身就含有一种未被发觉的保卫力量，能在许多方面预防并纠正极不良卫生方法的不良结果。魁奈自己就是一个医生，并且是个极有思想的医生，他似乎对于国家亦抱有同样的概念，以为只有在完全自由与完全公平的正确制度下，国家才能繁荣发达起来。他似乎没有考虑到，在国家内，各个人为改善自身境遇自然而然地，不断地所作的努力，就是一种保卫力量，能在许多方面预防并纠正在一定程度上是不公平和压抑的政治经济的不良结果。这种政治经济，虽无疑会多少阻碍一国趋于富裕繁荣的发展，但不能使其完全停止，更不能使一国后退。如果一国没有享受完全自由及完全正义，即无繁荣的可能，那世界上就没有一国能够繁荣了。幸运的是，在国家内，自然的智慧，对于人类的愚蠢及不公正的许多恶影响，有了充分的准备来作纠正，正如在人体内，自然的智慧有充分准备来纠正人类的懒惰及无节制的不良结果一样。

但是，这种学说最大的谬误，似乎在于把工匠、制造业工人和商人看作全无生产或全不生产的阶级。这种看法的不适当，可由下面的话来说明。

第一，这种学说也承认这一阶级生产他们自身每年消费的价值，至少是延续了雇佣他们和维持他们的那种资财或资本的存在。单就这一点来说，把无生产或不生产的名称加在他们头上，似乎很不妥当。只生一男一女来代替父母，延续人类而不能增加人类数目的婚姻，不能称为不生儿育女的婚姻。诚然，农业家与农村劳动者，除补偿维持他们和雇佣他们的资财以外，每年还再生产一种纯产物，作为地主的地租。生育三个儿女的婚姻，确比仅生育两个儿女的婚姻更有生产力，而农民与农村劳动者的劳动，确比商人、制造业工人与工匠的劳动更有生产力。但是，一个阶级的更多的生产，决不能使其他阶级成为无生产或不生产的。

第二，无论怎样说，把工匠、制造业工人与商人，像家仆一样看待，似乎是完全不适当的。家仆的劳动，不能延续雇佣他们和维持他们的基金的存在。他们的维持与雇佣，全由主人出费用；他们所搞的工作，在性质上并没有偿还这种费用的可能。他们的工作，大都是随生随灭的事务，不固定亦不实现在任何可卖商品上，以补偿他们工资及维持费的价值。反之，工匠、制造业工人与商人的劳动，却自然而然地固定并实现在可卖商品上。因此，在讨论生产性和非生产性劳动的那一章中，我把工匠、制造业工人及商人，归到生产性劳动者内，而把家仆归到无生产或不生产的劳动者内。

第三，无论根据何种假设，说工匠、制造业工人和商人的劳动不增加社会的真实收入，都似乎是不妥当的。例如，即使我们假定（像这种学说所假定的一样），这一阶级每日、每月或每年所消费的价值，恰好等于他们每日、每月或每年所生产的价值，亦不能因此便断言，他们的劳动对社会的真实收入、对社会上土地和劳动的年产物的真实价值无所增加。例如，某一工匠，在收获后六个月时间内，做成了价值十镑的作业，那么即使他同时消费了价值十镑的谷物及其他必需品，他实际上亦对社会的土地和劳动的年产物增加了十镑的价值。在他消费半年收入即价值十镑的谷物及其他必需品时，他又生产了一个等价值的产品，使他自己或别人能购买相等的半年收入。所以，这六个月时间所消费及所生产的价值，不等于十镑，而等于二十镑。诚然，无论在什么时候，只存在着这十镑的价值，但若这价值十镑的谷物及其他必需品，不为这工匠所消费，而为一兵士或一家仆所消费，那么在六个月终，还存在的那一部分年产物的价值，就比这工匠劳动的场合要少十镑的价值了。所以，即使他所生产的价值，无论在什么时候，都没有超过他所消费的价值，但无论在什么时候，市场上货物实际存在的价值，都赖有他的生产，能比没有他生产的场合大。

这种学说的拥护者往往说，工匠、制造业工人与商人的消费，等于他们所生产的价值。在他们这样说时，其意思也许只是，他们的收入，或指定供他们消费的基金，等于他们所生产的价值。如果他们的话表达得确切些，如果他们只说，这一阶级的收入等于这一阶级所生产的价值，读者们也许更容易想到，这一阶级从这个收入节省下来的东西，必会多少增加社会的真实财富。但为了要说出一种像议论一样的东西，他们不得不照他们本来的说法来说了。然而，即使假定事情真如他们所假设一样，那种议论亦是非常不得要领的。

第四，农业家及农村劳动者，如果不节俭，即不能增加社会的真实收入——其土地和劳动的年产物，这和工匠、制造业工人及商人是一样的。任何社会的土地和劳动的年产物，都只能由两种方法来增加。其一，改进社会上实际雇佣的有用劳动的生产力；其二，增加社会上实际雇佣的有用劳动量。

有用劳动的生产力的改进，取决于：一、劳动者能力的改进；二、他工作所用的机械的改进。因为工匠及制造业工人的劳动，能比农业家和农村劳动者的劳动，实行更细密的分工，使每个工人的操作更为单纯，所以就工匠及制造业工人来说，这两种改进都能达到高得多的程度。因此，在这方面，耕作者阶级并不比工匠及制造者阶级处于优越地位。

任何社会实际雇佣的有用劳动量的增加，必完全取决于雇佣有用劳动的资本的增加；这种资本的增加，又必恰好等于收入（资本管理人的收入或资本出借人的收入）的节省额。如果商人、工匠和制造业工人，真如这一学说所设想的那样，自然而然地比地主及耕作者更有节俭储蓄的倾向，那么他们也就更能够增加本社会所雇佣的有用劳动量，因而更能够增加本社会的真实收入即土地和劳动的年产物。

第五，也是最后一条，即使一国居民的收入，真如这一学说所设想的那样，全由其居民劳动所能获得的生活资料构成，在其他一切条件都相等的场合，工商业国的收入，亦比无工业或无商业的国家的收入大得多。一国通过商业及工业每年能从外国输入的生活资料量，就比其土地在现有耕作状态下所能提供的多。城市居民，虽往往没有田地，亦能靠自身的劳动得到大量的他人土地原生产物，不仅获得工作的原料，而且获得生活资料基金。城市与其邻近农村的关系，往往即是一个独立国家与其他独立国家的关系。荷兰就是这样从其他国家得到他们生活资料的大部分。活牲畜来自霍耳斯廷及日兰德，谷物来自几乎欧洲各个国家。小量的制造品，能购买大量的原生产物。所以，工商业国自然以小部分本国制造品来交换大部分外国原生产物；反之，无工商业的国家，就大都不得不费去大部分本国原生产物，来购买极小部分的外国制造品。前者所输出的，仅能维持极少数人，供应极少数人使用，但所输入的，却为多数人的生活资料及供应品。后者所输出的，是多数人的供应品及生活资料，但所输入的却只是极少数人的供应品及生活资料。前一类国家的居民，总能享用比其土地在现有耕作状态下所能提供的多得多的生活资料。后一类国家的居民，却只能享用少得多的生活资料。

这一学说虽有许多缺点，但在政治经济学这个题目下发表的许多学说中，要以这一学说最接近于真理。因此，凡愿细心研讨这个极重要科学的原理的人，都得对它十分留意。这一学说把投在土地上的劳动，看作唯一的生产性劳动，这方面的见解，未免失之褊狭；但这一学说认为，国民财富非由不可消费的货币财富构成，而由社会劳动每年所再生产的可消费的货物构成，并认为，完全自由是使这种每年再生产能以最大程度增进的唯一有效方策，这种说法无论从哪一点说，都是公正而又毫无偏见的。它的信徒很多。人们大都爱好怪论，总想装作自己能理解平常人所不能理解的东西；这一学说与众不同，倡言制造业劳动是不生产的劳动，也许是它博得许多人赞赏的一个不小的原因。在过去数年间，他们居然组成了一个很重要的学派，在法国学术界中，取得了经济学家的名称。他们的作品，把许多向来不曾有人好好研究过的题目，提到大众面前讨论，并使国家行政机关在一定程度上赞助农业，所以对于他们的国家，他们确有贡献。就因为他们这种说法，法国农业一向所受的各种压迫，就有好几种得到了解脱。任何未来的土地购买者或所有者都不得侵犯的租期，已由九年延长到二十七年了。以前国内各省间谷物运输所受各省的限制，完全废除了；输出谷物到外国的自由，在一切普通场合，亦由王国的习惯法所确认了。这个学派有许多著作，不仅讨论真正的政治经济学，即讨论国民财富的性质与原因，而且讨论国家行政组织其他各部门。这些著作，都绝对遵循魁奈的学说，不加任何修改。因此，他们的著作大部分都和他的学说相同。对于这学说，曾作最明白最连贯的阐述的，乃是曾任马提尼科州长的里维埃所著《政治社会的自然与基本制度》那本小册子。这整个学派，对于他们的大师的称扬，不下于古代任何哲学学派对其创立者的称扬。不过，这学派的大师自己倒是非常谦虚非常质朴的。有一位勤勉而可尊敬的作者米拉波说："从有世界以来，有三个大发明在极大程度上给政治社会带来安定，这些发明，与其他丰富和装饰政治社会的许多发明无关。第一，是文字的发明，只有它使人类能把其法律、契约、历史和发明照原样传达下去。第二，是货币的发明，它使各文明社会联结起来。第三，是《经济表》，它是其他两种发明的结果，把这二者的目标弄得齐全，使它们完善了；这是我们这个时代的大发现，而我们的子孙将从此获得利益。"

前面已经说过，任何一国的贸易，都以城乡之间的贸易为最大最重要的部门。城市居民的工作材料及生活资料基金，仰给于农村的原生产物，而以一定部分制成了的适于目前使用的物品送还农村，作为原生产物的代价。这两种人之间的贸易，最终总是以一定数量的原生产物，与一定数量的制造品相交换。前者愈昂贵，后者必愈低廉；在任何一个国家，提高制造品价格，就会降低土地原生产物价格，因而就会妨害农业。一定数量的原生产物或其价格所能购买的制造品量愈小，这一定数量的原生产物的交换价值必愈小，对地主改良土地和农民耕作土地以增加其产量的鼓励，亦必愈小。此外，在任何一个国家，减少工匠及制造业工人，就会缩小国内市场，即原生产物的最重要市场，因而就会进一步妨害农业。

所以，为了增进农业而特别重视农业，并主张对制造业及国外贸易加以限制的那些学说，其作用都和其所要达到的目的背道而驰，并且间接妨害他们所要促进的那种产业。就这一点说，其矛盾也许比重商主义还要大。重商主义为了鼓励制造业及国外贸易，而不鼓励农业，虽使社会资本一部分离去较有利益的产业，而支持较少利益的产业，但实际上，总算鼓励了它所要促进的产业。反之，重农学派的学说，却归根结底实际上妨害了它们所爱护的产业。

这样看来，任何一种学说，如要特别鼓励特定产业，违反自然趋势，把社会上过大一部分的资本投入这种产业，或要特别限制特定产业，违反自然趋势，强迫一部分原来要投在这种产业上的资本离去这种产业，那实际上都和它所要促进的大目的背道而驰。那只能阻碍，而不能促进社会走向富强的发展；只能减少，而不能增加其土地和劳动的年产物的价值。

一切特惠或限制的制度，一经完全废除，最明白最单纯的自然自由制度就会树立起来。每一个人，在他不违反正义的法律时，都应听其完全自由，让他采用自己的方法，追求自己的利益，以其劳动及资本和任何其他人或其他阶级相竞争。这样，君主们就被完全解除了监督私人产业，指导私人产业，使之最适合于社会利益的义务。要履行这种义务，君主们极易陷于错误；要行之得当，恐不是人间智慧或知识所能做到的。按照自然自由的制度，君主只有三个应尽的义务——这三个义务虽很重要，但都是一般人所能理解的。第一，保护社会，使其不受其他独立社会的侵犯。第二，尽可能保护社会上每个人，使其不受社会上任何其他人的侵害或压迫，这就是说，要设立严正的司法机关。第三，建设并维持某些公共事业及某些公共设施（其建设与维持绝不是为着任何个人或任何少数人的利益），这种事业与设施，在由大社会经营时，其利润常能补偿所费而有余，但若由个人或少数人经营，就决不能补偿所费。

这些义务的适当履行，必须有一定的费用；而这一定的费用，又必须有一定的收入来支付。所以，在下一篇，我将努力说明以下各点：

第一，什么是君主或国家的必要费用，其中哪些部分应由对全社会的一般课税来支付，哪些部分应由对社会内特殊部分或特殊成员的课税来支付。

第二，应由全社会支付的费用，将用什么方法向全社会课税，而这各种方法的主要利弊怎样。

第三，近代各国政府几乎都用这种收入的一部分来作抵押以举债，其理由及原因何在，这种债务对社会真实财富即土地和劳动的年产物的影响又怎样。

所以，下一篇自然而然地分作三章。

第五篇　论君主和国家的税收

第一章　论君主或国家的支出

第一节　论防御开支

一个统治者的首要职责就是保护主权社会不受其他主权的暴力侵犯，这要凭借军事力量来实现。这种军事力量的开支，在和平时期和动用这种力量的战争时期，根据军事力量发展的不同阶段，社会发展的不同形态，而有所不同。

游猎民族构成的社会形态是最基本的最原始的。比如，北美的一个部落中，族群中每个成员既是猎人，也是战士。参战时，不管是保护自己的团体，还是就其他族群的侵犯进行报复，每个成员都要像在日常生活中一样，自己花力气来维持身体状况。他所处的族群，在这种状态下是没有统治者或者社会的概念的，不管是准备作战，还是进行战争维护，都不会有任何开支，

在文明国家用军事力量维系防御时，每时随刻都有被野蛮的邻国征服

的危险。鞑靼人频繁征服亚洲文明国家的实例充分说明了野蛮国家的军事力量在自然属性上优于文明国家。一支训练有素的常备军队优于任何军事力量。富饶而文明的国家可以组织这样一支军队，完全可以防御来自贫穷和野蛮的近邻的侵略。因此，为了让国家的文明得以延续，并在任何时期都得到保存，一支常备军队是必不可少的。

一支训练有素的军队是保证一个文明国家有效防御的唯一途径，同理，也是一个野蛮国家迅速通往文明的唯一可行途径。常备军队是不可抗拒的力量，有了它，强大的帝国可以在国家最边远的土地上建立主权统治；没有它，弱小的国家完全无法维系一定程度的政府管理。认真审视彼得大帝给沙俄帝国带来的进步，就会发现，俄国人十分热衷于建立一支训练有素的常备军队。这是他执行和维系其他规则的工具。正是由于这支军队，帝国从此永享太平。

有共和倾向的人把常备军队看作对自由的威胁。在国家宪法没有把将军和主要将官的利益结合起来的情况下，的确如此。恺撒的军队摧毁了罗马共和，克伦威尔的军队把国会扫地出门。但如果军队的将军是统治者本人，军队的主要将官是显赫的贵族和绅士，如果军队指挥权所有者在行政当局享有最大利益的话，常备军队就不会对自由构成威胁。相反，在某种情况下还会对自由有利。统治者有了常备军的护持，他就无需像近代一些共和国那样，监视人民的细微行动，时时猜疑人民会扰乱和平。如果一国行政长官，尽管国内的大部分人民愿予以支持，但群众的每一处不满，都会使他感到安全受威胁，或者，如果哪怕是一点儿小小的纷扰，也有可能不到几小时就掀起大的革命，那么为防微杜渐，政府就不得不使用权力，来镇压一切对自己表示不满的力量。反之，一国统治者如果感到支持自己的，不但有可靠的贵族，且有精练的常备军，那么即使是最粗暴，最无稽，最放肆的抗议，也不至于引起他的不安。他可以平心静气地宽恕这些抗议，甚至可以置之不理。并且，他既然意识到了自己地位的稳固，他就会自然而然地倾向于这样做。所以，几乎没有限制的自由，只有在统治者有精练的常备军作保障的国家，才可见到，也只有在这种国家，才无需因公共安全而赋予统治者压抑任何放肆自由的绝对权力。

总之，统治者的第一职责，就是本国社会的安全，防止受到其他独立社会的侵犯。这种职责实行的代价，势必随社会文明的进步而逐渐增大。原本无论在和平时期还是在战争时期都无需统治者支出费用来维持社会的兵力，随着社会的进步，最开始在战时就需要统治者出钱维持，渐渐地在和平时期也要统治者出钱维持了。

火器发明后，战争艺术起了很大变化，导致平时训练维持兵力的费用，以及战时投入使用兵力的费用，都进一步增加。军队所使用的武器与弹药都比以前更贵。与矛及弓箭相比，短枪更贵，与弩炮或石炮比较，大炮或臼炮更贵。近代阅兵所消耗的弹药，发射出去就没法回收，这就更需要巨额的费用了。至于往日，阅兵所投的矛和所放的箭，均很容易收回，并且其价值极微。与弩炮和石炮比较，大炮和臼炮不仅是昂贵的机械，而且是非常笨重的机械。这笨重机械制造起来要较大的费用，制成后运往战场也要较大的费用。此外，近代大炮的作战效力，非往昔的石弩可比，所以要给一个都市设防来抵御这种大炮的攻击，哪怕只抵抗几个星期，也是相当困难的，因而，城防费用也浩大得多。近代，国防费用日益增大有很多原因。其中，事物自然的发展趋势是不可避免的，而战争艺术上的革命对这种发展起到了推波助澜的作用，而引起这个大革命的，似乎不过是一个偶然事件，即火药的发明。

近代战争火药费用的浩大，显然给能够负担此浩大费用的国家提供了优势，因而文明富饶的国家比野蛮贫穷的国家更有优势。在古代，富裕文明国家很难防御贫穷野蛮国家的侵略；在近代，则恰恰相反。火器的发明，一开始看起来，似乎是弊大于利。但实际上，对文明的延续和扩张是有帮助的。

第二节　论司法经费

统治者的第二个义务，是尽可能保护社会中的成员不受其他成员的欺侮或压迫，换言之，就是设立一个严正的司法行政机构。同样的，这种义务的实行，也是根据社会各时期的不同而有费用大小的差异。

然而，认真说来，无论哪个国家，都不能说审判是免费的。至少，诉讼当事人总不能不付律师和辩护人的报酬，否则，他们执行职务就会比实际情况还要令人不满意。每年付给律师和辩护人的手续费，就各法庭总计起来，恐怕要比审判官的薪俸多得多。审判官的薪俸，虽然由国王支付，但在任何地方，诉讼案件的必要花费都没有大减。不过，禁止审判官向诉讼当事人收受礼物或手续费，与其说是为了减少费用，不如说是为了防止腐败。

审判官是一个享有高尚名誉的官职，报酬即便再少，想干的人依旧多。比审判官职位较低的治安官，他们的工作是异常麻烦的，而报酬是少得可怜的，然而大多数的乡绅却要想方设法地把这个职位弄到手。大大小小的一切司法人员的薪俸以及司法行政的一切费用，即使处理不很妥善，也不过占国家全部费用的极小一部分。这情况不限于哪一国，各文明国家都是如此。

此外，也不难从法院手续费里支付全部司法经费。这种办法，不会使司法行政陷于实际的腐败，而国家收入却可省去一笔——虽然是小小的一笔开支。可是，法院手续费，如有一部分要划归权力极大，诸如统治者这类的人，而且是构成他收入的相当大部分，那么这种手续费就很难有效地规定了。但如果享有这手续费的主要人物，不是统治者，而是审判官，那就极其容易了。法律虽不能常常叫统治者遵守某种规定，但对于审判官，却不难使其遵守规定的章程。法院手续费如果管理规定得很严格，并在一定的诉讼期间，全部缴入出纳机构，待诉讼决定之后而不在决定之前，才按照一定比例分配给各审判官，那么，和废止这种手续费相比，征收这种手续费，也就同样不会有任何腐败的危险了。这种手续费，可能完全足够开销全部司法费用而又不至于使诉讼费用显著增加。不到一个案件判决终了，审判官不得支取这手续费，这在案件的审理和判决上，可激励全体法院人员的勤勉。在审判官员非常多的法院，如果每人应分的手续费的份额以他们各人在法院或审判委员会审理案件所花的时间及日数为标准，这更可激励各个审判官的勤勉的判案。公家的事务，办好才给酬，并且按勤勉的程度决定报酬的多寡，这样才能办好。

由各法院对受理的诉讼案件收印花税，用以维持该院法官及其他人员，这种办法也足以提供司法行政费用，且不会对社会的一般收入增加负担。不过，审判官在这一场合，可能为了要尽量增加印花税收入，而在各案件上增加各种不必要的手续。近代欧洲的习惯，大都是以辩护人及法院书记所写的公文用纸的页数决定他们的报酬，而每页的行数，每行的字数，又都有规定。所以，辩护人及法院书记，为增加报酬，往往故意增加许多不必要的语句。我相信，其结果就是欧洲一切法院公文的文字都变得陈腐不堪。同样的诱惑说不定会使诉讼的手续形式发生同样的腐化。

第三节　论公共工程和公共机关的费用

统治者或国家的第三种，也是最后一种义务就是建立并维持某些公共机关和公共工程。这类机关和工程，对于一个大社会当然是有很大益处的，但就其性质而言，如果由个人或少数人办理，那所得利润决不能偿其所费。所以这种事业，不能期望个人或少数人出来创办或维持。并且，随着社会发展时期的不同，执行这种义务所需的费用的大小也非常不同。

除上述国防及司法行政两方面所必需的公共机关和公共工程外，与其性质相同的其他设施和工程，主要为便利社会商业，促进人民教育的公共设施和工程。教育上的设施，可大致分为两种：一是关于青年教育的设施；二是关于一切年龄人民的教育的设施。凡这种种设施和工程所需的费用，该如何最为妥善地支付，在本章这一节分作以下三项研究。

第一项：论便利社会商业的公共工程和公共设施

为便利一般商业所需的公共工程和设施

一国商业的发达，全赖有良好的道路、桥梁、运河、港湾等公共工程。显然，这类工程的建造和维护费用，在社会不同时期也极不相同。一国公路的建设费和维护费，显然必随其土地和劳动的年产物的增加而增加，换言之，必随公路上所搬运货物的数量及重量的增加而增加。桥梁的支持力，一定要适应桥上车辆的数量和重量。运河的深度及水量，一定要适应货船的数量及吨位。港湾的大小，一定要与停泊的船的数量成比例。

这类公共工程的费用，似乎不必由通常所谓的国家收入来开支。在许多国家，国家收入的征收和动用都是委之于行政当局的。这类工程的大部分可以如此管理，使它们自身提供足以支付自己费用的特别收入，而无需增加社会的负担。

例如，在大多数的场合，公路、桥梁、运河的建筑费和维护费，都可通过对车船收取小额的通行税来获得；港湾的建筑费和维护费，都可通过对装卸货物所收的小额港口税来获得。此外，为便利商业而铸造货币的设施，在许多国家，不但能开支自己的费用，而且能对统治者贡献一笔小收入，即铸币税。另一设施，即邮政局，几乎在一切国家，除提供本身的开支外，还给统治者带来一项极大的收入。

车辆通过公路或桥梁，船舶通过运河或港口，如果按照其重量或吨数的比例缴纳通行税，那么，它们就可以说是恰恰按照其所加于各项公共工程的损耗的比例支付其维持费。似乎这是维持这些公共工程的最公平的办法了。况且，这通行税虽由贩运者支付，他只不过暂时垫支，结果仍是转嫁在货物价格上，由消费者负担。同时，因为有了这类公共工程，货物的运输费大大减少了，消费者虽然担负了这通行税，却比在没有这类公共工程时，能购得较便宜的货物，因为货物价格由通行税抬高的程度，究竟不及其由运费低廉而降低的程度。所以，最终支付这种税的人，所得的利益多于所受的损失。实际上，他不过是舍弃了所得的一部分。似乎再没有一种更公平的征税方法了。

就车辆而论，如果以重量为标准，对极尽奢华的车辆和对四轮大马车、驿递马车等所征的通行税，略高于对不可缺少的车辆，如两轮运货马车、四轮马车等所征的税，那就可毫无困难地使懒惰与虚荣的富人对贫民的救济作出贡献，换言之，使运往国内各地的笨重货物的运费减低若干。

公路、桥梁、运河等如果按照这种方式，由利用它们的商业来建造和维持，那么，这种工程就只能在商业需要它们的地方兴建。此外，建造的费用，建造的华丽规模，也必须与该商业的负担能力相称。宏伟的大道，断不能在无商业可言的荒凉国家内建造，也断不能单为通达州长或州长所要献媚的某些大领主的乡村别墅而建造。同样的，不能在无人通过的地方或单为增益附近宫殿凭窗眺望的景致，而在河上架设大桥。这类事情，在公共工程建设费不由该工程本身提供的费用而由其他收入开支的国家，有时亦有发生。

欧洲许多地方的运河通行税或水闸税是个人的私有财产，这些人为保持这种利益，自然竭力维护这运河。如果不加以相当的修理，航行必然会停止，而他们由通行税所获的全部利益，也就将跟着消失。如果运河的通行税，交给那些没有利害关系的管理人员去征收，他们对于这项工程的维持，一定不会像个人那样在意。兰格多克运河，是由法国国王及兰格多克州拿出一千三百万利弗建造的；一千三百万利弗，按上世纪末每马克银合二十八利弗的法国货币价值计算，约合九十万英镑。这个大工程完成时，人们觉得最妥善的维护方法，就是把这运河的全部通行税，赠给设计并监督这项工程的技师里格。这项通行税现已成了里格后代子孙的一大宗收入。因此他们非常注意这条运河的修理。假使当时没有想出这妥善的方法，而把通行税交给一帮利不关己的管理人员，那么这通行税全部恐怕都要消费在装饰性的不必要的用途上了，而这工程最重要的部分则任其塌毁。

维护公路的通行税，却不能随便赠予个人，作为他个人的收入。因为，运河不加修理，会变得完全不能通航，但公路不加修理，却不会完全不能通行。因此，收取公路通行税者，尽管全不修理这道路，这道路却依然可以一分不少地给他提供通行税。所以，维持这类工程的通行税，应当交由管理人员或保管人员去管理。

一项公共工程，如不能由其自身的收入维持，而其便利又只限于某特定地方或某特定区域，那么，把它放在国家行政当局管理之下，由国家收入来维持，就不如把它放在地方行政当局管理之下，由地方收入来维持，这样更为妥当。比如，伦敦市的照明与铺路费用，如由国库开支，那街上所点的灯所铺的石，能做到现在这样完善，其费用能像现在这样节省吗？况且，这费用如非取自伦敦各特定街坊、教区及市区的居民所缴纳的地方税，那势必要从国家的收入项下开支，其结果是国家中不能受到这街灯利益的大部分居民，就要无端分摊这些费用了。

地方政府和州政府管理各自的收入，固然有时不免发生弊病，但是，这种弊病与大帝国收入管理时发生的弊病相比，实在算不了什么。况且，与后者所生的弊病比较，前者的弊病，容易矫正得多。在英国，在地方或州治安官的管理之下，乡下人民为修葺公路，每年需提供的六日劳役，这种劳役在使用上也许并不得当，但从没有发生虐待和压迫的行为。在法国，此项劳役归州长管理，但不一定比英国用得适当，而强征勒索的举动，往往极尽惨酷暴戾之能事。法国人所谓的强迫劳役制，成了官吏鱼肉人民的主要工具，如果某教区或某村社不幸为官吏所嫉恶，便往往借此施以惩罚。

便利特殊商业的公共工程和设施

上述公共设施和公共工程，其目的在于便利一般商业。对于某些特殊商业的便利，则有待于特别的设施，又要求有特别的支出。

与野蛮未开化国家通商，常需要特别保护。普通仓库和客栈的设备，决不能保障非洲西部海岸贸易商人的货物。为防止地方土人的劫夺，对于积货场所，不得不在一定程度上建筑防御工事。印度人本来是温顺和善，但因印度政府漫无秩序，所以，欧洲人与其贸易，亦有做同样警戒的必要。英法两国的东印度公司在印度所拥有的几个最早堡垒，就是借口防备暴力，保护生命财产而获准修建的。一国有了强有力的政府，自不容外人在本国领土内建筑堡垒，在这种场合，就有互派大使、公使或领事的必要。自己国民间发生争执，公使或领事可依从本国习惯予以处决；自己国民与当地人之间发生争执，他可凭外交官的资格，比任何私人更有权力出来干涉，给予国人更多的保护。国家常常专为商业上的利益，需要在外国派驻使馆，本来无论就战争还是同盟关系说，都不需在这些外国设立使馆的。英国在君士坦丁堡首派大使的原因，是土耳其公司的商业。英国派驻俄罗斯的最早的大使馆，完全是起因于商业上的利益。欧洲各国人民因商业利害关系不断发生的冲突，恐怕就是欧洲各国即便在和平时期也在一切邻国永久派驻公使的原因。这个前所未闻的制度，其开始发生，似乎不过是在十五世纪末或十六世纪初，也就是说，不会早于商业贸易开始扩展到欧洲大部分国家，欧洲各国开始注意到商业利益的时候。

国家为保护某一商业部门而开支的特别费用，如通过向该商业部门征收适当的税来弥补，当不失为公允。例如，在商人开始营业时，征以小额的营业税，或更公平的是，对商人从特定国家输入或向特定国家输出的货物，抽若干成特定的税。据说，最初建立关税制度，就是为了支付保护一般贸易免受海盗抢劫的费用的。但是，如果认为保护一般贸易用去的费用，理应取自征收在一般贸易上的税，那么，为保护特殊贸易用去的特别费用，照理也应取自对该贸易所征的特殊税收。

保护一般贸易，常被视为国防的重要工作，因而也就成了行政当局一部分必尽的义务。结果，一般关税的征收及应用，就往往委托行政当局。特殊贸易的保护，既是一般贸易保护的一部分，也是行政当局应尽义务的一部分。如果国家的行动总是前后一致的，则为保护特殊贸易而征收的特殊税收，自当同样交付行政当局管辖。然而，事实上并非如此。无论从哪方面说，各个国家的行动常是矛盾的。欧洲大部分商业国家，就有若干商人集团，说服了立法机构，把行政当局这方面的义务，以及必然与这义务相关联的一切权力，统统交给他们执行。

这些公司自担费用来创办政府部门不敢贸然尝试的某些商业部门，它们对该部门商业的创建或许是有所帮助的。但最终它们全无例外地或成为累赘或成为无用，它们对贸易经营不当，而且经营范围狭窄。

合组公司就是不以联合资本进行贸易，凡具有相当资格的人，都可缴纳若干入伙金，加入组织，并遵守公司章程，但各自的资本由各自经营，贸易危险亦由各自负担。当他们以共同资本进行贸易时，各股员对于贸易上的利润或损失，都按其股份比例分摊。这种公司，称为合股公司。这些合组公司或合股公司，有时拥有专营的特权，有时又不拥有这种特权。

一批商人自出费用，自冒风险，与某个遥远的蛮国建立新的贸易关系，政府允许其组成股份公司，并在其经营得成功时，给予若干年的贸易垄断权，那没有什么不合理的。说实在的，政府要犒劳这种出钱又费力而且以后会造福大众的实验性贸易，也只有这种最容易最自然的方法了。像这样一种暂时的垄断权，和给予新机器发明者对这机器的专利权，给予新著述的著作者对该著述的出版权，可依同一原理加以辩护。不过，期限一到，垄断权就应该取消。设置的堡垒和要塞如果仍有维持的必要，自应移归政府，由政府做相应的补偿，当地贸易则应向全国人民公开。公司长久的垄断，其结果无异于对全国其他人民加以不合理的负担。这负担有两种：第一，自由贸易下，有关货物的价格必廉，垄断经营，则这些货物的价格必贵。第二，对大多数人民可能是便于经营利于经营的一种事业，现在却被排除在外。他们受这负担，乃是为着最没有价值的目的，即不过使某公司能维持其怠慢、浪费乃至侵吞公款的雇员罢了。由于这些人员的胡乱行为，公司分派的股息，很少超过自由贸易的普通利润率，甚至差很多。但是，用以往的经验推断，股份公司如未取得垄断权，恐怕是无法长久经营任何国外贸易的。在一个地方购入货物，运往另一地方出售图利，而在这两个地方都有许多竞争者，这样就不但需要时刻留心注意需求的变动，而且需要时刻留心注意竞争情况或需求所从满足的供给情况的大得多也频繁得多的变动；运用巧妙的手腕和正确的判断力，使各色货物的数量都能适应需求、供给和竞争各方面的变动情况，这是一场不断变化的战争，要不断注意着警惕着，才能成功。然而股份公司的董事先生们，我们哪儿能期望他们有这种持久力呢？所以，东印度公司，当债款既已偿却，专营特权亦取消时，议会虽制定法案，允许其仍以股份公司资格在东印度与其他商人共同竞争，但在这种情形下，私人冒险者的警惕与注意，可能不久就会使他们厌倦这种贸易了。

臭雷勒修道院院长为法国有名著作家，对经济学很有研究。他曾列举1600年以后，在欧洲各地设立的国外贸易股份公司，一共有五十五家。据他说这些公司都取得专营特权，但都因管理失当，失败了。他举出的这五十五家中有两三家被他弄错了，它们不是股份公司，而且未遭失败。还有几个失败了的股份公司，他没有列出。

一个股份公司没有取得专营特权而能经营成功的贸易，似乎只有这种性质的贸易，即所有营业活动都可简化为常规，或者说，方法千篇一律，很少变化或毫无变化。这类行业，计有四种：第一，银行业；第二，水、火、兵灾保险业；第三，建修通航河道或运河；第四，大城市的供水行业。

银行业的原理虽看起来有些深奥，但其实际业务却可以归结为一些规则。贪图眼前厚利，大胆投机，置成规于不顾，总是极其危险，而且往往陷银行于无可挽救的境地。股份公司比私人合伙的公司更能遵守成规。因此，股份公司就似乎很适于银行的营业，所以欧洲主要银行，都是股份公司的性质。在这些公司当中，有许多并未取得专营特权，但却经营得非常成功。英格兰银行，也没有任何特权可言，只是议会限定其他银行的股东不得超过六人以上。爱丁堡两家银行全为股份公司，并无任何垄断权利。

由火灾、水灾乃至战祸发生的危险，其价值虽不能很正确地计算出来，但可大概地估计出来，因而能够在某种程度上制定出严密规则和一定方法。所以，没有特权的股份公司，有可能成功地经营保险业，如伦敦保险公司、皇家贸易保险公司，都是没有取得任何特权的。

通航河道或运河一旦建成，管理起来就非常简单容易了，可制定出严密的规则与方法，甚至修造河道也可以订立严格的合同。修一英里多少钱，建一个水闸多少钱，都可与承包人订立合同规定。修造引导清水供给城市的运河、水槽或大水管，也可用此方法。这些行业由股份公司出来经营，即使未取得特权，也可大获其利，而实际也往往如此。

但是，设立股份公司，只因为这样能经营成功，或者说，让一群特定商人享受其邻人享受不到的权利，只因为这样他们能够繁荣，那是绝对不合理的。要使股份公司设立完全合理化，除了所经营的产业可以定出严密规则及方法外，同时还附有其他两个条件：第一，那种产业的效用必显然比大部分的一般商业更大和更普及；第二，其所需资本，必大于私人合伙公司所能筹集的数额。凡是不用大资本就能创办的产业，纵使其效用特大，也不能成为设立股份公司的充分理由。因为，在这种情况下，对于那种企业所产出的东西的需要，可很容易由私人企业者出来供给。就上述四种事业说，这两个条件都同时具备。

银行业若经营得当，它巨大和一般的效用在本书第二章已详细说明了。但如果一家公共银行的设立，其目的在于维持国家信用，即当国家有特别急需时，为政府垫付某一税收的全部税款，其数也许达数百万镑，而该税收又需一两年后才能收回，这种银行所需资本，当然不是私人合伙公司所能筹集得来的。

保险业能给予个人财产很大的保障。一种损失也许足以使人破产，但有了保险业，这损失就可分配给许多人，叫全社会分担起来毫不费力。不过，保险业者要想给人以保障，他自己就必须有很大的资本。据说，伦敦两家保险股份公司设立以前，检察长处有一份名单，开列出数年之内失败的一百五十个私人保险业者的姓名。

很明显，通航水道、运河以及供给城市自来水的各种必要工程，不仅有很大、很普遍的效用，同时，其所需巨大费用，亦非个人财力所及。

股份公司的设立，必具上述三个条件，才可算为合理。具有这三个条件的行业，除上述四者外，我再也不能想出其他的来。就说伦敦的英国铜业公司、熔铅公司以及玻璃公司吧，就其效用，并不见得怎样大，怎样特别，就其费用，也并不是许多个人的财力难以举办。至于这些公司所经营的业务，我不知道他们是否能制定出严密的法则及方法，使其适用于股份公司的管理，也不知道他们是否有他们自己所称的可获厚利的理由。矿山企业公司早就破产了。爱丁堡英国麻布公司的股票，近来虽没有从前低落得那么厉害，但较其票面价格，却是相差太远。我们再说说基于国家公益目的而促进某特殊制造业而设立的股份公司吧，这种公司往往因为经营失当，以致减少社会总资本，而在其他各方面，同样是利少害多。他们的董事由于企业创办人的误导和欺骗，使他们对某些特定的制造业特别偏爱，尽管他们的动机是最正直的，但必定会妨害其他制造业，必定会使在其他情况下必会存在的适当产业与利润间的自然比例多少受到破坏，而这一自然比例，乃是对一般产业最大也是最有效的奖励。

第二项：论青年教育设施的费用

青年教育机构也能以同样的方式应付自身的开支。学生付给教师的学金或谢礼，自然构成这类收入。

即使教师的报酬不全取自这些自然收入，那也不一定就要由社会的一般收入来开支。在许多国家，行政当局有对这些收入的征集和运用之权。在欧洲大部分地区，普通学校及专门大学的基金，并不依赖或非常少地依赖于社会一般收入。教育经费都是主要来自地方收入，来自某项地产的租金，或来自指定专作这项用途的专款的利息。这专款或由统治者自己拨给，或由私人捐助，交由保管人管理。

第三项：论各年龄段人民的教育经费

对各种年龄段人民的教育设施，主要是宗教教育的设施。这种教育，其目的与其说是使人民成为今世的优良公民，倒不如说是为人民来生进入一个更好世界作准备。这种教师的生活费，也同其他普通教师一样，有的专靠听讲者的捐助，有的则来自经国家法律认可的某些财源，如地产、什一税、土地税、薪水等。他们的努力，他们的热心和勤勉，在前一场合，似乎比后一场合要大得多。就这一点来说，新教的教师们，要攻击成立悠久的古旧体系，往往占有不少的便宜。因为，旧教牧师可以依靠圣俸生活，他们往往就不大注意维持大众的信仰和皈依的热情；他们懒惰惯了，甚至不能奋发起来保护他们自身的教会。

第四节　论维持统治者尊严的费用

一国统治者，除了履行种种职责所必要的费用以外，为维持其尊严，也需有一定的费用。这费用的大小，随社会发达时期的不同而不同，随政体形态的不同而不同。

在富裕而发达的社会中，各阶层人民的房屋、家具、食品、服装以及车马用具，都由质朴而转向奢华，在这种情况下很难要求统治者抵制这种风尚。因此，在这些方面，统治者所费也必日益加多。因为不是这样，就不能维持他的尊严。

就尊严来说，专制君主对于他的臣民，比共和国元首对于其同胞市民，更要高不可攀，所以为了维持这较高的尊严，势必要较大的费用。我们自然能聊到，国王的宫廷肯定比总督或市长的官邸更加富丽堂皇。

结　论

防御社会的和维持统治者尊严的费用，都是由社会的共同利益来支出的。因此，照正当道理，这两者应当来自全社会一般的收入，而社会各个人的贡献，又需尽可能与他们各自能力相称。

司法行政的费用，亦无疑是由全社会的一般利益而支出的。这种费用，由全社会一般的利益来开支，并无不当。不过，国家之所以有支出此项费用的必要，乃是因为社会有些人的不公正行为，使得他人非向法院寻求救济和保护不可；而最直接从这项开支受益的，又是那些由法院恢复其权利或保护其权利的人。因此，司法行政费用，如按照特殊情形，由他们双方或其中一方支付，即由法院手续费开支，最为妥当。除非罪犯自身无财产资金支付此手续费，否则，这项费用是无需由社会全体负担的。

为了当地利益所做的地方费用或各州的费用（例如为特定城市或特定地区支出的治安费），当由地方收入或各州收入开支，而不应由社会一般收入开支。为了社会局部的利益而增加社会全体的负担，那是不公平的。

维持良好的道路及交通设施，无疑是有利于社会全体的，所以，其费用由全社会的一般收入开支，并无不妥。不过，最直接享受这些利益的人，乃是往来各处转运货物的商人，以及购用那种货物的消费者。所以，英国的道路通行税，欧洲其他各国所谓路桥费，完全由这两种人负担；这样一来，社会一般人的负担就要减轻许多了。

一个国家的教育设施及宗教设施，无疑是对社会有益的，其费用由社会的一般收入开支并无不妥。可是，这费用如由那些直接受到教育利益或宗教利益的人来支付，或者由自以为有受到教育利益或宗教利益的必要的人自发地出资支付，恐怕是同样妥当，说不定还有某些好处。

凡有利于全社会的各种设施或土木工程，如不能全由那些最直接的受益人来维持，或不全是由他们维持，那么，在大多数情况下，不足之数，就必须由全社会一般的收入来弥补。因此，社会的一般收入，除开支国防费及统治者的花费外，还需补充许多特别收入部门的不足。这一般收入或公共收入的源泉，我将在下一章详细说明。

第二章 论社会一般收入或国库收入的源泉

国家每年支出的费用，不但有国防费和统治者的花费，而且有国家宪法未规定由何等特定收入来开支的其他必要花费。这些费用的开支有两个来源：第一，只属于统治者或国家，而与人民收入无关的资源；第二，人民的收入。

第一节 只属于统治者或国家的收入来源

只属于统治者或国家的收入源泉，由资本及土地构成。

统治者通过其资本取得收入的方式和其他人一样，有两种情况：一是亲自经营这些资产；二是把它贷与他人。他的收入在前者为利润，在后者为利息。

鞑靼或阿拉伯酋长的收入全为利润，他们自身是本集团或本部族中的主要牧畜者，他们自己监督牲畜的管理，由牛羊奶及牲畜的繁殖获取收入。不过，以利润为王国收入的主要部分，只是最早期最原始政治状态下的事情。

小共和国的收入，有大部分是得自商业经营上的利润。据说，汉堡共和国的大部分收入，就是来自国营酒库及国营药店。统治者有时间从事酒、药的买卖，那个国家当然不会很大。国家银行的利润，常是更大国家的收入源泉。不但汉堡是如此，威尼斯及阿姆斯特丹亦是如此。许多人认为，就连英国这样大的一个帝国，也不容忽视这种收入。英格兰银行的股息为百分之五点五，资本为一千零七十八万镑，每年除去营业费用剩下的纯利润是五十九万二千九百镑。有人主张政府用百分之三的利息，把这项资本借过来，自行经营，则每年可得二十六万九千五百镑的纯利润。经验表明，在像威尼斯及阿姆斯特丹那种贵族政治下井然有序，谨慎节约的政府，才适合这么干。像英国这样的政府，不论其优点如何，但并不善于理财。它在和平时期总是由于君主政治统治下的懒惰和疏忽造成浪费，在战争时期又常常因为民主政治统治下的毫无打算而造成浪费。把这种事业让它来经营管理，它是否能胜任，至少是一个很大的疑问。

邮政局本来就是一种商业。政府事先垫款设置各地邮局，并购买或租赁必要的车辆马匹，这种垫款不久即由邮费偿还，而且可有很大的利润。我相信，由政府经营的各种商业中，成功的恐怕只有这种行业。这上面投下的资本不是很多，而其业务又不具有什么秘密。资本的回收，不但是肯定的，而且是快速的。

但各国统治者往往从事许多其他商业，他们同普通人一样，为改善其财产状态，也常常不惜冒险涉足普通商业部门，但成功的不多。一种业务，一旦让统治者经营，就往往免不了造成浪费，这就是他们不可能成功了。统治者的代理人，往往以为主人有无尽的财富，货物以何种价格买来，以何种价格售去，运费是多少，他们都不放在心上，不去精打细算。他们往往过着与统治者一样的奢华生活，并且，有时即使是浪费了，仍能以适当方法捏造账目，而积聚起像统治者那样大的财产。据马基雅弗利说：麦迪西的洛伦素，并不是无能的统治者，但他的代理人替他经营商业就是如此。由于他的代理人浪费而负的债务，使得弗洛伦斯共和国不得不为他偿还了好多次。于是，他放弃了他的家族所从事的商业经营。在后半生，他把剩下的财产及可由他自由支配的国家收入用在更适合于自己地位的事业及用途上。

商人的性格与统治者的性格是极不相同的。假若东印度公司的商人性格，使它成为极坏的统治者，那么统治者的性格，似乎也使它成了极坏的商人。当该公司专以商人资格经商时，它是成功的，而且能在赢得的利润中支给各股东相当的红利。但自从它成为当地的统治者以来，虽据说有三百万镑以上的收入，却仍需要政府的援助来避免破产。在以前，该公司在印度的人员都视自己为商人的伙计；而现在，他们却视自己为统治者的钦差。

国家收入的若干部分，往往得自货币的利息和资本的利润。假若国家积蓄了一笔财富，它可把这笔财富的一部分贷于外国或本国的臣民。伯尔尼联邦就把一部分财宝贷给外国，即把它投资于欧洲各债务国，主要是英国、法国，由此获得了很大的收入。这种收入的安全性，第一要看那种债务的安全性如何，管理此债的政府信用如何；第二要看与债务国继续保持和平的可能性的大小。如果爆发战争，债务国方面最初采取的敌对行为，恐怕就是没收债权国的公债。据我所知，以货币贷于外国就是伯尔尼联邦特有的政策。

汉堡市有一种公家当铺，人民把实物交与当铺，当铺即贷款于人民，利息是百分之六。这些当铺——或称为“郎巴德”——向国家提供了十五万克朗的收入，以每克朗四先令六便士计，约合三万三千七百五十英镑。

宾夕法尼亚政府是不曾积蓄任何财富的，但它发明了一种对人民的贷款方法，即不交货币，只交与货币相等的信用证券，以双倍价值的土地做担保，并需付若干利息。此证券规定十五年偿还，在偿还以前，可以像银行支票一样在市面上流通，而且由议会法律宣布为本州民间的法定支付货币。宾夕法尼亚政府是节俭而有秩序的，它每年的开支费用不过四千五百镑，它由这种贷款方法筹到的收入足以维持政府的开支。不过，实行这种方法的功效如何，需视下面三种情形而定：第一，对于金银货币以外的其他交易媒介有多少需要，换言之，对于必须以金钱向外国购买的消费品，有多少需要；第二，采用此策略的政府，信用如何；第三，信用证券的全部价值，决不可超过在没有这证券的情况下流通界所需金银币的全部价值，所以这种方法是否使用得适度，亦与其成功与否大有关系。在美洲其他几处殖民地，曾一度也使用过这种方法，但由于滥用无度，结局往往是弊大于利。

只有确实的，稳定的，恒久的收入，才能够维持政府的安全与尊严。资本及信用不具备这些性质，决不可把它当作政府的主要收入资源。所以，一切已经越过游牧阶段的大国政府，基本不会通过这种源泉来获取大部分的公共收入。

土地是一种比较稳定和恒久的资源。所以一切越过了游牧阶段的大国的收入都是以国有土地地租为主要源泉。古代希腊及意大利各共和国就是如此。它们国家大部分必要费用的开支，在很长时间内取自国有土地的产物或地租。而以前欧洲各国统治者大部分的收入，在很长一段时间内也是来自王室土地的地租。

在近代，战争和备战这两件事体，占了一切大国必要费用的大部分。但是在希腊及意大利古代各共和国，每个市民都是兵士，服役也好，准备服役也好，费用都是自备的，国家无需支出很多的费用。所以，一项数额不大的地租，就足够开支政府一切必要的费用了。

在欧洲古代的君主国中，大多数人民因当时风俗习惯，对于战争都有充分准备。一旦参加战争，依照封建的租地条件，他们自己支付自己的费用，或由领主出资维持，统治者无需增加新的负担。政府其他费用，大都非常有限。司法行政一项，不但毫无所费，而且是收入的来源，这是我们前面说过的。乡下人民于每年收获前后，各提供三日劳动；国内商业上认为必要的一切桥梁、大道及其他土木工程，有这项劳动，就足够营造和维持了。当时统治者的主要费用，似乎就是他自身家庭及宫廷的维持费。他宫廷的官吏，即国家的大官。财政大臣是为统治者收地租的，内务大臣是为他的家庭掌管支出的。治安大臣和警卫大臣管理统治者的马厩。统治者所居的宫室，通常是城郭形式的建筑，与他的其他堡垒基本无异。这堡垒的看守者，就可以被看作是卫戍总督。统治者平时必须出费维持的武官，就只限于这些人。在这种情况下，一项大的地租，通常就可开支政府一切必要的费用了。

在现代的欧洲文明各国中，全国所有土地，即使管理得有如全部属一个人所有，全部土地所能够提供的地租，恐怕决不会达到各国平时向人民征收的普通收入那么多。例如，英国平常的收入，包括其用作开支必要经营费，支付公债利息，及清偿一部分公债等用途的，每年达一千万镑以上。然而所收土地税，以每镑征四先令计，尚不及二百万镑。这所谓土地税，按照设想，不仅包括由一切土地地租征取的五分之一，而且包括对一切房租，一切资本利息征取的五分之一，免纳此税的资本，只放贷于国家的及用于耕作的部分。这土地税，很大部分是取自房租及资本利息。例如，以每镑征四先令计，伦敦市的土地税，计达十三万三千三百九十九镑六先令七便士；威斯敏斯特市，六万三千零九十二镑一先令六便士；沃特赫尔及圣詹姆斯两宫殿，三万零七百五十四镑六先令三便士。这土地税的一定部分，按照同样规定向王国内大小城市征收的，而几乎全部出自房租及商业资本和借贷资本的利息。总之，英国值五抽一的土地税，既然不到二百万镑，则全部地租、房租、资本（贷给政府及用于耕作的资本除外）的利息收入总额，当然不超过一千万镑，也就是说，不超过英国在平时向人民征收的收入额。英国为征收土地税对各种收入所作的估计，虽说在几个州和几个区，该估计额和实际价值很接近。但就全国平均起来，无疑是和实际价值相差太远。有许多人估计，单单土地地租一项，即不计房租及资本利息，每年总额当有两千万镑。他们这种估计，是非常随便的，我认为估得过高。但是，假若在目前耕作状态下，英国全部土地所提供的地租，未超过两千万镑，那么，土地如果由一人全部所有，而且置于他的代办人、代理人的怠慢、浪费和专横的管理之下，那全地租额，莫说两千万镑的二分之一，恐怕连四分之一也提供不出来。英国今日王室领地所提供的地租，恐怕还不到这个情况下所能提供的数额的四分之一。如果王室领地更加扩大，则其经营方法必定更加恶劣。

人民由土地获取的收入，不与土地地租成比例，而与土地生产物成比例。除播种的种子外，一国全部土地年生产物，都是由人民每年消费或者用以交换他们所需的其他物品。凡使土地生产物增加到其本来可能增加到的原因，无论是什么，它使人民收入因而减少的程度，总大于它使地主收入减少的程度。英国土地地租，即生产物中属于地主的部分，差不多没有一个地方达到生产物三分之一以上。假使在某种耕作状态下，一年只提供一千万镑地租的土地，如在另一种耕作状态下，一年可提供两千万镑地租，又假使在这两种场合，地租都是相当于生产物的三分之一，那么，地主收入因土地被阻滞在前一耕作状态下所受的损失，只不过一千万镑，而人民收入因此所受的损失要达三千万镑；未计入的，不过播种的种子罢了。一国土地生产物既减少三千万镑，其人口就也要按照这三千万镑减去种子价值后的余额，按照所养各阶级人民的生活方式和费用方式所能维持的人数减少下来。

在欧洲现代文明国家中，以国有土地地租为公家大部分收入的情况已不复存在了。但统治者拥有广大领地的情况，仍是一切大君主国共有的现象。王室领地大抵都是林地，可是有时在林地走几英里也不一定能找到一棵树木。这种土地的保留，既使国家产物减少，又使国家人口减少。假使各国统治者将私有领地都卖了，所得的货币必很可观。可以之清偿国债，收回担保品，由此所得的收入，较之该地在任何时候给统治者提供的收入恐怕都要多得多。在土地改良，耕种得极好，且其出售时能产生丰厚地租的国家，土地的售价以三十倍年租为准。既未经改良耕植，地租又低的王室领地，其售价当可望相当于四十倍年租，五十倍年租或者六十倍年租。

统治者以此大价格，赎回国债担保品，就立即可以享受此担保品所提供的收入。而在数年之内，还会享有其他收入。因为，王室领地一旦变为个人财产，用不了几年，即会好好地改良，好好地耕植。生产物由此增加了，人口亦必随着增加，因为人民的收入和消费必因此增大。人民收入和消费增大，统治者从关税及国产税得到的收入势必随着增加。

任何文明国家的统治者，由其领地获取的收入，看似对人民个人无损，但实际上社会所支付的代价，比统治者所享有的其他任何同等收入都来得多。所以，为社会全体利益计，不如拍卖王室领地，从而分配给人民，而统治者一向由其领地享有的收入，则由人民提供其他同等收入来代替。

土地用作公园、林地及散步场所，其目的在供游乐与观赏，不仅不是收入的源泉，而且时常还需出资维护。我看，在大的文明国家中，只有这种土地可属于统治者。

因此，公共资本和土地，即统治者或国家所特有的两项大收入源泉，既不宜用以支付也不够支付一个文明大国的必要费用，那么，这些费用的大部分，就必须取自各种税收，换言之，人民须拿出自己一部分私人的收入，构成君主和国家的公共收入。

第二节　论赋税

本书第一章说过，个人的私人收入，最终来源于三方面，即地租、利润与工资。每种赋税，归根结底，必定是由这三种之一或三种共同支付的。因此，我将尽可能论述以下各点：第一，打算加于地租的税；第二，打算加于利润的税；第三，打算加于工资的税；第四，打算无差别地加于这三项收入的税。由于分别考究此四种赋税，本章第二节要分为四项，其中有三项还得细分为若干小项。我们在后面可以看到，某些开始虽是打算加于某项资源或收入上的赋税，结果却不是由它们来支付，所以非详细讨论不可。

在讨论各特殊赋税之前，需列举关于一般赋税的四种原则作为前提。这四种原则如下：

一、每个国家的国民，都必须尽可能地按照各自能力的大小，即按照各自在国家保护下享得的收入的比例，缴纳赋税以维持政府。一个大国的人需缴纳的政府费用，正如一个大地产的公共租地者需按照各自在该地产上所受利益的比例，提供它的管理费用一样。所谓赋税的平等或不平等，就看对于这种原则是尊重还是忽视。必须注意，任何赋税，如果结果仅由地租、利润、工资三者之一负担，其他二者不受影响，那必然是不平等的。关于这种不平等，我就在此稍微提一下，不拟多讲，以后，我只讨论某种特别赋税是怎样不平等的以及它所影响的某种私人收入方面。

二、各国民应当缴纳的赋税，必须是确定的，不得随意变更。缴税的日期、方式及数额，都应当让一切纳税者及其他的人了解得十分清楚明白。如若不然，每个纳税人就多少不免为税吏的权力所左右；税吏会借故加重赋税，或者利用加重赋税来恐吓和索贿。赋税如不确定，即使是不专横不腐化的税吏，也会由此变得专横与腐化，何况他们这类人本来就是不得人心的。据一切国家的经验，确定人民应纳的税额，是非常重要的事情。我相信，赋税即使收得不平等，其害民尚小，但税额如果不确定，其害民甚大。

三、各种赋税完纳的日期及完纳的方法，应当考虑纳税者的最大便利。房租税和地租税，应在缴纳房租和地租的同时征收，因为这一时期对纳税者最为便利，或者说，他在这一时期最容易拿出钱来。至于对奢侈品一类的消费物品的赋税，最终是要出在消费者身上的。征收的方法，一般都对他极其便利。当他购物时，缴纳少许。每购一次，缴纳一次。购与不购，是他的自由；如果他对这种征税方式感到有困难的话，那只有责备自己了。

四、一切赋税的征收，需设法使人民所付出的，尽可能等于国家所收入的。如人民所付出的，多于国家所收入的，那是由于以下四种弊端：第一，征收赋税可能使用了大批官吏，这些官吏不但要耗去大部分税收作为薪俸，而且在收税以外还勒索人民，增加人民的负担。第二，它可能妨碍了人民的勤劳，使人民对那些会给许多人提供生计和职业的事业裹足不前，并使本来可利用以举办上述事业的资源，由于要缴纳税款而缩减乃至消灭。第三，对于不幸的逃税未遂者所使用的充公及其他惩罚办法，往往使其倾家荡产，从而社会便失去由使用这部分资本所能获得的利益。不适当的赋税，是逃税的一大诱因。而逃税的惩罚，又势必随着诱因的加强而相应地加重。这样的法律，开始是造成逃税的诱因，然后又用严刑征收逃税，并常常按照诱惑的大小而确定刑罚的轻重，给人民设陷阱，完全违反普通正义原则。第四，税吏的频繁到访及令人讨厌的稽查，常使纳税者遭受极不必要的麻烦、困恼与压迫。这种烦扰严格地讲，虽不是什么金钱上的损失，但无疑是一种损失，因为人人都愿意设法来摆脱这种烦扰。总之，赋税之所以往往困扰人民而又无补于国家收入，总不外乎这四种原因。

上述原则，道理明显，效用昭著，国家在制定税法时，多少都留意到了，都使尽浑身解数，尽可能地保持税收公平。纳税日期及方法，务求确定并便利于纳税者。此外它们都竭力使人民在正常纳税以外，不再受其他勒索。但下面对于各时代各国家的主要赋税的评述，将表明各国在这方面的努力，并未得到同样的成功。

第一项：出租税和地租税

加在土地地租上的赋税，其一，可按照某种标准对各地区评定地租的额度，评定之后就不作改变；其二，税额随土地实际地租的变动而变动，随情况的变化而增减。

比如英国，就是采用前一种方法。英国各地区的土地税，是根据一个恒定不变的标准评定的。这种固定的税，在设立之初，虽说平等，但因各地方耕作上勤惰不齐的缘故，久而久之，必然会流于不平等。英格兰由威廉及玛利第四年法令规定的各州区各教区的土地税，甚至在设定之初，就是极不公平的。因此，这种赋税，就违反上述四原则的第一原则了，所幸它对于其他三条原则，却完全符合。它是十分明确的。纳税的时间就是交租的时间，所以对纳税者是很便利的。虽然在一切场合，地主都是真正纳税者。但税款通常是由佃农垫付的，不过地主在收取地租时，必把它扣还佃农。此外，与其他收入相等的税收比较，这种税征收时使用的官吏是很少的。各地区的税额不随地租增加而增加，所以地主由改良土地而多生出的利润，统治者并不分享。固然，这些改良有时会成为同一地区的其他地主破产的原因，但加重某特定地产租税负担的程度，极其有限，不足以阻碍土地的改良及其正常的生产。由于没有减产的趋势，也就不会有抬高物价的趋势，不会妨害人民的勤劳。地主除了要缴纳赋税外，不会有其他不便。

英国的地主无疑是由这土地税的恒久不变而得到了利益，但这利益的产生，和赋税本身性质无关，而由若干外部情况决定。

英国自从评定土地税以来，各地地租业大为繁荣，一切土地地租无不继续增加，而鲜有跌落，因此，按现时地租计算应付的税额，和按旧时评定实付的税额之间，就生出了一个差额，所有的地主，几乎都按这一差额而得了利益。假使情形与此相反，地租因耕作衰退而逐渐低落，那一切地主就几乎都得不到这一差额了。按英国革命以后的情势，土地税的恒久性，有利于地主而不利于统治者；假若情势与此相反，说不定就有利于统治者，而不利于地主了。

赋税既然以货币征收，土地价值的评估，自然以货币形式表现。自作了此评价以来，银价就十分固定，在重量上和品质上，铸币的法定标准都没有变更。假若像在美洲银矿发现之前两个世纪那样，银价显著上升，则此评价的恒久性将使地主吃大亏。假如像在美洲银矿发现之后一个世纪那样，银价显著跌落，则此评价的恒久性会使统治者的收入大大减少。此外，如货币法定标准变动，同一银量，或被降低为较小的名义价格，或被提高为较大的名义价格，例如，一盎司银，原可铸五先令二便士，现在不照这办法，而用以铸二先令七便士或十先令四便士，那么，在前一种情况下吃亏的是纳税的地主，在后一种情况下吃亏的是收税的统治者。

因此，在与当时实际情况差不多的情形下，这种评价的恒久性，就不免要使纳税者或国家感到极大的不便。然而，只要时间过长，这种情况就必定会发生。各帝国虽与一切其他人为的事物相同，总有走上末路的一天，但它们却总图谋永生。所以帝国的任何制度，被认为应与帝国本身同样永久，都不但要在某种情况下是方便的，而且在所有情况下都应该是方便的。换言之，制度不应求其适合于过渡的一时的或偶然的情况，而应求其适合于那些必然的而因此是不变的情况。

法国有一些自称为经济学家的学者，他们认为，土地税应随地租的变动而变动，或依耕作状况的进退步而有所升降。这才是最公平的税。他们主张，一切赋税最终总是落在土地地租上。因此，应该平等地根据最后支付的地租来收税。一切赋税应该尽可能平等地落在支付它们的最后租金上，这无疑是对的。但是，他们这种极微妙的学说，无非立足于形而上的议论上，我不欲过多地与他们辩论。我们只要看以下的论述就可十分明了：何种赋税，最终出自地租；何种赋税，最终出自其他资源。

在威尼斯境内，一切租给农家的可耕土地，都征收约地租十分之一的税。租约要在公家登记册上登记，这登记册由各地区的税吏保管。倘若土地所有者自耕其地，其地租即由官吏公平估定，然后减去税额五分之一。因此，土地所有者对这种土地所纳的赋税，就不是估定的地租的百分之十，而是百分之八了。

与英国的土地税比较，这种土地税的确公平得多。但却不是那么确定。税额的评估常常可能给地主带来很大的烦恼，在征收上可能要耗费大得多的费用。

或许可以设计这样一种管理制度，既能在很大程度上防止上述的不确定性，又能在很大程度上减少上述费用。

比如，责令地主及佃农两方，必须同在公家登记册上登记租约。假若一方有隐匿或伪报，即处以相当的罚金，并将罚金一部分给予告发及证实此情况的人，这样，双方伙同骗取公家收入的弊端，可得到有效的防止。而一切租约的条件，就不难由这登记册得知了。

有些地主，对于租约的重订，不增地租，只要求若干续租金。在大多数情况下，这是败家子儿的做法，他们为贪取眼前的现金而舍去价值大得多的将来收入。不用说，在大多数情况下，这种行为都是有损于地主自己的，但也时常损害佃农，而在任何情况下，这都是对国家有害的。因为，佃农常会因此费去很大部分的资本，从而大大减低其耕作土地的能力，使他感到提供续租金而付较低的地租，反比增付较高的地租更加困难。况且土地税为国家最重要的一部分收入，因此，凡降低佃农的耕作能力从而损害土地税收入的事情，都对国家有害。总之，要求续租金，是一种有害的行为。假若对于这种续租金征收比普通地租重得多的赋税，该行为或可受到阻止，所有有关各方，如地主、佃农、统治者乃至全社会，均将受益匪浅。

上述那种管理制度，一方面也许可以免除由于不确定性而给纳税者带来的压迫与不便；另一方面，在土地的一般经营上，也许又可由此引进一种对全国土地的一般改良及良好耕作的计划或政策。

土地税随地租的变动而变动，其征收费用，无疑较额定税要多。因为，在这种制度下，不得不在各地多设登记机构，而当地主决定自耕其土地时，就需重新评定该地的地租，而两者都要增加费用。不过，这一切费用，大抵都很轻微，远比征收其他赋税的支出要低，而后者和土地税所提供的收入相比又是相当小的。

对可变土地税提出反对的最重要的理由是，它可能会阻碍耕地改良。因为，如果统治者不分摊改良的费用，那么地主就不太愿意从事土地的改良。然而，就是这种阻碍，也许能有办法免除。要是在地主进行改良土地之前，允许其会同收税官吏，依照双方共同选择的邻近地主及农夫各若干人的公平裁定，确定土地的实际价值，然后在一定年限内，依此评价征税，使其改良所费能完全得到赔偿，这样他就没有什么不愿改良土地了。这种赋税的主要利益之一，在于使统治者为自身收入的增加，而留心土地的改良。所以，为赔偿地主而规定的上述期限，只应求达到赔偿目的，不应定得太长；如地主享受这利益的时间太长，那就恐怕会大大阻碍统治者的这种注意了。可是，在这种情况下，与其把那期限定得太短，却不如定得略长一些。因为，促进统治者留意农事的刺激虽再大，也不能弥补哪怕是最小的阻碍地主改良土地的动机。统治者的注意，至多只能在极一般的极广泛的考虑上，看怎样做才有利于全国大部分土地的改良。至于地主的注意，则是在具体地详细地考虑，看怎样才能最有利地利用他的每寸土地。总之，统治者应在其权力所及范围内，以种种手段鼓励地主及农夫关注农事，就是说，使他们两者能依自己的判断及自己的方法，追寻自己的利益；让他们能最安全地享受劳动的报酬；并且，在领土内设置最便利最安全的水陆交通设施，使他们所有的生产物有最广泛的市场，同时可以自由无阻地输往其他各国。

假若这种管理制度，能使土地税不但无碍于土地的改良，而且对土地改良有所促进，那么土地税除了无可避免的纳税义务以外，就不会叫地主感到任何的不便。

社会状态无论怎样变动，农业无论怎样进步或退步，银价无论怎样变动，铸币标准无论怎样变动，这样一种赋税就算不加任何注意就能自然地很容易地与实际情况相适应。而且在这些变动下，都会显得公平合理。所以。最适当的办法，不是把它定为一种按某种评估来征收的土地税，而是把它定为一种不变的规定，或所谓国家的基本法。

有的国家，不采用简单明了的土地租约登记法，而不惜多费劳动力，实行全国土地丈量。它们这样做，也许因为怕出租人和承租人会伙同隐蔽租约的实际情况，以骗取公家收入。所谓土地丈量册，似乎就是这种非常准确的丈量的结果。

在以前普鲁士国王的领土内，征收土地税，都以实际丈量及评价为准，随时丈量，随时变更。依当时的评价，对普通土地所有者，征收其收入百分之二十至百分之二十五的税，对教士们征收其收入百分之四十至百分之四十五的税。西里西亚土地的丈量及评价，是依现任国王的命令施行，据说非常精确。按这一评价，属于布勒斯洛主教的土地，征其地租百分之二十五；新旧两教教士的其他收入，则取其百分之五十。条顿骑士团采邑及马尔达骑士团采邑，均收百分之四十。贵族保有地，为百分之三十八点三三，平民保有地，则为百分之三十五点三三。

按照一般丈量及评价而定的土地税，其开始虽很公平，但实行不多久，就必定变为不公平。为防止这一弊端，政府要不断地耐心地注意国内各农场的状态及其产物的一切变动。普鲁士政府、波希米亚政府、沙廷尼阿政府以及米兰公国政府，实际上都曾非常注意。不过，这种注意很不适于政府的性质，所以很难持久，即使能长久注意下去，久而久之，不但对纳税者无所助益，而且会引起更多的不便。

据说，在1666年，芒托本税区所征收的税赋，是以极精确的丈量及评价为准的。但到了1727年，这税却变得极为不公平了。为矫正这种弊病，政府没有其他办法，只得对全区征收了一万二千利弗的附加税。这项附加税，虽按规定要加在一切依照旧的估定税额征收贡税的地区，但事实上只加在实际上纳税过少的地方，用以补贴实际上纳税过多的地方。比如现在有两个地区，一个地区按实际情况应征税九百利弗，另一个地区应征税一千一百利弗。而按旧的估定税额，两者均征税一千利弗。在征收附加税后，两者的税额，都定为一千一百利弗。但要纳附加税的，只限于此前纳税少的地区；此前纳税多的地区，则由此附加税给予救济。所以后者所交纳的不过是九百利弗。附加税既完全用以救济旧估定税额上所生的不公平，所以，对政府毫无得失可言。不过，这种救济方法的运用完全是凭税区行政长官的裁夺，所以，在很大程度上是独断专行的。

不与地租成比例而与土地生产物成比例的赋税

土地生产物的赋税，实际就是土地地租的赋税。这一赋税，起先虽由农民垫支，结果仍由地主付出。当生产物的一定部分作为赋税付出时，农民必尽其所能计算这一部分逐年的大体价值究竟有多少，于是从他既经同意付给地主的租额中，扣除相当的数目。向教会缴纳的什一税，就是这类赋税。农民交出年产物，而不预先估算其逐年大抵价值，那是不可能的。

什一税及其他一切类似土地税，表面看似乎十分公平，其实极不公平。在不同情况下，一定部分的生产物，实际上等于不相同部分的地租。极肥沃的土地，往往产有极丰富的生产物；那生产物只需一半，就够偿还农耕资本及其普通利润，另一半，或者另一半的价值，在无什一税的场合，是足够提供地主的地租的。但是，租地者如把生产物之十分之一付了什一税，他就必须要求减少地租五分之一，否则，他的资本及利润，就有一部分没有着落。在这种情况下，地主的地租，就不会是全生产物的一半，而只有十分之四了。至于贫瘠土地，其产量有时是那么少，而费用又那么大，以致农家资本及其普通利润的偿还，需用去全生产物的五分之四。在此情况下，即使不收什一税，地主所得地租，也不能超过全生产物的五分之一。如果农民又把生产物的十分之一付了什一税，他就要从地租减除相等的数额，这样，地主所得，就要减到只相当于全生产物的十分之一了。在肥沃土地上，什一税往往不过每镑五分之一或四先令的税，而在较贫瘠土地上，什一税有时要等于每镑二分之一或十先令的税。

什一税是加在地租上的极不公平的赋税，因此对于地主改良土地及农夫耕种土地，常常是一大妨碍。教会不支出任何费用，却要分享如此大的利润。这样一来，地主就不会进行那些最重要的花费最大的的各种改良；农民也不肯种植那最有价值大抵也就是最多费用的谷物。欧洲自什一税实施以来，栽培茜草的国家只有荷兰联邦，因为那里是长老教会国家，没有这种恶税，并享有生产这种有用染料的垄断权。最近英格兰亦开始栽培茜草了，这就因为法律规定种茜草地每亩只征抽五先令，以代替什一税。

亚洲有许多国家，正如欧洲大部分地方的教会一样，其主要收入，都依靠征收土地税，这种土地税不与土地地租成比例而与土地生产物成比例。中国帝王的主要收入，由帝国一切土地生产物的十分之一构成。不过，这所谓十分之一是从宽估计的，据说许多地方还没有超过普通生产物的三十分之一。印度未经东印度公司统治以前，孟加拉回教政府所征土地税，据说约为土地生产物的五分之一。古代埃及的土地税，据说也为五分之一。

房租税

房租可以区分为两个部分：其一，或可称为建筑物租金；其二，通常称为地皮租金。

建筑物租金，是建筑房屋所花费资本的利息或利润。为使建筑业与其他行业立于同一水准，这种建筑物租金，就必须：第一，足够支给建筑业者一种利息，相当于他把资本对确实抵押品贷出所能得到的利息；第二，足够他不断修理房屋，换句话说就是他在一定年限内能收回其建筑房屋所费的资本。因此，各地的建筑物租金，或建筑资本的普通利润，就常受货币的普通利息的支配。在市场利率为百分之四的地方，建筑物的租金，如除去地皮租金后，尚能提供相当于全部建筑费用的百分之六或百分之六点五的收入，那建筑者的利润就算是足够了。在市场利率为百分之五的地方，就也许要提供相当于全部建筑费的百分之七或百分之七点五的建筑者利润，才算是足够的。利润既与利息成比例，如果建筑业的利润，在任何时候超过上述比率过多，则其他行业上的资本，将会有很多移用到建筑业上来，直至这方面的利润降到它正当的水平为止。反之，如果建筑业的利润，在任何时候低于该比率过多，则这方面的资本立即会移用到其他行业上，直至建筑业利润再抬高到原来的水平为止。

全部房租中，凡超过合理利润的部分，自然归作地皮租金。在地皮所有人与房屋所有人是两个不同的人的情况下，这部分大抵要全数付与前者。这种剩余租金，是住户为房屋所提供的某种真实或想象的利益而付给的代价。在离大都市遥远和可供选择建筑房屋很多的地方，那里的地皮租金，就几乎等于零，或比那地皮用于农业的场合所得不会更多。大都市附近的郊外别墅，其地皮租金有时就昂贵得多。至于特别便利，或周围风景佳美的位置，不待说，那是更加昂贵。在一国首都，尤其是在对房屋有最大需要的特别地段内（不问这需要是为了营业，为了游乐，或只为虚荣和时尚），地皮租金大都是最高的。

对房租所征的税，如由住户付出，且与各房屋的全部租金成比例，那就至少在相当长时期内不会影响建筑物租金。建筑业者如得不到合理利润，他就会不得已抛弃这一行业，这样一来，不用多久，建筑物的需求提高，他的利润便会恢复原状，而与其他行业的利润保持同一水准。这种税，也不会全然落在地皮租金上。它往往会这样自行区分为两部分，一部分由住户担当，另一部分由地皮所有人支出。

比方，假定有一个人，断定他每年能出六十镑的房租，又假定，加在房租上由住户支出的房租税为每镑四先令，或全租金的五分之一，那么，在这种情况下，六十镑租金的住宅，就要花费他七十二镑，其中有十二镑，超过了他能担负的额数。这样一来，他将愿意住差一点儿的，或租金为五十镑一年的房屋，这五十镑，再加上必须支付的房租税十镑，恰恰为他断定每年所能负担的六十镑的数额。为了付房租税，他得放弃房租贵十镑的房屋所能提供的另外便利的一部分。我说他得放弃这另外便利的一部分，因为他很少得放弃其全部。有了房租税，他会以五十镑租得一所无税时五十镑所租不到的较好的房屋。因为这种税既把他这个竞争者排除去，对于年租六十镑的房屋，竞争自必减少，对于年租五十镑的房屋，竞争亦必同样减少，以此类推，除了租金减到无可再减，而且会在一定时间因此增加其竞争的房屋外，对于其他一切房屋，竞争都会同样减少，其结果是一切竞争减少的房屋的租金都必会有多少下落。可是，因为减少的任何部分，至少在相当长时期内，不会影响建筑物租金，所以，其全部就必然要落在地皮租金上。因此，房租税最后的支付，一部分落在因为分担此税而不得不放弃其一部分便利的住户头上，另一部分落在因为分担此税而不得不放弃其一部分收入的地皮所有者头上。至于他们两者间，究竟以何等比例分担这最后支付，那也许是不容易断定的。大约在不同情况下，这种分配会极不一样；而且，随着这些不同情况，住户及地皮所有者，会因此税而受到极不相同的影响。

地租所有者由于此税所可能受到的不平等，完全是由于上述分担上偶然发生的不平等；但住户由于此税所可能受到的不平等，就除了分担上的原因以外，还有其他原因。房租对于全部生活费的比例，随财产的大小程度而不同。大约，财产最多，这种比例最大；财产逐渐减少，这种比例亦逐渐减低；直到财产最少时，这种比例最小。生活必需品是穷人支出的大部分。他们常有获得食物的困难，所以他们收入的大部分，都是花费在食物上。富者则不然。他们主要的收入，大都为生活上的奢侈品及虚饰品而花费掉；而豪华的居室，又最能陈饰他的奢侈品，显示他的虚荣。因此，房租税的负担，一般是以富者为最重。这种不平等，也许不算不合理。富者不但应该按照收入比例为国家提供费用，而且应该多贡献一些，难道可以说这是不合理的吗？

房租在有些方面，虽与土地地租相似，但在一个方面，却与土地地租完全不同。土地地租的支付，是因为使用了一种有生产力的东西，支付地租的土地，自己产生这种地租。至于房租的付给，却因为使用了一种没有生产力的东西。房屋乃至房屋所占的地皮，都不会生产什么。所以，支付房租的人，必须由其他与房屋绝不相关的收入来源中提取所需的款。只要房租税是落在住户身上，它的来源必与房租本身的来源相同，而必由他们的收入来支付，不管这收入是来自劳动工资、资本利润或土地地租。只要房租税是由住户负担，它就是这样一种税，即不是单独加在哪种收入来源上，而是无区别地加在上述一切收入来源之上，在一切方面都与任何消费品税有同一的性质。就一般而论，恐怕没有哪种费用或消费，比房租更能反映一个人费用的奢俭。对这种特殊消费对象按比例征税，也许所得收入，会较今日欧洲任何其他税收为多。不过，房租税如定得太高，大部分人会竭力避免，以较小房屋为满足，而把大部分费用移转于其他方面。

采用与确定普通地租所必须采用的方法，对确定房租就容易做到十分正确的地步。无人居住的房屋，自当免税。如果对它征税，那税就要全部落在房屋所有者身上，使他为不给他提供收入也不给他提供便利的东西完税。假设所有者自己居住，其应纳税额，不应当以其建筑费为准，而应按房屋如果要是租给别人所能得到的租金为准。假若依其建筑所费为准，那每镑三先令或四先令的税，再加上其他项税捐，就几乎会把全国的富户大家全部毁掉，并且，我相信，其他一切文明国如果都这样做，也都会得到同一结果。不论是谁，只要他留心考察本国若干富户大家的城中住宅及乡下别墅，他就会发现，如按这些地宅的原始建筑费百分之六点五或百分之七计算，他们的房租，就将近要等于他们地产所收的全部净租。他们所建造的宏壮华丽的住宅，虽积数代的经营，但与其原费相比，却仅有极少的交换价值。

与房租比较，地租是更妥当的征税对象。对地租征税，是不会抬高房租的。那种税将全由地皮所有者负担。地皮所有者总是以独占者自居，对于地皮的使用，尽可能地要求最大的租金。其所得租金是多是少，取决于竞相争用地皮的人是贫是富，换言之，取决于他们能够出多少来满足其对一块地皮的爱好。在一切国家，争用地皮的有钱人，以在首都为最多，所以首都的地皮常能得到最高的租金。不过，竞争者的财富不会因地皮税而有所增加，所以他们对于使用地皮，亦不愿出更多的租。地皮税是由住户垫支，或是由地皮所有者垫支，无关紧要。住户所必须付纳的税愈多，所愿付的地皮租就愈少。所以地皮税的最后支付，完全要落在地皮所有者身上。无人居住的房屋当然不应该收地皮税。

在许多场合，地皮租及其他普通土地地租，同为所有者不用亲自劳神费力便可享得的收入。因此，把他这种收入提出一部分充当国家费用，这对于任何产业，都不会有妨害。与未征税以前相比，地皮征税以后，社会土地劳动的年产物，即人民大众的真实财富与收入是不会变样的。这样看来，地皮租及其他普通土地地租，就是最宜于负担特定税收的收入了。

单在这方面，地皮租甚至比普通土地地租更适合作为特定税的对象。因为在许多场合，普通土地地租至少是部分归因于地主的关注和经营。地租税过重，足以构成一种妨害。地皮租则不然。地皮租就其超过普通土地地租的数目来说，完全是由于统治者的良好治理。它由于保护了全体人民或若干特殊居民的产业，使这些居民能对其房屋所占地皮，支付大大超过其实际价值的租金，或者说，使这些居民能对地皮所有者所偿付的比使用地皮可能遭受的损失更多。对于国家良好治理而存在的资源，课以特别的税，或使其纳税多于其他大部分收入资源以支援国家的费用，那是再合理不过的。

欧洲各国虽然大都对房租课税，但就我所知，没有一国把地皮租视为另一项税收的对象。税法设计者，对于确定房租中什么部分应归地皮租、什么部分应归建筑物租，也许曾感到几分困难。然而要把它们彼此区分，毕竟不是什么困难。

在英国，有所谓年土地税，照这种税法，房租税的税率应该是和地租税的税率相同。各不同教区和行政区，征收此税所定的评价，两者的税率常为一样。那在原来已是极不公平，现今依然如此。就全国大体来说，此税课在房租上的，依然比课在地租上的要轻一些。仅有少数几个地区，税率原来很高，而房租又稍稍低落，据说，每镑三先令或四先令的土地税，与实际房租的比例相等。无人居住的房屋，法律虽规定要纳税，而在大多数地区，估税吏特准免除了。这种免除，有时引起某些特定房屋的税率的小变动，但全地区的税率总是一样。房屋建筑修理，租金有增加，房租税却无增加，这就使特定房屋的税率，发生更大的变动。

在荷兰领土内，所有房屋，不管实际房租多少，也不管有人住着还是空着，一律按其价值，课税百分之二点五。对于无人居住的房屋，即所有者不能由此取得收入的房屋，也勒令纳税，尤其是纳那么重的税，未免苛刻。荷兰的市场利息率，普通不过百分之三，对于房屋的整个价值，课百分之二点五的重税，那在大多数场合，就要达到建筑物租金三分之一以上，或达到全部租金三分之一以上。不过，据以征税的评估，虽极不平等，但大都在房屋的实际价值以下。当房屋再建、增修或扩大时，就要重新评价，其房租税即以此新评价为准。

英国各时代房屋税的设计者，似乎都有这个想法，即要相当正确地确定各房屋的实际房租是非常困难的。因此，他们规定房屋税时，就根据一些比较明显的事实，即他们认定在大多数场合对房租保有相当比例的事实。

最初，有所谓炉捐，每炉取两先令。为要确定一房屋中究竟有几个炉，收税吏有挨家挨户调查的必要。这种讨厌的调查，使这种税成为一般人讨厌的对象。所以，革命后不久，即被视为奴隶制度的标志而废除了。

第二种是对于每住屋课以两先令的税。房屋有十扇窗，增课四先令，有二十窗乃至二十窗以上，增课八先令。此税后来大有改变。凡有窗二十乃至三十以下的房屋，课十先令；有窗三十乃至三十以上的房屋，课二十先令。窗数大抵能从外面计算，无论如何，总不必侵入各私人的内室。因此，关于这种税的调查，就没有炉捐那样惹人讨厌了。

往后，此税又经废止，而代以窗税。窗税设立后，亦曾有几次变更和增加。到今日（1775年1月）实行的窗税是英格兰每屋三先令，苏格兰每屋一先令以外，另对每个窗户课税。税率是逐渐上升的，在英格兰，由对不到七窗的房屋所课最低两便士的税，升至对有二十五窗乃至二十五窗以上的房屋所课最高两先令的税。

这各种税惹人反对的地方，主要在于不公平。而其中最坏的，就是它们加在贫民身上的，往往比加在富者身上的，反而要重些。乡间市镇上十镑租金的房屋，有时比伦敦五百镑租金房屋的窗户还要多。不论前者的住户怎么穷而后者的住户怎么富，但窗税既经规定下来，前者就得负担较多的国家费用。因此，这类税就直接违反前述四原则的第一原则了。不过，对于其他三原则，倒还不见得怎样违背。

窗税乃至其他一切房屋税的自然趋势是减低房租。很显然，一个人纳税愈多，他所能负担的房租就愈少。不过据我所知，英国自窗税施行以来，据统计所有市镇乡村的房屋租金，都多少提高了一些。这是因为各地房屋需求的增加，使房租提高的程度超过了窗税使其减低的程度。这一事实可以证明，国家繁荣程度已经增大，居民收入已经增多。假设没有窗税，房租也许是会提得更高的。

第二项：利润税——股票资本收入上的赋税

由资本所产生的收入或利润，自会分成两个部分：其一为支付利息，属于资本所有者；其二为支付利息以后的剩余。

后一部分利润显然是不能直接课税的对象。那是投资的报酬，并且，在大多数场合，这项报酬是非常微薄的。资本使用者必得有这项报酬，否则，从其本身利益打算，他是不会再做下去的。因此，假如他要按全利润的比例，直接受课税负担，他就不得不提高其利润率，或把这负担转嫁到货币利息上面去，即是少付利息。假若他按照税的比例而抬高其利润率，那么，全税虽或由他垫支，结果还是按照他的投资方法，而由以下两种人民之一付出。假若把他用作农业资本栽种土地，他就只能由保留较大一部分土地生产物或较大一部分土地生产物的价值，而抬高其利润率。他要想这样做得通，唯有扣除地租，这样，此税最后的支付，就落到地主身上了。假若把他用作商业资本或制造业资本，他就只能由抬高货物价格而提高其利润率。在这一场合，此税最后的支付，就要完全落到消费者身上。假若他没有抬高利润率，他就不得不把全税转嫁到利润中分归货币利息的那部分上去。他对于所借资本，只能提供较少利息，那税的全部，就最终由货币利息担当。在他不能以某一方法减轻他自己的负担时，他就只有采用其他方法来补救。

乍看起来，货币的利息，就好像和土地地租一样，是能够直接课税的对象。正如土地地租一样，货币利息，是完全除了投资危险与困难的报酬后所剩下的纯收入。地租税不能抬高地租，因为偿还农业家资本及其合理利润后所剩下的纯收入，决不能在税后大于税前。同此理由，货币利息税，也不能抬高利息率，因为一国的资本量或货币量，与土地量相同，税前税后，都是一样的。本书第一篇说过：普通利润率，到处都是受可供使用的资本量对于使用的资本量的比例的支配，换言之，到处都是受可供使用的资本量对于必须使用资本来进行的营业量的比例的支配。但资本使用量，或使用资本进行的营业量，决不会因任何利息税而有所增减。如果可供使用的资本不变，那么，普通利润率就必然要保持原状不变。但是，报偿投资者的危险和困难所必要的利润部分，也同样会保持原状不变，因为投资的危险和困难并无改变。因此，残余部分，即属于资本所有者，作为货币利息的部分，也必然要保持原状不变。所以，乍看起来，货币利息就好像和土地地租一样，是能够直接课税的对象。

然而与地租比较，货币利息是不宜于直接课税的，这有两种的情由。

第一，个人所有土地的数量与价值不可能是秘密，而且常能准确地确定。但是，一个人所拥有的资本金额，却几乎常是秘密的，很难准确地确定。此外，资本额容易随时发生变动。在一年之中，常常是一月、一日，也常有增减。对于各私人情况的调查，即为求适当课税而调查监视个人的财产变动，乃是非常使人生气的，是任何人都不能忍受的事情。

第二，土地是不动产，而资本则容易移动。土地所有者，必然是其地产所在国的一个公民。资本所有者则不然，他可以说是一个世界公民，他不一定属于任何一个国家。一国如果为了要课以重税，而多方调查其财产，他就会放弃这个国家，并且会把资本移往任何其他国家，只要那里比较能随意经营事业，或者比较能安逸地享有财富。他移动资本，这资本此前在该国所经营的一切产业，就会随之停止。耕作土地的是资本，使用劳动的是资本。一国税收如有驱逐国内资本的倾向，那么，资本被驱逐出去多少，统治者及社会两方面的收入源泉就要损失多少。资本向外移动，不但资本利润，就是土地地租和劳动工资，亦必因而缩减。

因此，要对资本收入课税的国家，历来都不采用严厉的调查方法，而往往不得已，以非常宽大的，因而多少有点儿随便的估算方法。采用这种课税方法，其极度的不公平不确定，只可用极低的税率才能抵偿。因为照此做的结果，每个人都会觉得，自己所交的税已远较其实际收入为低，那么邻人所交的税虽比他低一些，他也就没有什么想不通的了。

英格兰所谓土地税，原来是打算和对资本所课的税采用同一的税率。当土地税率为每镑课四先令，即相当于推定的地租的五分之一时，对于资本，也打算课其推定的利息的五分之一。当现行土地税初行的时候，法定利息率为百分之六，因此，每百镑资本应该课税二十四先令，即六镑的五分之一。自从法定利息率缩减为百分之五，每百镑资本应该只课二十先令。这所谓土地税征收的金额，乃由乡村及主要市镇分摊，其中一大部分是由乡村负担。市镇方面负担的部分，大半是课自房屋，其对市镇上的资本或营业（因为对于投在土地上的资本不打算课税）征税的部分，远在资本或营业的实际价值以下。因此，不论原始估定的税额怎么不公平，以轻微缘故，终没有引起何等纷扰。今日由于全国都比较繁荣，在许多地方，土地、房屋及资本的价值，已增高很多了，然而各教区、各地区对于这一切的课税，却依旧是继续使用那最初估定的税额，所以在现在看来，那种不公平，更无甚关系。加之，各地区的税率久无变动，这样一来，这种税的不确定性，就其课在个人的资本来说，已大大减少了，同时，也变得更不重要了。假若英格兰大部分土地，没有依其实际价值的一半估定税额，那么，英格兰大部分资本，就恐怕没有依其实际价值五十分之一估定税额。在若干市镇中，如威斯敏斯特，全部土地税都是课在房屋上，资本和营业全不征税。但伦敦不是如此。

无论哪个国家，都会谨慎地回避详查私人情况这类事情的。

在汉堡，每个居民，对其所有一切财产，都得对政府纳千分之二点五的税。由于汉堡人民的财产主要为资本，所以，这项税实可视为一种资本税。个人缴纳国库的税额，得由自己估定，每年在地方长官面前，把一定数额的货币，缴入国家金库，并宣誓那是他所有财产总额的千分之二点五，但无须宣布其财产额，也不受任何检查。这种税的缴纳，一般是非常忠实的。因为在一个小小的共和国中，那里的人民，都完全信赖长官，都确信赋税是维持国家所必需，并且都相信，所交的税将忠实地为维持国家而使用，这种凭良心的自发的纳税办法，有时是会行得通的，不限于汉堡人民。

瑞士翁德沃尔德联邦常有暴风及洪水的灾害，所以常有筹集临时费的必要。遇此场合，人民就聚在一起，非常坦白地宣布其财产额数，然后依此课税。在久里奇，根据法律，每有紧急需要，法律即命令各个人应依其收入比例纳税，对于该收入数额，人人负有发誓宣布的义务。据说，当地行政当局，从来没猜疑其同胞市民欺骗他们。在巴西尔，政府的主要收入，都出自出口货物的小额关税。一切市民，都应当宣誓要每三个月缴付按法律应纳的一定税款。一切商人，甚至一切旅店主人，都须亲自登记其在领土内外所卖的货物，每到三个月末尾，就把计算单——在该单下端算出税额——送呈国库官吏。绝没有人疑虑国库收入会因此受到损失。

对于各市民，加以公开宣誓其财产额的义务，在瑞士各联邦中，似乎不算是一件痛苦的事。但在汉堡，那就是了不得的痛苦了。从事冒险性贸易的商人，无时不害怕要公开其财产实况。据他料想，这十之八九要使他的信用破坏、企业惨败。至于从未从事此类冒险事业的质朴节约的人民，却不会感到他们有隐蔽其财产实情的必要。

荷兰在故奥伦治公爵就总督职后不久，对于全市人民的财产，课以百分之二或所谓五十便士取一的税。各市民自行估计其财产，以及完税的方法，全与汉堡相同。据一般推想，他们纳税也很诚实。当时人民，对于刚由全面暴动而树立的新政府抱有很大好感，而且这种税，是为了救济国家急需而设的，只征收一次。实在说，要是永久征下去，那就未免太重了。荷兰当时的市场利息率很少超过百分之三，如今对一般资本最高的纯收入，课以百分之二的赋税，即每镑征去十三先令四便士了。人民为担此重税，而不侵蚀其资本的恐怕不多吧。当国家万分危急之秋，人民基于爱国热忱，可能大大努力一下，放弃其一部分资本。但他们决不能长久这样做下去。假设长此做下去，这种税不久便会毁坏人民，使他们完全无力支持国家。

英格兰依土地税法案所课的资本税，虽与资本额成比例，但并不打算减少或分去资本的任何部分，而只打算按照土地地租税的比例，收与货币利息相等的税。所以，当地租税是每镑四先令时，货币利息税，亦是每镑四先令。汉堡所课的税，以及翁德沃尔德和久里奇所课更轻微的税，也同样打算以资本的利息或纯收入为对象，而不是以资本为对象。至于荷兰，其课税对象则为资本。

特定营业利润税

有些国家，对于资本利润，课有特别税，这资本有时是用在特殊商业部门的，有时是用在农业上的。

在英格兰，对于小贩商人及行商所课的税，对于出租马车及轿子所课的税，以及酒店主为得到麦酒、火酒零售执照所纳的税，都属于前一类税。在最近战争中，曾经提议对店铺方面课同类的税。战争发动起来了，有人说战争保护了本国商业，由此获利的商人，自应担负战争费用。

不过，对于特殊商业部门资本所课的税，最终都不是由商人（他在一切场合，必须有合理的利润，并且，在商业自由竞争的地方，他的所得也很少能超过这一合理利润）负担，而是由消费者负担。消费者必然要在买东西的价格上，支付商人垫付的税额。而在大多数场合，商人还会把价格提高若干。

当这种税与商人的营业成比例时，最终总是由消费者付出，于商人无所谓压迫。但当它不是与商人营业成比例，而同样课于一切商人时，虽最终亦是出自消费者，却对大商人有利，对小商人多少形成一些压迫。对于每辆出租的马车，一周课税五先令，对于每乘出租轿子，一周课税十先令，在这种税是由轿子的所有人分别垫付的范围内，那就恰恰和他们各自的营业范围成比例。照这样税法，它既不有利于大商人，也不压迫小商人。领麦酒贩卖执照所纳的税，每年二十先令；领火酒贩卖执照所纳的税，每年四十先令；领葡萄酒贩卖执照所纳的税，每年八十先令，这种税制，对于零卖酒店，通通一律看待，大营业者必然要获得若干利益，小营业者必然要受到若干压迫。前者要在货物价格上取得其垫付税款，一定比后者容易。不过，因为这税率轻微，虽不公平，亦不太重要，并且，在许多人看来，小麦酒店到处林立，予以小小房租，亦无不当。课于店铺的税，本来打算大小店铺多寡一律，而实际上也只得如此，无其他办法。这种税要想相当正确地按各店铺的营业范围比例课征，那除了采用自由国家人民绝难忍受的调查外，再也无法进行。这种税如课得很重，将成为小商人的重大压迫，并使全部零售业归于大商人手中。小商人的竞争既不存在，大商人即将享受营业上的垄断。如其他独占者相同，他们立即会联合起来，把利润大大抬高到纳税所需的限度以上。这样一来，店铺税的最后支付，就不是由店铺主担当，而是由消费者担当；消费者且还要为店主的利润，再付一大笔钱。因此之故，就把这种税的设计，抛在一边，而代以1759年所设的补助税。

当一种税加在特定商业部门的利润上时，商人们都会留意，使上市的货物量，不至于太超过他们能卖得足够偿还所垫付的税的价格的数量。他们有的由营业上撤回一部分资本，使市场上的供给，较之前减少，于是货物的价格上涨，那种税最后的支付，就落在消费者身上了。但是，当一种税课在农业资本利润上时，农民如果由那种用途撤回一部分资本，一定没有利益可言。农民占有一定量的土地，对土地支付地租，要求土地耕作适宜，那么一定的资本是必要的。如果他把这必要的资本撤回一部分，他更不会有能力支付地租或赋税。为了要付税，他的利益，决不是在于减少农作物产量，也决不是在于减少市上农作物供给量。因此，这种税决不会使他抬高其产物的价格，把税转嫁给消费者，以补偿所付的税。不过，农民也如一切其他营业者一样，须得有合理的利润，否则他就会放弃他这种职业。在他有了这种负担以后，他只有对地主少付地租，才能得到合理的利润。他必须缴纳的赋税愈多，假如这种税课在租约未满期以前，那就无疑会使农民陷于困难，甚或陷于破产。可是，重订租约时，这赋税就一定要转嫁于地主。

北美南部各州及西印度群岛，有所谓人头税，即对每个黑奴所课的税。恰当地说，这税就是加在农业资本利润上的一种赋税。因为耕作者大部分都是农民兼地主，所以这种税的最后支付，就由他们以地主的资格负担了。

对于农业使用的农奴，每人课以若干的税，以前全欧洲似乎都曾执行过，迄今俄罗斯帝国仍有这种税。也许是因为这个缘故吧，人们对于各种人头税，常视为奴隶的象征。但是，对于纳税者，一切的税，不仅不是奴隶的象征，反而是自由的象征。一个人纳了税，虽然表示他隶属于政府，但他既有若干纳税的财产，他本身就不是主人的财产了。加在奴隶身上的人头税和加在自由人身上的人头税是截然不同的。后者是由被征税的人自行支付，前者则是由其他不同阶级的人支付。后者完全是任意抽征的，或完全是不公平的，而在大多数场合，既是任意抽征又是不公平的。至于前者，在若干方面，虽是不公平的，因为不同的奴隶有不同的价值，但无论就哪方面来说都不是任意抽征的。主人知道他的奴隶人数，就必然知道他应当纳多少税。不过，这种不同的税，因为使用同一名称，所以常被人视为同一性质。

荷兰对于男女仆役所课的税，不是加在资本上的，而是加在开支上的，因此，就有类似加在消费品上的一种消费税。英国最近对于每个男仆课税二十一先令，与荷兰的仆役税相同。此税的负担，以中等阶级为最重。每年收入百镑者，或要雇用一个男仆，每年收入万镑者，却不会雇用五十个男仆。至于贫民，那是不会受影响的。

课在特定营业上的资本的利润税，绝不会影响货币利息。一个人放债，绝不会对资本用于有税用途的人，收取低于向资本用于无税用途的人所收的利息。一国政府，如企图按比较正确的比例，对各种用途的资本的收入一律课税，那在许多场合，这税就会落在货币利息上。法兰西的二十分之一即二十便士取一的税，与英格兰所谓土地税相同，同样以土地、房屋及资本的收入为对象。其对资本所课的税，虽不怎样严峻，但与英格兰土地税课在资本方面的比较，却要正确多了。在许多场合，它完全落在货币利息上面。在法兰西，人们往往把钱投资于所谓年金契约，这就是一种永久年金，债务者若能偿还原借金额，即可随时偿却，但债权者却除了特殊情况，不能赎回。这种二十取一的税，虽对这一切年金课征，但似乎没有提高这年金率。

第一项和第二项的附录

加在土地、房屋、资财上的资本价值的税

当财产为同一个人所拥有时，对于这财产所课的税，无论如何恒久，其用意绝不是减少或取去其财产的任何部分的资本价值，而只是取去该财产的收入的一部分。但当财产易主，由死者转到生者或由一个生者转到另一个生者时，就往往对这财产课以这种性质的税，使得必然要取去资本价值的某一部分。

由死者传给生者的一切财产，以及由生者过渡到另一个生者的不动产如土地、房屋，其转移在性质上，总是公开的，众所周知的，不能长久隐瞒的，所以对这种情况是可以直接征税的。至于生者彼此间在借贷关系上发生的资本或动产的转移，却常是秘密的，并可以长久保密。对于这秘密转移，直接征税不容易做到，所以采用两种间接方法：第一，规定债务契券，必须写在曾付一定额印花税的用纸或羊皮纸上，否则不发生效力；第二，规定此类相互接受行为，必须在一个公开或秘密的簿册上登记，并征收一定的注册税，否则同样不发生效力。对于容易直接课税的财产转移，即对各种财产由死者转移给生者的有关证件，及对不动产由一个生者转移给另一个生者的有关证件，也常常征上述印花税和注册税。

罗马古代由奥古斯都设定的二十便士取一的遗产税，即是对财产由死者转移给生者所课的税。关于此税，迪昂·卡西阿斯曾有详细的记述。据他所说，这种税，虽课于因死亡而发生的一切继承、遗赠和赠与行为，但受惠者如是最亲的亲属或穷人，则概予豁免。

荷兰对于继承所课的税，与此为同一种类。凡旁系继承，则依亲疏的程度，对其继承的全部价值课以百分之五乃至百分之三十的税。对旁系的遗赠，亦同此税法。夫妻遗赠，不论夫赠给妻或妻赠给夫，都取税十五分之一。直系继承，前辈对后辈的悲惨继承，则仅收取二十分之一。直接继承，如是长辈传与后辈的继承，不收税。父亲之死，对其生前同住的子女，很少有增加其收入，而且往往会大大减少其收入。父亲死了，他的劳动力，他在世所享有的官职，或某些终身年金，都要损失去的，如果再由课税取去其一部分遗产而加重这一损失，那就未免近于残酷和压迫。但对于罗马法所谓解放过了的子女，苏格兰法上所谓分过家了的子女，即已经分有财产，成有家室，不仰仗父亲，而另有独立财源的子女，情况则或有不同。父亲的财产留下一分，他们的财产就会实际增加一分。所以，对这财产所课的继承税，不会比一切其他类似的税，惹起更多的不便。

封建法使得死者遗给生者和生者让给生者的土地转移，通通有税。在以前，欧洲各国均把此税收作为其国王主要收入之一。

直接封臣的继承人，在继承采邑时，必须付一定税额，大概为一年的地租。假若继承人尚未成年，在他未成年期间，此采邑的全部地租都归国王，国王除扶养此未成年者及交付寡妇应得的部分的亡夫遗产（如果这采邑有应享遗产的寡妇）外，没有任何负担。继承人成年时，他还得对国王支付一种交待税，此税大概也等于一年的地租。就目前而论，未成年如为长期，往往可以解除大地产上的一切债项，而恢复其家族已往的繁荣。但在当时，不能有此结果。那时普遍的结果，不是债务的解除，而是土地的荒芜。

根据封建法，采邑保有者，如果不得到领主的同意，就不能转让地产，领主在给予同意时大抵要索取一笔金钱。起初，这笔钱的数额是随意指定的，后来，许多国家都把这项规定为土地价格中的一定部分。有的国家，其他封建惯例虽然大部分废止了，但土地让渡税却依然存在着，并且作为统治者收入的一个重要来源。在伯尔尼联邦，这种税的税率极高：土地为贵族保有的，占其价格六分之一；为平民保有的，占其价格十分之一。在卢塞恩联邦，土地变卖税，只限于一定地区，并不普遍。但是，一个人如果为了迁居异地而变卖土地，则需对卖价抽税十分之一。此外，在其他许多国家，有的对一切土地的变卖课税，有的则对依一定保地条件而保有的土地的变卖课税，这些税都或多或少构成统治者的一项重要收入。

上述交易可以印花税形式或注册税形式，间接对其课税，而此等税，可与转移物的价值成比例，也可不与转移物的价值成比例。

英国的印花税，不是按照转移的财产的价值（最高金额的借据，只须贴十八便士或三十便士的印花），而是按照契据的性质规定其税额的。最重的印花税，为每张纸或羊皮纸贴六镑印花。这种高税，大抵以国王敕许证书及某些法律手续为对象，不管转移物的价值是多少。英国对于契约或文件的注册不收税，只有管理此册据官吏的手续费罢了。此手续费亦很少超过对该管理者的劳动的合理报酬的数额。至于统治者，并未由此取得分文。

在荷兰，印花税和注册税同时并行。此等税的征收，在若干场合，是按照转移财产的价值的比例，而在其他场合，又没有按照这种比例。一切遗嘱，都需用印花纸书写，该纸的价格，与所处理的财产成比例，因此，印花纸的种类，就有由三便士或三斯泰弗一张，至三百佛洛林（即二十七镑十先令）一张的。假若所用印花纸，其价格低于其应当使用的印花纸的价格，继承财产就全部没收。这项税是对继承所课的其他税以外的税。除汇票及其他若干商用票据外，所有一切票据、借据等，都应完纳印花税。但此税不依转移物价值比例而增高。一切房屋、土地的变卖，以及一切房屋、土地的抵押契据，都须注册，而在注册时，并对国家纳变卖品或抵押品价格百分之二点五的税。载重二百吨以上之船舶，不问其有无甲板，变卖时也要完纳此税。这大概是把船舶看作水上的房屋吧。依法庭命令而变卖的动产，亦同样缴纳印花税百分之二点五。

法兰西亦是印花税和注册税同时并行。前者被视为国内消费税的一部分。实施此税的各州，都由国内消费税征收人员征收。后者则视为国王收入的一部分，由其他官吏征收。

这种由印花及注册课税的方法是非常晚的发明物，但不到一百年，印花税已几乎遍行于欧洲了，注册税也非常普遍。一个政府，向其他政府学习技术，其最快学会的，莫过于向人民口袋里掏钱的技术了。

对财产由死者转移到生者所课的税，最终地和直接地都要落在接受此财产者的身上。对土地变卖所课的税，却要完全落在卖者身上。卖者变卖土地，往往是迫于非卖不可，所以必须接受他所能得到的价格。至于买者，则没有非买不可的需要，所以，他只肯出他所愿出的价格。买者把土地所费的价格和赋税放在一起考虑，必须支付的赋税愈多，愿意出的价格就愈少。因此，这种税，常是由那些经济困难的人负担，所以一定是残酷的、压迫的。对变卖新房屋所课的税，在不卖地皮的场合，大抵是出自买者方面，因为建筑家总得获取利润，没有利润，一定会放弃这种职业。如果税由他垫支了，买者总得偿还他。对变卖房屋所课的税，一般由卖者负担，其理由与变卖土地相同。既然要卖，自然是因为有卖的必要或因为卖了对他方便些。每年卖出的新房数量，多多少少受需要的支配。如果需要不能给建筑家带来利润，他就不会继续从事建筑。至于每年出卖的旧房屋数，却是受偶发事故的支配，这些事故，大概与需要没有关系。一个商业城市上如果有两三件大破产事故发生，就会有许多房屋要出卖，并且都会以能够得到的价格出卖。对变卖地皮所课的税，亦由卖者负担，其理由与变卖土地同。借贷字据契约的印花税及注册税，全部出自求借者，而事实上也常是由他支出。诉讼事件所课的印花税及注册税，由诉讼者负担。无论就原告或被告来说，这种税都不免减少争讼对象的资本价值。为争得某财产所费愈多，到手后的纯价值一定愈少。

各种财产转移税，如果会减少财产的资本价值，必会减少用以维持生产性劳动的资源。人民的资本，总只用以维持生产性劳动者，统治者的收入，则多半是用以维持非生产性劳动者。这种税是牺牲人民的资本来增益国君收入，所以多少总是不经济的。

况且，这种税的征收，即使按照转移物的价值的比例，也还是不公平的。因为相等价值的财产未必都做同样次数的转移。至于不按照价值的比例征收，像大部分印花税及注册税，那就更不平等了。不过，这种税在任何场合都是明显确定的，而不是任意决定的。虽然有时不免加在无力负担的人身上，但支付期间大概总是便于纳税者。到了支付的日期，一般都会有钱来付税。此外，这种税的征收，费用极少。除纳税本身无可避免的不便外，它一般不至增加纳税者以任何其他的不便。

在法国，人们对印花税不曾有什么怨言，但对注册税，却怨言四起。它使租税包收人手下的人员有借口大事勒索的机会，而勒索又大抵是任意的、不确定的。反对法国现行财政制度的刊物，大半都是以这种注册税弊害为主题。不过，不确定似乎还不是这种赋税的内在性质。如果群众的抱怨确有理由，那弊害倒不是由此税的性质引起的，而是课税敕令或法规措辞有欠精确和明了。

抵押登记以及一切不动产权利的注册，因其给予债权者及买入者双方很大的保障，所以极有利于大众。至于其他大部分契约的注册，既对大众无何等利益，又往往对个人不便，而且危险。一般认为应保守秘密的登记簿根本就不应存在。个人的信用的安全，不应当信赖下级税官的正直与良心那样薄弱的保障。但是，在注册手续费成了统治者收入源泉的时候，则应注册的契约固须注册，不应注册的契约亦须注册，于是通常无限制地增设注册机关。法国有种种秘密的注册簿。这种弊害，虽或不是此税的必然结果，但我们总得承认，那是此税非常自然的结果。

英国课加在纸牌、骰子、报纸乃至定期印刷物等的印花税，恰当地说，都是消费税；这些税最后的支付，是由使用或消费这些物品的人负担。麦酒、葡萄酒及火酒零卖执照所课的税，虽原要加在这些零卖者的利润上，但结果同样由消费者负担。像这类税，虽然也是称为印花税，虽然和上述财产转移印花税一样，由同一收税人员用同一方法征收，但其性质完全不同，且由完全不同的资源担负。

第三项：劳动工资税

我曾在本书第一章努力表明，低级劳动者的工资，到处都受两种不同情况的支配，即劳动的需要和食物的普通或平均价格。劳动的需要，是增加呢，不增不减呢，还是减退呢，换言之，是要求人口增加呢，不增不减呢，还是减退呢，这支配着劳动者的生活资料，并决定那种生活资料是丰裕、是一般或是短少到什么程度。食物的普通或平均价格决定必须付给劳动者若干货币，使得他们每年能购买这丰裕或一般或少量的生活资料。当劳动需要及食物价格没有变动时，对劳动工资直接课税的唯一结果，就是把工资数目提高到稍稍超过这一税额以上。比如，假定有一个特定地方，那里的劳动需要及食物价格，使劳动普通工资为十先令一周。又假定，对工资所课的税，为五分之一，即每镑取四先令。假若劳动需要及食物价格保持原状，劳动者仍必须在那个地方获得那每周十先令所能购得的生活资料，换言之，必须在付过了工资税之后，还有每周十先令的可自由支配的工资。但是，为了使课税后，还让劳动者有这个工资额，那么，这地方的劳动价格，就得马上提高，不但要提高到十二先令，而且要提高到十二先令六便士。这就是说，为了使他能够支付五分取一之税，他的工资就必须立即提高，不但要提高五分之一，而且要提高四分之一。不论工资税率如何，在一切场合，工资不但会按照税率的比例增高，而且还会按照稍高些的比例增高。比方，此税率如为十分之一，劳动工资不久就会升涨八分之一，而不止十分之一。

对劳动工资直接所课的税，虽可能由劳动者付出，但严格地说，就连由他垫支也说不上；至少，在课税后劳动需要及食物价格仍保持课税前的原状的场合是如此。在这一场合，不但工资税，还有超过此税额的若干款项，其实都是直接由雇他的人垫支的。至于其最后的支付，则在各种不同的场合，由各种不同的人负担。制造业劳动工资由课税而提高的数额，垫支者为制造业主。制造业主是有权利而且是不得不把那垫支额以及因此应得的利润，转嫁到货物价格上的。因此，工资提高额及利润增加额，最终都是归消费者支付。乡村劳动工资由课税而提高的数额，垫支者为农场主。农场主为了维持以前相同的劳动人数，势必使用较大的资本。为了收回这较大资本及其普通利润，他须留下较大一部分的土地生产物，或较大一部分土地生产物的价值。其结果，他对地主就要少付地租。所以，劳动工资提高额及利润增加额，都要由地主负担。总之，在一切场合，对劳动工资直接课税，比之征收一种与该税收入数额相等的税，即适当地一部分课于地租，一部分课于消费品的税，必会使地租发生更大的缩减，必会使制造品价格发生更大的上涨。

如果对工资直接所课的税，不曾使工资相应地增高，那就是因为一般劳动需要因此发生了大大的减少。农业的衰退，贫民就业的减少，一国土地劳动年产物的减少，大概都是这种税的结果。不过，因有此税，劳动价格总一定会比在没有此税的场合依照需要的实际状况所会有的劳动价格高一些，并且，这上涨的价格，以及垫支此价格者的额外利润，最终总是由地主和消费者来负担。

对乡村劳动工资所课的税，并不会按照此税的比例而提高土地原生产物的价格，其理由，和农业家利润税不会按该说的比例而提高该价格一样。

这种税虽不合理，虽很有害，但有许多国家在实行。法国对乡村劳动者及日工的劳动所课的那部分的贡税，严格地说，即属这种税。这些劳动者的工资，乃依他们居住地的普通工资率计算，并且，为使他们尽可能少地受格外负担，每年所得，只按不超过二百日的工资估计。每人的税，依各年度的情形而每年不同，此等情形的评定，取决于州长委派协助他的收税员或委员。波希米亚于1748年开始变革财政制度的结果，对手工业者的劳动，课征一种非常重的税。这些手工业者，被分为四个等级：第一级，年税一百佛洛林，每佛洛林按一先令十便士半换算，计达九镑七先令六便士；第二级，年税七十佛洛林；第三级，年税五十佛洛林；第四级，其中包括乡村手工业者及城市最低级手工业者，年税二十五佛洛林。

我在本书第一章说过：优秀艺术家及自由职业者的报酬，必然对于比较低级的职业，保有一定的比例。因此，对这种报酬课税的唯一结果，就是使该报酬按略高于该税比例的比例而提高。假若报酬没像这样提高，那优秀的艺术及自由职业，就不再与其他职业立于同一的地位，于是，从事这些职业的人将大为减少，使其不久又重新回复到原先的地位。

政府官吏的报酬，因为不像普通职业的报酬那样受自由竞争的影响，所以，并不总是对这一职业的性质所要求的报酬保持适当的比例。在大多数国家，这种报酬，大都高于该职业性质所要求的限度。掌理国政者，对于自身乃至其直接从属者，大概都倾向于给予超过充分限度以上的报酬。因此，在大多数场合，官吏的报酬，是可以课税的。加之，任官职的人，尤其是任报酬较大的官职的人，在各国都为一般嫉妒的对象。对他们的报酬课税，即使较他种收入所税再高，也一定大快人心。比如，在英格兰，当各种其他收入被认为依照土地税法是每镑征四先令时，对于每年薪俸在百镑以上的官吏的薪俸，除皇室新成家者的年金海陆军官的薪俸，以及其他被人羡慕的若干官薪外，每镑实征五先令六便士，曾极得人心。英格兰没对劳动工资抽收其他直接税。

第四项：原打算无区别地加在各种收入上的税

原打算无区别地加于各种收入上的税，即是人头税和消费品税。这种税，必须不分彼此地从纳税者各种收入中支付，不管那收入是来自土地地租、资本利润或劳动工资。

人头税

人头税，如企图按照各纳税者的财富或收入比例征收，那就要完全成为任意的了。一个人财富的状态，日有不同。不加以很难堪的调查，至少，每年不新定一次，那就只有全凭推测。因此，在大多数场合，他的税额的评定，必然要依估税员一时的好意恶意为转移，必然会成为完全是任意的不确定的。

人头税，如不按照每个纳税人的推定的财富比例征收，而按照每个纳税人的身份征收，那就要完全成为不公平的。同一身份的人，其富裕程度，常不一样。

因此，这类税，如企图使其公平，就要完全成为任意的不确定的；如企图使其确定而不流于任意，就要完全成为不公平的。不论税率为重为轻，不确定总是不满的大原因。在轻税，人们或可容忍很大的不公平；在重税，一点儿的不公平，都是难堪的。

在威廉三世治世的时候，英格兰曾实行过种种人头税。大部分纳税者的税额，都是依其身份而定。身份的等差，有公爵、侯爵、伯爵、子爵、男爵、士族、绅士及贵族长子、末子等。一切行商坐贾，有财富在三百镑以上，换句话说，商贾中小康的，同样课税，至于三百镑以上的财富大小不同程度如何，在所不计。在考虑他们的税额时，考虑身份甚于考虑财富。有些人的人头税，起初是按照他们推定的财富课税，往后，则改按照其身份课税。法律家、辩护人、代诉人，起初是按其收入课人头税每镑三先令，往后，改为按绅士的身份课税。在课税的过程中，曾发觉所课的税，如不过重，相当程度的不公平，倒还没有什么；一不确定，人就不能忍受了。

法国由本世纪初推行的人头税，现仍在继续施行。人民中的最高阶级，所课税率不变；最低阶级，则依其推定的财富程度而每年各不同。宫廷的官吏，高等法院的裁判官及其他官吏、军队的士官等，都以第一种方法课税。各州的较低阶级人民，则以第二种方法课税。法国的达官显贵，对于对他们有影响的税，如不过重，即使很不公平，一般也肯接受；但州长任意估定税额的作风，他们则丝毫不能忍受。在那个国家，下层阶级人民，对于其长上认为适当而给予他们的待遇，都是忍耐地承受下去的。

英国的各种人头税，从未收足其所期望的金额，即从未收足征收如能做到精密应可收到的金额。反之，法兰西的人头税，却老是收足其所期望的金额。英国政府是温和的，当它对各阶级人民课征人头税时，每以税得的金额为满足；不能完纳的人，不愿完纳的人（这种人很多），或者因法律宽大，未强制其完纳的人，虽使国家蒙受损失，亦不要求其补偿。法国政府则是比较严酷的，它对每个课税区，课以一定的金额，这一金额，州长必竭尽所能收足。假若某州诉说所课税太高，可在次年的估定税额上，按照前年度多纳的比例予以扣减，但本年度估定多少，还是必须缴纳的。州长为了确能收足本税区的税额，有权把这一税额估定得比应收足的额大一些；这样，由纳税人破产或无力完纳而受到的损失，就可以从其余的人的格外负担来取偿。这种格外课税的决定，至1756年止，还是一任州长裁决。但在这一年，枢密院把这种权力，握在自己掌中。据见闻广博的法国赋税记录者观察，各州的人头税，由贵族及享有不纳贡税特权者负担的比例最轻。最大部分，乃课在负担贡税者身上。其办法是依他们所付贡税的多寡，每镑课以一定金额的人头税。

课加在低级人民身上的人头税，就是一种对劳动工资的直接税，征收这种税具有种种不便。

征收人头税，所费有限。如果严格厉行，就会于国家提供一项极确定的收入。就因为这个缘故，在那些不把低层人民的安逸、舒适及安全放在眼中的国家，人头税极其普通。不过，普通一大帝国由此取得的，往往不过是公共收入的一小部分；况且，这种税所曾提供过的最大金额，也往往可由其他对人民便利得多的方法征得。

消费品税

不论采用哪种人头税，想按照人民收入比例征收，都不可能；这种不可能，就引起了消费品税的发明。国家不知道如何直接地有比例地对人民的收入课税，就努力间接地对他们的费用课税。这种费用，在大多数场合，与他们的收入保持一定比例。对他们的费用课税，就是把税加在由那费用所支出的消费品上。

消费品既指必需品，也包括奢侈品。

我所说的必需品，不但是维持生活上必不可少的商品，而且需要按照一国的习俗。少了这种商品，富人固不待说，就是最低阶级的人民，亦会觉得有伤体面。例如，严格来说，麻衬衫并不算是生活上必要的。据我推想，希腊人、罗马人虽然没有亚麻，他们还是生活得非常舒服。但是现在，在欧洲大多数地方，哪怕一个日工，没有穿上麻衬衫，亦是羞于走到人面前去的。没有衬衫，在想象上是表示他穷到了丢脸的程度，并且，一个人没有做极端的坏事，是不会那样穷的。同样的，习俗使皮鞋成为英格兰的生活的必需品。哪怕最穷的体面男人或女人，没穿皮鞋也是不肯出去献丑的。在苏格兰，对于最下层阶级的男子，虽然在习俗上皮鞋是生活的必需品，但对同阶级的女子却不然，她们赤脚是没什么不体面的。在法国，无论男女，皮鞋都不是生活必需品。法国最下层阶级的男女，可穿着木屐或打着赤脚，走在人前，而无伤体面。所以，在必需品中，我的解释，不但包括那些大自然使其成为最低阶级人民所必需的物品，而且包括那些有关面子的习俗，使其成为最低阶级人民所必需的物品。此外，一切其他物品，我叫作奢侈品。不过，称之为奢侈品，并不是对其适度的使用有所非难。比如，在英国，啤酒、麦酒，甚至在葡萄酒产国，葡萄酒，我都叫作奢侈品。不论哪一阶级的人，他如完全禁绝这类饮料，决不致受人非难。因为，大自然没有使这类饮料成为维持生活的必需品，而各地风习，亦未使其成为少了它便是有失面子的必需品。

由于各地的劳动工资部分受劳动需要的支配，部分受生活必需品的平均价格的支配。所以，如果提高平均价格，就会提高工资，以使劳动者仍有能力来购买那些依照当时劳动需要情况应有的各种必需品，不管那时候劳动需要的情况是怎样——增加、不增不减或是减少。对这些必需品所课的税，必然会使其价格提高，并且要略高于那税额，因为垫支此税的商人，必定要收回这项垫支，外加由此应得的利润。因此，这种必需品税，必定使劳动工资按照必需品价格上涨的比例而提高。

这样一来，对生活必需品课税和对劳动工资直接课税所产生的影响恰恰相同。劳动者虽由自己手中支出此税，但至少在很长一段时间内，他甚至连垫支也说不上。这种税最终总是通过增加的工资而由其直接雇主垫还给他。如果雇主是制造业者，他将把这增加的工资，连同一定的增加利润，转嫁到货物的价格上，所以，这种税增加利润的支付将由消费者负担；如果雇主是农业者，这种税则将由地主负担。

对所谓的奢侈品课税，甚至对贫穷者奢侈品课税，则又当别论，课税品的价格上升，并不一定会让劳动工资增高。例如，香烟虽同为富者贫者的奢侈品，但对这奢侈品课税，不致提高劳动工资。香烟税在英格兰达原价三倍，在法国达原价十五倍，税率虽如此高，但劳动工资似不曾因此受到影响。茶及砂糖，在英格兰，在荷兰，已成为最低阶级人民的奢侈品了；巧克力糖，在西班牙亦然。对此等奢侈品课税，与对香烟课税同，也没有影响工资。对各种酒类所课的税，并无人设想其对劳动工资有何影响。浓啤酒每桶征附加税三先令，以致黑麦酒价格陡增，然而伦敦普通工人的工资，并未因此提高。在此附加税未课以前，他们每日工资，约为十八便士、二十便士，而现在所得，亦没有加多。

这类商品的高价，不一定会减少下等阶级人民养育家庭的能力。对于朴实勤劳的贫民来说，对这些商品课税，其作用有如取缔奢侈的法令，这种课税会使他们俭用或完全克制不用那些他们不能轻易买得起的奢侈品。由于这种强制节约的结果，他们养家的能力非但不因此税而减，反而往往会因此税而增。一般来说，养活大家庭以及供给有用劳动的需要的，主要都是这些朴实勤劳的贫民。当然，贫民并不都是朴实勤劳的，那些放肆的胡行的，在奢侈品价格上升以后，依然会像以前一样使用。但像这样胡行的人，能养育大家庭的少；他们的儿童，大概都因为照料不周处理不善及食物缺乏与不卫生而夭亡了。即使孩子能忍受双亲加于他们的痛苦活下去，双亲不当的行为通常也会败坏孩子的德行。这些孩子长大了，不但不能以勤劳贡献社会，反而会成为社会伤风败俗的害物。所以，奢侈品价格的上升，虽然不免会增加这种放纵家庭的困苦，不免多少降低其养家的能力，但并不会大大减少一国有用的人口。

必需品的平均价格，不论上涨多少，如果劳动工资不相应地增加起来，必然会多少降低贫民养家的能力，从而降低其供给有用劳动需要的能力，不管这种需要的情况如何，是增加，是不增不减，还是减少。

对奢侈品课税，除这一商品本身的价格外，其他任何商品的价格，都不会因此增高。对必需品课税，因其提高劳动工资，必然会提高一切制造品的价格，从而减少它们贩卖与消费的范围。奢侈品税，最终是由课税品的消费者无所取偿地支付的，它不分彼此地落在土地地租、资本利润及劳动工资等收入上。必需品税，在它影响贫民的限度内，最终有一部分是由地主以减少地租的方式支付的，另一部分则是由富有的消费者、地主或其他的人支付的，而且他们往往需要另付一个相当大的额外数额。为生活所必需，而且是为贫民消费的制造品，例如，粗制毛织物等，其价格的上涨，必然要由提高工资来使贫民得到补偿。中等及上等阶级的人民，如果真能了解他们自身的利益，他们就应该一致反对生活必需品税，反对劳动工资直接税。因为这两者最后全都要落在他们身上，而且总还附加一个相当大的额外负担。尤其是地主，他们的负担最重，他们对于这种税，常以两重资格支付：一是以地主资格，以减少地租的形式；二是以消费者的资格，以增加费用的形式。马太·德克尔对生活必需品税的观察是十分正当的。他认为，某种税转嫁到某种商品的价格上的，有时竟重复积累四次或五次。比如，就皮革价格而言，你不但要支付你自己所穿的鞋所用的皮革的税，还要支付一部分鞋匠及制革匠的鞋所用的皮革税；而且，这些工匠在为你服务期间所消费的盐、肥皂及蜡烛等税，甚而制盐者、制肥皂者、制蜡烛者，在他们工作期间所消费的皮革税，也都需由你付出。

英国对生活必需品所课的税，主要是加在刚才说过的那四种商品——盐、皮革、肥皂及蜡烛上。

盐为最普遍而且最古老的课税对象。罗马曾对盐课税，我相信，现在欧洲各地，无不实行盐税。一个人每年消费的盐量极少，并且，此少量的盐，还可零用零购。因此，盐税虽再重，似乎在人们看来，没有人会因此感到怎样难堪。英格兰的盐税，每蒲式耳三先令四便士，约三倍于其原价。在其他各国，此税还更高。皮革是一种真正的必需品。亚麻布的使用，使肥皂也成为必需品了。在冬夜较长的国家，蜡烛为各行各业的必要工具。英国皮革税和肥皂税，都是每磅三便士半。蜡烛则为每磅一便士。就皮革的原价来说，皮革税约达百分之八或百分之十；就肥皂的原价来说，肥皂税约达百分之二十或二十五；就蜡烛的原价来说，蜡烛税约达百分之十四或十五。这种种税，虽较盐税为轻，但仍是极重的。这四种商品既都是真正的必需品，如此的重税，势必多少增加那朴实勤劳贫民的费用，从而多少提高他们劳动的工资。

在英国冬季这样非常寒冷的国家，燃料一项，不独就烹调食物说，即就在户内工作的各种劳动者生活上的舒适来说，严格地讲，亦算是这个季节的必需品。在一切燃料中，煤是最低廉的。燃料价格对于劳动价格的影响是这样的重要，使得英国所有主要制造业，都局限在产煤区域；在其他区域，由于这一必需品的昂贵，它们就难得像这样便宜作业了。此外，有些制造业，如玻璃、铁及一切其他金属工业，常以煤为其职业上的必要手段。假设奖励金在某种场合，能够说是合理的，那么，对于把煤由国内产煤丰饶地带运往缺乏地带的运输加以奖励，那就恐怕说得上是合理的了。然而立法机构不但不加奖励，却对沿海岸运输的煤，一吨课税三先令三便士。此就多数种类的煤来说，已为出矿价格百分之六十以上。由陆运或由内河航运的煤，则一律免税。煤价自然低廉的地方，可以无税地消费，煤价自然昂贵的地方，却反而要负担重税。

这类税，虽然提高生活必需品价格，从而提高劳动价格，但对于政府，却提供了一项不容易由其他方法得到的大宗收入。因此，继续实行这类税，实有相当理由。谷物输出奖励金，在实际农耕状态下，有提高此必需品价格的趋势，所以必然要生出上述那一切恶果。可是，它对于政府，不但无收入可图，而且往往要支出一笔大的费用。对外国谷物输入所课的重税，在一般丰收年度，实等于禁止其进口。对活牲畜及盐腌食品输入的绝对禁止，是在法律的平常状态下实行的，现因此等物品缺乏，这条法律乃暂时停止适用于爱尔兰及英国殖民地的产品。这些规定，都有必需品税所有的一切恶果，而对政府却无收入可言。要废止这些规定，只要使大众确信由这些规定所设立的制度的无益就够了，似乎不必要采取其他手段。

对生活必需品所课的税，和英国比较，其他许多国家要高得多。许多国家，对磨坊研磨的麦粉及粗粉征税，对火炉上烘烤的面包征税。在荷兰，都市所消费面包的价格，据推测因此税增加了一倍。住在乡村的人，则有代替此税一部分的他种税，即根据假定每个人消费的面包的种类，每年各课税若干。例如，消费小麦面包的人，税三盾十五斯泰弗，约合六先令九便士半。这种税，以及同类其他若干税，据说，已由提高劳动价格而使荷兰大部分制造业归于荒废了。在米兰公园，在热那亚各州，在摩登那公国，在帕马、普拉逊蒂阿、瓜斯塔拉各公园，乃至在教皇领地，同类的税亦可见到，不过没有那样繁重罢了。法国有一位略有声名的著者，曾提议改革该国财政，以这最有破坏性的税，去代替其他各税的大部分。正如西西罗所说，“哪怕是顶荒谬绝伦的事，有时亦会有若干哲学家主张”。

家畜肉税比这些面包税，还要实行得普遍。固然，家畜肉在各地是否为生活必需品，可有怀疑余地。但据经验，有米麦及其他菜蔬，再辅以牛奶、干酪、牛油——弄不到牛油，则代以酥油——即无家畜肉，亦可提供最丰盛、最卫生、最营养、最增长精神的食物。许多地方，为了维持体面，要求人人穿一件麻衬衫，穿一双皮鞋，却没有一个地方要求人人吃家畜肉。

消费品，不论是必需品或是奢侈品，都可以两种方法课税。其一，可根据消费者曾使用某种货物消费某种货物的理由，叫他每年完纳一定的税额；其二，当货物还留在商人手中，尚未移交到消费者以前，即课以定额的税。一种不能立即用完而可继续消费相当的时间的商品，最宜于以前种方法课税；一种可以立即消费掉或消费较速的商品，则最宜于以后种方法课税。马车税及金银器皿税，为前者课税方法的实例；大部分的其他国内消费税及关税，则为后者课税方法的实例。

国内消费税，主要是课在那些由国内制造供国内消费的货物上。那种税，只课在销行最广的若干种货物上。所以，关于课税的货物，关于各种货物所课的特定税率，都清楚明白，没有夹杂丝毫疑问。这种税，除了前述盐、肥皂、皮革及蜡烛，或者还加上普通玻璃外，其余几乎全是课在我说的奢侈品上面。

关税的实行，远较国内消费税为早。此税称为习惯（customs），即表示那是由远古习用下来的一种惯例的支付。在最初，它似乎是看作对商人利润所课的税。在封建的无政府的野蛮时代，商人和城邑中其他居民一样，其人格的被轻蔑，其利得的被忌妒，差不多与解放后的农奴，无大区别。加之，大贵族们，既已同意国王对他们自己佃农的利润课税，对于在利益上与自己远远无关因而不想加以保护的那一阶级的利润，自然不会不愿意国王同样课以贡税。在那种愚昧时代，他们不懂得商人的利润无法对其直接课税，换言之，一切这种税的最后支付，都要落在消费者身上，此外还要加上一个额外负担。这种情况，他们哪里懂得呢。

与英国本国商人的利得比较，外国商人的利得，还遭更大的嫉视。因此，后者所税自然比前者更重。课税在外国商人与英国商人间有所区别，始于无知时代，以后，又由于独占精神，即要使本国商人在外国市场及本国市场占有利地位而存续下来。

除上述区别外，古时关税，对于一切种类货物，不问其为必需品或奢侈品，也不问其为输出品或输入品，都平等课税。同是商人，为什么某种货物商人，要比他种货物商人享有更多特惠呢？为什么输出商人，要比输入商人享有更多特惠呢？这似乎是那时的想法。

古时关税，分有三个部门。第一个部门，或者说，一切关税中行之最早的部分，是羊毛和皮革的关税。这种税，主要或全部都是出口税。当毛织物制造业在英格兰建立时，国王怕毛织物输出，失去了他的羊毛关税，于是把这同一种税，加在毛织物上面。其他两个部门，一为葡萄酒税，系对每吨葡萄酒课税若干，称为吨税，一为对其他一切货物所课的税，系对货物的推定价格每镑课税若干，称为镑税。爱德华三世第四十七年，对一切输出输入的商品，除课有特别税的羊毛、羊皮、皮革及葡萄酒外，每镑课税六便士。查理二世第十四年，此税每镑提高至一先令，但三年以后，又由一先令缩减至六便士。亨利四世第二年，又提高至八便士，两年后，又回到一先令。由此时至威廉三世第九年止，此税一直为每镑税一先令。吨税及镑税，曾经议会依同一法令，拨归国王，称为吨税镑税补助税。镑税补助税，在一个长时期内，都是每镑一先令，或百分之五，因此关税用语上所谓补助税，一般都是表示这种百分之五的税。这种补助税——现称旧补助税——至今仍照查理二世第十二年制定的关税表征收。按关税表审定应纳税货物价值的方法，据说在詹姆士一世时代以前就使用过的。威廉三世第九年、第十年两次所课的新补助税，系对大部分货物增税百分之五。三分之一补助税及三分之二补助税两者合起来又组成另外百分之五。1747年的补助税，为对大部分货物课征的第四个百分之五。1759年的补助税，为对若干特定货物课征的第五个百分之五。除这五项补助税外，有时为救国家的急需，有时为依照重商制度原理管制本国贸易，还有许多种税，课加在若干特定货物上面。

重商制度一天一天地流行起来了。旧补助税，对输出货物及输入货物不分差别，一律课征。以后的四种补助税，以及其他不时对若干特定货物所课各税，除若干特殊外，则完全加在输入货物上面。对本国产品及国内制造品出口所课的旧时各税，大部分或则减轻或则完全撤废，而多数是完全撤废。这些货物的输出，甚且发给奖金。对输入而又输出的外国货物，有时则退还其输入时所完税的全部，而在大多数场合，则退还其一部分。其输入时由旧辅助税所课的税，当其输出，只退还半额；但由以后的补助税及其他关税所课的税，当其输出时，对于大部分货物，则全部发还。这种对于输出所给的越来越大的好处以及对于输入所加的阻碍，不受其影响的，主要的只有两三种制造原料。这些原料，我们商人及制造业者，都愿其尽可能便宜地到达自己手中，并尽可能昂贵地到达他们外国敌手及竞争者的手中。为了这个缘故，所以有时允许若干外国原料，免税输入，例如西班牙的羊毛、大麻及粗制亚麻纱线。有时对国内原料及殖民地特产原料的输出加以禁止，或课以重税。比如，英国羊毛的输出是被禁止的；海狸皮、海狸毛及远志树胶的输出，则课以较重的税，英国自占领加拿大及塞尼加尔以来几乎获得了这些商品的独占。

我在本书第四篇说过，重商学说对于民众的收入，对于一国土地劳动的年产物，并不怎么有利。对于统治者的收入，也不见得比较有利，至少，在那种收入仰赖关税的范围内是如此。

这种学说流行的结果是，若干货物的输入，完全被禁止了。于是，输入商被迫走私；在某种场合，走私完全行不通，而在其他场合，所得输入的，亦至有限。外国毛织品的输入，完全被阻止了；外国丝绒的输入，也大大减少。在这种两场合，能由这些物品输入而征得的关税收入，完全化为乌有了。

课于许多外国进口物品从而阻止英国消费这些物品的重税，在许多场合，只不过奖励走私，而在一切场合，却把关税收入减少，使少于课征轻税所能收到的数额。绥弗特博士说，在关税的算术上，二加二不是四，有时只能得一；他这一议论，对我们现在所说的重税，是十分允当的。假若重商学说在多数场合没教我们把课税用作独占手段，不把它用作收入手段，那么，那种重税就决不会被人采用。

为使社会大多数人民，按照他们各自费用的比例，提供国家收入，似乎不必要对于费用所由而支出的每项物品课税。由国内消费税征取的收入，与由关税征取的收入，在想象上是同样平等地由消费者负担的。然而国内消费税，则只课加于若干用途极广、消费极多的物品上。于是，许多人有这种意见，以为如果管理适当，关税也可同样只课于少数物品上，而不致亏损公家收入，而且可给对外贸易带来很大的利益。

英国用途最广消费最多的外国货，现在主要是外国葡萄酒和白兰地酒，美洲及西印度所产的砂糖、蔗糖、酒、烟草、椰子，东印度所产的茶、咖啡、瓷器、各种香料及若干种类纺织物等。这种种物品，恐怕提供了现在关税收入的大部分。现在对外国制造品所课的税，如把刚才列举的外货中若干货物的关税除外，那就有一大部分，不是以收入为目的而征收，却是以独占为目的而征收，即要在国内市场上，给本国商人以利益。因此，撤废一切禁令，对外国制造品课以根据经验可给国家提供最大收入的适度的关税，我国工人可依然在国内市场上保持有很大的利益，而现在对政府不提供收入以及仅提供极少收入的许多物品，到那时亦会提供极大的收入了。

一种重税，有时会减少所税物品的消费，有时会奖励走私，其结果是，重税给政府所提供的收入，往往不及较轻的税所能提供的收入。

当收入减少，是由于消费减少时，唯一的救济方法，就是降低税率。

当收入减少，是由于奖励走私时，大抵可以用两种方法救济：一是减少走私的诱惑；二是增加走私的困难。只有降低关税，才能减少走私的诱惑；只有设立最适于阻止那种不法行为的税收制度，才能增加走私的困难。

根据经验，国产税法防止走私活动，比关税法效果大得多。在各税性质许可的范围内，把类似国产税的税政制度，用于关税方面，那就能大大增加走私的困难。这种变更轻而易举，许多人是设想得到的。

有人主张，输入应完纳关税的商品的进口商，可把这些商品搬进他自己所备的货栈，或寄存国家所备的货栈，一切听他自决，不过，在国家货栈保管的场合，其锁钥当由海关人员执掌，海关人员未临场，他不得擅开。假若这商人把货物运往自己的货栈，那就当立即付税，以后决不退还；并且，为确定那货栈内所存数量与纳税货物数量是否相符，海关人员得随时莅临检查。假若他把货物运往国家货栈，以备国内消费，不到出货时可不必纳税。如再输往国外，则完全免税；不过，他必须提供适当的保证，担保货物定要输出。此外，经营这些货物的商人，不论其为批发商或零售商，随时都要受海关人员的访问检查，并且还须提供适当的凭证，证明他对自己店铺中或货栈中全部货物，都付了关税。英国现在对于输入蔗糖、酒所课的所谓国产税，就是依此方法征收；这种管理制度，不妨扩大到一切输入品的课税，只要这些税与国产税同样，只课在少数使用最广、消费最多的货物上。如果现在所说的一切种类货物，都改用这种方法征收，那要设备十分广大的国家货栈，恐怕是不容易吧；况且，极精细的货物，或者，在保存上非特别小心注意不可的货物，商人决不放心寄存在别人的货栈内。

假若通过这种税务管理制度，就是关税相当的高，走私亦可大大阻止；假若各种税时而提高时而降低，提高能给国家提供最大收入就提高，降低能给国家提供最大收入就降低，老是把课税用作收入的手段，而不是用作独占的手段，那么，只须对使用最广、消费最多的少数货物课以关税，其所得似乎就有可能至少与现在关税纯收入相等，而关税还可因此成为和国产税同样单纯，同样明了，同样正确。在这种制度下，现在国家由外货再输出（实则会再输入以供国内消费）的退税所蒙受的收入上的损失，就可完全省免了。这项节省，数额非常大，再加上对国产货物输出所给奖励金的取消——这些奖励金事实上没有一种是以前所付的某某国产税的退税，其结果是，关税纯收入，在制度变更以后，无疑至少可和其未变更以前相等。

假若制度这样的变更，国家收入上并无何损失，全国的贸易及制造业，就确要获得非常大的利益。占商品最大多数的未课税商品的贸易，将完全自由，可来去运销于世界各地，得到一切可能得到的利益。这些商品，包含一切生活必需品及一切制造品的原料。生活必需品既是自由输入，其在国内市场上的平均货币价格必低落，因此，劳动的货币价格亦必在此限度内低落，但劳动的真实报酬却不至于减少。货币的价值，和它所能购买的生活必需品的数量相称，而生活必需品的价值，则与它所能换得的货币数量全然无关。劳动货币价格低落，国内一切制造品的货币价格，必然伴着低落，这样一来，国内制造品，就可在一切国外市场上获得若干利益了。若干制造品，因原料自由输入，其价格可降低更大。假若中国及印度生丝能够无税输入，英格兰丝制业者，就比法兰西和意大利的丝制业者，能更低廉地出卖其制品。在那种场合，外国丝绒的输入，就没有禁止之必要了。本国制造品的廉价，会保证我国商人不但能占有国内市场，而且能大大支配国外市场。就连一切课税品的贸易，亦会比现在有利得多。假若这些商品，因输往外国，由国家货栈取出，由于在这种场合，一切税都蠲免，那种贸易，就完全自由了。在此制度下，各种货物的运送贸易，将享有一切可能得到的利益。假若这些货物由国家货栈取出，是供国内消费，那就因为输入商此前在未找到机会把货物卖给商人或消费者时，没有垫付税金的义务，所以和那一经输入就要垫付税金的场合比较，他这时就能以更低廉的价格，出卖其货物了。这样，在同一税率下，就连有税的消费品的外国贸易的经营，也会比现在获得大得多的利益。

罗柏特·沃尔波尔有名的国产税案的目的，在于对葡萄酒及烟草设立一种与上面所提议的无大出入的税制。他那时向议会提出的提案，虽只含有这两种商品，但依一般推想，那只是一种更广泛计划的绪端。因此，与偷运商人利益结合在一块儿的营私党派，对这一提案，掀起了一种极不正当的反对骚闹。这骚闹的猛烈程度，使首相觉得非撤回那提案不可，而且以后再也没有人敢继起提议这个计划了。

对于由外国输入为国内消费的奢侈品所课的税，有时虽不免落在贫民身上，而主要则是归中产及中产以上的人民负担。如外国葡萄酒、咖啡、巧克力糖、茶、砂糖等的关税，都属此类。

对于国内产出、国内消费的较廉奢侈品，所课的税，是按照各人费用的比例，很平均地落在一切阶级人民身上。贫民付自身消费的麦芽、酒花、啤酒、麦酒的税；富者则付自身及仆婢所消费的各该物的税。

这里，须注意一件事，下层阶级人民或中层阶级以下人民的全部消费，在任何国家，比之中层阶级与中层阶级以上人民的全部消费，不但在数量上，而且在价值上，亦大得多。与上层阶级的全部费用比较，下层阶级的全部费用，要大得多。第一，各国的全部资本，几乎都是用作生产性劳动的工资，而分配于下层阶级人民。第二，由土地地租及资本利润所生收入的大部分，都是用作仆婢和其他非生产性劳动的工资及维持费，每年分配于这一阶级。第三，资本利润中有若干部分，是属于这一阶级，作为使用自己资本所得的收入。小商店店主、店伙计乃至一切零售商人每年挣得的利润额，到处都是非常之大，并在年收入中，占有极大的部分。第四，甚至土地地租中的若干部分，亦属于这一阶级，而在此若干部分中，一大部分为比中层阶级略低些的人所有，一小部分为最下层阶级人民所有，因为普通劳动者，有时亦保有一两亩的土地。这些下层阶级人民的费用，就各人分开来看，虽是极小，但就全体合拢来看，却常占社会全费用中的一个最大部分；一国土地劳动年产物中，把下层阶级所消费的除去，剩下来供上层阶级消费的，在数量上，在价值上，都总是少得多。因此，主要以上流阶级人民的费用为对象的税，比不分彼此地以一切阶级的费用为对象的税，甚至比主要以下层阶级费用为对象的税，其收入一定要少得多。换言之，即以年产物的较小部分为对象的税，比不分彼此地以全部年产物为对象的税，甚至比主要以较大部分年产物为对象的税，一定要少得多。所以，在以费用为对象的一切课税中最能提供收入的，就要算以国产酒类及其所用原料为对象的国产税；而国产税的这一部门，很多或者说主要是由普通人民负担。就以1775年1月5日为终止期的那个年度来说，这一部门的国产税总收入，计达三百三十四万一千八百三十七镑九先令九便士。

不过，我们要记住一件事：应当课税的，是下层阶级人民的奢侈费用，而不是他们的必需费用。对他们的必需费用，要是课税，其最后支付，要完全由上层阶级负担，即由年生产物的较小部分负担，而不由年生产物的较大部分负担。在一切场合，这种税必会提高劳动工资，或者减少劳动需要。不把那种税的最后支付加在上层阶级身上，劳动价格绝无从提高；不减少一国土地劳动年产物，即一切税最后支出的源泉，劳动需要绝不致减少。劳动需要由这种税而减少的状态不论是怎样，劳动工资都不免要因此提高到没有这种税的场合以上。并且，在一切场合，这提高的工资的最后支付，必定要出自上层阶级。

酿造发酵饮料及蒸馏酒精饮料，如不是为着贩卖，而是为自家消费，在英国都不课国产税。这种免税，其目的虽在于避免收税员往私人家庭作讨厌的访问与检查，其结果却常使此税的负担，加在富者方面的过轻，加在贫者方面的过重。虽然自家蒸馏酒精饮料，不甚通行，但有时亦有。在乡下，许多中等家庭及一切相当富贵的家庭，都在酿造他们自用的啤酒。他们酿造强烈啤酒所费，比普通酿造者每桶要便宜八先令。普通酿造者对其所垫付的一切费用及税金，都要得有利润。所以，和普通人民能够饮用的一切同质饮料比较，这些人家所饮的，至少每桶要便宜九先令或十二先令，因为普通人到处都感觉向酿酒厂或酒店零购所饮啤酒较为便当。同样，为自家消费而制造的麦芽，虽亦不受收税人员的访问和检查，但在这场合，每人却需纳税七先令六便士。七先令六便士等于麦芽十蒲式耳的国产税，而麦芽十蒲式耳可以说是节俭家庭平均全家男女儿童所能消费的数量。可是，飨宴浩繁的富贵家庭，其家人所饮用麦芽饮料，不过占其所消费的全部饮料的一小部分。但也许因为这个税，也许因为其他原由，自家制造麦芽，竟不及自家酿造饮料那样通行。酿造或蒸馏自用饮料的人，不必缴纳制造麦芽的人所缴纳的上述的税，其正当理由何在殊难想象。

往往有人说，对麦芽课以较轻的税，其所得收入，会比现在对麦芽、啤酒及麦酒课以重税所得的多得多。因为瞒骗税收的机会，酿酒厂比麦芽制造场要多得多，并且为自己消费而酿造饮料的人，免纳一切的税，而为自己消费而制造麦芽的人，却不能免税。

除上述关税及国产税外，还有若干更不公平更间接影响货物价格的税。法兰西称为路捐桥捐的，就是这种税。此在昔日撒克逊时代叫作通行税，其原来开征的目的，似与我国道路通行税及运河与通航河流通行税的目的相同，即用以维持道路与水路。这样的税，最宜于按照货物的容量或重量征收。在最初，这些税原为地方税或省税，用于地方或省方用途，所以在许多场合，其管理都是委托于纳税地方的特定市镇、教区或庄园，因为在设想上，这些团体，是会以这种或那种方法，负责实施这种税制的。可是此后在许多国家，对此全不负责任的统治者，把此项税收的管理权，握在自己掌中。他虽在大多数场合，把税大大提高，但在多数场合，却完全不注意它的实施。假若英国的道路通行税，成了政府的一个资源，那我们看看许多国家的榜样，就会十之八九地料到它的结果的。这些通行税，结果无疑是由消费者支出；但消费者所付的税，不是按照他付税时他的费用的比例，不是按照他所消费货物的价值的比例，而是按照他所消费货物的容量或重量的比例。当这种税不按照货物的容量或重量征收，而按照其核定的价值征收时，严格地说，它就成为一种国内关税或国产税，会大大阻碍一国最重要部门的商业，即国内贸易。

若干小国，对于由水路或陆路通过其领土，而从一外国运往另一外国的货物，课有与此相类似的税。此税在一些国家称为通过税。位于波河及各支流沿岸的若干意大利小国家，由此税取得一部分收入。这收入，完全出自外人。不妨害一国工商业，而由该国课加于他国人民的税，这也许是唯一的种类。世界最重要的通过税，乃是丹麦国王对一切通过波罗的海的商船所课之税。

像关税及国产税大部分那样的奢侈品税，虽完全是不分彼此地由各种收入一起负担，最终由消费货物纳税的人，不论这人是谁，无所取偿地为其支付，但却不常是平等地或比例地落在每个人的收入上。由于每个人的消费，是受他的性情支配，所以，他纳税的多寡，不是按照他的收入的比例，而是视他的性情为转移；浪费者所纳，超过适当比例，节约者所纳，不及适当比例。大财主在未成年期间，由国家保护获得了很大收入，但他通常由消费贡献给国家的，却极有限。身居他国者，对于其收入财源所在国的政府，可以说没在消费上作一点点贡献。假若其财源所在国，像爱尔兰那样，没有土地税，对于动产或不动产的转移，亦无任何重税，那么，这个居留异国者，对于保护其享有大收入的政府，就不贡献一个铜板。这种不公平，在政府就某些方面来说是隶属于或依赖于他国政府的国家最大。一个在附庸国拥有广大土地财产的人，一般在这场合，总是宁愿定居在统治国。爱尔兰恰好是处在这种附庸地位，无怪乎，对外居者课税的提议，会在该国大受欢迎。可是，一个人要经过怎样的外居，或何种程度的外居，才算是应当纳税的外居者，或者说，所课的税，应以何时开始何时告终，求其确定，恐怕不免有点儿困难吧。不过，我们如把这极特殊的情况除外，则由于此税所产生的个人在贡献上的不公平，很可能由那惹起不公平的情况，得到抵偿而有余；那情况就是，每个人的贡献，全凭自愿，对课税商品，消费或不消费，他可以完全自决。因此，如果此税的评定没有偏差，所税商品也很适当，纳税的人，总会比完纳他税少发牢骚的。当这种税由商人或制造者垫付时，最后付出此税的消费者，不久就会把它与商品价格混同起来，而几乎忘记自己付了税金。

这种税，是完全确定的，或可以说是完全确定的。换言之，关于应付纳多少，应何时完纳，即关于完纳的数量及日期，都能确定，不会留下一点儿疑问。英国关税或他国类似各税虽有时显出不确定的样子，但无论如何，总不是起因于这些税的性质，而是起因于课税法律措辞不很明了或不很灵活。

奢侈品税，大都是零零碎碎地缴纳，而且总是可能零零碎碎地缴纳，即纳税者什么时候需要购买多少课税品，就什么时候缴纳多少。在缴纳时间与方法上，这种税是最方便的或有可能是最方便的。总的来说，这种税符合前述课税四原则的前三个原则，不下于任何其他税。可是，对于最后第四个原则，就无论从哪方面说，都是违反的。

就此税的征收来说，人民所纳多于实际归入国库的数目，常比任何他税来得大。可能惹起此流弊的，一共有四种不同情况。

第一，征收此税，即在安排极其适当的场合，亦需要设置许许多多税关及收税人员。他们的薪俸与津贴，就是国家无所入而人民必须出的真正的税。不过，英国这种费用，还较其他大多数国家为轻，那是不能不承认的。就1775年1月5日为止的那个年度来说，英格兰国产税委员管理下各税的总收入，计达五百五十万七千三百零八镑十八先令八又四分之一便士，这个金额，是花了百分之五点五的费用征收的，不过，在此总收入中，要扣除输出奖励金及再输出退税，这使其纯收入缩减到五百万镑以下。盐税也是一种国产税，但其管理方法不同，其征收所费也大得多。关税的纯收入，不到二百五十万镑；征收人员薪俸及其他事件的费用，超过百分之十以上。但不论何处，海关人员的津贴，都比薪俸多得多，在若干港口，竟有多至两三倍的。因此，假若海关人员薪俸及其他开支达到了关税纯收入百分之十以上，那么，把征收此收入的全部费用合算起来，就要超过百分之二十或三十以上了。国产税的征收人员，几无任何津贴；又因这个收入部门的管理机构，为较近设立的机构，所以没像海关那样腐败。海关历时既久，许多弊害，相因而生，而且得到宽容。如果现在从麦芽税及麦芽酒税的征收的全部收入，都转向麦芽征收，国产税每年的征税费用，据料想可节约四万镑以上。如关税只对少数货物课征，而且依照国产税法征收，关税每年的征收费用，就恐怕可以节约得多得多了。

第二，这种税，对于某部门的产业，是必然要惹起若干妨碍或阻害的。因为被税商品常因此提高价格，所以不免要在此限度内妨碍消费，从而妨害其生产。假若此商品为国产品或国内制造品，其生产及制造所使用的劳动就要减少。假若为外国商品，其价格因课税而腾贵，那在国内生产的同类商品，固然会因此能在国内市场获得若干利益，而国内产业就有更大部分转向这种商品的生产。但是，外国商品价格这样的腾贵，虽会使国内某特殊部门的产业受到鼓励，但其他一切部门的产业，却必然要受到阻害。伯明翰制造业者所买外国葡萄酒愈贵，他为买此葡萄酒而卖去的一部分金属器具或者一部分金属器具的价格就必然愈贱。与此前比较，这部分金属器具对于他的价值减少了，促使他去增产金属器具的鼓励也减少了。一国消费者对他国剩余生产物付价愈昂，他们为买那生产物而卖去自己的一部分剩余生产物，或者说，一部分剩余生产物的价格就必然愈低。与此前比较，这部分剩余生产物对于他们的价值减少了，促使他们去增加这部分生产物的鼓励也减少了。所以，对一切消费品所课的税，都会使生产性劳动量缩减到在不税场合的自然程度以下：那消费品如为国内商品，则被税商品生产上所雇佣的劳动量缩减；如其为外国商品，则缩减的为外国商品所由而购买的国内商品生产上所雇佣的劳动量。此外，那种税，常会变更国民产业的自然方向，使它转向一个违反自然趋势的方向，而这方向大概都是比较不利的方向。

第三，走私逃税的企图，常常招致财产的没收及其他惩罚，使走私者陷于没落。走私者违犯国法，无疑应加重惩罚，但他常常是不会违犯自然正义的法律的人，假若国法没把大自然从未视为罪恶的一种行为定为罪恶，他也许在一切方面，都可以说是一个优良市民。在政府腐败，至少犯有任意支出，滥费公币嫌疑的国家，保障国家收入的法律，是不大为人民所尊重的。所以，如果不犯伪誓罪而能找到容易安全的走私机会，许多人是会无所迟疑地进行走私的。假装着对购买走私物品心存顾忌，尽管购买这种物品是明明奖励人家去侵犯财政法规，是明明奖励几乎总是和侵犯财政法规分不开的伪誓罪，这样的人，在许多国家，都被视为卖弄伪善，不但不能博得称誉，还徒使其邻人疑为老奸巨滑。公众对于走私行为既如此宽容，走私者便常常受到鼓励，而继续其忏若无罪的职业；如果税收法律的刑罚要落在他头上，他往往想使用武力来保护其已经惯于认为自己正当的财产。在最初，他与其说是犯罪者，也许不如说是个粗心的家伙，但到最后，他就屡屡对于社会的法律，做出最大胆最坚决的侵犯了。而且，走私者没落了，他此前用以维持生产性劳动的资本亦会被吸收到国家收入中或稳定收入中，而用以维持非生产性的劳动。这样一来，社会的总资本就要减少，原来可由此得到维持的有用产业亦要减少。

第四，此税的施行，至少使经营课税商品的商人，得服从税吏的频繁访问和讨厌检查，这样，他有时无疑要受到某种程度的压迫，而通常总是不胜其苦恼与烦累。前面说过，烦累虽然严格来说不算是费用，但为免掉烦累，人是愿意出费用的，所以烦累确与费用相等。国产税法，就其设定的目的说，是比较有效果的，可是在这点上，它却比关税更招人讨厌。商人输入课税商品时，如已付过关税，再把那货物搬往自己货栈中，那在大多数场合，就不会再受海关人员的烦扰。如货物由国产税课税，情形就不是如此；商人不断要受稽征人员的检查与访问，而随时得与他们周旋。因此之故，国产税比关税更不为人所喜欢，征收国产税的人员，亦更不为人所喜欢。有人说，国产税稽征人员，其执行职务，虽然一般地说，也许不比海关人员坏，但因为他们的职务，迫使他们常常要找邻人的麻烦，所以大都养成了海关人员所没有的冷酷性格。然而这种观察，十之八九是出于那些从事秘密买卖的不正当商人。他们的走私，常为国产税人员所阻止所揭发，于是以此讽刺。

不过，一有了消费品税，就几乎免不了这种对于人民的不便。就这种不便来说，英国人民所感受的，并不比政费和英国一样浩大的国家的人民所感受的来得大。我们这个国家，当然未达到完善之境，处处有待改良；但与各邻国相比，它却是同样良好或者较为优良。

若干国家，由于认为消费品税是对商人利润所课的税，所以货物每卖一次，就课税一次。其意以为，进口商或制造商的利润如果课税，那么，介乎他们与消费者之间的中间商人的利润，似乎要同样课税，始得公平。西班牙的消费税，仿佛就是依此原则设定的。这种税，对于一切种类的动产或不动产的每度变卖，最初抽税百分之十，后来抽百分之十四，现在抽百分之六。征收此税，不但要监视货物由一地向他地转移，而且要监视货物由一店铺向他店铺转移，所以不能不有许多的税务人员。此外，有了此税，需忍受税吏不时访问检查的，不仅是经营某种特定货物的商人，一切农业者，一切制造业者，一切行商坐贾，都在检查访问之列。实行此税的国家，其大部分地域，都不能为销售远方而生产。各地方的生产，都需和其邻近的消费相适应。乌斯塔里斯把西班牙制造业的没落，归咎于这种消费税；其实，西班牙农业的凋落，亦可归咎于此税，因为此税不但课于制造品，而且课于土地原生产物。

在那不勒斯王国，亦有同类的税，对一切契约价值，从而对一切买卖契约价值，征抽百分之三。不过此两者都比西班牙税为轻，并且该王国大部分城市及教区，都允许其付纳一种赔偿金作为代替。至于城市教区征取此赔偿金的方法，听其自便，大概以不阻碍那地方的内地商业为原则。因此，那不勒斯的税，没有西班牙税那样具有毁坏性。

大不列颠联合王国各地通行的划一课税制度——只有少数无关重要的例外——几乎使全国内地商业及内地沿海贸易，完全自由。对内贸易的最大部分货物，可由王国的一端运往他端，不要许可证和通过证，也不受收税人员的盘请、访问或检查。虽有若干例外，但都是无碍于国内商业的任何重要部门的。沿海岸输送的货物，固然要有证明书或沿海输送许可证，但除煤炭一项外，其余几乎都是免税的。由税制划一而取得的这种对内贸易的自由，恐怕就是英国繁荣的主要原因之一，因为每个大国，当然是本国大部分产业生产物的最好的最广泛的市场。假若把同一的自由扩张到爱尔兰及各殖民地，则国家的伟大和帝国各部分的繁荣，说不定要远过于今日呢。

在法国，各省实行的各种税法，不但需要在国家边界，而且需要在各省边界，设置许许多多稽征人员，以阻止某种货物的输入，或对那种货物课以一定税额。这样一来，国内商业就要受到不少的妨害。有若干省，对于盐税，得缴纳一种赔偿金代替；而在其他各省，则完全豁免。在全国大部分地方，赋税包收人享有烟草专卖权利，而在若干省，不实施烟草专卖。与英格兰国产税相当的税，其情况各省大不相同。有若干省不收此税，而代以一种赔偿金或其同等物。在其他征收此税且采用包税制度的各省，还有许多地方税，那些税的实施，只限于某特别城市或特别地区。至于与我国关税相当的税，则分法国为三大部分：第一，适用1664年税法，而称为五大包税区的各省，其中包括皮卡迪、诺尔曼及王国内地各省的大部分；第二，适用1667年税法，而称为外疆的各省，其中包括边境各省的大部分；第三，所谓与外国受同等待遇的各省，这些省，许与外国自由贸易，但与法国其他各省贸易时，所受关税待遇，亦与外国相同。如阿尔萨斯、茨图尔、凡尔登三个主教管区，如邓扣克、贝昂那、马赛三市，都属于这个部分。在所谓五大包税区各省（往时关税分为五大部门，每部门原来各成为一特定承包的对象，所以有这个称呼；现在，各部门已合而为一了）及所谓外疆各省，都各设有许多地方税，那些税的征收，限于某特定城市或特定地区。与外国受同等待遇的各省，亦征有某些地方税，马赛市特别是如此。这种种税制如何阻碍国内商业，以及为守护实行这些税的各省各区的边界必要增添多少收税人员，都不言而喻，无需细述。

除了这复杂税制所产生的一般约束外，法国对于其重要性仅次于谷物的产物，即葡萄酒的贸易，在大多数省还加有种种特殊约束。这些约束的产生，是由于某些特定省区葡萄园所享有的特惠，大于其他各省。产葡萄酒最出名的各省，我相信，就是在葡萄酒贸易上受约束最少的省。这些省所享有的广泛市场，鼓励它们，使它们在葡萄的栽培上，在葡萄酒的调制上，能实行良好的管理方法。

然而这种花样复杂繁多的税法，并非法国所特有。米兰小公国，共分六省；关于若干种类的消费品，各省各定有特别的课税制度。而更小的帕马公爵领土，亦分有三四省，各州亦同样有其个别的课税制度。在这样不合理的制度之下，如不是土壤特别肥沃，气候非常调适，这些国家，恐怕早就沦为最贫穷最野蛮的国家了。

对消费品所课的税，有两种征收方法：其一由政府征收，在这场合，收税人员由政府任命，直接对政府负责，并且政府的收入，随税收不时的变动而年各不同；其二则由政府规定一定额数，责成赋税包收者征收，在这种场合，包收者得自行任命其征收员，这种征收员虽负有按照法律指定方法征税的义务，但是受包收者监督，对包收者直接负责。最妥善最节约的收税方法，决不是这种包税制度。包收者除垫付规定税额和人员薪俸及全部征收费用外，至少还需从收入税额中，提取和他所拿出的垫款，所冒的危险，所遇的困难，以及应付这非常复杂事务所必要的知识与熟练相称的利润。政府如自己设置像包收者所设的那样管理机构，由自己直接监督，至少这种利润——常为一个非常大的巨额——是可以节省的。承包国家任何大项税收，必须有大资本或大信用。单为了这条件，这种事业的竞争，便会局限于少数人之间。况且，持有相当资本或信用的少数人中，具有必要知识或经验的，更为少数。于是这另一条件，就把那竞争局限于更少数人之间。此有资格竞争的最少数人知道，他们彼此团结起来，于自己更有利，于是大家不为竞争者，而为合作者，在包税投标的时候，他们所出的标额，就会远在真实价值以下。在公家收入采用包收制的国家，包收者大概都是极富裕的人。单是他们的富，已够惹起一般人的嫌恶；而往往与这类暴发财富相伴的虚荣，以及他们常用以炫耀其富裕的愚蠢的卖弄，更会增大人们的嫌恶。

公家收入的包收者对惩罚企图逃税者的法律，绝不会觉得过于苛刻。在国家万分吃紧，统治者对其收入的足数收到定是非常关心的时候，赋税包收者很少不乘机大诉其苦，说法律如不较现行加厉，付出平常的包额，也将无法办到。在此国家紧急关头，他们是有求必应的；所以，这种包收税法，就一天苛酷一天。最惨忍的税法，常常见于公家收入大部分采用包收制的国家；而最温和的税法，则常常见于统治者直接监督征收的国家。统治者虽再愚暗，对于人民的怜悯心情，也一定远过于包税人。他知道，王室恒久的伟大，依存于其人民的繁荣；他决不会为一时之利而破坏这种繁荣。在赋税包收者，情形就两样了；他的昌盛，常常是人民没落的结果，而不是人民繁荣的结果。

包税者，提供了一定金额，有时不但取得一种赋税的权力，而且取得对于课税品的独占权力。在法国，烟草税及盐税，就是以这种方法征收的。在此场合，包税者不仅向人民课取了一个过度的利润，而且课取了两个过度的利润，即包税者的利润和独占者的更大利润。烟草为一种奢侈品，买与不买，人民尚得自由。但盐为必需品，每个人是不能不向包税者购买一定分量的；因为这一定分量，他如不向包税者购买，就会被认为是从走私者那里购买的。对这两种商品所课的税，都异常繁重。其结果是，走私的诱惑，简直不可抵抗；但同时由于法律的严酷，包税者所用人员的提防，受到诱惑的人，几乎可以肯定总有破产的日子。盐及烟草的走私，每年使数百人坐牢，此外，被送上绞架的人数也很可观。然而税由这种方法征收，对政府可提供很大的收入。1767年，烟草包额为二千三百五十四万一千二百七十八利弗，盐包额为三千六百四十九万二千四百零四利弗。此两项包征，自1768年起，更约定继续六年。着重统治者收入而轻视民膏民脂的人，恐怕都赞同这种征税方法。因此，在许多其他国家，特别是在奥地利及普鲁士领土内，在意大利大部分小国，对于盐及烟草，都设立了同种的赋税与独占。

在法国，国王实际收入的大部分，来自八个源泉，即贡税、人头税、二十取一的税、盐税、国产税、关税、官有财产及烟草包征。最后五者，各省大抵都采用包征制，而前三者，则各地都置于政府直接监督及指导之下，由税务机关征收。就取自人民的数额的比例来说，前三者实际归入国库的，要比后五者为多；后五者管理上更为虚糜滥费，那是世所周知的。

现在法国的财政状态，似乎可以进行三项极显明的改革。第一，撤废贡税及人头税，增加二十分取一的税，使其附加收入，等于前两者的金额，这样，国王的收入便得保存；征收费用可以大减；贡税及人头税所加于下层阶级人民的烦累，会全然得到阻止，而且大部分上层阶级的负担，也不致比现在更重。前面说过，二十分取一的税，差不多与英格兰所谓土地税相类似。贡税的负担，最终要落在土地所有者身上，那是一般所承认的；人头税的大部分，乃按照贡税每镑若干的比率，课于贡税的纳税者，所以此税大部分的最后支付，也是由同一阶级人民负担。因此，二十分取一的税，即使按照贡税及人头税两税所提供的税额增加，上层阶级的负担仍不因以此加重。不过，因现在贡税课于每个人的所有地及租户不很公平的缘故，一经改革，许多个人，就不免要加重负担。所以，现在享有特惠者的利害关系及由此利害关系出发的反对，恐怕就是最能阻止此改革及其他相类似的改革的障碍。第二，划一法国各地的盐税、国产税、关税、烟草税，即划一一切关税和一切消费税，这样，这些税的征收费用，便可远较今日为少，并且，法国的国内商业，亦得与英国国内商业同样自由。第三，把这一切税，全部归由政府直接监督指导的税务机关征收，这样一来，包税者的过度利润，就加入国家收入中。可是，与上述第一种改革计划同样，由个人私利出发的反对，亦能够阻止这最后两种改革计划的实现。

法国的课税制度，在一切方面，似乎都比英国为劣。英国每年从八百万以下的人民，征取一千万镑税款，绝未闻有什么阶级受到压迫。据埃克斯皮利神父搜集的材料，及《谷物法与谷物贸易论》著者的观察，法国包括洛林及巴尔在内，人口约共二千三百万乃至二千四百万，这个数目，将近有英国人口三倍之多。法国的土壤及气候，是优于英国的。法国土地的改良及耕作，是远在英国之先的，所以凡属需要长久岁月来建造和积累的一切事物，例如大都市以及城市内乡村内建筑优良，居住舒适的房屋等，法国都胜于英国。没有这种种利益的英国，还能不大费周折地征收赋税一千万镑，法国总该可以不大费周折地征收三千万镑吧。然而根据我手边最好但我承认是极不完全的报告，1765年及1766年法国输归国库的全收入，只在三亿零八百万利弗乃至三亿二千五百万利弗之间，折合英币，尚未达到一千五百万镑。以法国人民的数目，照英国人民的同一比例纳税，可期望其能得三千万镑。上述金额还不到三千万镑的半数，然而法国人民所受捐税的压迫，远甚于英国人民，那是世所公认的。不过，欧洲除英国外，法国还算是有最温和最宽大政府的大帝国呢。

在荷兰，课于生活必需品的重税，据说，曾破坏了该国一切主要制造业。连渔业及造船业，恐怕也会逐渐受其阻害。英国对必需品所课的税很轻，没有任何制造业受过它的破坏。英国制造业负担最重的税，只有几种原料进口税，特别是生丝进口税。荷兰中央政府及各都市的收入，据说每年有五百二十五万镑以上。荷兰人口不能认为超过了英国居民的三分之一，因此，按人口比例计算，荷兰租税肯定是重得多了。

在一切适当课税对象都课过了税之后，假若国家的急需状态仍继续要求新税，那就必须对于不适当的对象课税了。因此，对必需品课税，并非荷兰共和政府的愚昧无知。由于共和国要取得独立，维持独立，所以平常虽然节约异常，但遇到费用浩大的战争，就不得不大事举债。加之，荷兰和西兰，与其他国家不同，为了保住其存在，换言之，为不给海水所吞没，就得花一项巨大费用，因而就得大大加重人民赋税的负担。共和的政体，似为荷兰现在的伟大的主要支柱。大资本家大商家，或者直接参加政府的管理，或则间接具有左右政府的势力。他们由这种地位，取得了尊敬和权威，所以哪怕与欧洲其他地方比较，在这一国使用资本，利润要轻些；在这一国贷出资金，利息要薄些；在这一国从资本取得的少许收入所能支配的生活必需品和便利品要少些，但他们仍乐于居住在这一国。这些富裕人民定居的结果是，尽管荷兰障碍繁多，该国的产业仍能在某种程度上活跃着。一旦国家灾难发生，这共和国的政体陷于破坏，全国统治落于贵族及军人之手，这些富裕商人的重要性，因此全然消失，他们就不会高兴再住在不为人所尊敬的国家。他们会带着资本迁往他国，这样一来，一向由他们支持的荷兰产业和商业，就立即要紧跟在资本之后而他适了。

第三章　论公债

在商业未开展，制造业未改进的未开化社会，对于仅能由商业及制造业带来的高价奢侈品还一无所知的时候，就像我在第三篇说过的那样，拥有巨大收入的人，除了维持他可能维持的人外，再也不能有其他消费或享受那种收入的方法了。在任何时候，一笔大收入，都可说是对大量生活必需品的支配。在那种未开化社会状态下，那收入一般都是以大量必需品支付的，即粗衣粗食的原料，如谷物、牲畜、羊毛及生皮等。当时既无商业，又无制造业，所以这些物资的所有者，找不到任何东西用以交换消费不了的大部分物资，除了尽其所有，用以供人吃穿外，他简直无法处置其剩余部分。在此情况下，富者及有权势者的主要费用，就是不奢华的款待和不炫耀的施舍。我在本书第三篇也曾说过，这种款待和施舍，是不容易使人陷于破产的。至于利己的享乐就不同了，即使是最微小的，其追求的结果，有时甚至是聪明人也免不了破产。例如斗鸡的狂热，曾经使许多人破了产。我相信，由上述性质的款待或施舍而败家的人，当然不会很多，但由铺张的款待和炫耀的施舍而败家的则为数极多。在封建时代，我们的祖先之间，同一家族长久继续保有同一地产的事实，可充分表示他们生活上量入为出的一般倾向。大土地所有者不断行着乡下式的款待，看来虽与良好的理财原则不可分离的生活秩序有所背离，但我们得承认他们至少也知道节省，没把全部收入尽情消费掉。他们大概有机会卖掉其一部分羊毛或生皮取得货币。这货币的一部分，他们也许是用以消费当前所能提供的某种虚荣品及奢侈品，但还有一部分，则常是照原样蓄藏起来。实际上，他们除了把节约的部分蓄藏着，也就不好再怎么处置。经商吧，那对于一个绅士是不名誉的；放债吧，当时视为非义，而且为法律所不许，那是更不名誉的。加之，在那种混乱的时代，说不定有一天会被赶出自己的住宅，所以，在手边藏蓄一点儿货币，以便那时候携带一些公认为有价值的东西逃往安全地带。在普遍积蓄货币的同时，人们还藏匿这些货币。动不动就有埋藏物被发现，无主财宝的发现，可充分证明，当时积蓄及藏匿货币的事，是非常流行的。有一个时候，埋藏物简直成了统治者的一个重要收入部分。然而在今日，哪怕全王国的一切埋藏物，也不可能成为一个多财绅士的主要收入了。

节约与藏蓄的倾向，流行于民间，也同样流行于统治者之间。我在本书第四篇说过，在没有什么商业及制造业可言的国家，统治者所处境地，自然会使他奉行积蓄所必要的节约。在那种境地，就是统治者的费用，亦不能由他的虚荣心支配。他喜欢有一个华丽装饰的宫廷，但那个无知的时代，却只能给他提供一点儿无甚价值的小玩意儿。而这就构成他宫廷的全部装饰。当时无常备军的必要的支出，所以，像其他大领主一样，就连统治者的费用，除了用以奖励其佃户、款待其家臣外，几乎没有用处。但是奖励及款待，很少会没有节制，而虚荣则几乎都没有节制，因此，欧洲一切古代统治者，都有大量财宝。即使在今日，听说每个鞑靼酋长还是积有财宝的。

在拥有各种高价奢侈品的商业国内，统治者像其国家内一切大土地所有者一样，自然会把他的收入的大部分，用于购买这些奢侈品。他本国及邻近各国，供给他许许多多的各种高价装饰物，这些装饰物，形成了宫廷华丽但无意义的壮观。统治者属下的贵族们，为了追求次一等的同种壮观，一方面打发其家臣，一方面让租地人独立，这样一来，他们就渐次失掉了权威，以致与统治者领土内其他大部分富裕市民，没有区别了。左右他们行为的热望，也左右他们统治者的行为。在他的领土内，个个富有者都在追逐这种享乐，怎能叫他一个人富而不淫呢？假使他没把这么大的部分的收入用于享乐（他多半是如此），以致减弱国防力量，那么，超过维持国防需要的那一部分的收入，是不能期望他不消费的。他平常的费用，就等于他平常的收入；费用不超过收入，就算万幸了。财宝的积蓄，再无希望；一旦有特别急需，需要特别费用，他定然要向人民要求特别的援助。1610年法兰西国王亨利四世死后，欧洲大统治者中蓄有很多财宝的，据推测只有普鲁士现国王及前国王。不但是统治者政府，即便是共和政府，为积蓄而行节约的事亦是同样罕见的。意大利各共和国以及尼得兰共和国都负有债务。伯尔尼联邦积有不少的财宝，但在欧洲是仅见的。瑞士共和国其他联邦，全无积蓄可言。崇尚某种美观，至少，大国王的宫廷自然是崇尚堂皇的建筑物及其他公共装饰物的，就连那些小共和国看似质朴的议会议事堂也往往如此。

一国在平时没有节约，到战时就只好举借公债。战争爆发时，国库中，除了充当平时设施所必要的经常的款项外，没有其他款项。战时为国防设备所需的费用，须三四倍于平时，因此在战时的收入，也须三四倍于平时收入。即使统治者马上就有一种办法，能按照费用增大的比例而增大他的收入——这几乎是不会有的——这增大收入的源泉，必出自赋税，而赋税的征收，大抵要经过十个月乃至十二个月，才有税款收入国库。可是，在战争爆发的瞬间，或者说，在战争似要爆发的瞬间，军队必须增大，舰队必须装备，防军驻扎的都市必须设防，而这军队、舰队、防军驻扎的都市，还需供给武器、弹药及粮食。总之，在危险来到的瞬间，马上就要负担一项大的费用。这费用是不能等待新税逐渐地慢慢地纳入国库来应付的。在此万分紧急的情况下，除了借债，政府再不能有其他方法了。

商业社会状态，由于道德原因的作用，使政府有借款的必要，使人民具有贷款的能力和贷款的意向。如果这种商业社会状态通常带来借款的必要，那么它也同样带来借款的便利。

商人和工厂主众多的国家，必然有很多这样的人，不仅是他们自己的资本，而且有愿意以货币借给他们或以货物委托他们经营的人的资本，频繁地在他们手中进出，比不做生意，不从事生产事业，靠自己收入为生的私人的收入通过自己手中的次数，要频繁得多。像上面所说那种私人的收入，经常每年只通过他自己手中一次。但一个商人，如从事那本利能迅速收回的商业，他的全部资本及信用，就往往每年会通过他手中三四次。因此，一个商人多工厂主多的国家，必然有很多的人是愿意随时都能以巨额款项贷与政府。所以，商业国人民，都具有借贷能力。

任何国家，如果没有具备正规的司法行政制度，以致人民对自己的财产所有权没有安全感，以致人民对于遵守契约的信任心，没有法律予以支持，以致人民设想政府未必经常地行使其权力，强制一切有支付能力者偿还债务，那么，那里的商业制造业，很少能够长久发达。简言之，人民如对政府的公正没有信心，这种国家的商业制造业，就很少能长久发达。大商人大工厂主如平时信任政府，敢把财产委托政府保护，到了非常时期，就也敢把财产交给政府使用。把款借给政府，绝不会减少他们进行商业及制造业的能力；反之，通常会增大那种能力。国有急需，大抵会使政府以极有利的条件来借款。政府付与最初债权者的债券可以转移给任何其他债权者。并且，由于人民普遍信任政府，那债券大概能以比原价高的价格在市场上买卖。商人或有钱人，把钱借给政府，可从此赚到钱，他的营业资本不但不会减少，反会增加。政府如允许他参与新债的最初发行，他大抵会视为一种优待。所以，商业国人民，都具有贷款的意向和意愿。这种国家的政府，极易产生这种信念，即在非常时期，人民有能力把钱借给它，而且愿意把钱借给它。它既预见到借款的容易，所以在平时就不再节约了。

在未开化的社会，既无大商业资本，亦无大制造业资本。个人把他所能节约的货币，都藏蓄起来；凡所藏蓄的货币，都隐匿起来；他这么做，因为他不相信政府，并且怕他的藏蓄被知道、被发觉了，立即就要被掠夺。在这种状态下，遇着危急的关头，能贷款给政府的必然很少，愿贷款给政府的简直没有。作为统治者，预知借款绝不可能，所以他就觉得，须为紧急关头预先节约。这种先见之明，把他节约的自然倾向加强了。

巨额债务的积累过程，在欧洲各大国差不多是一样的，目前各大国人民，都受此压迫，久而久之，说不定要因而破产。国家与个人一样，开始借款时，通常全凭个人信用，没有指定特别资源或抵押特别资源来保证债务的偿还。在这种信用失效以后，它们继续借款，就以特别资源作抵押。

英国所谓无担保公债，就是依前一方法借入的。它有一部分为全无利息或被认为全无利息的债务，类似个人记账的债务；一部分为有利息的债务，类似个人用期票或汇票借入的债务。凡对特别服役所欠的债务，对尚未给付报酬的各种服役所欠的债务，陆军海军及军械方面临时开支的一部分，外国君王补助金的未付余额，海员工资的未付余额等，通常构成前一种债务。有时为支付这种债务的一部分和有时为其他目的而发行的海军证券或财政部证券，构成后一种债务。财政部证券自发行之日起算利息，海军证券利息自发行后六个月算起。英格兰银行，通过自动按照时价贴现这种证券，以及通过与政府议定以某种报酬条件代替它流通财政部证券，即按额面价格收受该证券并支付其所应付的利息等办法，使该债券保值，便利了流通，从而使政府能够常常借到这种巨额的公债。在法兰西，因无银行，国家证券有时需打百分之六十或百分之七十的折扣出售。在威廉王大改铸币时代，英格兰银行认为应当停止其平常的业务，财政部证券及符契，据说要打百分之二十五乃至百分之六十的折扣买卖。究其原因，一部分是革命时期，新政府是否安定尚未可知；另一部分，则是英格兰银行没给予援助。

这种手段行不通，而政府举债，需要指定或抵押国家特定收入来担保债务的偿还时，政府在不同时候，曾使用了两种不同的方法。有时这种指定或抵押限于短期，如一年或数年；有时又是永久性的。在前一场合，作为抵押的收入，据推想在限定期间内足够付清所借货币的本金及其利息。在后一场合，作为抵押的收入，据推想只够支付利息或等于利息的永久年金，政府几时能偿还借入的本金，就偿清它。货币以前一种方法借入，通称为预支法；以后一种方法借入，则通称为永久付息法或简称为息债法。

近代各国政府平时的费用，多半是等于或者大约等于其收入。所以战争一旦发生，要政府按照费用增加的比例而增加收入，就不仅非其所愿，而且非其所能。它们之所以不愿，是因为突然增加如此巨额的税，恐伤害人民感情，使得他们厌恶战争。它们之所以不能，因为战争所需费用不定，赋税应增加多少才够，没有把握。各国政府所碰到的这两重困难，如采取举债办法，就容易解决了。借债能使它们只要增税少许，就可逐年筹得战争所需的费用，并且，通过永久息债，它们可能以最轻微的增税，逐年筹得最大的款。在一个大帝国中，住在首都的人，以及住在远离战场地带的人，大都不会由战争感到什么不便；反之，他们却可优游安逸地从报纸上读到本国海陆军的功勋，而乐在其中。这种享乐，是很可补偿他们战时所纳赋税对平时所纳赋税的小小超过额的损失的。他们通常都不满意和平的恢复，因为那样一来，他们那种享乐便要中止，并且，由于战争长期继续而可能实现的征服及国家光荣的无数虚幻的希望都化为乌有了。

可是，和平虽然恢复了，但在战争中加重的大部分赋税负担，却很少能够解除。那些赋税，都作了公债利息的担保。假若旧税和新税，在支付公债利息及开支政府经常费用外尚有剩余，此剩余部分，也许会转作偿还债务的基金。不过，第一，此基金，即使不移作其他用途，一般也远远不够在和平继续期间，偿付全部战债；第二，这基金几乎都被移用于其他目的。

征收新税的唯一目的，就在于偿付以此为担保的借款的利息。若有剩余，那剩余的部分，大概都是出乎意料或计划之外的，所以很少有很大的数额。基金的产生，通常都是由于以后应付利息减少，而很少由于收到的税额超过应付利息或年金的数额。1655年的荷兰偿债基金，以及1685年教皇领地的偿债基金，都是这样形成的，所以，这种基金往往不足以偿还债务。

当国家太平无事，而有种种特别开支的必要时，政府都觉得开征新税，不如挪用以往偿债基金来得便利。不论开征任何新税，人民都会感到痛苦，因而引起怨声引起反对。课税的种类愈繁多，已课的各税愈加重，人民对于任何新税的怨声必然愈大，于是另课新税或加重旧税，就非常困难。至于暂时停止偿还债务，人民是不会马上感到痛苦的，因此也不致引起怨言，也不致引起不平之鸣。所以，挪用偿债基金，常为摆脱目前困难的最佳方案。可是，公债所积愈多，研究如何缩减公债愈成为必要，而滥用偿债基金，就愈危险愈会导致毁灭。公债减少的可能性愈少，挪用偿债基金来应付平时种种特别开支的可能性和必然性愈大。当一国国民已负担过度的赋税，除非迫于新的战争，除非为报国仇，除非为救国难，人民是不能再忍受新税的课征的。所以偿债基金，常不免于滥用。

有一位作者认为，欧洲各债务国的公债，特别是英国的公债，是国内其他资本以外的另一个大资本；有这个资本，商业的扩展，制造业的发展，土地的开垦和改良，比单靠其他资本所能成就的要大得多。可是，主张此说的作者，没有注意到以下的事实，即最初债权者贷与政府的资本，在贷与的那一瞬间，已经由资本的机能转化为收入的机能了，换言之，已经不是用以维持生产性劳动，而是用以维持非生产性劳动了。就一般而论，政府在借入资本的当年，就把它消耗了浪费了，不能指望将来能再生产什么。固然，贷出资本的债权者往往不仅仅收到了和该资本等价的公债年金，这年金无疑会偿还他们的资本，使他们能进行和从前一样或更大规模的实业或贸易，就是说，他们可卖出此年金，或以此年金作担保借款，向他人取得或借入等于或多于他们所贷与政府的资本的新资本。但是，像他们这样由他人取得或借入的新资本，以前一定是存在这国家中，并且与其他资本同样用以维持生产性劳动。一旦转入国家债权者手中时，虽然从某一方面来看，对这些债权者是新资本，但对该国家而言并不是新资本，那不过是由某种用途抽去转作其他用途的资本罢了。所以，就他们私人来说，贷与政府的资本，虽有所收获，但就整个国家来说，却无所收获。如果他们不把这资本贷与政府，那国家用以维持生产性劳动的资本或年生产物，就有两份而不止一份了。

当政府为开支行政费用，以当年未用作担保的赋税筹措收入时，人民收入的一定部分，只不过是从维持某种非生产性劳动，移来维持另一种非生产性劳动罢了。人民用以付税的款项中，有一部分无疑是可以存起来成为资本，用以维持生产性劳动的。但其大部分大概是消费掉，用来维持非生产性劳动。不过，国家费用在这么开销的情况下，无疑会多少成为新资本进一步积蓄的阻碍，但不一定会破坏现存的资本。

当国家费用由借债开支时，该国既有资本的一部分，必逐年受到破坏，以前用以维持生产性劳动的若干部分年生产物，必会被转用来维持非生产性劳动。不过，在这种情况下所征的赋税，较前一种情况为轻，所以，人民个人收入上的负担较少，而人民节约收入一部分以积成资本的能力，亦因此减损较少。与用本年度税收开支本年度费用的方法比较，借债的方法，如果在较大程度上破坏旧的资本，也就在较小程度上妨害新资本的获得或积累。在借债制度下，社会一般资本时时由政府浪费所造成的损失，是更容易由人民的节约与勤劳得到弥补的。

不过，只有在战争期间，举债制度才优于其他制度。要是战争费用总能从当年的收入来开支，那么，那由特别收入所得来的赋税，将不会超过那一年。与举债制度比较，人民在这种制度下的积蓄能力，在战时虽较小，在平时则较大。战争不一定会导致旧资本的破坏，和平则必会促成更多新资本的积蓄。一般地说，在这种制度下，战争总是很快就结束，也不会胡乱地就发动。在战争继续期间，人民因困于战争的负担，不久便会对战争产生厌倦，政府为了要迎合人民的意向，必会适可而止，不敢故意延长。在战争时期，繁重而不可避免的负担，是可以预知的，如果没有确实的利益可图，人民当不肯轻易主战。因此，人民积蓄能力受到损害的时期不是常见的，即使有那个时期，也是不会持续太久；反之，积蓄能力强大的时期，要比在借债制度下长久得多。

况且，债务一经增加，则由于增加的赋税，即使在平时，其损害人民积蓄能力的程度，亦往往与上述征税制度在战时损害这种能力的程度不相上下。现在英国平时收入，每年达一千万镑以上。假若各种赋税都不曾用作担保，而且都管理得宜，哪怕从事最激烈战争，亦无需借一个先令的新债即可够用。现在采用了有害的举债制度，所以英国居民个人收入在平时所受负担，居民积蓄能力在平时所受损害，也与消耗最大的战时一样了。

有人说，支付公债利息，有如右手支给左手。所有货币，都未流出国外，只不过把一国某阶级居民收入的一部分，转移到其他阶级罢了，国家不会因此比从前更穷。这种辩解，全是基于重商学说的诡辩；我对此学说已经加以详细的讨论，似乎无需再在这里赘述。此外，主张此说者认为，全部公债都募自国人，此绝非事实，我国公债就有很大一部分是荷兰人及其他外国人的投资。即使全部公债没有外国人投资，也减少不了公债的危害。

土地及资本，是私人和公家一切收入的两个源泉。资本不论是用在农业、制造业或商业上，都是支付生产性劳动的工资。这两个收入源泉的支配，属于不同的两群人，即土地所有者和资本所有者或使用者。

土地所有者为了自身收入，必须修理或建筑其佃户的房屋，营造和维持其田庄的必要沟渠和围墙，从事其他应由地主进行或经营的种种改良，使其所有土地能保持良好的状态。但如果土地税繁多，以致地主收入大减，各种生活必需品税和便利品税繁多，以致该收入的真实价值大减，那地主就会弄得没有能力进行或维持这种种要花很多费用的改良。地主不能尽他的本分，租地人也就完全无能力尽他的本分。总之，地主的困难愈增加，该国的农业就必然愈荒废。

如果各种生活必需品和生活便利品的税征收，使资本所有者及使用者觉得他们资本所得的收入，在某一国家，不能购得同额收入在其他国家所能购得那么多的必需品和便利品时，他们便会打算把他们的资本移往其他国家。如果此类赋税的征收，使大部分或全部商人及制造业者，换言之，大部分或全部资本使用者，不断受税务人员恼人的打扰，那移居的打算不久就要付诸实行了。资本一经移动，靠此资本支持的产业，将随着没落，而该国商业制造业，又将继农业之后归于荒废。

土地和资本这两大收入源泉所产出收入的大部分，如把它由其所有者即对每块特定土地的良好状态和对每项特定资本的良好经营都具有直接利益这一批人手中，移转到另一批没有这种直接利益的人（如国家的债权者）手中，久而久之，必定要惹起土地的荒芜和资本的浪费或迁移。国家的债权者，对于该国农业、制造业及商业的繁荣，从而对于土地的良好状态和资本的良好经营，无疑是具有一般利益的，因为那三者中任何一个如遭到失败或衰退，各种税收就不够支付他应得的年金或利息。但是，国家债权者单就其作为国家债权者来说，对于某块特定土地的良好状态，对于某项特定资本的良好经营，是不感兴趣的。作为国家债权者，他对于这一特定土地或资本，既无所知，也无从视察，他不会留意到它们。土地或产业荒废了吧，他有时全不知道；即使知道了，也不关心，因为这不会使他直接受到影响。

借债曾经使采用过此方法的一切国家，都趋于衰弱。首先采用这种方法的，好像是意大利各共和国。热那亚及威尼斯，是意大利各共和国中仅存的两个保有独立局面的共和国，它们都因举债而衰弱。西班牙似乎从意大利各共和国学得此举债方策，而就它的天然实力而言，它受到了更大程度的削弱（也许是因为它的税制比它们的税制更不明智）。西班牙负债极久。在十六世纪末以前，即在英格兰未借一先令公债的一百多年以前，该国即负有重债。法国虽富有自然资源，亦苦于同样债务的压迫。荷兰共和国因负债而衰弱，其程度与热那亚或威尼斯不相上下。由举债而衰微而荒废的国家，所在皆是，难道英国能就独行之而全然无害吗？

可以说这些国家的税制都不如我国，我亦相信其如此。但是，这里应当记住一件事，就是最贤明的政府在竭尽了一切适当课税对象以后，遇有紧急需要，也不得不采用不适当的捐税。荷兰那样贤明的政府，有时也不得不像西班牙那样，仰赖一些不适当的税收。如果在国家收入所负的重担尚未解除以前，英国发生新的战争，所耗费用也和最近战争同样多，那么，形势所迫，说不定会使英国税制也变成像荷兰税制，甚至像西班牙税制那样的繁苛。不错，我国现行税制的恩赐，产业可以无拘束地向上发展，因而，即使在费用最大的战争中，似乎由个人的节俭与明智行为所产生的积蓄，也够弥补政府所滥费的社会一般资本。最近战争所费之多，为英国历来战争所未有。但在此次战争结束时，全国农业和从前同样繁荣，制造业和从前同样兴旺，商业和从前同样发达。可见支持各产业部门的资本，一定是和从前同样的多。和平恢复以来，农业更有改进，国内各都市和各村落的房租都有所增加，这是人民财富及收入增加的实证。大部分旧税，特别是国产税及关税等主要部门的收入，每年都有增加，这是消费增加的明显证明，亦是消费所赖以维持的生产增加的明显证明。英国今日似乎毫无困难地担起半世纪以前谁都不相信她能承担得了的重负。然而，我们切不可因此就冒昧断定，英国能支持任何负担，更不可过于自信，以为再重的负担，英国也能不太困难地支持得了的。

当公债增大到某种程度时，我相信很少有能彻底地公正地偿还的实例。国家收入上的负担，如果说是曾经全然解除过，那就是由破产解除的，有时明明是破产，常常是假偿还，但没有一次不是实际的破产。

提高货币名义价值，那是公债借偿还之名行破产之实的惯伎。例如，依议会法令或国王布告，宣布六便士的银币为一先令，或二十枚六便士的银币为一英镑，那么，依旧价值借入二十先令或银约四盎司的人，在新名义价值下，只需银币二十枚或略少于二盎司的银，便可偿还其债务。约一亿二千八百万镑的国债，即大约等于英国长期和短期公债合计的债本，如果照此方法偿还，约需现币六千四百万镑就行了。像这样偿还债务实不过是貌似偿还罢了，实际上国家债权者应得的每一镑都被骗去了十先令。可是，遭受这种灾害的，不单是国家的债权者，就算是私人的债权者，亦都受相应的损失。在大多数情况下，这对于国家的债权者不但全无利益，还要增加他们一项大的损失。不错，国家的债权者，如借有他人的巨额债款，亦可依同一方法偿还，使其损失得到若干赔偿。可是，在多数国家中，以货币贷与国家的人，多半是富有者，他们相对于其余同胞市民，多是属于债权者的地位，而不是属于债务者的地位。因此，这种貌似偿还的办法，对于国家债权者的损失，没有减轻，只有增大。国家受不到一点儿利益，而多数无辜的人民，却蒙受横灾。这种办法将使私人财产受一种最普遍最有害的破坏，而在大多数场合，将使勤劳又节约的债权者吃亏，怠惰和浪费的债务者致富，这样，国家资本的大部分将由能使这资本增益的人，转移到只知破坏这资本的人。国家如有必要宣布破产，正如私人有必要宣布破产时那样，光明正大和直言不讳的破产，总是对债务者名誉损害最轻且对债权者利益也损害最轻的办法。国家为隐蔽实际破产的不名誉，而出此容易识破又极端有害的欺瞒下策，那真是最笨的保护策略了！